全国高职高专护理类专业规划教材（第二轮）

护理伦理与法规

（第2版）

（供护理及助产类专业使用）

主　编　陈秋云

副主编　宋玉杰　谭　庆　颜小芬　张　蕃

编　者（以姓氏笔画为序）

来平英（四川护理职业学院）

宋玉杰（兴安职业技术学院）

张　蕃（漯河医学高等专科学校）

陈秋云（漳州卫生职业学院）

林艳君（漳州卫生职业学院）

郭玉蕾（济南护理职业学院）

谭　庆（重庆三峡医药高等专科学校）

颜小芬（漳州卫生职业学院）

中国健康传媒集团

中国医药科技出版社

内容提要

本教材是“全国高职高专护理类专业规划教材（第二轮）”之一。共十三章，分为护理伦理篇与护理法规篇。护理伦理篇系统地介绍了护理伦理的历史发展概况；护理伦理原则、规范和范畴；护理伦理决策、评价与修养；护理关系伦理；临床护理伦理；重症与临床护理伦理；公共卫生服务护理伦理；生殖与性伦理；护理科研与医药高新技术应用中的护理伦理等内容。护理法规篇着重介绍了护理法律法规；与护理相关的法律制度；护理纠纷与责任等内容。本教材为书网融合教材，即纸质教材有机融合电子教材、教学配套资源（PPT、微课、视频、图片等）、题库系统、数字化教学服务（在线教学、在线作业、在线考试）。

本教材可供高职高专院校护理及助产类专业使用。

图书在版编目（CIP）数据

护理伦理与法规/陈秋云主编．—2 版．—北京：中国医药科技出版社，2019.7

全国高职高专护理类专业规划教材（第二轮）

ISBN 978－7－5214－0934－5

Ⅰ.①护…　Ⅱ.①陈…　Ⅲ.①护理伦理学－高等职业教育－教材 ②卫生法－法规－中国－高等职业教育－教材　Ⅳ.①R47 ②D922.161

中国版本图书馆 CIP 数据核字（2019）第 116204 号

美术编辑　陈君杞

版式设计　友全图文

出版　**中国健康传媒集团**｜中国医药科技出版社

地址　北京市海淀区文慧园北路甲 22 号

邮编　100082

电话　发行：010－62227427　邮购：010－62236938

网址　www.cmstp.com

规格　889×1194 mm $^1/_{16}$

印张　16 $^3/_4$

字数　326 千字

初版　2015 年 8 月第 1 版

版次　2019 年 7 月第 2 版

印次　2023 年 11 月第 4 次印刷

印刷　三河市万龙印装有限公司

经销　全国各地新华书店

书号　ISBN 978－7－5214－0934－5

定价　45.00 元

数字化教材编委会

主　编　陈秋云

副主编　宋玉杰　谭　庆　颜小芬　张　蕃

编　者（以姓氏笔画为序）

来平英（四川护理职业学院）

宋玉杰（兴安职业技术学院）

张　蕃（漯河医学高等专科学校）

陈秋云（漳州卫生职业学院）

林艳君（漳州卫生职业学院）

郭玉蕾（济南护理职业学院）

谭　庆（重庆三峡医药高等专科学校）

颜小芬（漳州卫生职业学院）

出版说明

“全国高职高专护理类专业规划教材”于2015年由中国医药科技出版社出版，全套教材共27门，是针对全国高职高专医药院校护理类专业教育教学需求和复合型临床人才培养目标要求而编写，自出版以来得到了各院校的广泛欢迎。为了进一步提升教材质量，使教材更好地服务于院校教学，同时为了进一步贯彻落实国务院办公厅《关于深化医教协同进一步推进医学教育改革与发展的意见》(〔2017〕63号)等有关文件精神，不断推动职业教育教学改革，推进信息技术与医学教育融合，加强医学人才培养，使职业教育切实对接岗位需求，教材内容与形式及呈现方式更加契合现代职业教育需求，培养具有整体护理观的护理人才，在教育部、国家卫生健康委员会、国家药品监督管理局的支持下，中国医药科技出版社组织了本套教材的修订工作，并由全国近百所高职高专院校及附属医疗机构260余名专家、教师精心编撰，即将付梓出版。

本轮教材共包含27门，其中24门教材为新修订教材（第二版），主要特点如下。

一、内容精练，专业特色鲜明

本轮教材建设对课程体系进行科学设计，整体优化；对上版教材中不合理的内容框架进行适当调整；内容上吐故纳新，力求达到基础学科与专业学科紧密衔接、主干课程与相关课程合理配置的目标。教材内容精练、针对性强，具有鲜明的专业特色和高职教育特色。

二、对接岗位，强化能力培养

本轮教材强化以岗位需求为导向的理实教学，注重理论知识与护理岗位需求相结合，对接职业标准和岗位要求。每门教材在由教学一线经验丰富的教师组成编写团队的基础上，吸纳了多位具有丰富临床经验的医护人员参与编写，满足培养应用型人才的需求。在教材正文适当插入临床案例，起到边读边想、边读边悟、边读边练，做到理论与临床护理岗位相结合，强化培养学生临床思维能力和护理操作能力；同时注重护士人文关怀素养的养成，注重吸收临床护理新技术、新方法、新材料，体现教材的先进性。

三、对接护考，满足考试需求

本轮教材内容和结构设计，与国家护士执业资格考试紧密对接，在国家护士执业资格考试相关课程教材中以“考点提示”和“目标检测”的形式插入护士执业资格考试考点与真题，为学生学习和参加护士执业资格考试奠定基础，提升学习效率。

四、书网融合，学习便捷轻松

全套教材为书网融合教材，即纸质教材与数字教材、配套教学资源、题库系统、数字化教学服务有机融合。通过“一书一码”的强关联，为读者提供全免费增值服务。按教材封底的提示激活教材后，读者可通过 PC、手机阅读电子教材和配套课程资源，并可在线进行同步练习，实时反馈答案和解析。同时，读者也可以直接扫描书中二维码，阅读与教材内容关联的课程资源（“扫码学一学”，轻松学习 PPT 课件；“扫码练一练”，随时做题检测学习效果），从而丰富学习体验，使学习更便捷。教师可通过 PC 在线创建课程，与学生互动，开展在线课程内容定制、布置和批改作业、在线组织考试、讨论与答疑等教学活动，学生通过 PC、手机均可实现在线作业、在线考试，提升学习效率，使教与学更轻松。此外，平台尚有数据分析、教学诊断等功能，可为教学研究与管理提供技术和数据支撑。

本轮教材修订在组织、编写和审定过程中，得到众多专家的悉心指导和相关院校的大力支持，在此一并致谢！

改革创新的过程也是探索提升的过程，目标的提出至目标的实现是一个漫长、曲折的过程。在此殷切希望各医药卫生类院校师生和广大读者在使用中对教材进行检验，并提出宝贵意见，使本套教材日臻完善，为促进我国高职高专护理类专业教育教学改革和人才培养做出积极贡献。

中国医药科技出版社
2019 年 5 月

全国高职高专护理类专业规划教材（第二轮）

建设指导委员会

前　言 / PREFACE

护理伦理与法规是以护理道德与护理法律、法规为研究对象，是护理科学和伦理学、法学的交叉科学。医学科学的发展和人类社会的进步，人们的健康观念和健康需求发生了很大的改变，对护理专业人员赋予更多的任务，并提出越来越高的要求。不仅要求护理人员具有精湛的护理技术和解决问题的能力，更需要具备高尚的护理道德和发扬救死扶伤的人道主义精神，树立全心全意为人民健康服务的思想。通过护理伦理与法规的学习，能够使护理人员懂得如何在遵循法律与法规的前提下从事护理工作，学会安全执业；引导护理人员自觉进行护理伦理修养，提高解决伦理问题的决策能力，认真履行为人民群众身心健康服务的职责。

根据高职教育的培养目标和对专业知识的实际需求出发，坚持“以培养全面素质教育为基础，以职业能力为本位，以就业为导向”的指导思想，贯彻工学交替、学做一体的教学理念。本教材的编写坚持“整体性、综合性、思想性、科学性、先进性、实用性和启发性”的原则，力求结构严谨、观点明确，体现高职高专护理伦理教育的特色。

《护理伦理与法规》（第 2 版）在纸质教材建设过程中，更新了相关内容，使得全书更加完善；增加了多媒体融合配套增殖服务，为师生提供写护形式的教学资源共享，以满足教学需求。本教材为书网融合教材，即纸质教材有机融合电子教材、教学配套资源（PPT、微课、视频、图片等）、题库系统、数字化教学服务（在线教学、在线作业、在线考试）。本教材共十三章，全书分为护理伦理篇与护理法规篇，系统地介绍了护理伦理绪论；护理伦理的历史发展概况；护理伦理原则、规范和范畴；护理伦理决策、评价与修养；护理关系伦理；临床护理伦理；重症与临终护理伦理；公共卫生服务护理伦理；生殖与性伦理；护理科研与医学高新技术应用中的护理伦理；护理法律法规；与护理相关的法律制度；护理纠纷与责任。在教材编写过程中，编者参考和引用了大量书籍和文献资料，在此表示衷心的感谢。

本书可以作为高职高专院校护理类及助产类专业的教材，也可以作为临床医护人员了解和掌握护理伦理与法规的参考书。

由于编写人员水平所限，编写时间仓促，本书编写可能存在错误和不足之处，诚挚期待广大读者、同行及专家批评指正，以便进一步提高与完善。

编　者

2019 年 3 月

目　录 / CONTENTS

护理伦理篇

护理法规篇

护理伦理篇

第一章

绪　论

学习目标

知识要点

1. 掌握道德、伦理、护理道德、护理伦理学的概念；护理伦理学的研究对象与内容。
2. 熟悉伦理学的基本问题；护理伦理学的意义与方法；生命论、人道论、美德论、道义论、功利论的含义，明确它们的意义与局限性。
3. 了解道德的起源；伦理学的类型；职业道德的含义与特征；护理道德的特征。

技能要点

1. 能用护理伦理基础理论解决护理实践中的伦理问题。
2. 能自觉进行护理伦理修养，养成认真、严谨的学习态度和实事求是的工作作风；形成良好的心理、道德品质和健康的人格。

护理伦理与法规是以护理道德和卫生法律法规为研究对象的学科，是护理学、伦理学与法学的交叉科学。学习研究护理伦理与法规，践行高尚的护理道德，让护理人员在遵循法律与法规的前提下工作，这是护理人员履行为人民群众身心健康服务职责的需要，也是护理学科发展，促进社会主义精神文明建设的需求。

案　例

2005 年 3 月 31 日，美国佛罗里达州妇女特丽·夏沃（Terri Schiavo）的死，引起了特别多人的思考和讨论。特丽·夏沃在 1990 年的一次家庭事故后，因医疗抢救失效，成为植物人。在以后整整 15 年里，她一直靠进食管维持着生命。后经佛罗里达州最高法院介入，特丽·夏沃脱离了进食管；数天之后，她悄悄地离开了人世。请思考和讨论：特丽·夏沃是否应该脱离进食管？

扫码“学一学”

第一节 伦理学概述

伦理学是关于道德问题的古老科学，在西方，伦理学又称道德哲学。伦理学的基本问题是道德与利益的关系问题。

知识链接

名人名言

“一个人做了这样或那样的一件合乎伦理的事，还不能就说他是有德的，只有当这种行为方式成为他性格中的固定要素时，才可以说他是有德的。”

——黑格尔

一、道德与伦理学

（一）道德

1. 道德的含义 道德是人们在社会生活实践中形成，由一定的经济关系决定的，表现为善恶对立的，依靠社会舆论、内心信念和传统习俗维系的，用以调整人与人之间，个人与集体之间以及个人与社会之间关系的心理意识、原则规范与行为活动的总和。在西方文化史上，道德一词源自拉丁语，指风尚、风俗。在我国历史上，“道”和“德”最早是分开使用的，如：《论语·述而篇》的“志于道，据于德”；《老子》中的“道生之，德畜之”等。“道”指街道或道路，引申为事物运动变化的规律。“德”指对人的内心要求，即在处理人与人的关系时能够“内得于己，外得于人”，是人们对于“道”的获得和把握。把“道德”两字联结成一词是荀况的《劝学》篇，他说：“故学至乎礼而止矣，夫是之谓道德之极。”他认为人们学了“礼”，按“礼”的要求去约束自己，与人相处，也就达到了最高的道德境界。道德的含义丰富，有行为、思想、品质、善恶评价、道德教育和道德修养诸义，但主要是指调整人们相互之间的行为规范和准则。对此定义，可以从以下几方面理解。

（1）道德的本质 马克思主义伦理学认为，道德作为一种特殊的社会意识形态，是由经济基础决定的，是社会经济关系的反映。这种社会意识形态调整并规范着人们的行为，它属于上层建筑，因此，道德一般具有阶级性，人类的道德观念是受到后天一定的生产关系和社会舆论的影响而逐渐形成的。道德也是一种特殊的社会意识，也是行为规范，更是人类的实践精神，是人类把握世界的特殊方式，是人类完善发展自身的活动。

（2）道德的特征 道德有其特殊的规范性。①道德主要依靠传统习俗、社会舆论和人们内心信念的力量来实现；②道德是一种非制度化的规范，是处于同一社会或同一生活环境的人们，在长期的共同生活过程中逐渐积累起来的某些理想、秩序与要求，蕴含于人们的品格、习性和意向中；③道德是一种俗称为“良心”的内化性规范，内化性规范形成特定的动机、意图和目的，促进人们自觉自愿地以此为言行的标准和尺度，并内化为一定的行为。

（3）道德的功能 道德调整人与人、人与集体、人与社会的关系，使之和谐一致，共同有序地生活；道德调整人与自然，使人类与生存环境处于动态平衡。此外，道德还具有教育、评价和认识等功能。

（4）道德的结构　道德是由道德意识、道德关系和道德活动三个相互关联、相互制约和相互渗透的要素共同构成的。

1）道德意识是对一定社会的道德关系、道德活动的认识与理解，在道德活动中具有善恶价值取向的各种心理过程和观念，它是道德关系形成的思想前提，又是道德活动的支配力量。

2）道德关系是在一定的道德意识、原则和规范下形成的，并以某种特有方式存在的相对稳定的、特殊的社会关系体系，是道德意识的现实表现，又是道德活动为载体，并规范着人们的道德活动。

3）道德活动是指人们依据一定的道德观念、原则和规范所进行的各种具有善恶意义的行动，是道德意识的现实基础，又是道德关系得以表现、保持、变化和更新的重要条件。

2. 道德的起源　关于道德起源问题，在历史上不同的学派有不同的观点，主要概括为以下几种观点。

（1）神启论　客观唯心主义道德起源说，认为道德是由“神的意旨决定的”，是神创造的，企图以“神”“上帝”或者“天”那里引申出道德。其代表人物有古希腊哲学家、客观唯心主义的创始人柏拉图（前427～前347），德国古典哲学家、辩证法大师黑格尔（1770～1831），中国西汉哲学家董仲舒（前179～前104）等。

（2）天赋道德论　主观唯心主义道德起源说，认为道德起源于人的天性，是与生俱来的，无须后天学习。孟子曾说：“仁义礼智根于心。”其代表人物有德国古典哲学的创始人、主观唯心主义哲学家康德（1724～1804），中国战国时期著名的思想家、教育家孟珂（前390～前305）等。

（3）自然起源论　旧唯物主义的观点。认为道德起源于人的自然本性，他们简单地把人类社会的道德同动物的本能进行比较，认为人的道德不过是动物本能的延续与反应，如“母爱”“生存竞争”等。其主要代表人物是俄国无政府主义者、地理学家克鲁泡特金（1842～1921）。

（4）马克思主义道德起源说　以辩证唯物论和历史唯物论的世界观和方法论为指导，在批判地吸取上述道德起源学说中合理因素的基础上，从人类自身的历史发展和人们的社会实践中寻求道德的起源，认为道德是人类社会所特有的行为。马克思主义的诞生，为揭示社会主义道德现象的起源提供了科学的世界观与方法论，从而正确地解决了道德起源的问题。

知识链接

道德一般指一种道德现象或道德行为，侧重于个体，更强调内在操守方面。而伦理学更侧重于社会，更强调客观方面，是研究道德的起源、本质、作用和发展规律的一门科学，是道德现象的理论化、系统化。

（二）伦理学

1. 伦理学的含义 伦理学（ethics）是以道德为研究对象，从概念、范畴、规范等方面，对道德的起源、本质、作用及其发展规律进行系统的、理论的阐述，从而规范人们行为的古老科学。它是对道德现象的哲学思考，在西方，伦理学又被称为“道德哲学”（philosophy of morals）或“人生哲学”（philosophy of life）。汉语“伦理”一词，最早见于《礼记·乐者》中“乐者，通伦理者也”。伦理是指调整人与人之间相互关系的道理和原则。在中国古籍中，“伦”和“理”是分开使用而又相互关联的两个概念。伦，指人伦，即指人的血缘辈分关系，引申为人与人之间的道德关系。孟子曾提出人与人之间最重要的关系，即所谓的“五伦说”：“父子有亲、君臣有义、夫妻有别、长幼有序、朋友有信。”理，指治玉，即加工整理玉石的纹理，引申为事物的条理、道理和规则。在近代汉语中，“伦理”一词被引申为品性、习俗、思想等；英语“伦理”一词为“ethics”，源自希腊语“ethos”，其含义和道德相近，皆有品性、习俗之意，二者关系密切。

世界上最早使用“伦理学”一词的是古希腊著名哲学家亚里士多德，公元前4世纪，他在雅典学院讲授关于道德品性的学问时，第一次提出了“伦理学”一词。后来，亚里士多德的弟子根据他的观点编辑整理了著作《尼各马可伦理学》（Ethika Nikomachea），使伦理学成为一门独立的学科，亚里士多德也被称为“伦理学之父”。实际上，早在春秋战国时期，我国就出现了具有丰富伦理思想的著作，如《论语》《墨子》《大学》《中庸》等，特别是以孔子（前551～前479）为代表的儒家学思想，提出了仁、义、礼、智、信等一整套比较系统全面的道德规范和道德观念，在中华民族精神的发展进程中发挥了巨大作用。

图1－1 亚里士多德（Aristoteles，前384～前322），古希腊著名思想家、哲学家和科学家

2. 伦理学的基本问题 道德和利益的关系问题，包括以下两个方面：一方面经济利益与道德的关系问题，马克思主义认为，道德是上层建筑，受经济基础制约，经济利益决定道德，而道德又反作用于经济利益。因此，经济利益是第一性的，道德是第二性的。另一方面个人利益和社会整体利益的关系问题，即个人利益服从社会整体利益，还是社会整体利益从属于个人利益，对这个问题的回答，决定着各种道德体系的原则和规范，也决定着各种道德活动的标准、方向和方法。

3. 伦理学的类型 伦理学分为描述伦理学、分析伦理学、规范伦理学三大类型。

（1）描述伦理学 根据历史材料，对不同阶级、民族、社会的道德关系、道德意识、道德行为进行经验性描述和再现。描述伦理学只做现象叙述，不做价值判断，也不建立原则和标准。

（2）分析伦理学 又称元伦理学，主要从语言和逻辑的角度，以分析的方法研究伦理学。它只注意伦理词句的意义和逻辑问题，不评价人的行为价值，不研究人的行为标准。

（3）规范伦理学 主要研究伦理规范的来源、内容和根据，并以此影响人们的生活和行为，因此它与个人的品德、价值观及社会风俗密切相关。规范伦理学构成伦理学的主体，是传统伦理学的主流，如功利主义、义务论、价值论等。规范伦理学为各种正当的行为提供行动指南，使人们便与鉴别与选择。

知识链接

他们为何能在不喜欢的领域创造辉煌

很多年前，美国心理学博士艾尔森对世界100位各领域的杰出人士做了一项阅卷调查，结果让他十分惊讶，其中61%的人承认，他们所从事的职业并非他们最喜欢的，至少不是最理想的。一个人竟能够在自己不喜欢的领域中取得辉煌的业绩，除了聪颖和勤奋，还需要什么呢？带着这样的疑问，艾尔森博士走访了多位商界英才。其中，纽约证券公司的金领丽人苏珊是这样看的：因为我在那个位置上，那里有我应尽的职责，我必须认真对待。不管喜不喜欢，自己都必须尽心尽力，对工作负责，也是对自己负责。这段话非常直白地道出了职业价值观的重要性。同时，责任也是一个机会，它让我们学会勇敢、坚强、永不放弃。

二、职业道德

1. 职业道德的含义 职业道德是指人们在职业生活中应遵循的基本道德，即一般社会道德在职业生活中的具体体现。它既是本行业人员在职业活动中的行为规范，又是行业对社会所负的道德责任和义务。职业道德和价值准则永远是从业人员必须具备的素质，也是干好本职工作的首要条件。我国宋代医生林逋曾说："无恒德者不可作医，人命生死之系。"

2. 职业道德的基本原则 一个人接受社会分工，从事某一职业，表明他的任务就是要通过自己的职业与社会发生各种关系，并对社会尽到自己的义务与职责。因此，要求人们干一行，爱一行，专一行，这是搞好一切工作的前提，古今中外都毫无例外地把"热爱职业，忠于职守"看成职业道德的基本原则。

3. 职业道德的特征

（1）专业性与适用性　虽然各种职业道德的内容有着共同性，但是就某种职业道德的核心内容和对象而言，职业道德是在特定的职业生活中形成的，并在一定的范围内发挥调节作用。每一种职业道德只能对从事该职业的从业人员的思想和行为起调节和约束作用，对不属于本职业、无职业或者本职业的人在该职业之外的行为活动，往往不适用。因此，职业道德的范围具有明显的专业性与适用性，而不是普遍的。

（2）稳定性与连续性　任何职业道德一经形成，就比一般的社会道德具有更强的稳定性和连续性。一方面，由于人们长期从事某种特殊的职业活动，在职业实践中便形成了某种特定的职业心理、职业习惯、职业观念以及行为规范，并在本职业中世代相传。另一方面，随着社会的发展变化，职业道德也会发展变化。但是，新制定的职业道德规范准则总是在原有职业道德规范准则基础上继续和发展起来的，并通过职业习惯一代代延续下去，形成职业传统。因此，职业道德在内容和结构上具有稳定性与连续性。

（3）多样性与具体性　由于社会分工是具体多样的，职业道德必然是具体多样的，同时职业道德都是从本职业活动的实际出发，为了适应各种职业活动的内容和交往形式的要求，根据职业活动的环境和具体条件，形成原则性的规定或具体要求，于是不同的职业必然有着不同的职业道德。为了使从业人员易于接受，职业道德通常用具体、简洁、明确的形式来表现，如规章制度、守则、公约、须知、誓词、条例等。因此，职业道德在形式和方法上具有多样性与具体性。

扫码“学一学”

第二节 护理伦理学概述

护理伦理学是马克思主义伦理学与现代护理学相交叉的一门边缘学科，它是运用一般伦理学原则解决医疗卫生实践和医学发展过程中的医学道德问题和医学道德现象的学科，以护理道德为研究对象，是医学的一个重要组成部分，又是伦理学的一个分支。随着生命伦理学的诞生和发展，护理伦理学又吸收了许多新的理论成果，使其研究的范围逐渐扩大。

一、护理与护理道德

（一）护理

护理英文名“nursing”，源于拉丁文“nutricius”，原意为保护、照顾、抚育、扶住等。随着护理专业的形成和发展，护理的内涵与外延都发生了深刻的变化，然而它所具有的一些基本内涵却始终未变，它们包括如下内容。

1. 照顾（caring） 纵观护理发展的历史，无论是在什么年代，无论是用什么方式提供护理，照顾服务对象永远是护理的核心。照顾是护理永恒的主题。

2. 人道（humanistic perspective） 要求护理人员视每一位服务对象为具有人性特征的个体，具有各种需求的人，从而注重个体，尊重人性。同理，要求护理人员对待服务对象一视同仁，不分高低贵贱，不论贫富与种族，积极救死扶伤，为人们的健康服务。护士是人道主义的忠实执行者。

3. 帮助性关系（helping relationship） 护理人员与服务对象是一种帮助与被帮助、服务与被服务的关系，要求护理人员以自己特有的专业知识、技能与技术提供帮助与服务，满足其特定的需求，建立良好的护患关系。帮助性关系是护理人员与服务对象互动以促进健康的手段。

（二）护理道德

1. 护理道德的含义 护理道德是指护理人员在医疗卫生服务活动中，调整个人与他人、个人与社会之间关系的行为准则和规范的总和。护理道德伴随着护理职业的产生、发展而形成，是一般社会道德在护理实践领域中的特殊体现，是护理人员在护理领域处理各种道德关系的职业意识和行为规范。在护理过程中，这些准则和规范影响着护理人员的心理和意识，形成护理人员独特的、与职业相关的内心信念，构成护理人员思想品质和道德观念。

2. 护理道德的特征

（1）人类性与人道性 1980 年，美国护理学会在对护理工作深刻反思的基础上，指出：“护理是诊断和处理人类对现存和潜在的健康问题的反映。”一个人从生到死，不论健康或者患病，都需要拥有专业医生与护理人员提供关怀与照顾，以便恢复健康，提高生命和生活质量。为此，1973 年国际护理学会批准的护士守则规定：首先，护理需要是全人类的，护理工作应该面向全人类，护理本身无国界、无阶级性，护理人员应该具备为全人类服务的道德观念。其次，尊重人的生命，尊重人的尊严和尊重人的权利这一护理本质体现着护理人道主义。人道主义是护理道德原则的重要内容，始终贯穿于护理道德之中，护理人员应对人的生命、人的尊严和人的权利给予尊重，不论哪种国籍、主义、种族、肤色、年龄、政治或社会地位，一律不受限制。

（2）继承性与进取性　护理职业及其服务对象的需要的相对稳定性决定着护理道德的相对稳定性，因此，护理道德的许多内容可以超越时代得以继承，正因为我们弘扬护理道德的优良传统，护理道德才得以前进。但护理道德并非一成不变，其内容会随着社会进步和护理学发展不断修正、丰富和完善，护理工作具有很强的科学性和艺术性，需要护理人员不断更新知识，转变观念，以适应时代，满足社会对护理的需求，推动护理学科的发展。

（3）主动性与自律性　现代护理已不再是单纯被动的执行医嘱和实施以“疾病”为中心的护理，而是向以“患者”为中心的护理模式转变，即用整体化的观念看待疾病和护理患者。也就是说，在对患者进行生活和躯体护理的同时，还必须充分做好心理护理和了解社会因素的影响。要达到上述要求，护理人员必须具有高度的事业心和责任感，自觉主动收集患者的相关资料，为患者提供包括身心在内的全方位护理。在护理工作中，相当多时间内这些护理行为需要护理人员独立完成，需要护理人员具有高度的慎独精神，自觉遵守各项规章制度，通过自我选择、监督与评价等自律过程确保自身不做有违道德和良心，有损于患者利益的事情。

知识链接

《论语》与护理道德

读罢《论语》，似乎有久漂海中看见岸的感觉，《论语》的中心思想是仁义道德。读过《论语》的人就能发现文中提到最多的字是“仁”。孔子说：“人而不仁，如礼何?”一个人没有仁德，他怎么能实行礼呢?“仁”有人之性、人之道，人性向善是“仁”的基本点。孔子说：“能行五者于天下为仁矣。恭、宽、信、敏、惠。”恭则不侮，意思是对每一个生命都恭恭敬敬，那么他自己就不会遭到侮辱；宽则得众，意思是你对别人宽，就能得到众人心；信则人任焉，意思是要守信别人才任用你；敏则有功，意思是敏锐者能建功立业；惠则足以使人，意思是谁有恩惠之心，谁就能调动人们的积极性。如果人的修炼达不到“仁”的境界，再美、再动听的语言也仅仅是一个口号而已。

孔子（前551～前479），中国古代思想家、教育家、儒学创始人

“见贤思齐焉，见不贤而内自省也。”

——《论语·里仁》

二、护理伦理学

1. 护理伦理学的含义　护理伦理学是研究护理道德的科学，是运用一般伦理学原理和道德原则来解决和调整护理实践中护理人员与他人、护理人员之间、护理人员与社会之间关系的护理道德意识、规范和行为的科学。它是伦理学的一个分支，是护理学和伦理学交

叉的边缘学科。其目的是研究护理人员行为的是非，试图经由理性的探究，发现可以普遍适用原理或规则，以作为护理伦理判断的指针，使护理人员行为有所规范。护理伦理学与护理实践关系紧密，护理伦理学的原理、概念等来源于护理实践，并在护理实践中得以发展和检验；护理伦理学也必须运用到护理实践中去才能获得生机和活力。同时，护理伦理学对护理实践有巨大的指导作用。

2. 护理伦理学的研究对象 护理伦理学是以护理领域中的道德现象、道德关系及其发展规律为研究对象，主要包括以下几个方面。

（1）护理人员与服务对象的关系 在护理工作中，护理人员与服务对象之间的关系是最基本、最首要的关系。护患关系处理得好坏直接关系到患者的生命安危和护理质量的高低，影响医院或社区的护理秩序、医疗质量和社会的精神文明建设。因此，护理人员与服务对象的关系是护理伦理学的核心问题和主要研究对象。

（2）护理人员与其他医务人员的关系 它包括护理人员与护理人员、医生、医技人员、行政管理人员以及后勤人员之间的多维关系。在护理实践活动中，护理人员与上述人员之间有着广泛紧密的联系，他们彼此间相互尊重与信任、理解与支持、协作与配合，直接影响护理工作正常开展，直接关系到集体力量的发挥和护理质量的提高，是更好地为社会服务，为人民的健康服务的重要保障。

（3）护理人员与社会的关系 护理活动本身就是一种社会活动，一切医疗护理活动都是在一定社会关系中进行的。护理人员在为患者康复、为社会保健服务过程中，不仅要照顾患者的局部利益，更要照顾到整个社会的公共利益。当患者的个人利益与社会的公共利益发生矛盾时，诸如计划生育、严重缺陷新生儿的处理、卫生资源的分配等，绝不能顺应某个人的旧观念，而损害社会公共利益。同时由于护理领域的拓宽，护理工作走出医院，走向社会，进入社区，护理人员要履行的社会义务愈来愈多，两者关系也愈来愈密切。

（4）护理人员与医学护理科研的关系 随着护理科学和医学科学的迅速发展，医学高新技术在临床上的广泛应用，西医学护理中出现了许多新的伦理难题，如人体试验、生殖技术、安乐死等，都需要我们去研究探讨。在临床护理中，作为一名护理人员，既担负着整体护理的任务，又有参与医学护理科研的权利和责任，对于护理科学和医学科学发展提出的相关道德问题，护理伦理学应该加以认真研究并给予解答。

3. 护理伦理学的研究内容 护理伦理学的研究内容十分广泛，概括起来包括以下几个方面。

（1）护理伦理基本理论 包括护理伦理的产生、发展及其规律；护理道德的本质、特点及其社会作用；护理道德的理论基础。

（2）护理伦理规范体系 包括护理伦理的基本原则、具体原则、基本规范和范畴；护理人员在不同护理领域、不同护理方式和不同护理学科的具体道德规范与要求；生命伦理学特殊道德规范与要求等。

（3）护理伦理实践活动 护理学是实践性很强的学科，护理伦理实践始终蕴含在实际的护理工作中。护理伦理实践活动主要包括护理伦理决策、监督、评价、考核、教育与修养等工作。

（4）护理伦理难题 在护理实践中因推行高新技术而产生的护理难题，如安乐死、器官移植、人工辅助生殖技术、基因技术、卫生资源分配等方面产生的与传统道德有着尖锐冲突的道德问题。

知识链接

名人名言

“读书之法，在循序而渐进，熟读而精思。”

“勿谓今日不学而有来日，勿谓今年不学而有来年。日月逝矣，岁不我延。” ——朱熹

三、学习护理伦理学的意义与方法

学习护理伦理学要解决“为什么学”和“怎样学”的问题。在学习中要坚持以马克思主义伦理学基本原理为指导，贯彻理论联系实际的原则。

1. 学习护理伦理学的意义

（1）提高护理人员的职业素质　加强护理伦理学教育，对培养高素质的护理人才具有重要作用。毛泽东同志早在1941年为护理工作者题词就指出：“护士工作有很大的政治重要性。”作为一名投身于护理事业的护士，只有全面系统学习护理伦理学，才能抵御不正之风的侵袭，认真履行为患者解除疾苦的义务，从而自觉地在护理实践中提高道德品质。

（2）推动护理事业的发展　护理事业的发展，需要高层次的护理人才，而护理道德修养的提高，恰好是高层次护理人才所必备的。当代护理事业的发展盛况空前，与其相适应的护理道德规范必将成为护理道德体系的核心。护理道德理想的具体化，和先进医学护理科学文化技术相结合，会拓宽护理伦理学的视野，并在观念上实现护理道德与护理文化相统一。

（3）促进社会主义精神文明建设　加强职业道德，是建设社会主义精神文明的必由之路，精神文明是人类宝贵的精神财富，建设社会主义精神文明是我国的战略方针，关系到社会主义的兴衰成败。因此，每一个护理人员都应认真学习和研究护理伦理学，培养高尚的护理道德情操，发挥医院精神文明窗口的作用，以促进社会的精神文明建设，构建和谐社会。

2. 学习护理伦理学的方法

（1）理论联系实际的方法　马克思主义最基本的方法论原则之一，是学习护理伦理学最基本的方法。只有坚持理论与实践相结合，知与行相统一，把学到的知识贯穿于护理工作实践中，才能自觉树立并实践高尚的护理道德。德谟克里特说：“应该热心地致力于照道德行事，而不要空谈道德”。护理道德主要通过护理人员的职业行为和效果得到落实和体现，重在实践。

（2）阶级与历史分析的方法　护理伦理学研究的护理道德现象和道德关系是由社会经济关系决定的，又受当时社会政治、文化、法律以及宗教等其他社会意识形态和政治上层建筑的影响与制约。这就要求我们要坚持应用阶级分析的方法。作为历史文化现象的护理道德，有其独特的历史发展过程及相应的社会文化特征，并随社会经济关系与护理实践的发展而发展，这就要求我们要遵循历史分析的方法。护理事业的发展可能使我们面临更多

的竞争与挑战。这就要求我们调整观念，解放思想，突破固有思维方式，要用马克思主义的辩证方法分析和研究医学护理中一些国际国内的新问题。

（3）归纳与演绎的方法　归纳法是指由一系列具体事件概括总结出一般原理的思维方法，演绎法是指基于一定前提而预测其结果的思维方法。归纳与演绎是两种不同的逻辑推理方法，常常结合使用。一般来说，归纳是由具体到一般的推理过程，演绎是由一般到具体。护理道德现象和关系错综复杂，应用归纳法与演绎法有利于找出其中规律，去粗取精、去伪存真，更加全面系统地开展护理伦理学研究。

（4）案例分析的方法　以某一案例作为切入点，然后从护理、伦理、法律、政治、经济和文化等领域深入分析与讨论；教师通过对典型案例的剖析，帮助学生认识案例中的护理行为的伦理性质，引导他们明辨是非善恶，以提高护理行为的自觉性。例如，艾滋病是医学护理问题，也是社会问题，通过分析与讨论，才能更加深入具体地学习与研究护理伦理学。

第三节　护理伦理学基础理论

扫码“学一学”

案例

郑某，男性，65岁，公费医疗。因肠梗阻和梗阻性黄疸入院，检查结果为肿瘤晚期，不能根治，故行姑息手术。术后虽经抢救，但患者病情仍反复，出现多器官功能衰竭。医生下病危通知告知家属无康复希望劝其放弃。此时虽欠医疗费8万元，但家属不放弃治疗且要求不惜一切代价抢救。医护人员为避免发生纠纷，遵照家属要求抢救，患者半个月后死亡，费用共20余万元。你认为该不该放弃抢救？

护理伦理学的形成和发展有其深厚的实践基础和丰富的思想渊源，生物医学科学技术的进步以及护理模式的转变为护理伦理学的发展提供了深厚的实践基础。护理伦理学吸收东西方现代伦理学、生命伦理学和哲学等理论成果，这些理论成果予以护理伦理学强大的理论支撑。因此，了解与护理伦理学密切相关的哲学和伦理学的不同流派的基本观点，是全面把握护理伦理理论的要求。

一、生命论

从古至今，人们对于生命的认识经历了复杂的过程。不同时代、国度、生活背景的人对生命有不同的看法。从最初认为生命是至高无上的、神圣不可侵犯的，到后来人们逐渐形成了不同的生命理论，主要有生命神圣论、生命质量论及生命价值论。这些理论使生命理论的体系更趋于完美，也不断影响着以生命为研究对象的医学，为医疗护理实践提供了科学理性的行为指南。

（一）生命神圣论

1. 生命神圣论的内容　生命神圣论强调人的生命至高无上、神圣不可侵犯，它是人类最先认识也是流传时间最长的生命观念。广义的生命神圣论认为“生命无价”，狭义的生命神圣论以“珍惜生命、呵护生命、救助生命”为核心内容，因此可以说生命神圣论揭示了医护活动内在的本质和要求。它强调在任何情况下都要尊重人的生命，不允许对人的生命有任何触动和侵犯。正如德国诗人海涅所言："生命是最珍贵之物，死是最大的罪恶。"

2. 生命神圣论的意义 生命对于人是第一重要的，生命与世界上的其他事物相比具有至高无上性，离开了生命，世上万事万物就失去了存在的意义。

（1）有利于人类的生存和发展 生命神圣论唤醒了人们关心、重视生命的良知，促进了民族的生存与繁衍。

（2）促进医学科学发展：激励人们探索生命的奥秘，发现诊治疾病的新方法，建立维护人类健康的完善医疗卫生制度，促进医学科学的发展和医疗技术的进步。

（3）推动医学道德发展 从道德的角度强化了医学的宗旨，它强调尊重和维护人的生命和促进患者的健康是医务工作者的重要责任，推动了医护道德的发展，也为医学人道主义理论的形成和发展奠定了思想基础。

3. 生命神圣论的局限性 但这种生命观往往抽象地、绝对地强调生命的神圣性，主张对人的生命应不惜一切代价进行抢救，可能出现只注重人口数量，忽视人口质量，并且严重影响卫生资源的分配。同时，生命神圣论在现实生活中也将导致大量医学伦理难题产生，如能否实施计划生育控制措施；能否对晚期绝症患者停止治疗；能否对生命进行研究；能否进行人体器官移植等。

知识链接

名人名言

"一个人的价值应当看他贡献什么，而不应当看他取得什么。一个人对社会的价值首先取决于他的感情、思想和行动对增进人类利益有多大的作用。"

——爱因斯坦

（二）生命质量论与生命价值论

1. 生命质量论与生命价值论的内容

（1）生命质量论 以人的自然素质的高低、优劣为依据，衡量生命对自身、他人和社会存在的价值的一种伦理观念。它强调人的生命价值不在于生命存在本身而在于其存在的质量。生命质量的标准分为三个层次：①主要质量：个体的身体及智力状况。这种生命状态能满足个体自身生理及生存的基本需要，是一种低级的生命状态。它是区分个体健全与否的标准，如无脑儿。②根本质量：个体在与他人、社会相互作用的关系中体现出的生命的目的、意义等生命活动的质量。根据这一生命质量标准，生命质量论认为，诸如极度痛苦的晚期肿瘤患者、不可逆的昏迷患者，已经失去了生命的目的和意义，因此，已经没有必要进行生命维持。③操作质量：智商，用来测定智能方面的质量。指用客观方法测定的生命质量，如以操作质量标准来划分生命，智商高于 140 的人是高生命质量的天才，智商在 70 以下的人属于智力缺陷，智商在 30 以下者是智力缺陷较为严重的人，智商在 20 以下的就不算是人。

（2）生命价值论 根据生命对自身和他人、社会的效用如何，而采取区别对待的生命伦理观。根据生命价值主体的不同，生命价值分为内在价值和外在价值。内在价值就是生命具有的对自身具有效用的属性，是生命具有的对自身的效用；外在价值就是生命具有的对他人、社会具有效用的属性，是生命具有的对他人、社会的效用。生命价值论要求根据生命对自身和他人、社会的效用如何，采取不同对待，因此，确定生命价值量是极其重要的。患者的生命价值与社会需要、医疗需要、生命质量、治愈率、预期寿命成正比，而与维护其生命所花的代价成反比。这些因素构成了患者生命价值的非定性公式。

$$\text{生命的价值}=\frac{\text{生命质量}\times\text{治愈率}\times\text{预期寿命}\times\text{医疗需要}\times\text{社会需要}}{\text{代价}}$$

2. 生命质量论与生命价值论的意义 生命质量论的产生，标志着人类生命观的转变，由传统的生命神圣论转向追求生命质量；为人们提出人口政策、环境政策、生态政策等提供了理论依据；也为医生做出治疗决策提供了理论依据。生命质量论在生命神圣论的基础上，把个体的生命利益与群体，甚至人类的生命利益联系起来，把延长生命与保证生命质量联系起来，补充并完善了生命神圣论所规定的医学目的，也丰富了生命理论。

3. 生命质量论与生命价值论的局限性 但实践中存在某些特殊情况，如有的人生命质量很高，而其存在的价值很小甚至是负价值；某些人的生命质量很低，而存在价值很高甚至超过常人。所以单凭生命质量或价值决定对某一个体的生命延长、维持或缩短、结束是不太合理的。

现代护理伦理学将人的生命和护理学实践都视为“生物－心理－社会－环境”的统一，在处理医疗护理问题时，将生命神圣论与生命质量、生命价值论等伦理统一起来；将生命神圣论作为生命三论统一的基础与核心；将生命质量论与生命价值论作为其必要的和重要的补充与修正。

二、人道论

人道主义是关于人的本质、使命、地位、价值和个性发展等的思潮和理论，是一个发展变化的哲学范畴，在15世纪以后逐渐形成的，最初表现在文学艺术方面，后来逐渐渗透到其他领域。

1. 人道主义的含义 人道主义有广义和狭义之分。狭义的人道主义指欧洲文艺复兴时期新兴资产阶级反封建、反宗教神学的一种思想和文化运动。广义的人道主义指一切维护人的尊严、尊重人的权利、重视人的价值、实现人的全面发展的“以人为本”思想。可以说，这种思想贯穿于人类社会的始终。人道与“天道”相对应，春秋时期随天人相人思想的逐渐发展而产生，经过儒家的不断发挥，人道一词被赋予了更高的人文含义。人道成为一种对做人基本价值的追求，成为一种是否还称得起为人的底线。中国古代孔子的“仁者爱人”、墨子的“兼爱”、中世纪的基督教的人道主义、革命的人道主义、社会主义人道主义等都属于广义的人道主义。医学人道主义属于广义的人道主义范畴。

2. 医学人道主义的核心内容 医学人道主义的核心内容是尊重患者，即医务人员在卫生服务中，关心和爱护患者的健康，尊重患者的生命、生命价值、人格和权利，维护患者的利益和幸福等。

（1）尊重患者的生命 医学人道主义最基本的思想。尊重生命是一种朴素的道德观念，也是当代世界各国医务人员所崇奉的道德宗旨。因此，护理人员应当尊重生命、关爱生命、敬畏生命，尽力照护患者，维护健康。

（2）尊重患者的生命价值　在拯救患者生命的同时，要注意维护与保持患者的生命质量和生命价值。并且尊重患者的生命不应局限于护理人员与患者个体之间的联系，还要扩展到保障人类健康的整体层面。对于已丧失生命存在意义且疾病不可逆转的患者，遭受躯体和精神上的痛苦与折磨时，给家庭和社会带来巨大的经济和精神负担，在患者与家属的要求下终止或撤销治疗是符合人道主义的，是对他人生命质量和价值的尊重。

（3）尊重患者的人格　要根据患者不同的文化背景、经济状况、宗教信仰，不同的身心、社会情况，提供平等、优质、人性化的服务。当代医学人道主义特别强调要尊重精神病患者、残疾人等特殊患者的人格和尊严，绝不能冷嘲热讽或歧视他们。

（4）尊重患者的权利　人人享有医疗保健的权利，这不仅是法律赋予公民的权利，也是伦理上所主张的。患者的权利不能因政治、文化、经济、宗教、党派等非医疗因素影响，受到限制，甚至被剥夺，即使对战俘、囚犯也应给予应有的治疗和护理。

知识链接

“五里”和“无礼”

有个年轻人骑马赶路，眼看已近黄昏，可是前不着村，后不着店。正在着急，忽见一位老汉从这儿路过，他便在马背上高声喊道：“喂！老头儿，离客店还有多远？”老人回答：“五里！”年轻人策马飞奔，急忙赶路去了，结果一口气跑了十多里，仍不见人烟，他暗想，这老头儿真可恶，说谎骗人，非得回去教训他一下不可。他一边想着，一边自言自语道：“五里、五里，什么五里！”猛然，他醒悟过来了，这个“五里”，不是“无礼”的谐音吗？于是掉转马头往回赶。碰上了那位老人，急忙翻身下马，亲热地叫了声：“老大爷！”话没说完，老人便说：“客店已走过头了，如不嫌弃，可到我家一住。”这虽是笑话，却说明一个朴素的道理：礼貌待人不仅是对他人的尊重，更是对自我形象的塑造。

三、美德论

不同时代、不同民族、不同阶级、不同职业的人对美德内容的理解和概括有所不同。无论在历史上，还是在当代，人们都很重视对美德的研究。

1. 美德论的含义　美德论，又称德性论或品德论，是指关于道德行为主体应该成为具有何种美德或德性的人，以及如何成为具有这种美德或德性之人的伦理理论。美德通常是指高尚的道德行为和优良的道德品质，是一定社会的道德原则和规范在个人思想和行为中的体现，也是一个人在一系列的道德行为中所表现出来的比较稳定的特征或倾向。美德论认为，对于一个人来说，不仅做出正确的行为是重要的，同样重要的是要有成为好人，做出正确行为的性格倾向、动机和特性。美德论是道德领域和伦理学的重要内容，也是医学伦理学中不可缺少的部分。美德论最具代表性的人物是古希腊的亚里士多德。

2. 美德论的内容　护理伦理学中的美德论是关于护理人员道德品质的学说，主要研究护理人员应具备的道德品质。护理人员的道德品质简称护理道德品质，是指护理人员对护理伦理原则和规范的认识，以及基于这种认识所表现出来的具有稳定性特征的行为习惯和倾向。护理道德品质是护理道德认识、情感、意志、信念和行为习惯所构成的综合统一体。

长期的护理实践，培养了护理人员许多高尚的护理道德品质，包括：端庄、慈善、仁爱、诚挚、严谨、公正、平等、进取、协助、奉献和节操等。

3. 美德论的意义与局限性

（1）美德论的意义　在医疗护理伦理生活中，美德论是护理伦理学的理论基础之一。美德论要求护理人员具备高尚的道德品质，也是古今中外医家所追求的。美德论为护理人员伦理修养提供了明确的目标，也为护理人员塑造完美人格指明了方向。

（2）美德论的局限性　医学美德论是医学伦理学的重要组成部分，也是医学伦理学发展初始的知识积累阶段，但是要对人类医学道德有进一步认识，需要对医学美德背后的医学道德规范进行揭示和研究，医学美德论在这里就显示出其局限性，医学道义论弥补了医学美德论在医学伦理体系建构中的这个缺陷。

护理伦理品质的培养和形成是一个长期的、循序渐进的过程。它离不开一定的社会环境和物质条件，离不开系统的护理伦理教育和护理伦理实践环境的陶冶，更离不开自觉的锻炼与改造，它是客观条件与主观努力相互作用的结果。

四、道义论

道义论在东西方伦理思想史上占有重要地位，其理论的核心是义务和责任。

1. 道义论的含义　道义论（deontology）也译作“义务论”或“非结果论”等，道义论是一种认为人们的行为或行为准则的正当性并不由行为的功利后果或期望的功利后果决定，而由它自身固有特点和内在价值决定的伦理学理论。道义论主张人的行为道德与否，不是行为的结果，而是行为本身或行为依据的原则，即行为动机正确与否。凡行为本身是正确的，或行为依据的原则是正确的，不论结果如何都是道德的。在近代，康德（1724～1804）是最重要的研究道义论的理论家。他认为，“人必须为尽义务而尽义务，而不能考虑任何利益、快乐、成功等外在因素”，认为道德行为的动机是善良意志，是善良意志发出的道德律令，这种善良意志不是因快乐而“善”，因幸福而“善”或因功利而“善”，而是因其自身而“善”的“道德善”。康德把道义理想与功利价值对立起来。道义论与功利论相对立。

2. 道义论的类型　道义论可分为行为道义论与规则道义论。

（1）行为道义论　理论观点：没有普遍依据道德规则或理论，只有不能加以普遍化的特殊的行为、情况和人，人们应当做什么要考虑到特殊环境的具体的道德判断。行为道义论不以理性为基础，而是诉诸直觉。行为道义论主要代表人物是哲学家普理查德和罗斯。

（2）规则道义论　理论观点：作为道德基础的规则是存在的，遵循这些规则就是道德，与行为的结果无关。规则道义论主要代表人物是康德。

3. 道义论的意义与局限性

（1）道义论的意义　在医学发展史上，道义论对医疗护理实践起过巨大的作用，而且现在及将来仍将继续存在并发挥作用。它注重揭示医德义务，提出社会对医学界的职业道德要求，强调理性的、自我约束和自我牺牲的伦理观，有利于护理人员明确自己的职业责任，明确自己应该做什么，不应该做什么，直接明了、便于把握。

（2）道义论的局限性　但是随着社会的发展，医学科学的进步，道义论也逐渐暴露出其局限性，道义论忽视了动机与效果的统一；忽视对个人义务与对社会义务的统一，难以回答现代医学条件下产生的许多复杂的医学问题，难以确定某种特殊条件下医护行为的准则；道义论注重提出社会医学道德要求，但认为这些道德要求是绝对的，而不管行为的结果对社会、患者、自己是祸还是福，其精神实质是“即使天塌下来，也要行‘正义’之事”。不注重这些道德要求是怎样提出、形成、论证和研究的，也不注重这些规范在复杂的现实医学实际中的灵活运用，尤其是在进行医学伦理决策的时候，所依据的道德规范之间本身也会发生矛盾。

五、功利论

功利论又称功利主义，是与道义论相对立的伦理学说。它是以实际功效和结果作为道德评价的标准。

1. 功利论的含义 功利论（utilitanism），是主张以人们行为的功利效果作为道德价值的基础或基本的评价标准，强调行为实际效果价值的普遍性和最大现实性的伦理学说，即强调效用原则和为最大多数人做最大的善事。功利论强调行为的后果，只要一种行为的后果是好的，那么这种行为就是道德的。能为大多数人造福，能使大多数人快乐的行为就是正确的。

功利论作为利益论的代表思想之一，在功利论成为系统的哲学理论之前，就有功利主义思想雏形的出现。18 世纪末和 19 世纪初，英国哲学家兼经济学家杰里米·边沁（Jeremy Bentham，1748～1832）和约翰·斯图尔特·密尔（John Stuart Mill，1806～1873）最终将其建立成一种系统的、有严格论证的伦理思想体系。其基本原则：一种行为如有助于增进幸福，则为正确的；若导致产生和幸福相反的东西，则为错误的。幸福不仅涉及行为的当事人，也涉及受该行为影响的每一个人。20 世纪初，功利论受到了实证哲学和分析哲学的冲击和强有力的挑战。20 世纪 50～60 年代，由于元伦理学严重脱离社会生活，恢复规范伦理学的呼声日益高涨，功利论又在这一时代背景下快速发展起来。

2. 功利论的类型 功利论分可为行为功利论与规则功利论。

（1）行为功利论 将效用原则直接应用于特定条件的特定行为，以判断哪一种行为是对的，即此时此地，此种情况下会产生最大的效益，则这一行为就是道德的。即行为的全部后果是决定该行为正当与否的唯一的与全部的标准，只要能造成最大的好结果的行为，就是正当的。

（2）规则功利论 将效用原则应用于行为的规则系统，依据规则能够带来好的结果的行为即道德行为。其学说认为，若每个人都永远遵守同一套道德规范，就能产生最大快乐值，常见的应用可见于交通规则。

3. 功利论的意义与局限性

（1）功利论的意义 医学领域中，功利论有助于护理人员树立正确的功利观，将患者和社会大多数人的健康功利放在首位，将有限的资源用到最需要的患者身上，同时又肯定护理人员的正当个人利益，调动了护理人员的工作积极性。另外，功利论对指导医学实践具有积极意义，它克服了道义论的某些局限与不足。它强调行动的功利效益，促使医务人员在医疗活动中更加关注行为的后果，坚持满足患者健康的功利、医务人员的功利、医疗卫生单位的功利、社会功利的统一，最大限度地调动了医务人员的积极性，充分发挥了医学的整体效益。

（2）功利论的局限性　功利论的大缺陷就是容易诱发以功利的观点看待生命，忽视对生命的尊重，也容易导致重经济效益、轻社会效益。功利主义还可能导致利己主义、小团体主义的增长。被用来支持不公平和对权利的侵犯，有时为了一个人或一个群体的幸福最大化，可能会侵害另外一个人或另外一个群体的幸福。因此，在运用时应注意正确的价值导向，努力克服其不足。

本章小结

护理伦理学是伦理学与现代护理学相交叉的一门边缘学科，通过理论联系实际与案例分析等方法的学习，使学生更好掌握道德、伦理学、护理道德、护理伦理学的基本概念；理解生命论、人道论、美德论、道义论、功利论的含义，明确它们的意义与局限性。能够应用护理基础理论解决护理实践中的伦理问题，培养学生自觉进行护理伦理修养，养成良好的道德品质和健康的人格。

【实践活动】

观看视频

活动内容：组织观看视频《信念——南丁格尔》。

活动目标：加深对护理道德的理解。

活动方法：组织学生讨论“学习护理伦理学的重要性和护理道德品质养成的重要性”，每人写一篇观后感。

辩论赛

活动内容：组织一次关于护理道德的小型辩论赛。

活动目标：使学生加深对学习护理伦理学重要性的认识。

活动方法：①将学生分成两大组，正方论点——医护道德比医护技术更重要；反方论点——医护技术比医护道德更重要；②阅读教材及参考书；③分组讨论，推选四名辩手，其他学生为自由辩手；④由正、反方辩手进行辩论；⑤同学代表与教师进行评价。

目标检测

一、选择题

1. 一般而言，道德最基本的评价标准是（　　）

A. 好与不好　　B. 有利与无利　　C. 善与恶

D. 美与丑　　E. 对与错

2. 护理伦理学的精髓是（　　）

A. 护理道德理论　　B. 护理道德规范

C. 护理道德实践　　D. 护理道德关系

E. 以上都不是

3. 最早构建较完整美德论体系的是（　　）

A. 苏格拉底　　B. 柏拉图　　C. 亚里士多德

D. 希波克拉底　　E. 马克思

4. 对生命神圣、生命质量、生命价值观，护理人员在应用时应当坚持的观点是(　　)

A. 生命是第一的

B. 生命质量是最重要的

C. 生命价值是抽象而可忽略的

D. 生命价值应该放在首位

E. 生命神圣、生命质量、生命价值观是统一的

5. 功利论的代表人物是（　　）

A. 康德　　B. 边沁和密尔　　C. 密尔

D. 边沁　　E. 边沁和康德

二、思考题

1. 护理伦理学的研究对象与内容有哪些？
2. 简述学习护理伦理学的方法。
3. 简述生命质量论与生命价值论的内容和意义。
4. 简述人道论的含义与内容。
5. 简述道义论与功利论的含义、意义与局限性。

三、案例分析题

2018 年 7 月 27 日晚，某市中医院接诊在该市某酒店路口一名被撞伤的女性患者。该院救护车立即出诊，现场肇事车辆已逃逸。经检查：该患者意识清楚，能自行翻身，初步判断为流浪人员且有智力障碍。医护人员对患者的受伤部位进行消毒包扎，当时，因考虑患者症状较轻，智力障碍也无家属陪同，未对其做进一步检查。值班副院长在询问其病情后，顾及医院利益及患者实际情况，派人将患者“送”至邻县博野境内，但是次日发现患者死亡。警方已对包括医院当班副院长在内的 6 名涉案人员进行刑事拘留。

分析：对该案例中医务人员的行为进行伦理分析。

扫码“练一练”

（陈秋云）

第二章

护理伦理的历史发展概况

学习目标

知识要点

1. 掌握中外护理伦理的优良传统。
2. 熟悉未来护理伦理的发展趋势。
3. 了解中外护理伦理的历史演变。

技能要点

1. 能正确运用历史唯物主义的方法分析、批判和继承护理道德遗产。
2. 具有基本的辩证思维和逻辑思维的能力。

几千年的世界文明史孕育了丰富的文化宝藏，积累了博大精深的医学理论，蕴藏着丰富的医学道德。护理伦理学的研究对象有着几千年的漫长历史，但在近代才真正成为一门学科，随着社会的发展，伦理问题层出不穷。因此，辩证地、历史地、全面地考察和分析护理伦理的发展史，丰富和完善护理伦理学的知识体系，促进护理伦理学的进步与发展势在必行。

第一节　我国护理伦理的历史发展概况

扫码“学一学”

案例

三国时期的名医董奉，与华佗、张仲景齐名，号称“建安三神医”。他隐居庐山，给人治病不收报酬。患者来致谢，他让病轻而被他治愈者在他房子周围山坡上栽一棵杏树，病重而被他治愈者就栽五棵，前来看病的人很多，如此十年，杏树十万余棵，郁然成林。董奉又将杏子变卖成粮食，用来接济庐山的贫苦百姓和南来北往的饥民，这就是历史上有名的杏林佳话。请谈谈典故“杏林春暖”体现了哪些优秀的医护伦理传统？

我国古代医、护、药不分工，没有专门的护理职业，也没有护理伦理道德专论，护理道德思想散见于医学伦理道德之中。但是，古代医家深受儒家道德思想影响，在行医中形成了以“仁爱”为核心的医学道德观，其中蕴藏着丰富的护理伦理思想。了解我国护理伦理的发展历史，有助于提高现代护理服务质量，构建和谐护患关系。

一、我国护理伦理思想的产生与发展

（一）我国护理伦理思想的萌芽

原始社会生产力水平低下，人们在生产劳动中不可避免地会受伤、染病、中毒等，人们在与疾病斗争的过程中，逐渐积累了一些简单的疾病治疗方法和药物知识。据《帝王世纪》记载：伏羲“尝味百药而制九针，以拯夭枉”。《淮南子·修务训》记载：神农“尝百草之滋味，水泉之甘苦，令民知所避就。当时之时，一日而遇七十毒”。传说中更有黄帝教人治百病的记载。伏羲、神农、黄帝是远古时期医生的代表，尽管那时还没有形成医护道德体系，但人们自我牺牲的精神、自救和互救的行为，体现了萌芽状态的护理道德思想，具有浓厚的人道主义色彩。

知识链接

医　缓

医缓，春秋时秦国名医，后来被用来泛指良医。据《左传·成公十年》记载：公（晋侯）疾病，求医于秦。秦伯使医缓为之。未至，公梦疾为二竖子，曰：“彼，良医也。惧伤我，焉逃之?”其一曰：“居肓之上，膏之下，若我何?”医至，曰：“疾不可为也。在肓之上，膏之下，攻之不可，达之不及，药不至焉，不可为也。”公曰：“良医也。”厚为之礼而归之。以上史实为成语“病入膏肓”的出处。

（二）我国护理伦理思想的形成

西周时期，我国出现专门从事医疗活动的医师，并分类为：食医、疾医、疡医和兽医，设官分职，并建立考核医生的制度。战国时期的《黄帝内经》是我国现存的第一部医学经典著作，它确立了我国古代医学理论的雏形，标志着我国传统医德的初步形成。书中以“医乃仁术”为核心，分《灵枢》《素问》两部分，主张“不治已病，而治未病”的思想数千年来一直有效地指导了中医学的防治实践。《黄帝内经》明确提出医生应有的医德，其中《疏五过论》《征四失论篇》将医生在行医中常见的五种过错和医生在临诊工作中易犯的四种过失进行专门论述。《征四失论篇》中指出医生的失误是由于医术不精，学识浅薄，图名谋利，粗疏轻率，精神不专，意志不理和不负责任的行为所造成的。

扁鹊是战国时期著名的医学家，居中国古代五大医学家之首，他不仅医术高超，而且品德高尚，主要表现在三个方面：一是随俗而变，扁鹊到邯郸时，闻知当地人尊重妇女，就做治妇女病的医生；到洛阳时，闻知周人敬爱老人，就做专治耳聋眼花、四肢痹痛的医生；到了咸阳，闻知秦人喜爱孩子，就做治小孩疾病的医生；他随着各地的习俗来变化自己的医治范围。二是谦虚谨慎，扁鹊治好虢太子的尸蹶证后，虢君十分感激，大家都称赞他有起死回生之术，扁鹊却谦逊地说：“越人非能生死人也，此自当生者，越人能使之起耳。”意思是：我不是能让死去的人活下来，仅仅是使那些命不该绝的人活下去而已。那些已经死去的人还是不能通过药物使他们死而复生。三是反对迷信，坚持科学，据《史记》记载扁鹊有“六不治”原则，其中就有“信巫不信医”不治。

从上述史实可知，在整个奴隶社会时期，特别是到了奴隶社会末期，医护道德已基本形成，并为后世医护道德思想的研究和发展奠定基础。

（三）我国护理伦理思想的发展

封建社会我国医学发展取得很大成就。从秦朝到清朝的两千多年里，众多医家著书立作，总结出了三大方面医德内容：以人为本，普济众生；精勤不倦，博极众长；无私为医，清廉淳正。

东汉名医张仲景“勤求古训，博采众方”，写下著作《伤寒杂病论》和《金匮要略》，后世称“医圣”，他的医德为后世广为称颂，被人们尊为“坐堂大夫”。张仲景生活在战乱频繁、疾病流行的年代，深感医学的重要，便提出“留神医药，精究方术”“爱人知人，爱身知己”的忠告。他认为行医目的是为了济世救人，强调诊治疾病要严肃认真，不能马虎草率，这些论述对后世医德思想产生了深远的影响。

一代名医华佗生于东汉末年三国初期，那时军阀混乱，水旱成灾，疫病流行，人民处于水深火热之中，他痛恨作恶多端的封建豪强，同情受压迫、受剥削的劳动人民，不愿做官，宁愿捍着金箍铃，到处奔跑，为人民解脱疾苦。曹操三令五申要他当侍医，他宁死不从，最终惨遭杀害。

案例

唐代著名医学家孙思邈是一位医学大家，据记载：隋文帝请他当国子博士，他托病辞谢；唐太宗召他到京师准备授予爵位，他谢绝；唐高宗任命他做“谏议大夫”，也被他回绝。后来他考虑到长安有许多医书可以方便学习和著书立作，才接受了“承务郎”一职，当他收集到所需的医学资料后就借口重病辞官，行医民间。古代医家视麻风为畏途，他却冒着被传染的危险，亲手治疗麻风患者达六百例之多，治愈六十多人，且“莫不一一亲自抚养”。请结合孙思邈的事迹，谈谈我们该如何继承发扬我国古代优秀的医护道德传统？

唐代是我国历史上最繁荣的时期，医学迅猛发展，人才辈出，“药王”孙思邈是其中最杰出的代表，他不仅医术精湛，而且医德高尚，一生著书八十多种，其中以《千金要方》影响最大，当中的《大医精诚》《大医习业》篇是我国历史上最早、最全面、最系统地论述医护道德的专著。孙思邈认为人命宝贵，医生责任重大：“人命至重，有贵千金，一方济之，德逾于此，故以为名也。”孙思邈认为医家必须有渊博的医学知识和精湛的医疗技术，即做到“精”和“诚”才是大医。他提到：“医可为而不可为，必天资敏悟，读万卷书，而后可以济世。不然，鲜有不杀人者，是以药饵为刀刃也。吾死，子孙慎勿轻言医。”孙思邈的医德思想被誉为“东方希波克拉底誓言”，他是我国医学史上医德理论和医德规范的开拓者。

图2－1　“药王”孙思邈

（四）我国护理伦理思想的完善

宋、元、明、清时期，我国的医护道德规范逐步从抽象走向具体。南宋法医学家宋慈所著的《洗冤集录》是世界上最早的法医专著，书中大力提倡求真求实、实事求是的唯物主义精神；宋朝名医张杲对医家品德修养做了高度概括，他认为：“为医者，须绝驰骛利名之心，专博施救援之志”，并以“觅钱”还是“传道”即真心实意地继承与发扬医药技术，作为选择弟子的首要标准。

明朝是我国资本主义生产关系的萌芽时期，对外贸易促进了医学的对外交流，医学家的视野更为开阔。龚延贤的《万病回春》首次对医患关系做了系统概述，总结出“医家十要”和“病家十要”。陈实功在《外科正宗》中指出医家“五戒十要”，对我国古代医德做了系统总结，是我国古代医护道德教育的实用教材，此书被美国1978年出版的《生命伦理百科全书》列为世界古典医德文献之一，对我国的医护道德发展做出了重大贡献。

图2－2　陈实功

清代喻昌的《医门法律》丰富和完善了传统医德评价理论，确立了医德评价的客观标准。他把医护道德寓于医护实践中，用临床“四诊八纲”辨证论治的法则作为医务人员的“法”，用临床易犯错误作为医务人员的“律”，全面约束医护人员的行为。《医门法律》被后人称为“临床伦理学”，是我国医护道德发展中的又一重大突破。

知识链接

名人名言

“悬衡而知平，设规而知圆。”

——韩非子

二、我国护理伦理的优良传统

1. 济世救人，仁爱为怀　“仁”是儒家思想的核心，是儒家最高的道德规范。儒家思想是中国文化的主流，对我国医护伦理产生了深远影响。我国医护伦理将“济世救人”看作医学的目的，把“仁爱为怀”作为行医的基本原则。认为“医乃仁术”，医家应为“仁人之士”。如明代陈实功在《外科正宗》中指出：“贫穷之家及游食僧道衙门役人等，凡来看病，不可要他药钱，只当奉药。再遇贫难者，当量力微赠，方为仁术，不然有药而无伙食者，命亦难保也。”清代医家费伯雄也指出：“欲救人而学医则可，欲谋利而学医则不可。”梁阳泉所著《物理论·论医》一文就有“夫医者，非仁爱之士不可托也”的论述。宋代林逋在《省心录·论医》中也认为：“无恒德者，不可以做医。”这些思想告诉后人，医护人员应当具有关心、爱护、同情、帮助患者解除疾苦的道德境界。

2. 淡泊名利，廉洁正直　医护人员要淡泊名利，廉洁正直，这是我国历代医家注重培养与锤炼的道德品质。东汉时期名医张仲景、华佗不慕名利，不攀权贵，坚持为贫困百姓解除疾苦，千古传颂。宋代名医庞安时，对远道而来的重病患者，不仅认真诊治，还腾出房间让患者住下，亲自为患者煮粥熬药，精心护理到病情痊愈。明代龚信在《明医箴》中提出：“今之明医，心存仁义。不计其功，不谋其利，不论贫富，药施一例。”

3. 谦虚谨慎，尊重同道　医学是协作性很强的工作，谦虚谨慎、尊重同道，相互学习、取长补短是我国医护道德的优良传统。清代名医叶天士，出身中医世家，自幼熟悉医理，医术精湛，年仅十余岁，每天求诊的患者络绎不绝，但他虚心好学，十年内先后拜了十七位老师。有一次，当得知一位自己认为不能医治的患者，经金山寺和尚的诊治痊愈了，立即前往金山寺拜这和尚为师。明代朱丹溪给一位妇女治痨病，病已基本痊愈，但脸颊红点一直不褪，他毅然写信请比自己年轻、名气小的葛可久来治，果然彻底治愈。

知识链接

名人名言

"爱人者，人恒爱之；敬人者，人恒敬之。" ——孟子

4. 精勤不倦，博极医源　医学知识丰富而深奥，它关乎人的性命与健康，责任重大，自古就有"人命关天""临病如临敌，用药如用兵，用药如用刑"的古训。《黄帝内经》认为医家必须"上知天文，下知地理，中知人事"，必须"入国问俗，入家问讳，上堂问礼"。晋代针灸学鼻祖皇甫谧，家中贫寒，42 岁半身不遂，耳朵几乎聋了，54 岁因服寒石散大病一场，几乎致命，但他没放弃学习医术，一心致力于针灸学的研究，终于完成针灸学巨著《针灸甲乙经》。孙思邈认为："世有愚者，读方三年，便谓天下无病可治；及治病三年，乃知天下无方可用。故学者必须博极医源，精勤不倦，不得道听途说，而言医道已了，深自误哉！"明代医家李时珍，参阅八百多种书籍，向农民、药农、渔民、樵夫等请教，收集民间验方，翻山越岭，访医采药，历时 29 年之久，三易其稿，终于完成了集中药之大成的《本草纲目》，成为世界药学宝库中的瑰宝。

5. 稳重端庄，温雅宽和　医者的举止、言行、神态直接影响患者，关系到能否得到患者的尊重信任，历代医家都非常重视自身的言谈举止、仪表风度，做到庄重大方，不卑不亢。清代张石顽说："学术固思精进，言行也亦注重，才能得患者之信仰。"孙思邈说："士大夫之体，欲得澄神内视，望之俨然，宽裕汪汪，不皎不昧。"历代医家还强调，必须尊重女性，绝不能利用诊察之机，调戏或奸污妇女。如《医家五戒十要》中明确指出："凡视妇女及孀妇尼僧人等，必候侍者在旁，然后入房诊视。倘傍无伴，不可自看。假有不便之患，更宜真诚窥睹……凡娼妓及私伙家请看，亦当正己视如良家子女，不可他意见戏，以取不正，视毕便回。贫窘者药金可璧，看回只可与药，不可再去，以希邪淫之报。"

知识链接

君子慎独　不欺暗室

慎独是指人们在独自活动无人监督的情况下，凭着高度自觉，按照一定的道德规范行事，而不做任何有违道德信念、做人原则之事。慎独是我国古代儒家的自我修身方法。

据张皋《医论说》记载，宋代何澄为人治病，被人妻引入密室告之：家业典当殆尽，无以供汤药之资，愿以身相许。澄正色曰：娘子何以此言，切勿以此相污！当为调治取效。

三、我国传统护理伦理思想的历史局限性

我国传统护理伦理和医术密切联系，渗透于医疗实践中，虽然内容丰富，但缺乏理论

性、系统性和规范性，我们一方面要继承古代医护道德思想的优秀道德传统，另一方面又要认识到古代医护道德的历史局限性。

1. 受封建等级思想的束缚 封建等级观念渗透到社会各个领域，医学也不例外。“三纲五常”“三从四德”“男尊女卑”等观念对我国医学的发展产生了极大的负面影响，特别是妨碍了妇科医学的发展。《曲礼》中记载：“君有疾饮药，臣先尝之，亲有疾饮药，子先尝之。”给妇女看病“重症而就床隔帐诊之，轻症而就门隔帐诊之，亦必以薄纱罩手，贫家不便，医者自袖薄纱”。

2. 受封建迷信思想的束缚 由于生产力落后，科学技术不发达，医学的发展受到一定的限制，中国传统医护道德中带有一定的封建迷信思想。战国之前，医、巫不分，巫医是对掌握部分疾病医治技术和药物知识的巫师总称。汉代以来，直至明清，巫医治病者，史不绝书。即使是“精诚大医”孙思邈也认为“人行阳德，人自报之；人行阴德，鬼神害之”，包含了封建迷信和因果报应的思想。

3. 缺乏系统性和规范性 在古代，医护不分家，医即护，护即医，没有专门从事护理工作的人员，没有系统的护理知识及技术，也没有护理伦理专论，护理伦理思想蕴藏在医德思想之中。

课堂互动

肯定一切和否定一切都是错误的，我们应该如何看待我国传统的医德？

四、我国近现代护理伦理的发展

中国近现代护理伦理思想的形成是中外文化交融的结果。1840 年鸦片战争之后，西医和西方思想文化进入中国，一些西方宗教团体开始在我国创办教会医院和护士学校，我国的护理职业开始形成并发展。

（一）近代护理伦理学的萌芽

1820 年，英国传教士马礼逊（R. Morrison）和东印度公司的船医李文斯顿（T. Livingstone）在澳门开设诊所。1835 年，美国传教士伯驾（P. Parker）在广州开设了中国第一所西医医院眼科医局（博济医院），两年后，这家医院开始培训男护理人员，1887 年开设护士训练班。1888 年，美国护士约翰逊（E. Johnson）在福州一所医院内开办了我国第一所护士学校。1900 年以后，中国各大城市建立了许多教会医院，并设护士学校，我国护理专业队伍逐渐形成。

1907 年，在华工作的美国护士辛普森（Cora E. Simpson）女士建议成立中华护士会，1909 年中华护士会正式成立，这是我国最早的学术团体之一。1914 年，第一届全国护士会议正式召开，会上将英文的“nurse”译为“护士”。1922 年，国际护士大会在日内瓦召开，正式接纳中华护士会为第 11 个会员国。1934 年南京政府成立了护士教育专门委员会，将护理教育纳入国家正式教育体系。

宋国宾是我国医学伦理学的先驱者，他编写的《医业伦理学》是我国西医学界第一部现代医护伦理学著作，书中对医师与患者、同行、社会的关系做了系统论述，首次对医生保守患者秘密进行了论述。

（二）现代护理伦理学的发展

中华人民共和国成立后，我国的护理事业和护理伦理学得到迅速发展，“防病治病、救死扶伤、人道主义、全心全意为人民服务”的护理伦理思想日臻完善。1950 年召开的首届全国卫生工作会议在国家层面统一规划了护理事业建设。此后，国家加大对医疗卫生事业的投入，护士队伍日益壮大，护士的层次、素质不断提高。1956 年，卫生部拟定了《关于改进护士工作的指示》，各医院成立护理部，加强对护士的管理、培训、使用和考核，开展护理工作的业务学习，举办正规高等护理教育，护理工作日益规范化、系统化，护理伦理学也日益发展。遗憾的是十年“文化大革命”，使刚刚发展起来的护理事业一度陷入停滞状态。

改革开放以后，护理事业迎来了发展的春天。1981 年第一届全国医学伦理道德研讨会，倡议全国各医学院校开设医学伦理学课程，同年 10 月卫生部颁发《医院工作人员守则和医德规范》；1986 年召开全国首届护理工作会议，强调护理工作是崇高的职业，应受到社会尊重，把每年 5 月 12 日设为“护士节”；1993 年卫生部颁布《中华人民共和国护士管理办法》，并于 1994 年 1 月 1 日正式实施，条例规范了护士资格考试制度和护士执业许可制度。2008 年国务院颁布了《护士条例》。这些都极大促进了护理事业的发展，促进了护理伦理学的建设。同时，新时期护理人员的素质不断提高，涌现出大批无私奉献、全心全意为人民健康服务的护理人才。她们在 1998 年的抗洪救灾、2003 年的全国抗击“非典”中经受住考验，在 2008 年的汶川地震、2010 年的甘肃舟曲泥石流中无私奉献，展示了当代医护人员的风采。我国自 1983 年首次参加第 29 届南丁格尔奖评选以来到 2019 年，已有 79 位护理工作者获得国际最高护士荣誉奖——南丁格尔奖章。

据国家卫生健康委员会发布数据显示，截止 2017 年底，我国注册护士总数超过 380 万人，比 2008 年增加了 126.5%，我国每千人口护士数达到 2.74 人，全国医院医护比达到 1∶1.1，三级医院医护比达到 1∶1.54，二级医院达到 1∶1.46，医院临床护士配置大大增加。随着人们健康观念的加强，中国护士正逐渐从医院走进社区和家庭，走进护理院、康复医院、老年病医院等延续性医疗机构，为患者提供慢性病管理、长期护理、康复促进、临终关怀等服务。

知识链接

完善医疗卫生服务体系

“健康中国 2030”规划纲要中提到“全面建成体系完整、分工明确、功能互补、密切协作、运行高效的整合型医疗卫生服务体系。县和市域内基本医疗卫生资源按常住人口和服务半径合理布局，实现人人享有均等化的基本医疗卫生服务；省级及以上分区域统筹配置，整合推进区域医疗资源共享，基本实现优质医疗卫生资源配置均衡化，省域内人人享有均质化的危急重症、疑难病症诊疗和专科医疗服务；依托现有机构，建设一批引领国内、具有全球影响力的国家级医学中心，建设一批区域医学中心和国家临床重点专科群，推进京津冀、长江经济带等区域医疗卫生协同发展，带动医疗服务区域发展和整体水平提升。加强康复、老年病、长期护理、慢性病管理、安宁疗护等接续性医疗机构建设。实施健康扶贫工程，加大对中西部贫困地区医疗卫生机构建设支持力度，提升服务能力，保障贫困人口健康。到 2030 年，15 分钟基本医疗卫生服务圈基本形成，每千常住人口注册护士数达到 4.7 人。

扫码“学一学”

第二节　国外护理伦理的历史发展概况

在浩如烟海的世界医学史中，蕴含着丰富的护理道德内容。研究借鉴这一宝贵的人类文化成果，有助于丰富和发展我国的护理伦理思想。

一、国外护理伦理思想的产生与发展

（一）国外古代护理伦理思想

1. 古希腊的护理伦理思想　古希腊医学形成于公元前 6 ~ 公元前 4 世纪，是西方医学的发源地。希波克拉底是西方医学的奠基人，被称为“西医之父”，也是西方医德的创始人。《希波克拉底誓言》是西方医德的经典文献，奠定了西方医护道德基础，直至 18 世纪，《希波克拉底誓言》一直被作为西方世界医学伦理的基本信条。希波克拉底一生积极钻研医学、破除迷信，具有高尚的医德，致力于用科学的知识指导护理工作，他强调身体是一个综合的整体，教学生帮助患者使体液达到平衡，教学生热敷和泥敷的技巧，建议心脏病患者洗漱口腔和有规律地营养调节。总之，用最简便易行的办法达到康复的目的，给患者带来最大的益处。希波克拉底的这些医护措施对日后的护理工作产生了极大影响。在那个年代，从事护理工作的人大多没有受过专业训练，因此希波克拉底提出关于护理和护理道德的具体要求，他认为“护士是医生的助手，应选择有训练的人担任护理，帮助医生观察患者，执行医生的指示”。同时，他强调医护行为的目的是为患者服务，把患者的康复视为医护工作的最高职责。但是，由于历史局限性，希波克拉底的医德观念中也存在一些消极因素，如不为妇女实施堕胎术，主张不接治濒死患者，以免有麻烦。

图 2 - 3　希波克拉底（Hippocrates，前 460 ~ 前 377），西方医学的奠基人

知识链接

名人名言

“无论至于何处，遇男或女，贵人及奴婢，我之唯一目的，为病家谋幸福，并检点吾身，不做各种害人及恶劣行为。”

——《希波克拉底誓言》

2. 古罗马的护理伦理思想　古罗马是继古希腊之后西方历史上第二强大帝国，在世界文化史上曾创造了辉煌的古罗马文明。公元 2 世纪，古罗马占领了古希腊地区，因此罗马时代的医学同古希腊密不可分。盖伦是古罗马杰出的医生，他不仅创立了医学和生物学知识体系，而且十分重视对医护人员进行医德教育，鼓励医生要清正廉洁、淡泊名利。盖伦提出轻利的伦理思想，认为“作为医生不可能一方面赚钱，一方面从事伟大的艺术——医学”。但是，盖伦认为自然界中所进行的一切都是有目的的，人们各部器官都与一种预先固定好的目的相配合，灵魂是生命的要素，身体不过是灵魂的工具。盖伦的唯心主义世界观被基督教神学所利用，在长达一千多年的中世纪被奉为信条。古罗马末期，一些贵族妇女在新兴基督教的影响下，捐建医院收容贫困患者和难民，有的甚至把患者接到家中进行护理，这在上层社会形成良好风尚。

3. 古印度的护理伦理思想 古印度是世界四大文明古国之一，医学发展较早，护士是一个专门职业，重视医护人员的职业道德。公元前5世纪，印度外科鼻祖妙闻在其著作《妙闻集》中提到："雇佣的侍者（护士）应具有良好的行为和清洁的习惯，要忠于他的职务，要对患者有深厚的感情，满足患者的需要，遵从医生的指导。"在经典著作《吠陀》一书中谈到对产妇的护理，要求助产士和医生剪短指甲和头发，每日沐浴，以免对产妇造成伤害。公元1世纪，内科名医阇罗迦在《阇罗迦集》中指出："护士必须心灵手巧，必须有纯洁的心身，必须掌握药物配制和调剂的知识，以及对患者的忠心。"公元2世纪印度国立医院要求护士："必须聪慧而敏捷，应献身于对患者的护理工作""能熟练地清洁床铺，对患者应有耐心"。综上可见，在古印度护理已成为独立的专业，有详尽的护理道德要求，体现了医学人道主义精神，是医学伦理学传统的重要组成部分。

4. 古阿拉伯的护理伦理思想 古阿拉伯帝国曾是世界文明强国之一。古阿拉伯医学兴盛于公元700～1300年，是医学和护理学发展史上又一里程碑。古阿拉伯人为了减轻患者痛苦，手术一般在麻醉状态下进行，并注重护理，无论男女都可当护士，并在医生指导下工作。古阿拉伯医护的典范是公元12世纪的迈蒙尼提斯，他是犹太族医学家、神学家和哲学家，著作《迈蒙尼提斯祷文》是医学道德史上的重要文献之一，可与《希波克拉底誓言》相媲美。他在祷文中提出："愿绝名利心，服务一念诚""无分爱与憎，不问富与贫""凡诸疾病者，一视如同仁""神清求体健，尽力医患者"等一系列医德规范。公元12世纪左右，黑死病席卷欧洲，一些阿拉伯医生不顾个人安危，投身到疾病防治工作中，体现了良好的医护道德。

图2-4 迈蒙尼提斯（Maimonides，1135～1204），犹太族医学家、神学家和哲学家

5. 欧洲中世纪的护理伦理思想 自公元4世纪起，欧洲进入了长达千年的"黑暗的中世纪"，教会成为思想文化领域的最高权威，医学道德被纳入宗教神学范畴，受到宗教思想广泛而深刻的影响。由于封建专制、迷信盛行，宗教把持社会、垄断文化、反对科学，致使包括医学在内的一切科学技术长期徘徊不前。但在基督教提倡的"爱人""无私利他"的道德观影响下，教会从忠于上帝的思想出发，兴建了不少慈善教会医院，护理工作被看作慈善事业，教徒把对患者的护理看作他们的宗教职责，并成立各种姊妹会和兄弟会，以便更好地护理患者。许多上层社会妇女在基督精神的影响与感召下，经常到医院做些护理工作，亲自照护患者，充分体现了基督教普爱精神对护理工作及护理道德的良好影响。

（二）国外近代护理伦理思想

欧洲文艺复兴运动后，医学开始从封建、宗教、神学的束缚中解放出来，由经验医学逐步走向实验医学，开始探索新的医学理论与技术，近代医学获得了前所未有的发展。特别是医院出现后，对医护道德提出了许多新要求。主要表现在18世纪德国胡弗兰德提出的《医德十二箴》，这份文献提出了“救死扶伤、治病救人”的观点，对查房、会诊、处理患者与诊治医生关系等提出了明确的医德要求。医护道德中人道主义原则的提出，标志着医护伦理学进入一个新的发展阶段。

英国的弗洛伦斯·南丁格尔（Florence Nightingale）女士是使护理成为独立科学的创始人。她倡导、制定了很多护理道德规范，受到了当时和后世人们的尊重和景仰。她指出：护士的工作对象不是冰冷的石头、木头和纸片，而是有热血和生命的人类，护理工作是精细艺术中最精细者。因此，护士必须有一颗同情的心和一双勤劳的手，必须记住自己是被患者所依赖信任的，她必须不说别人的闲话，不与患者争吵；除非在特定的情况下或有医师的允许，不与患者谈论关于病况的问题；一个护士需要绝对尊重自己的职业。南丁格尔强调，“护理要从人道主义出发，着眼于患者，既要重视患者的生理因素，也要重视患者的心理因素”。根据南丁格尔的护理道德思想，美国护士格瑞特于1893年，仿效《希波克拉底誓言》编写了《南丁格尔誓言》。

知识链接

余谨以至诚，
于上帝及会众面前宣誓：
终身纯洁，忠贞职守。
勿为有损之事，
勿取服或故用有害之药。
尽力提高护理之标准，
慎守病者家务及秘密。
竭诚协助医生之诊治，
务谋病者之福利。
谨誓！

弗罗伦斯·南丁格尔（Florence Nightingale，1820～1910），护理学创始人、现代护理教育奠基人

——《南丁格尔誓言》

（三）国外现代护理伦理思想

19世纪末到20世纪初，人类迈进现代社会。特别是第二次世界大战之后，医学新理论、新技术、新方法不断涌现，护理学逐步成为有独立知识体系的综合性应用学科。在近百年时间里，一些国家和国际性护理团体相继成立，相应地产生了一系列国际性医德法典和护理道德法典。比较著名的有：1947年美国医学会制定的“医生道德守则”；1948年世界医学会以《希波克拉底誓言》为蓝本，制定并通过了《日内瓦宣言》，作为医务人员共同遵循的守则；1949年世界医学会通过《国际医德守则》；1953年国际护士协会拟定并通过了《护士伦理学国际法》（1965年和1973年进行了两次修订）；1964年世界医学大会通过了规范医学人体试验的医德法典《赫尔辛基宣言》；1968年世界医学会通过了关于确定死亡道德责任和器官移植道德原则的《悉尼宣言》；1975年世界医学大会公布了对待犯人的《东京宣言》；1977年世界精神病学大会通过了对待精神患者的《夏威夷宣言》；1981年世界医学大会通过了《患者权利宣言》；2000年世界生命伦理学大会通过了《生命伦理

学宣言》。与此同时，日本、苏联、美国等国家也相应制定了医学道德规范和护理道德规范。现代医学道德规范和护理道德规范正向系统化、规范化和法律化迈进。

二、国外护理伦理的优良传统

1. 救死扶伤，服务患者　国外护理伦理学重要内容之一就是坚持救死扶伤，一切为患者着想。古希腊名医希波克拉底强调：“无论至于何处，遇男或女，贵人及奴婢，我之唯一目的，为病家谋幸福，并检点吾身，不做各种害人及恶劣行为。”德国名医胡弗兰德提出：“医生活着不是为了自己，而是为了别人……要用忘我的工作来救治别人，救死扶伤，治病救人。”白求恩说过：“一个医生就是为患者活着的，如果医生不为伤病员工作，他活着还有什么意义呢?”

2. 珍爱生命，奉行人道　人道主义是近代以来国外护理伦理的主要特征。《日内瓦宣言》指出：“我要为人道服务，神圣地贡献我的一生，我要凭自己的良心庄严地来行医，我首先考虑的是患者的健康。我决不允许宗教、国籍、政治派别或地位等来干扰我的职责和患者之间的关系。我对生命保持最高的尊重，即使在受到威胁下，我也决不将我的医学知识用于做违反人道主义规范的事情。”

3. 平等待人，一视同仁　《迈蒙尼提斯祷文》中指出：“无分爱与憎，不问富与贫。凡诸疾病者，一视如同仁”；《国际护士守则》规定：“护理的需要是全人类的需要”“不论国籍、种族、主义、肤色、年龄、政治和社会地位，一律不受限制”“不分贫富愚智，不分黑人白人，均应耐心地服务。”

知识链接

名人名言

“一个有真正大才能的人会在工作过程中感到最高度的快乐。”——歌德

“把美的形象与美的德行结合起来吧，只有这样，美才会放射出真正的光辉。”——培根

4. 淡泊名利，体贴患者　古印度名医阇罗迦强调：“医生治病既不为己，亦不为任何利益，只为谋人类幸福，所以医业高于一切。”南丁格尔为了救治患者，不惜抛弃舒适富裕的生活，终生未婚，为护理事业无私奉献，她认为护士要从人道主义出发，着眼于患者，要对患者体贴入微，细致观察。

5. 尊重患者，慎言守密　《希波克拉底誓言》《南丁格尔誓言》《护士伦理学国际法》等伦理文献中，多次强调要尊重患者的生命，尊重患者的尊严和权利，保护患者的秘密，不泄露患者的隐私。南丁格尔强调：“必须记住自己是被患者所依赖和信任的，她必须不说别人的闲话，谨言慎行。”

6. 尊师重道，互助友爱　《希波克拉底誓言》中强调：“凡授我艺者，敬之如父母，作为同业伴侣。彼有急需我救济之，视彼儿女犹我兄弟，如欲授业，当免费无条件传授之。”《日内瓦宣言》也指出：“对我的老师给予他们应该受到的尊敬和感恩”“我的同道均是我的兄弟”，应当尊重师长，同行互助友爱，亲如兄弟姐妹，共同进步。

三、国外护理伦理的主要特征

1. 推动了医学发展 护理产生于医学之中，医学的每一次进步都会促进护理技术和护理伦理的进步；而护理伦理的每一次发展和完善，又有力地推动医学的发展。医护伦理学强调直接为医疗护理实践服务，例如：《赫尔辛基宣言》规定了人体试验的伦理要求，《悉尼宣言》确定了死亡的伦理责任和器官移植的伦理原则，这些道德法典使医务人员有效解决医护实践中的伦理难题，使医学护理科学健康发展。

2. 带有浓厚的宗教神学色彩 国外护理伦理深受犹太教、基督教、天主教的影响，如希波克拉底在《希波克拉底誓言》的开头就向神灵发誓；迈蒙尼提斯深受犹太教影响，在《迈蒙尼提斯祷文》中也把神放在第一位，向上天祷告；欧洲医务人员受基督教、天主教影响较深，南丁格尔是虔诚的基督教徒，认为自己当护士是上帝对她的召唤。

3. 具有鲜明的时代性和阶级性 不同阶级、不同时代有着不同护理伦理意识和护理伦理标准。古巴比伦的《汉谟拉比法典》规定，医护人员给上等人治病致其死亡，要给予医生断手的处罚；治奴隶死亡，则只罚奴隶身价一半的金钱即可。古希腊传统上认为那些不能治愈、没有恢复可能的患者可以不再治疗、照料和护理，认为帮助他们尽快死去是更道德的。

第三节　护理伦理的现状与未来

扫码“学一学”

一、当代护理伦理学的发展现状

1. 护理伦理学科体系更加完善 首先，当代护理伦理学的理论基础丰富。当代护理伦理学除了继承传统的生命神圣论、美德论、义务论、功利论外，还与生命质量论、生命价值论和公益论相结合，将护理伦理与多种学科相融合，使当代护理伦理学的理论基础更加丰富，也更能反映当今社会公众的道德倾向。其次，当代护理伦理学的道德规范更为全面。第二次世界大战后，国际护士协会和英、美等国家的护士协会先后制定护理伦理规范，规定护士基本道德责任，规范护士工作。在这些典型规范的指导下，一些更为具体的道德规范被制定出来，例如：手术护理、基础护理、急诊护理等。随着护理技术的发展，护理伦理规范也在不断地修正和补充。中华护理学会制定和确认了21世纪中国护理目标及护理伦理准则，明确了“护理工作服务于人生命的全过程 ”“提高生存质量”是基本护理价值之一。

2. 护理伦理教育受到普遍重视 自南丁格尔开创护理教育以来，护理学成为一门独立的学科，护理教育的发展为护理伦理学教育创造了条件。当今，越来越多的国家重视对护生和护士进行系统化、规范化的护理伦理教育，在一些发达国家的医院，伦理问题是护理巡诊必须讨论的问题。近些年来，我国医学院校相继开设护理伦理学课程，并作为专业必修课。护理专业的学生不仅需要掌握专业的护理技能，还需要具有广博的人文社会科学知识，懂得尊重关爱患者并具有护患沟通、心理调适等能力。

3. 护理伦理要求更加规范 当前对护士的伦理道德要求大多以规范的形式表现出来，并趋于规范化。第二次世界大战的惨痛教训，加深了人们对医护工作中道德作用的理解。

1953 年，国际护士协会制定了第一个正规的护士规范，即《护士伦理学国际法》，1965 年 6 月，在德国福兰克福大议会修订并采纳；国际护士学会于 1973 年修订《国际护士守则》并沿用至今。1968 年，国际护士委员会制定了《系统制定护理法规的参考指导大纲》，为各国护理立法提供了权威性的指导。1976 年，美国护士协会制定了《护士章程》，并于 1985 年进行扩充。1977 年，英国皇家护理学院发表《护理研究之人权伦理指引》。1983 年，加拿大护士学会发表了《护理研究运用于人类的伦理指引》。1988 年，我国卫生部制定了包括护理伦理规范在内的《医务人员道德规范及其实施办法》，1994 年我国颁布了《中华人民共和国护士管理办法》，为此护理伦理要求和行为规范得到了进一步的强化和落实。

知识链接

镜 箴

敬爱的周恩来总理在天津南开中学读书时，学校在一面大镜子上悬挂着一幅格言，上面写着："面必净，发必理，衣必整，纽必结。头容正，肩容平，胸容宽，背容直。气象：勿傲、勿暴、勿怠。颜色：宜和、宜静、宜庄。"周总理一生便是以此 40 字作为仪容仪表、言谈举止的准则。因此，在他光辉的一生中，永远保持着举世公认的良好气质和优雅风度。

二、21 世纪护理伦理面临的挑战

近年来，随着医学技术的飞速发展，护理观念随之更新，同时护理技术、护理手段以及护理环境也发生了较大变化。在临床工作中，护士经常面临的伦理问题主要分为三大类。

1. 医学模式和整体护理模式改变带来的护理伦理问题 "生物－心理－社会"的现代医学模式转变，使护理观念、职责范围作用与功能都发生了相应的变化。更加注重研究心理护理、社会护理，包括社会健康护理和社会疾病护理。并加强对护理心理学、护理环境学、护理行为学、护理人际学、护理社会学及身心医学等学科的研究，这就要求护理人员具备更高的素质，更全面的伦理知识。

2. 护理科研带来的伦理问题 随着患者权利意识的觉醒，患者要求被关怀、被尊重，得到高品质护理服务的心理日益强烈，依靠法制维护自己权利的意识也在不断增强。在护理科研中如何严格执行知情同意原则和保密原则，在护理科研时是否需要专门的伦理委员会，护理专家在医疗机构伦理委员会怎样发挥作用等伦理问题日益突出。

3. 医学高新技术应用带来的护理伦理问题 随着现代科技发展，许多先进护理仪器和设备应用到临床护理实践中，使护理工作更科学、更快捷。但是，机器的介入、护士与患者之间的直接交流和接触减少、护患之间感情淡薄、护患关系出现"物化"趋势，这些都不利于建立良好的护患关系，也会给传统护理伦理道德带来冲击和挑战。

三、当代护理伦理学的展望

1. 护理伦理学的发展运用空间更为广阔 当前随着医学模式的转变，护理模式也发生转变，护理领域提出了"以患者为中心"和整体护理的理念和模式，将护理工作关注的重点从患者的疾病、生理缺陷转向完整的患者身上，将患者视为一个有灵魂的生命，家庭及社会的一员，身体与精神的统一体。通过控制症状、心理护理、精神护理来确保患者的生存质量。这些转变使护理工作充满了人文关怀，也更符合护理伦理学所倡导的人道主义伦理观。同时，护理伦理学不仅仅局限于研究内科护理、外科护理等临床领域，还扩展到社区护理、康复护理、护理科研、临终护理、人类辅助生殖技术护理等一切与护理业务相关领域的护理道德意识和行为；不仅仅局限于满足其服务对象生理需要，也扩展到满足服务对象心理、社会、文化等方面伦理需求。护理伦理学的研究和教育已从患者的利益，扩展到了人类的利益和社会进步。

2. 护理伦理学更加突出实践性 护理临床实践涌现的大量伦理问题使护理伦理学的实践性更加突显，这就需要护理人员具有与时俱进的护理伦理理念和专业的护理伦理素养，妥善处理工作中的伦理问题，建立和谐护患关系。首先，教学上需要坚持以爱的伦理为核心，护理人员是终身探究和实践关怀的学者，是道德的行动者，她们的行动始终是关怀他人，尤其是患病的、虚弱的和有残疾的人。其次，加强护理伦理案例分析，就临床护理遇到的伦理问题，深入分析护理伦理问题，对护理人员进行处理原则和处理方法的指导。同时，组织学习国内外在高科技领域应用中的伦理规定，开展高科技伦理难题讨论。最后，医院要积极发挥医院伦理委员会的作用。近几十年来，国外许多医院纷纷成立医院伦理委员会，包括医生、护士、律师、伦理学家、心理学家、社会学家、牧师等成员，集体讨论解决医院所遇到的伦理难题，减少医患、护患等方面的矛盾和纠纷。目前，我国许多医院和医疗卫生机构也陆续成立了医院伦理委员会，医院伦理委员会的兴起有助于提高护士的伦理决策能力，更好地为人类健康服务，促进护理事业和护理伦理学的发展。

3. 护理伦理学更加关注人类健康 医护活动的重要使命就是维护人类的健康。世界卫生组织对健康的定义：“健康不仅仅是躯体没有疾病，还要具备心理健康、社会适应良好和道德健康。”这种新健康观对医护人员提出了更高的要求，要求医护工作者必须具备较高的职业道德水准，要关注患者的心理健康和道德健康。一方面要求医护人员要维护患者道德人格的完整；另一方面还要对不具有健全道德人格的患者加以特别关注，尽可能去影响改变其价值观，帮助其形成正确的道德观。在关注维护患者道德健康的同时，也要求护士要树立正确的人生观、价值观及道德观，拥有健全的人格。新健康观对护士的人文素养提出了更高的要求，不仅要掌握和了解心理学、社会学、人际交往等知识，更要应用这些知识去服务患者。

4. 护理伦理学更加关注生态环境 生态环境包括自然环境和社会环境，身处同一个世界，人类的健康与生态环境息息相关，护理伦理学的发展与生态环境密不可分。首先，护理伦理学应树立生态价值观。近年来，随着非典、甲流、手足口病、疯牛病等传染病的爆发流行，人们越发关注生态环境问题，环境疾病已成为医护活动的重要内容。护理人员应树立人与自然和谐相处的道德观，建立“顺其自然，道法自然”的绿色护理道德。其次，护理伦理学应树立生态安全观。当今社会抗生素的滥用，医疗垃圾处理不当等医护活动加剧了人类生存环境的恶化。提高人们的生活质量和健康水平，医护人员必须树立生态安全观，医护行为要有利于人类生存环境的保护和改善。

总之，护理伦理日趋规范化顺应了时代对护理职业的要求，护士要紧跟时代步伐，树立患者至上、热情服务的道德风尚，改进服务态度，规范服务行为，提高服务质量，努力为患者提供爱心、诚心、耐心、细心、热心的服务，以维护人民群众健康为己任，增强责任感和使命感，不负重托、不辱使命，在促进社会健康事业中做出更大贡献。

本章小结

本章全面考察和分析了国内外护理伦理的形成和发展历史，汲取了中国传统护理伦理思想的精华，借鉴了国外护理伦理思想的经验。展望未来护理伦理学的发展趋势，机遇与挑战并存，护理伦理学有更广阔的发展运用空间，更加突出实践性，更加关注人类健康，更加关注生态环境。加强护理伦理学的研究，对促进我国医德建设具有十分重要的意义。

【实践活动】

活动内容：组织观看视频《大爱无垠——提灯女神黎秀芳》。

活动目标：加深对护理道德的理解。

活动方法：组织学生讨论“学习护理伦理学的重要性和护理道德品质养成的重要性”，每人写一篇观后感。

目标检测

一、选择题

1. 我国最早建立考核医生制度是在（　　）

A. 原始社会时期　　B. 西周　　C. 战国

D. 东汉　　E. 唐朝

2. 我国现存的第一部医学经典著作是（　　）

A.《黄帝内经》　　B.《伤寒杂病论》　　C.《千金要方》

D.《外科正宗》　　E.《本草纲目》

3. 西方医学的奠基人是（　　）

A. 白求恩　　B. 盖伦　　C. 希波克拉底

D. 南丁格尔　　E. 妙闻

4. 近代护理伦理学的先驱是（　　）

A. 南丁格尔　　B. 康德　　C. 摩尔

D. 秋瑾　　E. 宋国宾

5. 我国被美国 1978 年出版的《生命伦理百科全书》列为世界古典医德文献之一的医著是（　　）

A.《黄帝内经》　　B.《外科正宗》　　C.《伤寒杂病论》

D.《大医精诚》　　E.《本草纲目》

二、思考题

1. 社会主义护理伦理基本原则是什么？

2. 简述我国古代著名医学家的主要医德内容。

3. 我国古代护理道德的优良传统主要表现在哪几方面？
4. 国外护理道德的优良传统主要表现在哪几方面？
5. 你认为作为一名护士应具备什么样的护理伦理道德？

三、案例分析题

《列仙传》记载，西汉文帝时期，湖南郴州人苏耽，侍奉母亲至孝，后羽化登仙。今郴州城外苏仙岭因苏耽曾在此居住而得名。传说苏耽登仙之前曾禀告母亲："明年天下疾疫，庭中井水，檐边橘树，可以代养，井水一升，橘叶一枚，可以疗人。"第二年果然疫病流行，其母依言，主动用橘叶、井水医疗，治好了不少人，并且拒绝收受酬谢。这就是"橘井泉香"的典故，与"杏林春暖"的典故合璧。后世常以橘、杏齐名来代指医界。

分析：①"橘井泉香"的传说反映了我国古代哪些医护道德思想？②"橘井泉香"对你有何启示？

扫码"练一练"

（林艳君）

第三章

护理伦理原则、规范与范畴

学习目标

知识要点

1. 掌握护理伦理的基本原则、具体原则和护理伦理基本规范的含义与内容。
2. 理解护理伦理基本范畴的含义与内容。
3. 了解权利、义务、情感、良心、审慎、保密、荣誉与幸福的作用。

技能要点

具有重视生命，尊重患者，为患者和社会负责的态度。

护理伦理的基本原则、规范及范畴在护理伦理学中占有重要的地位，是护理伦理学的核心。它们所涉及的理论、观点，是培养护理人员的道德品质和道德行为的理论依据和准则。学习和掌握这些内容，对于护理人员养成良好的职业道德品质，协调医护领域内各种人际关系，提高护理质量，促进社会主义精神文明的发展都具有重要的意义。

第一节　护理伦理原则

扫码“学一学”

案　例

患者李某，男性，57岁，离休干部，因喉癌住院。住院后他告诉医生：“如果肿瘤已到晚期，不要告诉我任何关于我将要死亡的消息，只要能让我舒适即可，也不要做更多抢救。”并立下字据交给医护人员。因此，当患者生命垂危时，医护人员未给其使用呼吸机等抢救措施，只给予足够减轻疼痛的药物。但家属希望使用一切抢救、治疗手段尽量延长患者的生命。此时，患者已神志不清，面对家属的强烈要求，医护人员感到无所适从。试问：此时医护人员应该怎么办?

护理伦理原则包括护理伦理基本原则和护理伦理具体原则。护理伦理基本原则在护理伦理理论体系中处于首要地位，对护理伦理的发展起着主导作用。护理伦理具体原则包括自主原则、不伤害原则、行善原则和公正原则，它们是护理伦理基本原则的具体体现。

一、护理伦理基本原则

护理伦理基本原则是社会主义道德原则在护理领域中的具体体现和运用，是护理伦理规范和范畴的总纲，是广大护理工作者建立正确的道德观念、培养良好的行为准则、调整护理人员在护理实践中人际关系的最基本的出发点，它贯穿于护理工作的全过程，是社会主义道德和共产主义道德在护理职业中的体现。

（一）护理伦理的含义

原则是指人们观察问题和处理问题的标准和准绳。护理伦理基本原则是在护理活动中调整护理人员与患者、护理人员之间、护理人员与其他医务人员之间，以及护理人员与社会之间关系的最基本出发点和指导准则。在护理伦理体系中处于首要地位，起着主导作用。

（二）护理伦理的内容

图 3－1　叶欣

1981 年，全国第一次医学伦理学学术会议上确立了社会主义医学道德基本原则：救死扶伤、防病治病；实行社会主义人道主义；全心全意为人民的身心健康服务。健康观念的更新，疾病谱的变化，医学模式的转变，新技术的运用，生命科学的突破等，都提出了一系列伦理问题，护理伦理道德要求的内容也越来越广泛，越来越深入。社会主义护理伦理的基本原则揭示了护理实践活动的本质和规律，明确地指明了护理人员的服务宗旨和目的。

（三）对护理人员的要求

1. 救死扶伤、防病治病　社会主义护理工作的核心任务和基本内容，是为人民健康服务的具体途径。作为医务工作者，保证救死扶伤、防病治病在护理工作中得以贯彻，应正确认识护理的职责，树立正确的护理伦理价值观，把高尚的道德情操和科学态度结合起来，不断提高专业素质，在技术上勇于探索、精益求精。

2. 实行社会主义医学人道主义　体现了护理道德继承性和时代性的统一，是医学人道主义和革命人道主义新的、更高的形态，它体现了在社会主义制度下对人的生命价值的尊重以及对提高生命质量的重视。在护理工作中应做到尊重患者的生命价值和人格尊严，同时要树立新的医学模式观，把人看作具有生物和社会属性的人，在工作中做到以“人”为中心，树立人本理念，尊重和维护患者的权利、人格和尊严。

3. 全心全意为人民的身心健康服务　护理道德的全部实质和核心，也是其根本宗旨，是护理人员的出发点和归宿。同时也是医护人员神圣的天职，符合社会主义道德的要求和人民的根本利益。其中包含着深刻的含义：首先，服务的对象不是少数人或某一阶层的人，而是广大人民群众。其次，服务的目标不仅是为人民群众的躯体健康服务，还要为他们的心理健康服务，从而达到身心整体健康。最后，服务的态度要全心全意。“全心全意为人民的身心健康服务”不是一句口号，而是实行社会主义人道主义精神的核心体现。护理工作者应将其贯穿于全部的行为规范之中。

总之，护理伦理基本原则三方面的内容既相互联系、不可分割，又具有明显的层次性。

救死扶伤，防病治病是实现全心全意为人民健康服务的途径和手段，也是具体内容；实现社会主义人道主义则体现着全心全意为人民健康服务的内在精神；最终全部归结于全心全意为人民的健康服务的根本宗旨上。

二、护理伦理具体原则

案 例

一对农村夫妇抱着白喉病患儿去医院求治。患儿呼吸困难，医生决定做气管切开，但患儿父母坚决不同意。此时患儿面部发绀，生命垂危。急诊医生看到病情危急，将患儿抱到手术室，实施手术。试问，医务人员的行为对吗？为什么？

护理伦理基本原则是比较概括而具有指导性的根本原则，在运用时还要借助于一些具体原则以便更具可操作性。

（一）自主原则

1. 自主原则的含义 自主（autonomy）是指自我选择、自由行动或依照个人的意愿做自我管理和决策，即“自己做主”。自主原则是每个人都有权利根据所掌握的信息与资料和自己的价值观，不受外界因素所干扰，自由地做出决定并采取行动。在护理活动中患者有独立的、自愿的决定权，这种决定权从根本上表达的是人的选择权，即患者对有关自己的诊疗护理问题，有经过深思熟虑做出合乎理性的决定并据此采取行动的权利。尤其有权选择是否同意一些伤害性的诊疗措施。因此，在为患者提供医疗照护活动之前应先向患者说明目的、益处及可能的后果，然后征求患者的意见，由患者自己做决定。当然，自主原则并不适用于所有的患者，它只适用于能够做出理性决定的人。

一般来说，判断具体人的自主能力主要从三个方面进行衡量：①是否达到一定的年龄：一般认为成年人才有足够的自主能力，各个国家对成年人的具体年龄规定不同。我国法律规定是年满18周岁。另外《民法》里把16周岁以上不满18周岁的以自己的劳动所得为自己主要生活来源的人视为有完全民事行为能力的人，这里也可以视其有完全自主能力；②智力发育是否达到相应的程度：要达到医学上认为的正常标准，即不能是医学上认为的智障；③精神状态是否清醒：完全的自主能力要排除发病期的精神病患者、昏迷患者以及因情绪冲动而不够理智的人。

2. 患者自主权 患者自己做决定的权利。在护理实践中，最能代表尊重患者自主权的方式即“知情同意”。所谓“知情同意”指某人被告知而知道事实真相后，自愿同意或应允某事。这里的告知应由医务人员主动进行，而不以患者询问为条件。需强调的是，患者的知情同意应体现在就医的全过程，而不单指手术、特殊检查或治疗。

护理人员应从伦理和法律的高度认识和做好患者的知情同意，但实际操作中，完全彻底的知情同意有时可能无法实现。如：①危重患者抢救时；②患者缺乏判断能力时；③某些信息可能给患者带来严重伤害时，如恶性肿瘤；④患者自身拒绝了解相关信息时。这时护理人员应向家属、代理人或监护人告知与护理相关的一切信息，在征得他们的理解和同意后做好必要的文字记录。知情同意是尊重患者自主权的最直接体现，在工作中护理人员应注意以下几点。

（1）要了解相关的法律和法规　在我国患者的知情同意权受法律的保护。目前我国实行举证倒置，要求医务人员应更加细致地做好知情同意，这不只是对医务人员的保护，也是对患者的尊重。

（2）要熟悉知情同意的要素　包括：①使患者或受试者充分知情；②要让患者理解信息；③要求患者有充分的理解能力；④要求患者或受试者在做决定的时候具有自主决定的自由，不能受到不正当的限制，包括不被诱惑、欺骗、强制。只有完全具备这四个要素，才能做到真正的知情同意。

（3）掌握知情同意中病情告知的艺术　这能反映医务人员的综合素质，包括语言表达能力、医学水平、理解力和反应力、爱心和同情心等。

（4）转变自我保护的心理　时刻提醒自己至少站在客观的角度而非自己或医院利益的角度看问题。

3. 自主原则对护理人员的要求　自主原则是维系护患之间服务与被服务关系的核心。虽然患者需要医务人员的诊疗和护理，但在法律和伦理上，只有患者才有权利建立或终止这种关系。为了维护患者的自主权，护理人员应做到：①尊重患者及其自主权，以增强患者对护理人员的尊重和信任，有利于建立和谐的护患关系及正确护理方案的形成，减少医疗纠纷；②切实履行职责，协助患者行使自主权。护理人员可提出建议，但不得强迫患者接受或不接受某项治疗方案；③正确行使护理自主权，对那些特殊群体如：昏迷、精神患者，老年痴呆患者等应尊重家属或监护人的选择权，但如果这种选择不利于患者时，护理人员不能听之任之，而应与相关机构沟通、商讨如何选择。对于生命处在危机时刻的患者，护理人员可利用已有的知识与技能，行使护理自主权，选择恰当的护理措施。

（二）不伤害原则

1. 不伤害原则的含义　不伤害（nonmaleficence）是指在护理实践中不给护理对象及第三方造成身体、心理或精神上的伤害。在护理实践中把不伤害作为一个重要的原则是由护理的对象、内容和目的决定的。护理伦理学中的不伤害原则在概念上要注意以下几个方面的内容：①在护理实践中的任何环节都不要造成伤害；②不伤害原则所指的对象不仅是患者本人，还包括其家人、相关的社会群体、受试者等；③这里的伤害既包括身体上的伤害，也包括精神和心理上的伤害。在护理工作中要做到不伤害，必须理解不伤害原则的真正内涵。

（1）不伤害原则不是一个绝对原则　不伤害并不是绝对的不给患者或第三方造成任何伤害，因为医护职业的特殊性，绝对没有任何伤害的行为在医学和护理实践中是极少见的。许多疾病的诊断、护理手段即使符合适应证，也会给患者带来躯体或心理上的一些伤害。因此，护理伦理学中的不伤害只能是相对的不伤害，或者说是不造成应该避免和可以避免的伤害。

（2）不伤害原则是“权衡利害”原则　不伤害原则要求医务人员对诊疗护理措施进行危险和利益分析，要选择利益大于危险或伤害的行为，也就是“两害相权取其轻”。

（3）不伤害原则是双重效应原则　双重效应是不伤害原则中的一个概念，指某一个医护行为的有害效应并不是直接的、有意的，而是间接的、可预见的效应。如当妊娠危及胎儿母亲的生命时，允许人工流产或引产，这种挽救胎儿母亲生命的流产或引产是直接的、有意的效应，而胎儿死亡是间接的、可预见的效应。类似这种伤害，是伦理和法律能接受的。

2. 不伤害原则对护理人员的要求　不伤害原则的意义在于培养医务人员对患者高度负责的、保护患者健康和生命的理念和作风。①为预防对患者的蓄意伤害或使伤害降到最低限度，护理人员应培养为患者利益和健康服务的动机和意向；②积极了解及评估各项护理活动可能对患者造成的影响；③重视患者的愿望和利益；④提供应有的最佳护理。

（三）行善原则

1. 行善原则的含义　行善（beneficence）即仁慈或做善事。行善原则是指医护人员对患者实行仁慈、善良和有利的行为。包括不应施加伤害、预防伤害、去除伤害或受到伤害的危险，以及应做或促进善事。

2. 行善原则对护理人员的要求　行善原则看似简单却不易执行，因为利害经常交织在一起。医务人员要使自己的行为对患者有益，必须符合以下条件：①护理行为要与解除患者的痛苦有关，或以解除患者的痛苦为目的；②护理行为能够解除患者的痛苦，即护理行为确实能对解除患者的痛苦起实际作用；③当对患者利害共存时，要使行为带给患者最大的益处和最小的伤害；④要坚持公益要求，即采取的诊断、治疗、护理手段既使患者有益，也不损害他人和社会利益。

（四）公正原则

1. 公正原则的含义　公正（justice）就是公平、正义。公正原则应该体现在人际交往公正和资源分配公正。

（1）人际交往公正　在医疗实践中，医方基于正义和公道，以公平合理的处世态度对待患者及有关的第三者。此处的第三者是指患者的家属、其他患者以及直接或间接受影响的社会大众。人际交往公正首先体现在同样医疗需要的患者应得到同样的医疗待遇，力求做到人人享有基本的医疗保健。其次，体现在对不同医护需要的患者给予不同的医护待遇。如在门诊排队等候的过程中，病情危急的患者可以优先就诊。

（2）资源分配公正　医疗卫生资源指满足人们健康需要的，现有可用的人力、物力、财力的总和。其分配包括宏观和微观分配。

1）宏观分配　各级立法和行政机构所进行的分配，解决的是确定卫生保健投入占国民总支出的合理比例，以及此项总投入在预防医学与临床医学，基础研究与应用研究，高新技术与适宜技术，基本医疗与特需医疗等各层次、各领域的合理分配比例的问题，目标是实现资源的优化配置，以充分保证人人享有基本医疗保健，并在此基础上满足人们多层次的医疗保健需求。

2）微观分配　由医院和医务人员针对特定患者在临床诊治中进行的分配。在中国，目前主要是指住院床位、手术机会及贵重稀缺医疗资源的分配。这里主要讲医疗资源的微观分配。

资源分配公正要求以公平优先、兼顾效率为基本原则，做到优化配置和利用医疗卫生资源。在临床实践中，当面对稀有卫生资源分配时，一般可根据个人的需要、能力、对社会的贡献、家庭的角色地位、疾病的科研价值等综合考虑，按以下的原则来做参考：①医学标准：病情的轻重缓急以及年龄、适应证、禁忌证、成功的可能和希望等；②社会价值标准：患者既往和预期贡献；③家庭角色标准：患者在家庭中的地位和作用；④科研价值标准：该患者的诊治对医学发展的意义；⑤余年寿命标准：患者治疗后生存的可能期限。综合权衡，在比较中优化筛选以确定稀有医疗卫生资源优先享用者资格。其中医学标准是必须优先保证的首要标准。

有医护人员认为，依据这些标准判断，是很难操作的，因为社会价值与需求经常改变；寿命又由多因素控制。所以干脆依据“先来后到”原则，既公正，又省事，这也是许多国家现行的做法。另外，经济能力、生病事实中是否含有自身的责任因素等也是可以讨论的标准，如不倾向于给因酗酒而造成肝病的人进行肝移植。

2. 公正原则对护理人员的要求　①公正地对待每一名患者，这也是中外历代医学家倡导的医德原则。护理人员应尊重和维护每一个患者平等的基本医疗护理权。②公正地分配卫生资源，以公平优先、兼顾效益为基本原则，优化配置和利用医疗卫生资源。③公正地解决护理纠纷，当护理工作中出现护理纠纷或差错事故时，护理人员应坚持实事求是，站在公正的立场上妥善解决。

扫码“学一学”

第二节　护理伦理规范

案例

某医院儿科收治一名高热患儿，经医生出诊“发烧待查，不排除脑炎”。急诊值班护士凭借多年经验对患儿仔细观察，发现精神越来越差，末梢循环差伴谵语，但患儿颈部不强直。于是又详细询问家长，怀疑是中毒性菌痢。经肛门指诊大便化验证实为菌痢，值班护士及时报告给医生。经医护密切配合抢救，患儿得救。请对护理人员的行为做伦理分析。

护理伦理规范是护理人员在护理实践中道德关系的普遍规律的概括和反映，是在护理伦理原则指导下的具体行为准则，也是培养护理人员道德意识和道德行为的具体标准。

一、护理伦理规范的含义与作用

（一）护理伦理规范的含义

规范就是标准或准则，是约定俗成或明文规定的标准。护理伦理规范是在护理理论及其基本原则指导下，从处理护理工作中人们相互关系和护理实践需要出发而制定的具体的行为准则。它不是在人们头脑中凭空想象出来的，而是护理人员道德行为、道德关系在护理工作中的规律性的反映，也是社会主义社会对护理职业道德行为的基本要求的概括。

（二）护理伦理规范的作用

护理伦理学作为一种特殊职业伦理科学，不只是一种理论，更在于它是指导护理人员的行为准则，因而必然要提出一定的规范。这种规范可以对法律、纪律的调节范围和调节手段起补充作用，并对护理人际关系起到全面、广泛的调节作用。

知识链接

王晶——用激情托起脆弱的生命

王晶，女，汉族，1971 年 2 月 2 日出生。生前系北京大学人民医院急诊科护士，优秀共产党员。在抗击非典中临危受命、恪尽职守、忘我工作，置个人生死于度外，哪里有需要她就出现在哪里。当时急诊科没有卫生员和护工，护士又减员，王晶同志克服困难带领全组护士出色地完成了任务。但由于疲劳和工作紧张，王晶同志不幸染病。她在患病期间仍坚持协助护士工作，做病友的思想工作，鼓励他们树立信心。她用无比坚强的毅力同病魔展开殊死搏斗。于 2003 年 5 月 27 日 15 时 30 分光荣殉职，终年 32 岁。

王晶同志经常说："我是一名护士，作为护士就是要把患者护理好。"她就是这样以饱满的工作热情、娴熟的专业技术、认真负责的工作态度，塑造了医务人员的形象，是医务人员学习的楷模。

二、护理伦理规范的基本内容

（一）爱岗敬业，忠于职守

"热爱是最好的老师"，作为一名护理工作者，把热爱本职看作自己应有的首要的道德品质，做到热爱护理专业、忠诚护理事业、树立职业自豪感，才能在工作中不断努力、进取和拼搏。

（二）尊重患者，一视同仁

尊重是人的一种基本需要。尊重患者就是要尊重患者的人格和尊严，这是护理人员最根本的道德品质，也是建立良好护患关系的基础和前提。护理人员要尊重患者生命价值和人格，对待患者不受民族、性别、职业、信仰、党派、国籍及其他社会属性和自然属性的干扰，一视同仁地尊重患者的权利和生命价值，满足患者的正当要求。

（三）刻苦钻研，精益求精

我国卫生部于 1988 年颁布的《医务人员医德规范》中提出："严谨求实，奋发进取，钻研医术，精益求精，不断更新知识，提高技术水平。"这不仅是实现医学科学现代化的需要，也是保障人民身心健康的需要。医学科学是关于生命的科学，医疗效果的好坏，既与护理人员的道德品质有关，又与护理人员的专业技术水平密切相关。要向患者提供最佳护理服务，护理人员必须不断钻研业务，提高理论和技术水平，及时了解专业发展的动态，积极开展护理科研，不断吸取新理论、新知识、新技术，从而完善自身的知识结构，以扎实的护理知识和精湛的护理技术为患者服务。

（四）举止端庄，语言文明

护理人员在与患者交往过程中，言谈举止直接影响着护患、护际、医护之间以及护理人员与社会各类人员之间的关系，也影响着护理质量、护士自身的形象和医院的形象。举止端庄要讲究行为文明，应做到态度和蔼，举止稳重，遇紧急情况沉着冷静、有条不紊，体现大医风范。另外还要讲究装束文明，着装、服饰与职业相适应，即规范、整洁、朴素、大方，既不主观随意，又不刻意“包装”。

语言是人们交流思想和情感的工具，是体现文化修养的要素。早在2500多年前，古希腊名医希波克拉底就提出：“世界上有两种东西能够治病，一是对症的药物，二是良好的语言。”因此护理人员应将自己良好的愿望、热情的态度、诚挚的关心，通过适当的语言表达。同时还要讲究语言的艺术性。对不同患者、情况，医务人员要使用灵活适度的语言。

（五）廉洁奉公，遵纪守法

我国《医务人员医德规范》（1988年颁行）第4条规定：廉洁奉公，自觉遵纪守法，不以医谋私。廉洁自律，奉公守法是医护人员自律的医德要求和医德品质，是护理人员全心全意为人民身心健康服务的一项重要标志。防病治病、救死扶伤是护理人员的天职，护理人员在任何时候都要正直廉洁、奉公守法、不徇私情、不图私利。尤其在当今市场经济条件下，奉行这一规范显得更加迫切和重要。

（六）互尊互学，团结协作

随着医学科学的发展，护理工作的分工越来越细，只凭一个人是难以全面、准确、合理有效地进行的，现代医学科学技术的运用需要医护人员的共同努力和密切协作，而且护理工作的广泛性特点决定了护理人员与医院各类人员、各个部门有着千丝万缕的联系，因此，护理人员之间及护理人员与其他医务人员之间应当互相尊重、互相爱护，在此基础上，互相学习、取长补短，共同提高，保证患者得到优质医护服务，医疗护理工作和谐、顺利进行。

（七）诚实守信，保守医密

诚实守信、保守医密是处理护患关系的重要伦理准则。诚实守信是医护人员对待患者的一条普遍要求。首先，要求医护人员忠诚于患者和医学事业；其次，要求言行一致，做实事、守信用。保守医密是西方一个古老、传统的医德准则。现在，我国也将保守医密作为保护性医疗的重要措施。1999年5月1日生效的《中华人民共和国执业医师法》规定：关心、爱护、尊重患者，保护患者的隐私。保守医密包括保守患者的秘密和对患者保守秘密两方面的要求。

第三节　护理伦理基本范畴

扫码“学一学”

案例

患者张某，男性，18岁。因突然发热入院，查体：体温39 ℃，咽红，化验白细胞1.8×10^9/L，其中中性白细胞50%，医生按感冒处理。因患者3天未退烧再来就诊，化验发现白细胞中有极少数未成熟细胞，于是嘱患者3天后再做化验。家长询问护士，护士未回答。在家长的追问下护士说：“不说吧你们老问，还埋怨我们态度不好；说了吧怕你们接受不了，我们考虑是白血病。”听后患者和家长惊恐不安，精神状况差。请对护理人员的行为做伦理分析。

范畴指各个知识领域中的基本概念，即人们对客观事物共同本质的概括和反映。护理伦理范畴是人们对护理伦理现象的总结和概括，是护理领域中护理伦理现象和关系的基本概念。护理伦理原则、规范、护理伦理评价、修养等诸方面的基本概念都可看成护理伦理范畴，它又可提升出一些最本质、最重要、最普遍的护理伦理范畴，这些范畴构成了护理伦理学的基本范畴内容，包括权利、义务、情感、良心、审慎、保密、荣誉、幸福等。它们反映着护理伦理基本原则和规范的要求，受护理伦理原则和规范的制约，也对其起必要的补充作用。

一、权利与义务

（一）权利

权利是公民或法人依法享有的权力和利益，这种权力和利益是国家通过宪法和法律予以保障的。权利是法学和伦理学的重要范畴。通常有两种含义：①法律上的权利，即公民或法人依法行使的权力和享受的利益；②泛指社会团体规定享受的利益和允许行使的权力。

1. 权利的基本内容 护理伦理范畴中的权利是指护患双方的权利。患者的权利是指患者在患病期间应有的权力和必须保障的利益，包括生命健康权、平等医疗权、知情同意权、隐私保护权等。护理人员的权利是在医疗卫生服务过程中，护理人员得以行使的权力和应享受的利益，包括护士有获得疾病诊疗、护理相关信息的权利和其他与履行护理职责相关的权利、人格尊严和人身安全不受侵犯的权利等。

2. 权利在护理工作中的作用 明确护理人员的权利，可以使其正确地行使职业权利而不滥用，也有利于取得患者及社会的理解、支持和监督；明确患者的权利，可以使医护人员给予高度重视与尊重，并自觉履行相应职责；明确护患双方的权利和地位，可以调动护患双方的积极性，维护双方的合法权益，达到预期效果。

知识链接

拥有健康，才能拥有一切

拥有健康才可能拥有一切。若将健康与其他利益相比，健康是“1”，名誉、金钱、友情、爱情、地位等都是“0”。有了“1”，这个数可以是十、百、千乃至无穷大；若没有“1”，即失去健康，后面的名誉、金钱等再多也是“0”。

案例

一位二年级的护理专业学生到某教学医院实习，带实习生的老师告诉她在患者面前不要说自己是实习生。一天在她巡视病房时，一患者对她说：今天真幸运没遇到实习生，我绝不允许实习生给我检查治疗。请问：当这位实习生给患者执行护理操作时，应不应该告诉患者自己是实习生？

（二）义务

义务是指个人对社会、集体、他人应履行的责任，是宪法和法律规定的公民必须履行的某种责任。表现为负有义务的人必须做出或者不得做出一定行为。其最大特点是法定性和强制性，即由宪法和法律予以规定和保障，公民个人无权选择是否承担某项义务或者不承担某项义务。

1. 义务的基本内容 护理伦理中的义务包括两个方面的内容：①护理人员对患者、集体、社会所承担的道德责任，也是患者、集体、社会对护理人员行为的基本要求，包括尽职尽责为患者服务、为患者解除痛苦、知情告知、为患者保密、为社会社区服务与发展护理科学等义务；②患者在接受医疗护理时应尽的道德义务，即患者在诊疗护理过程中应该做的，或者必须做的，包括保持和恢复健康、积极配合治疗、遵守医院各种规章制度、支持医学科学发展与尊重医务人员等义务。

2. 义务在护理工作中的作用 明确护理人员的义务，有利于护理人员在工作中把义务变成“这是我应该做的”“这是我必须做的”的内心信念和意志，才会以高度的责任感自觉履行义务，积极主动地为患者、社会服务；同时，护理人员在履行义务时，将义务转变成自己的道德习惯、内心信念，产生职业崇高的自豪感，完成使命的幸福感，以更加优质的服务为他人、为社会尽义务，使自己的精神境界不断得到升华。明确患者的义务，有利于医疗护理活动的有序进行和正确实施，促进疾病的早日康复。

二、情感与良心

（一）情感

情感是人们内心世界的自然流露，是人们对客观事物和周围环境的一种感觉反映和态度体验。具有独特的主观体验和外部表现形式。护理伦理范畴的情感是指护理人员根据一定社会的护理伦理原则、规范来评价自己或别人的思想、言行时所产生的情感。护理伦理情感是护理伦理思想体系中的一个重要内容，是在长期的护理实践中经过反复磨炼而逐渐形成的。它是护理伦理品质的基本要素，是护理人员对患者、他人、集体、社会、国家所持态度的内心体验。它以护理伦理认识为前提和基础，以护理伦理意志为保证、以护理伦理行为为结果。所以，护理伦理情感是建立在尊重人的生命价值、人格权利的基础上表现出的对生命、患者、护理事业的一种挚爱，是一种高尚、纯洁的职业伦理情感。

1. 护理伦理情感的基本内容

（1）同情感 最基本的职业道德情感，是发自对患者生命的热爱、人格的尊重、价值的认同，是对患者的遭遇、病痛和不幸在自己的情感上产生的共鸣，这种共鸣就是我们常说的同情心。同情感是护理人员应具备的最起码的情感，也是护理人员做好护理工作的重要情感保障。

（2）责任感 一种在护理伦理情感中起主导作用的情感，是建立在对护理事业深刻认识的基础上，由同情感升华而来的更高层次的伦理情感。表现为护理人员有强烈责任意识，始终把患者利益看得高于一切，把挽救患者生命看成自己崇高的职责。因此能做到不辞辛劳，尽心尽责，慎独自律。

（3）事业感 出于对自己所从事的护理事业的热爱，把本职工作与发展护理事业紧密联系起来，是对科学真知的探索精神和执着追求，它是责任感的进一步升华，是护理人员最高层次的道德情感。

2. 情感在护理工作中的作用 情感可以影响护理人员的行为，护理人员不同情感的表现，对患者的影响是不可忽视的。情感的作用可以概括如下。

（1）有利于患者康复 护理人员情感的表露会直接影响患者的心境。护理人员对患者的关怀和同情，通过自己的语言、行为和服务方式表现出来，使患者产生良好的心理效应，感到满足与安全，消除焦虑、悲观等情绪，增强战胜疾病信心，积极配合治疗，有利于疾病早日康复。

（2）有利于护理人员素质的提高 高尚的护理道德情感对护理人员的道德行为起着促进和推动作用，能激励起对患者真挚的关怀和体贴，以及为护理事业的发展、自身业务技术的提高而发奋图强，刻苦学习，勤奋工作。是提高护理技术水平，增强护理人员整体素质的重大内在力量。

（二）良心

良心是指人们按照一定的伦理原则、规范，在履行对他人、社会的义务过程中，对道德责任的内心感知和行为的自我评价，是人们对其道德责任的自觉意识。良心是道德情感的深化，是一定的道德认识、情感和意志在个人意识中的统一，具有稳定性和深刻性。护理伦理范畴的良心是指护理人员在履行对患者、对集体和对社会的义务过程中，对自己行为应负的道德责任的自觉认识和自我评价能力。它是护理伦理原则、规范在个人意识中形成的稳定的信念和意志。

1. 良心的基本内容

（1）忠于患者的健康利益 在任何情况下，都要忠实于患者的健康利益，坚决不做有损患者身心健康的事，这是对护理人员道德良心的最基本要求。护理人员的道德良心与义务是紧密相连的，一个护理工作者对自己所履行的义务认识越深刻，他的责任感就越强，良心对自己的指导和监督作用也就越大，良心也就越纯洁高尚。所以，良心是一种对所负道德责任的自觉认识，无论有无领导和他人监督，甚至在某些利益的诱惑下，都能做到忠诚于患者的利益、尊重患者的人格与价值，工作一丝不苟；在进行任何操作时，都能做到慎独，即使一时疏忽出了差错，也应及时纠正，主动汇报，敢于承担责任。

（2）忠于护理事业 护理事业是一项以救死扶伤、治病救人为宗旨的崇高事业，护理人员要有全心全意为人民身心健康服务的思想，还要使自己的行为有利于护理事业的发展，更要有为护理事业献身的精神。

（3）忠于社会 我们生活在社会主义社会，为患者服务是护理人员应尽的义务。护理人员既对患者负有责任，也对社会负有责任，有些患者为了得到护理人员更好的护理，有可能采取送礼、行贿等方式，道德良心要求护理人员要忠于社会，自觉抵制不正之风，不以任何追求和满足为前提，自觉维护白衣天使的纯洁美好形象，树立良好的职业道德。

案例

某医院内科病房，治疗护士误将甲床患者的青霉素注射给乙床，而将乙床患者的庆大霉素注射给甲床患者。当她发现后，心理十分矛盾和紧张，并对乙床患者进行严密观察，没有发现青霉素过敏反应。该护士原想把此事隐瞒下去，但反复思考还是报告给护士长，同时做自我检查。请对该护理人员的行为进行理论分析，并说明是否应该告诉患者真相。

2. 良心在护理工作中的作用

（1）自我选择作用　在护理活动中，护理人员在做出某种行为之前，良心能帮助和指导个人进行道德判断，做出符合护理道德准则的抉择。通过良心的导向、选择作用，可以使护理人员明确应该做什么，不应做什么，怎样去做，对于符合护理道德原则的行为则予以肯定，否则予以否定。

（2）自我监督作用　在护理过程中，良心具有“检察官”的作用，对护理人员的情感、意志、信念、行为方式起着监督作用。从而避免不良行为发生，及时调整自己的行为方向，自觉地保持高尚的品德。

（3）自我评价作用　在护理活动之后，良心能够促使护理人员自觉地对自己的行为及后果做出肯定或否定的评价。当自己的行为给患者带来健康和幸福时，就会感到满足和欣慰。反之则会感到内疚、悔恨，受到良心的谴责，从而及时矫正自己的过错，为后续行为奠定道德基础。总之，护理人员的道德良心是患者利益的需要，是医学发展的需要。护理队伍要特别重视护理道德良心的作用，引导护理人员选择正确的、科学的行为，自觉抵制不正之风和违反护理职业道德的行为，使整个护理道德水平不断提高。

三、审慎与保密

（一）审慎

审慎即周密而谨慎的意思，是指人们在行为之前的周密思考与行动过程中的谨慎态度。护理伦理范畴的审慎是指护理人员在护理行为前的周密思考及行为过程中的小心谨慎，包括言语审慎和行为审慎。审慎是一种道德作风，是良心的外在表现，体现着护理人员的内心信念和道德水准，又反映了护理人员对患者、集体、社会履行义务时所表现的高度责任感。审慎对实践护理伦理原则和规范具有重要意义。

案例

张护士遵医嘱给3床患者服药，但因粗心将药给了13床，当回到护士站才发现发错了药，这时正好另一名护士在13床病房门口，于是张护士大声喊道：“13床的药发错了……”此话被患者听到，紧张不已，立马自行口服大量肥皂水打算把药吐出来，结果引发严重呕吐加上心力衰竭当场死亡。请对张护士的行为做伦理分析。

1. 审慎的基本内容

（1）行为要审慎　在临床工作中，护理人员在护理活动的各个环节都要保持谨慎认真的态度，自觉做到认真负责、谨慎小心，必须考虑到种种可能，对患者进行仔细、全面的分析评估，得到可靠的健康信息，提出准确的护理诊断，制定最好的护理措施和方案，执行过程中周密细致、一丝不苟，从而最大限度地提高疗效，争取达到最佳效果。

（2）言语要审慎　语言是人们交际的手段，护理人员通过语言了解有关患者的健康问题，也是心理治疗的一种方法。俗话说：“良语一句三冬暖，恶语伤人六月寒。”语言既可治病也可致病。护理人员在与患者交流时，要注意语言的科学性、严谨性和艺术性，多使用安慰性、鼓励性、解释性语言，让患者感到亲切、温暖和鼓舞，帮助患者树立战胜疾病的信心和勇气。切不可用刺激性语言影响患者情绪，更不能因语言不慎导致医源性损害。

2. 审慎在护理工作中的作用

（1）有利于护理人员增强责任心　审慎促进护理人员以高度负责的精神对待服务对象。工作中做到审慎认真，对患者高度负责，从而避免因疏忽大意、敷衍塞责而可能酿成的护理差错或事故，最大限度地保证患者的身心健康和生命安全。

（2）有利于护理人员自觉地提高道德水平　审慎有利于护理人员养成良好的护理作风，以护理伦理原则和规范严格要求自己，加强自身道德修养，从而不断地提高自身道德水平，逐渐达到“慎独”的境界，真正做到全心全意为人民的身心健康服务。

（3）有利于促使护理人员钻研业务知识和护理技术　护理人员的业务知识和技术水平与实现审慎道德要求密切相关。临床护理工作中，只有具有丰富的医学科学知识、熟练的护理技能，才能做到谨慎、周密地处理问题，及时发现和处理患者的病情变化等。专业知识贫乏，技术水平低下，护理人员就难以达到审慎。因此，护理人员要实践审慎的道德要求，就要不断地钻研业务知识，提高技术水平。

（二）保密

保密就是保守机密，不对外泄露。护理伦理范畴的保密是指护理人员在护理过程中，不向他人泄露能造成医疗护理不良后果的患者隐私和秘密。它同护理伦理良心和义务是紧密相连的护理伦理范畴。

1. 保密的基本内容

（1）保守患者的秘密　护理人员对患者为了治疗需要而提供的各种个人秘密不应随意泄露，任意宣扬。同时还有责任采取有效的措施保证患者的秘密不被他人获得，更不能将患者的秘密或隐私当作谈资而任意宣扬，否则，对造成的严重后果必须负道德甚至法律责任。

（2）对患者保守秘密　这是一种保护性治疗措施，主要是对一些患预后不良疾病的患者采取隐瞒性的做法。旨在使患者在有限的生命中愉快地度过，避免给患者增加心理负担、带来恶性刺激或挫伤患者治疗的信心。关于是否应当对患者保密，即要不要告知“坏消息”或要不要讲真话，目前存在三种意见：第一种意见认为应当对那些重症疾病的诊断结果及不良预后进行保密，因它属于保护性医疗措施的必然要求；第二种意见认为有些“坏消息”必须告诉患者，例如癌症早期，告诉患者的目的和意义是在治疗时取得患者的合作。而有些则不应该对患者讲真话，例如癌症晚期，因为告诉患者真实情况可能加速患者的死亡；第三种意见认为应该对患者讲真话，因为患者有知情权。说真话是一种美德，是正常人际关系的基础，也是正常医患关系的基础。患者要跟医务人员讲真话，这点没有疑义。但是，医务人员要不要对患者讲真话，却是现代医学伦理学的一大难题。医务人员应该充分发挥医学伦理智慧，按照动机和效果统一的原则，与家属共商后做出具体分析，将对患者保密准则情境化：一般情况下应坚持保密准则；问题比较棘手时，应根据患者的病种病程、文化水平、社会地位、个性及心理状况加以变通，但要坚持一个不变的立场，即对患者最有利。

当然，保守患者秘密是有条件的，应以不损害他人和社会利益为前提。当患者隐私危及他人和社会利益时（如传染性疾病），应通过正当途径反映，不应在外随意宣扬。

2. 保密在护理工作中的作用

（1）信誉作用　护理人员保密既是职业上的道德要求，也体现了对患者人格和权利的尊重。护理人员忠实地履行保密义务，有利于取得患者及家属的信任，有利于家庭和谐、社会的稳定。

(2) 有利于防治疾病、恢复健康　保密可促进护患间更好的交流与合作，提高疗效，使患者早日康复，对某些患者的病情保密，能防止因恶性刺激导致病情加重，这是尤为重要的。

(3) 是对医护人员特殊的职业要求　世界医学会 1968 年修订的《日内瓦宣言》中规定：“我要保守一切告之我的秘密，即使患者死后也这样。作为一个医护人员决不辜负患者对自己的信任。”

四、荣誉与幸福

(一) 荣誉

荣誉是指人们履行了社会责任，对社会做出一定贡献后，得到社会的赞许、表扬和奖励。护理伦理范畴的荣誉是指护理人员在履行了自己对社会和对患者的义务之后，获得他人、集体和社会的赞许、表扬和奖励，也是个人对自己护理行为的社会后果及社会评价的关心及随之产生的满足感。护理人员的荣誉是以患者健康利益为基础的，也就是为患者身心健康做出自己的贡献时，得到的社会公认、褒奖和个人良心的慰藉。护理人员应在社会主义护理伦理原则和规范的指导下，树立正确的荣誉观。

知识链接

1860 年，南丁格尔在英国创办了世界上第一所护士学校，成为现代护理事业的开拓者和奠基人。她认为：生活的真谛在于为人类健康做一些有益的事情，并把一生献给了这一朴素的信念。

1912 年，国际护士协会和国际红十字会把她的生日 5 月 12 日定为国际护士节，并以南丁格尔的名字命名国际医学护理界最高荣誉奖，即南丁格尔奖。

1. 荣誉的基本内容

(1) 荣誉是同义务一致的，忠实履行自己的护理道德义务，是获得荣誉的前提：护理人员的道德荣誉观是建立在全心全意为人民身心健康服务的基础之上的，护理人员只要把自己从事的护理工作看作社会主义事业的组成部分，热爱护理事业，忠于护理道德职责，努力履行护理道德义务，全心全意救死扶伤，防治和护理疾病，为人民身心健康做出贡献，社会就会以他们在为患者服务中的贡献大小为标准给予适当评价，给予不同的褒奖，个人就会得到良心上的满足和自我意识上的安慰。与此相反，若把履行救死扶伤的神圣职责作为猎取个人荣誉的手段，把荣誉作为向领导伸手、向患者索取的资本，就会受到社会的谴责。

(2) 护理人员个人的荣誉与集体的荣誉是分不开的，个人荣誉包含着集体的智慧和力量，是群众和集体才能的结晶。同时，集体荣誉也离不开每个护理人员的辛勤付出。总之，集体荣誉是个人荣誉的基础和归宿，个人荣誉是集体荣誉的体现和组成部分，二者是辩证统一的。

知识链接

"百分百俱乐部"

美国IBM公司有一个"百分之百俱乐部"，若公司员工完成他的年度任务，就会被批准为该俱乐部会员，他和他的家人将被邀请参加隆重的集会。结果，公司的雇员都将获得"百分之百俱乐部"会员资格作为第一目标，以获取那份光荣。

2. 荣誉在护理工作中的作用

（1）激励作用　荣誉是鼓舞和激励护理人员不断前进的一种精神上的动力，关心荣誉，努力争取荣誉，是一种进取的表现，也是护理人员追求道德理想的一个重要方面。只有牢固树立正确的荣誉观，才会把履行护理伦理原则、规范变成自己的内心信念和要求，并把这种信念和要求转化为相应的道德行为，转化为一种催人奋进的力量，成为推动护理人员不断进步、开创医护工作新局面的精神力量。

（2）评价作用　荣誉和良心从不同侧面起着伦理评价的作用。荣誉通过社会舆论的力量来表现社会支持什么，反对什么。社会舆论对医护行为的评价是一种无形的力量，从评价中得到肯定和赞扬，可以促使护理人员更加严格要求自己，不断努力，保持荣誉。这种荣誉感一旦成为护理人员的共同愿望，就能对护理人员的行为起着激励作用，必将推动医护工作的不断发展和进步。

（二）幸福

幸福就是人们在创造物质生活条件和精神生活条件的实践中，由于感受和理解到目标和理想的实现而得到的精神上的满足。护理伦理范畴的幸福是指在为人类健康服务过程中，以自己辛勤的劳动，实现从事护理事业的人生价值而感受到的精神上的满足和快慰。幸福与人的人生观、世界观、价值观有密切联系，是较高层次的道德范畴。

1. 幸福的基本内容

（1）物质生活与精神生活的统一　护理人员的幸福既包括物质生活条件的改善，也包括精神生活的充实，而且精神生活的满足高于物质生活的满足，只有用健康、高尚的精神生活指导和支配物质生活，才能真正感受到人生的意义。护理人员在职业服务中获得应有的物质报偿，从患者的康复中获得精神上的满足，实现护理工作的价值，从而感到幸福与快乐。

（2）个人幸福与集体幸福的统一　社会生活是互相联系的整体，个人离不开集体和社会，个人幸福和集体幸福是分不开的。集体幸福是个人幸福的基础，个人幸福是集体幸福的体现。离开了国家的稳定与繁荣，离开了集体事业的兴旺发达，护理人员个人的幸福是不能实现的。只有在与他人的幸福联系中，才能感受到自己的幸福。护理人员只有在为患者、社会的幸福做出贡献，得到患者和社会的公认和赞扬时，才会在自己的意识和情感中，产生强烈的幸福感受，达到个人幸福与集体幸福的统一。

（3）创造幸福与享受幸福的统一　劳动和创造是幸福的源泉。对于人类社会来说，劳动与创造具有首要意义，劳动创造了人类世界，幸福就在于创造物质成果和精神成果的过程中所引起的感受，只有劳动才能创造幸福。护理人员在为人民身心健康服务过程中，通过自己辛勤劳动，精心护理，使患者康复，从中感受到个人的劳动得到了社会的肯定，体会到护理工作的意义，从而获得物质和精神上的利益和享受。幸福既寓于享受创造的成果之后，也寓于创造与奋斗的全过程之中。这种创造幸福和享受幸福的统一，催人奋进，在不断进取中完成新的创造，体验新的幸福。

2. 幸福在护理工作的作用

（1）促使护理人员自觉履行护理道德义务　护理人员树立正确的幸福观，就能将个人幸福建立在崇高的生活目标和理想的追求上，把个人幸福融入救死扶伤、防治和护理疾病的平凡而伟大的护理劳动中，就会摆正个人幸福与集体幸福的关系，从而自觉地履行护理道德义务，尽职尽责地为患者服务。

（2）促使护理人员树立正确的苦乐观　从一定意义而言，幸福是苦与乐的统一，没有苦就没有乐，没有辛勤的耕耘就难以体会收获的欢乐与欣慰。护理人员只有树立正确的职业道德幸福观，理解苦与乐的辩证关系，才能正确对待前进中遇到的挫折，正视工作中的困难，从而更加热爱自己的职业，更加努力工作，将自己毕生的精力贡献给护理事业。

在护理伦理的基本范畴中，权利和义务主要反映了护患关系的基本原则，确定了护患双方在相互交往中彼此的地位；义务构成护理伦理的核心；情感和良心是护理人员履行义务过程中对自己提出的情感要求，表现为一种道德情操和道德境界；审慎和保密是医护职业的特殊品质要求，表现为护理人员道德信念和道德品质。这些范畴密切联系，共同反映着护理人员在履行义务过程中应该具备的道德品质和应该遵循的道德原则。

本章小结

护理伦理原则、规范及范畴是护理伦理学的核心。通过对相关理论的学习，使护理人员的素质不断提高，养成良好的道德品质和道德行为习惯，有利于建立良好的护理人际关系，使护理质量不断提高。

【实践活动】

观看视频

活动内容：组织观看视频《薪火相传：一视同仁，无损于患者为先》。

活动目标：提升学生护理伦理素养，重视公正、公平在临床护理中的作用。

活动方法：以教学班为单位召开座谈会，畅谈观后感。个人总结以后在工作中怎样做到公正、公平。

讨论会

活动内容：组织一次“护理伦理规范之我见”的讨论会。

活动目标：加深学生对护理伦理规范的理解，从自己的实际出发，以利理论应用于实践。

活动方法：组织学生通过多途径查找相关实例，对案例中相关人员的行为提出自己的见解。并提出自己在以后的生活、学习及工作中怎样去落实护理伦理规范。

目标检测

一、选择题

1. 在医务人员的行为中，不符合行善原则的是（　　）

A. 与解除患者的疾苦有关

B. 可能解除患者的疾苦

C. 使患者受益且产生的副作用很小

D. 使患者受益，但却给别人造成了较大的伤害

E. 在人体试验中，可能使受试者暂不得益，但却使社会、后代受益很大

2. 护理人员最高层次的道德情感是（　　）

A. 荣誉感　　B. 事业感　　C. 同情感

D. 责任感　　E. 集体感

3. 保守患者的秘密，其实质体现出的原则是（　　）

A. 尊重患者自主　　B. 不伤害患者自尊

C. 保护患者隐私　　D. 医患双方平等

E. 人权高于一切

4. 社会主义医学人道主义的核心是（　　）

A. 尊重患者　　B. 关心患者　　C. 同情患者

D. 爱护患者　　E. 理解患者

5. 不伤害原则具有（　　）

A. 绝对性　　B. 相对性　　C. 可避免性

D. 可逆转性　　E. 预测性

二、思考题

1. 简述护理道德基本原则的内容和特点。

2. 简要说明在护理实践中，作为一名护理人员应遵守哪些护理伦理规范？

3. 简述患者权利的内容。

4. 试述护理道德良心的作用。

5. 护理伦理范畴有哪几种？

三、案例分析题

有 3 位严重心脏病患者正期待着心脏移植以挽救生命：一位 17 岁，某市重点中学高二学生，市级三好学生；一位 38 岁，国家某机关处长；一位 55 岁，科技人员，对社会做过较大贡献。某日，一车祸被判定脑死亡患者的家属愿捐出患者的心脏。

分析：在此情况下，你认为谁应先获得这颗心脏，理由是什么？

扫码“练一练”

（来平英）

第四章

护理伦理决策、评价与修养

学习目标

知识要点

1. 掌握护理伦理评价的方式；护理伦理修养的方法。
2. 熟悉护理伦理修养的境界；护理伦理评价的标准和依据。
3. 了解护理伦理决策模式；护理伦理评价和修养的概念及其意义。

技能要点

能正确运用护理伦理决策处理工作中遇到的伦理问题。

护理伦理决策是医务人员在工作中面临各种伦理难题时必须要做出的一种决策类型，为了提高护理伦理决策能力，护生在学习过程中应有意识地训练自己的决策能力。护理伦理评价是对护理伦理实践活动善恶是非的伦理评价，以此来影响护理人员的行为选择。护理伦理修养是长期过程，它体现的是护理人员提高自己伦理水平的自觉性和主动性。

案 例

患者钱某，男性，78岁，自费医疗。因患肺炎在家附近的门诊部进行治疗效果不佳，直至患者昏迷才到某大医院急诊。经急诊医生诊断为大叶性肺炎、继发感染中毒性脑病，因该医院内科无空床而留急诊室抢救和治疗，经采用高级昂贵的抗生素、输血清白蛋白等抢救治疗措施，一周后患者体温恢复正常，患者也由深昏迷转为浅昏迷，但一周医疗费用8000多元。因患者的两个儿女均已退休，继续治疗费用难以承受，故向医生提出放弃治疗。此时，医务人员应如何决策？

扫码“学一学”

第一节　护理伦理决策

护理人员在工作中，由于工作的性质和特点，经常会面临伦理的困境，是否能够解决和处理这些困境，是对护理人员综合素质的考验，对能否建立和谐的护患关系、完善护理实践有着重要的意义。因此，护理人员必须熟练掌握本专业的知识、护患双方的权利和义务以及有关的伦理理论、规范和原则。

一、护理伦理决策的含义与类型

（一）护理伦理决策的含义

决策又称抉择，是根据问题或目标拟定许多可行的方案，然后从中选出最能达成目标的方案。

伦理决策就是做伦理上的决定。护理伦理决策是指护理人员根据确定的护理行为目标，拟订多个护理行为方案，然后根据护理伦理的基本要求，从中选出最佳护理方案的行为活动过程。也就是从护理伦理的角度来思考问题，以做出恰当的、符合护理伦理的决定，是护理伦理理论、原则和规范等在护理工作中的运用和贯彻。在伦理上做决定是一个复杂的过程，受个人的价值观及信念的影响，同时也受社会文化、宗教信仰、法律规范、环境及个人当时情绪等的影响。所以，决策者的道德水平、知识程度、对伦理理论和原则的理解及应用能力等都会影响一个人在某一情景中所采取的道德行为的正确性。

（二）护理伦理决策的类型

护理伦理决策有个人决策和团体决策两种方式。个人决策是指由个人独立做出伦理决定。团体决策是指组成一个团体或一个伦理委员会，在通过团体共同讨论之后才做决定。

在护理执业中，护理人员每天面对患者及护理工作，几乎随时随地都需要应用个人决策。如要先给哪位患者提供护理？该不该告知患者实情？如何告知？当资源有限而又有多人需要时，谁应该优先使用等。通常当情况简明或情况紧急没有时间找人商量时，大多采用个人决策方式。但是，当问题牵涉很广、影响深远，情况复杂，需要各方面专家集思广益时，或者牵涉到团体利益时，如果由护理人员一个人做决定，不但会给护理人员带来很大压力，而且也会影响决策的质量和效果，这时就需要进行团体决策。

二、护理伦理困境的含义与产生原因

（一）护理伦理困境的含义

困境是指混淆不清、难以选择某一行动或某一决定的情况。护理伦理困境是指护理人员进行伦理决策，面对问题时发生混淆不清、模棱两可、没有一个令人满意的解决方案，难以做决定或不知道采取何种行动时的情境。临床护理工作中，经常会面临护理伦理问题，产生伦理困境。面对复杂的伦理问题及冲突，仅凭直觉和经验是不够的，仅具备伦理理论知识也是不够的，必须经过系统的理性思考。只有进行透彻的伦理分析，才能为患者做最有益的决定。

（二）护理伦理困境的产生原因

护理工作中，只有正确分析和认识造成护理伦理困境的原因，才能帮助护理人员走出伦理困境，做出合乎伦理的决策。常见的伦理困境主要有以下几方面。

1. 专业伦理与专业角色要求相冲突　发生这种情况最常见的就是保护性医疗与知情同意权的伦理冲突，对于护理人员来说，这是产生护理伦理困境的一大因素。《医疗机构管理条例实施细则》规定：医疗机构在诊疗活动中，应当对患者实行保护性医疗措施。但《医疗事故处理条例》中又规定：医务人员应当将患者的病情、治疗措施、医疗风险等如实告诉患者，这就将护理人员置于两难的境地。如医生根据患者情况，决定暂时对癌症晚期患者病情保密时，患者主动询问自己的病情，这时护理人员从专业角度应该对患者实行保密，但护理人员对患者又负有告知的义务。

知识链接

保护性医疗

保护性医疗是指医疗机构及其医务人员为保护患者健康利益，在某些特定情况下，采取对患者隐瞒病情真相或其他相关措施，以避免对患者形成不良身心刺激，从而妨碍治疗效果的医疗措施。

保护性医疗制度是根据巴甫洛夫学说建立起来的，已在医疗界实行多年，它指在一些特殊情况下为了避免对患者产生不良条件反射的因子，而向患者隐瞒部分病情，其基本精神是使患者的身体和精神完全处于轻松愉快的自然修养环境中，从而提高医疗和康复的效果。

2. 专业职责与个人价值观相冲突 在临床工作中，护理人员可能会遇到工作的内容与自己的价值观相冲突的情况。如对于拥护生命神圣论的护理人员，根据工作需要需对患者实施堕胎术，这时就会产生护理伦理困境。

3. 采取的护理措施存在利弊两重性 护理措施是护理程序的核心，但护理措施的结果却会产生利弊两重性。如对躁狂症患者使用约束带，目的是为了保护患者的安全，但可能会侵犯患者的自主权，使患者感到不受尊重。

4. 执行护理措施后效果不理想 在临床工作中，虽然护理人员和患者都希望护理措施能产生良好的效果，作为护理工作者也一直朝着这个方向努力，但是在实际工作中也会出现与期望不符的情况。

5. 患者要求的医护措施无明确规定可依循 护理工作中，可能会遇到患者提出的要求不符合医疗的规定或无明确的规定可依。例如，一位濒死的患者提出让护士为其拿掉呼吸机。基于医疗资源与人道论的观点，为延长患者的生命做无谓的治疗，只有徒增患者的痛苦和浪费有限的医疗资源。但患者又有生命健康权，护理人员有义务对患者的生命权益进行保护。这时护理人员该怎么做呢？

（三）影响伦理决策的因素

伦理决策是一个建立在道德思考的基础上的复杂行为，它包含两个复杂的过程，即判断过程和选择过程。在这些过程中，以下因素会对护理人员的决定产生影响。

1. 护理伦理教育 护理人员道德素质的高低直接关系到护理伦理决策水平的高低，而伦理教育是护理人员伦理知识的重要来源，是培养护理人员道德素质的直接途径。因此把握基本的护理伦理知识，具有基本的护理伦理意识，是进行护理伦理决策的先决条件。

2. 价值观 影响护理伦理决策的价值观包括以下内容。

（1）个人价值观 它代表一个人的人格、信念或理想，并指引个人行为的方向。个人对于他自认为主要的基本价值反映最强。患者的个人价值观会左右最后的决策。医护人员本身的价值观也会左右其对事情的判断。因此，护理人员一方面要了解自己的价值观，才能在处理护理伦理问题时，站在客观的立场。另一方面要了解患者及其他有关人员的价值观，并尊重他们的价值信念，这也是伦理决策的基础。

（2）文化价值观　不同的文化背景对健康、疾病与生老病死的信念会有所不同，会影响其追求健康生活的方式。护理人员在照顾不同文化背景的患者时，要考虑文化背景对其价值观的影响。

（3）专业价值观　专业团体所认同的该专业应该具有的特性。护理人员的专业价值来自对护理执业照护的规定和护理伦理规范的要求。护理人员面对护理伦理决策时，要将专业价值观置于首要考虑的位置，以利于为患者提供安全及个性化的照顾。

（4）社会价值观　价值观常常反映出社会的需要，即社会价值观。国家的政治、经济、文化发展水平、自然条件和民族传统等方面都是影响伦理决策的客观因素。社会变迁会造成价值观的改变，影响价值观的认定，尤其是对生命尊严和高科技医疗的认识程度及支持程度。如对安乐死、人工流产、基因复制以及代理孕母等的看法和支持程度，会影响护理人员所做的决定。

在护理实践中，当价值观相互冲突时，做出抉择会变得非常困难，需要护理人员进行认真的分析与思考，可以参考以下原则：①符合专业伦理及患者利益的价值观优先考虑；②选择最明显有利于专业伦理执行及患者利益的价值观；③受决策影响最大的人的价值观优先考虑。

案例

患者王某，男性，40 岁，因肝癌晚期住院接受治疗。由于不堪病痛的折磨，多次要求医护人员为其实施安乐死。医护人员对其要求表示理解，但没有为其实施安乐死。请问医护人员的行为对吗？为什么？

3. 组织或机构的理念及规定　组织或机构的理念及规定，有时候会与护理人员和患者个人价值观或需要相冲突，而影响护理伦理决策过程，甚至造成护理人员的压力与困扰。在医疗护理工作中，许多伦理问题涉及的层面很广，除了护理工作者本身外，也可能涉及医疗等其他专业。在这种情况下，护理人员应该在组织或机构的要求、患者需要和个人理想三者之间寻求一个平衡点，来做伦理的决策。

4. 法律　护理人员在工作中经常会遇到法律上认定有效的权利，但是并不一定符合根据伦理原则和规范所制定的权利，甚至法律上的权利可能和伦理上的权利相冲突，即合法的事可能符合也可能不符合伦理原则和规范；而合乎伦理的事，可能是合法的但也可能不合法。护理人员必须认识到，我国是法治国家，在处理与患者有关的伦理问题时，法律的相关规定是必须要遵守的。应在此基础上，做出符合患者最大利益的决策。

三、护理伦理决策模式与过程

护理人员面对伦理争议性问题，除了要具备伦理理论的基础知识，考虑价值观与组织、法律规章等可能影响决策的因素外，还需要经过理性的思考过程，才能做出适当的判断及决定。下面介绍一些学者的伦理决策模式，可以协助护理人员系统地评估所面对的伦理困境，并做出最佳的伦理决策。

（一）护理伦理决策模式

1. 席尔瓦的伦理决策模式 该模式是席尔瓦（Silva）在1990年提出的，他将解决伦理问题的过程分为五个步骤。

（1）收集及评估资料 当遇到伦理问题时，要不断地搜集资料并进行评估，而在搜集资料时，应思考三个方面的问题：①情况的考量，即思考这一事件是否属于伦理问题，包括：引起伦理争议的情景是什么？这些情景是如何引起伦理争议的？②健康小组的考量，即思考哪些人受到这一事件的影响，包括：哪些人与这一伦理事件有关？有关人员的背景如何？如教育程度、价值观。哪些人会受到决策结果的影响？③组织的考虑，包括：机构或医院的性质及任务是什么？机构的价值观、政策以及相关的行政程序如何？

（2）确立问题 有了以上的基本资料后，应该考虑一下情况，以确立问题所在：①伦理的考量，包括：哪些问题是与伦理有关的？这些伦理问题解决的优先顺序怎样？②非伦理的考量，包括：哪些是不属于伦理的问题？这些不属于伦理的问题与伦理的问题有何关系？

（3）考虑可能的行动 如果以功利论的观点来思考，则应该考虑以下的问题：①在这一案例中功利的原则应该如何界定，例如什么是快乐、高兴、健康？②可能采取的行动是什么？③受到决策影响的人们，在采取行动后可能遭受的后果是什么？④每项行动的结果所产生的内在价值及不符合价值的影响有哪些？⑤有哪些可能的行动方案，对受到影响的人可以有最大的益处及最小的不良后果？

如果以道义论的观点来思考，则应该思考以下几个问题：①有哪些伦理的规范及原则互相冲突？②根据这些伦理的规范及原则应该有哪些义务？③这些义务中与哪些相等或更大的义务是相冲突的？④如果有冲突存在，哪些由伦理规范及原则中衍生的义务，在权衡之后是较正确而且应该被考虑的？

（4）选择及决定行动的方案 在决定行动之前，要考虑以下因素：①内在或团体的影响因素：为谁做决定？应该由谁做决定？牵涉其中的有关人员有哪些？有哪些偏见或价值观念影响决定？②外在影响因素：机构中有哪些因素会影响决定？法律上有哪些因素会影响决定？社会上有哪些因素会影响决定？③所做的决定及所采取行动的品质：做了什么决定？决定采取哪些行动？所做的决定以及要采取的行动是否符合道德的要求？如果不符合道德的要求，可以做怎样的修订？所采取的行动是不是根据所做的决定来执行的？

（5）检讨及评价所做的决定及采取的行动 ①检讨及评价所做的决定：是否根据所做的决定来采取行动？如果没有，为什么？所做的决定是否达到了原有的目的？如果没有，为什么？你认为所做的决定是符合道德要求的吗？理由是什么？②检讨及评价所采取的行动：是否根据前述决定来选择行动方案？如果不是，为什么？所选的行动方案是否达到了原定目的？如果没有，为什么？你认为所采取的行动是符合道德要求的吗？理由是什么？

2. 汤普森等的伦理决策模式 这一模式是由汤普森（Thompson）等人提出的。其伦理决策的步骤如下：①了解发生的情况，评估有关的伦理问题，并找出相关的人、涉及的健康问题及所需做的决定；②收集其他资料以澄清情况；③确认相关的伦理原则；④确认个人及专业的道德立场；⑤了解其他有关的人的道德立场；⑥确认是否有价值的冲突；⑦了解谁最有能力做决定；⑧根据预期的结果来确认行动的范围；⑨决定行动方案并付诸实施；

⑩评价决策及行动的结果。

上述护理伦理决策模式的制定境遇局限于西方国家的医疗背景，然而，由于我国的医疗体系的历史文化背景与其不同，因此，要把这些模式进行推广的话，存在一定程度上的境遇排异性。因此，在我国应用过程中应依据情况适当调整。

（二）护理伦理决策过程

1. 护理伦理决策的过程　护理伦理决策同其他护理活动一样，也有一定的程序，当面对护理伦理难题需要做出决策时，在遵循以上原则的基础上，可用以下步骤进行处理。

（1）收集评估资料以确立问题　这可以参照席尔瓦伦理决策模式的第一、二步。

（2）可行方案的描述与陈列　方案描述应该包括：健康问题是什么？相应的伦理原则规范是什么？方案的陈列包括：功利主义的处理方案、义务论处理方案等。同时护理人员也可以发展更多的可行方案，提供更多的观点，以便做判断。如我自己和其他有关的人，可能采取什么决策？

（3）对上述内容的重复分析　重复分析包括具体情境、行为主体、形成原因三个方面。重复分析可以采用设问式的方式进行。如我是健康问题或伦理问题的决策者吗？例如患者正遭受不必要的痛苦，其症状也不能有效控制，患者本人及其家属都希望能获得对策解脱痛苦，但到底应由谁作决定呢？是患者的主治医师呢还是护理人员？谁牵连在争论中？是所有人都对参与决策有兴趣吗？还是除了患者，其他的医疗活动提供者都对决策有兴趣？

（4）对可能结果的预测　结果预测包括短期结果预测和远期结果预测。短期和远期结果预测可能有以下两种情况：①患者、家属、医护人员会指责或抱怨我；②患者、家属、医护人员会感激我。当然，可能结果的分析要注意下述问题：①仔细审视自身的价值观；②将可能结果与自身的价值观进行比较，把一些重要的后果分析出来。

（5）做出符合伦理的决策并实施　护理人员需在多种行动方案中选择出能取得最佳效果的方案并正确实施。实施方案的阶段是最重要的阶段。任何完美的方案若不能付诸行动，那么它们也是毫无价值的。

（6）评价反馈　采取行为后，应及时评价该决策产生的后果，积极总结经验和教训，为以后类似事件的处理提供依据和方法。

护理人员在工作中常常会遇到伦理难题，护理伦理决策可以为护理人员提供一种道德思维模式，通过这种方式来规范思路，理解伦理决策的过程，帮助护理人员妥善解决面临的伦理问题，从而为患者提供优质的服务。同时，护理伦理决策的使用，有利于护理人员成功地进行自我调适，维持自我完整感，积极投身于护理工作。

2. 护理伦理决策的要求　护理人员进行护理伦理决策，是从多个行为方案中选择最佳的方案，护理人员应发挥主动性，积极进行正确的护理伦理决策。

（1）把握基本的护理伦理知识　护理人员通过学习护理伦理的知识，把握护理伦理的基本理论和基本原则与规范；掌握护理专业的护理伦理价值观，并应用护理伦理决策的方法和技巧，发现、分析和解决护理实践中的护理伦理难题。

（2）熟悉护理专业知识技能　护理人员只有掌握丰富的护理专业知识，具有熟练的护理专业技术，才能够进行高质量的护理，也才能从多个护理方案中确定最佳方案，从而进行护理伦理决策和护理技术决策。

（3）熟悉相关的法律法规及规章制度　目前，我国已经颁布了大量的医疗护理卫生法律法规，制定了大量的相应政策及规章制度，如《医疗机构管理条例》《护士条例》等制度，护理人员在严格遵循法律法规及规章制度前提下进行护理伦理决策，不仅能保证患者或当事人的合法权益，还会使护理人员做出的决策受到法律和制度的保障。

（4）尊重伦理问题中有关人员的道德立场、价值观倾向、文化背景、宗教信仰等　护理人员在进行护理伦理决策时，应尊重患者及其家属的价值观，同时还要尊重护理人员的价值观和社会价值观，做到这一点是非常重要的。例如当护士面对保护性医疗与知情权的两难困境时，应与患者及其家属进行沟通和交流，倾听患者诉说。若护理人员认为堕胎是违反自身的宗教信仰或不符合自己的理念的，他可以不亲自去照护堕胎的妇女，但应报告护士长，重新指派其他护士去照料患者。

（5）求助与参加医学伦理委员会　医学（医院）伦理委员会具有教育培训、制定规范、建议咨询和审查评价等功能。护理人员应推派代表参加医院的伦理委员会，这样可让面临伦理困境的护理人员，将一些棘手的与容易产生伦理困境的个案提交委员会，经团体讨论后，做出决策，以供护士参考。医院的护理部主任和各科室护士长应鼓励护理人员的伦理决策行为，通过各种研讨会、咨询会与组织护理伦理查房等方式帮助护理人员做出最适合的伦理判断。

（6）确立一定的护理伦理决策模式　确立护理伦理决策模式时，要坚持审慎与理性的道德思维方式，护理伦理决策是一个复杂的过程，不同的情况可能在决策的程序和所需时间上都会有差异。有的问题可能在瞬间得到解决，有的问题甚至需要经过伦理委员会的慎重考虑。

扫码“学一学”

第二节　护理伦理评价

案例

患者王某，男性，66岁，因“肺癌”行肺癌根治术，术后收入ICU。现为术后第1天，患者身上留置了气管插管、胃管、胸腔引流管、导尿管、静脉输液管等多种管道。患者神志清醒，但较为烦躁，并多次试图拔除身上的管道。从治疗护理的需要及患者的安全角度出发，护理人员小刘用宽绷带对患者腕部及膝部进行约束。患者对约束很反感，大吵大闹，叫嚷护理人员剥夺了他的人权，是犯法的。而患者的两个女儿在病房外面听见了父亲的叫喊声后，也吵闹起来，认为护理人员虐待他的父亲，并表示要投诉。请对该小刘的行为做伦理评价。

护理伦理评价以其独特的方式影响和制约着护理人员的护理活动，正确地运用社会舆论、内心信念和传统习俗对护理人员的行为进行善恶评价，有利于提高护理人员的护理道德水平，促进互利事业的发展。

一、护理伦理评价的含义与特点

（一）护理伦理评价的含义

护理伦理评价是人们依据一定的护理伦理原则和标准，通过社会舆论、内心信念和传统习俗等方式表现出来的对护理职业中的诸多现象所做出的善恶判断。它是护理道德实践活动的重要形式，包括两种类型：一种是社会评价，即社会或同行对护理行为和活动进行的善恶判断和表明倾向性态度，是客观评价方式，如社会舆论和传统习俗。另一种是自我评价，即护理人员对自己的行为所做出的伦理评价，是主观评价方式，内心信念即属于自我评价。

在护理实践活动中，人们总是自觉或不自觉地依据一定的护理伦理规范去评判他人和自己的行为。对那些被认为是道德的行为加以支持、赞扬和坚持；对那些被认为是不道德的行为加以反对、批评和改正。伦理评价的这种力量虽然是无形的，但却是客观存在的、人人都能感觉到的。伦理评价是一种广泛的社会现象，其本质是一个判断的处理过程，这个过程的开展一般需要以下四大要素。

1. 评价主体 做出评价的人，没有评价主体护理伦理评价就不可能存在。护理伦理评价中主要是指护理人员，也包括社会公众。

2. 评价对象 也称评价客体，指护理过程中的诸多现象，包括某种规章制度、某个新闻事件、某护理人员的护理行为等。这里主要指护理人员的行为。

3. 评价标准 评价主体对评价客体进行评价所依据的尺度。不同评价主体的评价标准不尽相同，有的符合护理伦理要求，有的有悖于护理伦理要求。

4. 评价依据 做出评价的根据或依托的事物。一般包括：动机与效果，目的与手段。

（二）护理伦理评价的特点

1. 评价的主体具有社会性 护理伦理评价的主体是不同的社会群体。

2. 评价的客体具有确定性 护理伦理评价的客体是护理行为，人们根据护理人员的行为进行善恶评价。

3. 评价标准的客观性 护理伦理评价是以护理伦理原则、规范为标准的，这些原则和规范是人们经过长期的护理工作实践形成的，具有很强的客观性。

4. 评价结果的判断性 护理伦理评价是对护理行为的善与恶、是与非进行伦理评价，其目的是惩恶扬善。

5. 评价的非强制性 护理伦理评价与法律对人的行为有强制性不同，它对人的行为具有软约束性，是非强制的，但它是对法律的一种必要的补充。

二、护理伦理评价的作用与标准

（一）护理伦理评价的作用

护理伦理评价是护理道德活动中一个重要组成部分，对护理人员形成良好的道德品质，防止服务过失，促进医德医风建设起着至关重要的作用。

1. 对护理行为的善恶起裁决作用 通过批评、谴责、约束和控制不良护理行为，使护理人员明确各种护理行为道德与否的界限，有助于护理人员从善避恶，形成良好的护理道德风尚。

2. 对护理人员的行为起调节作用 通过赞赏、表彰正义、高尚的护理道德行为，否定、斥责偏私、卑鄙的护理道德行为，促使护理人员按照一定的伦理原则和规范去调整自己的行动。

3. 对护理人员的思想起教育作用 在护理实践中开展护理伦理评价，有助于护理人员判断自己的行为，从正面事例中受激励，从反面事例中受教育，对提高护理人员的道德水平、增强护理道德观念有着直接的教育和引导作用。

4. 对护理科学的发展起促进作用 随着医学和社会科学的不断进步和发展，产生了一些伦理难题，如安乐死、器官移植、人工生殖技术等。通过护理伦理评价，有助于护理人员正确判断它们的伦理价值，解决矛盾，统一认识，从而促进医学和护理科学不断向前发展。

（二）护理伦理评价的标准

伦理评价的标准是善与恶，护理伦理评价的标准是这一标准在护理职业中的具体化，即衡量护理人员行为的善恶及其社会效果优劣的尺度和依据。主要有以下标准。

1. 疗效标准 护理学的任务是促进健康，预防疾病，恢复健康和减轻痛苦。护理行为是否有利于患者疾病的缓解、根除及生命安全是衡量护理行为善恶最根本的标准。如果明知某些护理措施对患者疾病的缓解和治疗不利，护理人员仍采用，那么无论其主客观原因如何，都是不道德的。

2. 社会标准 护理人员的行为是否有利于公众、人类、社会的利益，是评价护理行为善恶的重要标准之一。新的护理模式提出了整体护理的概念，要求护理人员以患者为中心，把生物学的人和社会学的人看成一个整体，把疾病、患者和社会环境视为一个整体。这就要求护理人员不仅要医治疾病，维护人群身心健康，还要做好预防保健工作，防止疾病的蔓延、恶化以及改善人类的生存环境，促进人类社会和谐、全面的发展与进步。

3. 科学标准 1980 年，美国护士会（ANA）对护理的定义：护理是诊断和处理人类对现存的和潜在的健康问题的反映。该定义扩展了护理人员的角色功能，将护理视为一门科学。随着高科技在护理实践中的应用，护理人员应在实施整体护理的前提下树立科研意识，积极进行科学研究，促进护理与医学科学的发展。

以上三条标准，疗效标准是中心和实质，社会标准和科学标准是疗效标准的补充，并为其服务。三条标准共同构成一个评价的整体。当然，在运用这些标准时，还可能会遇到一些矛盾，如患者利益与社会整体利益的矛盾，那么还可参照护理伦理学的自主原则、不伤害原则、行善原则和公正原则进行评价。

三、护理伦理评价的依据与方式

（一）护理伦理评价的依据

评价依据是护理伦理评价的构成要素之一，是评价主体对评价对象做出伦理评价的决定性因素。护理人员的行为总是受一定的动机、目的支配，并产生一定的行为效果。因此，在评价护理行为时就可以根据动机与效果、目的与手段做出判断。

1. 动机与效果 动机是行为主体实行某一行为前的主观愿望或意向；效果是人的行为所产生的客观后果。护理伦理行为动机是指护理人员进行护理伦理行为选择时的动因；护理伦理行为效果是护理人员的护理伦理行为所产生的结果。它们是主体做出护理伦理评价的重要依据。怎样看待动机与效果在护理伦理评价中的地位和作用，是护理伦理学长期争论问题，曾形成动机论和效果论两种对立的观点。动机论认为：动机是唯一能够衡量善与恶的依据。只要是动机善良的行为，不论效果好坏都是合乎道德的。效果论者则认为：效果好坏是判断行为善恶的唯一依据，只要效果是好的，不管动机如何都是善良的行为，反之就是恶的。实际上，单纯的动机论或效果论都存在片面性，没有真正找到护理伦理评价的依据，也就不可能恰当地对某种行为做出正确的评价。所以，我们应坚持马克思主义的动机与效果辩证统一的观点，评价护理行为时必须用效果来检验动机，从动机上看效果，把动机与效果统一到实践中，并对具体情况做具体分析。

我们可以从逻辑上把动机和效果进行简单的分析，即由善、恶的动机得出好、坏的效果进行组合，得出四种情况：①好的动机得好的效果；②坏的动机得到坏的效果；③好的动机没有得好的效果；④坏的动机引出好的效果。由此可以得出大体的评价结果，出于善良动机得到好效果的护理行为会得到高度的护理伦理评价；出于恶的动机得到不好效果当然是不道德的。前两种情况动机与效果统一，判断时一般不会有困难。而第三、四种情况动机和效果不统一，评价时应联系护理实际来判断，即本着实践是护理人员行为动机与效果统一的基础来进行分析。如护理人员在工作中发生医疗事故，效果当然是不好的。但我们不仅要看到事情的后果，也要看到事情的全过程。如果护理人员在护理过程中的各方面都认真负责，只是因为患者病情复杂、受当时医疗技术水平和医疗护理设施的限制而导致了不良后果，这时就不该说他们的行为是不道德的。同样，当不良动机产生好效果时，就要联系动机分析效果，对这种效果做出公正的评价。

知识链接

动机与效果的辩证统一

毛泽东在延安文艺座谈会上的讲话中指出："唯心论者是强调动机否认效果的，机械唯物论者是强调效果否认动机的，我们和这两者相反，我们是辩证唯物主义的动机和效果的统一论者。为大众的动机和被大众欢迎的效果，是分不开的，必须使二者统一起来。为个人的和狭隘集团的动机是不好的，有为大众的动机但无被大众欢迎、对大众有益的效果，也是不好的。"（选自《毛泽东选集》第3卷，第825页）

延安文艺座谈会（油画）

总之，在护理伦理评价过程中，要坚持动机与效果的辩证统一。以实践为基础，注意过程评价，特别是动机与效果不一致时，更要以医疗护理实践的全过程为依据，从实际出发做具体分析，切忌简单化、片面化。只有这样，才能做出客观、准确、公正的评价。

2. 目的与手段　目的指护理人员在护理工作中经过自己努力期望达到的目标。手段是为达到这一目标所采取的措施、方法和途径。目的决定手段，手段服从目的，没有目的的手段是毫无意义的，没有手段的目的也是无法实现的，一定目的的实现总要借助于一定的手段。两者相互联系、相互制约，构成一个对立统一的整体，成为护理伦理评价的又一依据。在评价护理人员行为时，不能以目的证明手段，认为只要目的合乎道德，就可以不择手段；也不能以手段证明目的，以为手段合乎道德就可以用来实现任何目的。应该是既要看目的是否正确，又要看是否选择了恰当的手段，避免目的与手段相背离时产生片面的结论。

知识链接

特殊的器官来源

据国外资料报道，几年前英国医学界为解决心脏移植的供体来源问题，设计了一个科研题目：将人的某种基因植入7只猪的体内，随后他们将繁殖这些猪使其产生内脏且其他器官不受人免疫系统的排斥，以供将来的人体器官移植，这引起了人们的震撼和争论。你是如何看待这种做法的?

护理学的任务是促进健康，预防疾病，恢复健康和减轻痛苦。这也是临床护理工作的目标，护理人员工作的目的不能违背这四大目标，否则就可能得到负面的评价。因此，依据目的与手段相统一的原则，在选择手段时应具备以下条件。

（1）有效性原则　护理人员所采用的护理手段应是经过实践检验并证明是行之有效的。要把护理科学实验与临床应用区别开来，不可采取不切实际的护理手段。

（2）一致性原则　选用的护理手段必须与病情的发展程度及治疗目的相一致。在护理过程中，护理人员必须根据患者的病情和治疗需要，从实际出发，采取有效的护理手段和措施，以达到治愈的目的。

（3）最佳性原则　选用的护理手段必须是当时护理设备和技术条件所允许的痛苦最小、耗费最少、安全度最高、效果最好的护理手段。

（4）社会性原则　选用的护理手段必须考虑社会整体效果。一切可能给他人或社会带来不良后果的护理手段，都尽可能不用。当患者利益与社会利益发生矛盾时，既要对患者负责，更要对社会整体利益负责。

（二）护理伦理评价的方式

1. 社会舆论　社会公众依据一定的伦理观念对某种社会现象、事件和行为的看法和态度，是护理伦理评价中最普遍和最重要的方式。对于护理行为或活动的伦理评价，社会舆论分为两类：一类是全社会性的评价，即患者、家属和社会各界对医疗卫生单位及护理人员的护理状况进行品评，通过表扬、批评或肯定、否定一些护理行为和做法，从而形成一种扬善抑恶的精神力量，由此增强护理人员对自己行为的社会道德责任感。社会性评价是社会主义护理伦理基本原则、规范赖以发挥作用的主要因素。另一类是同行评价，即医学领域自身的评价，这类评价在医疗卫生单位最常见，它有利于从护理学科的特点和规律出发，进行深层次的职业道德论证，进而解决护理行为是否符合伦理规范等方面的问题，是对护理人员实行直接监督的有效途径。

总之，社会舆论作为一种无形的、外在的精神力量，具有群众性和广泛性的特点，在护理伦理评价中起着非常重要的作用，对人们的行为具有很强的约束力。因此，在进行护理伦理评价时，应广泛而恰当地利用正确的社会舆论，纠正不符合社会主义护理道德的行为，推动护理道德水平的提高。

2. 传统习俗　人们在长期社会生活中形成的稳定的、习以为常的行为倾向和行为规范。被人们视为一种不言自明的行为常规，具有悠久性、普遍性和稳定性的特点，同民族情绪、社会心理交织在一起，对人们的行为具有重要的约束和评价作用。当某一护理行为符合传统习俗时，就会得到人们的肯定和赞扬；反之，就会受到批评和谴责。但传统习俗的形成是以一定历史条件为背景的，因而它在护理伦理评价中的作用并不都是积极、进步的。陈旧、落后的传统习俗是推行护理道德新风、促进科学发展和社会进步的绊脚石。因此，在护理伦理评价中，必须对传统习俗做具体分析，取其精华，去其糟粕。

3. 内心信念　人们通过长期的学习和实践，在内心深处形成的真诚信仰和强烈的责任感。护理人员的内心信念是护理人员发自内心的对护理伦理原则、规范或护理伦理理想的正确性和崇高性的笃信，以及由此产生的实现相应护理道德义务的强烈责任感。它是护理人员进行护理伦理选择的内在动机和构成护理道德品质的基本要素，具有深刻性和稳定性的特点。

内心信念是护理人员进行伦理评价的重要方式，但其形成并非朝夕之事，而是在长期护理实践和学习过程中逐渐形成的，它是道德意识、道德情感和道德意志的统一。内心信念一旦形成就不会轻易改变，可以在一个较长的时期内支配自己的护理实践，是推动护理人员对护理行为进行善恶评价的直接的内在动力。当护理人员具有崇高的道德责任感时，会自觉地对自己的行为进行评价。当自己的行为符合自己的内心信念时，就会感到精神上的满足，形成一种力量和信心，并继续坚持；反之，就会感到内疚和不安，促使其进行自我批评，并在以后的工作中尽力避免发生类似行为。

在进行护理伦理评价时，三者相互联系、相互补充、相互促进 。社会舆论的形成需要以每个人的内心信念和传统习俗为基础，社会舆论、传统习俗又有利于内心信念的形成。社会舆论、传统习俗是客观的、外在的监督人们行为的有效方法，而是否真正发挥作用，还是要依靠内心信念。因此，三者是护理伦理评价中的有机整体。

第三节　护理伦理修养

扫码“学一学”

案例

李护士晚上值夜班。当天有三位手术患者，23 床患者手术后回到病房已是 23 点，李护士忙得不可开交。医生医嘱给 23 床患者抗生素静脉注射。李护士从药房领药后准备配药给患者用时，有家属大声叫护士，李护士急忙中将针筒掉地，她捡起放治疗盘后去看望呼叫的患者。当她回到治疗室面对掉地上的药物心想：这支药可以给患者用吗？如果不用，根据制度自己要赔钱。她思索后将掉地药物处理并重新到药房借药，无菌操作配置后给患者用上。次日交班时汇报护士长，按规章制度处理。请问对李护士的行为你有什么看法？

护理伦理修养是培养护理人员高尚的道德的内在因素，体现的是护理人员在护理工作中“我要……”的自觉性和主动性。护理伦理修养境界的高低会直接影响护理人员的工作质量，不断提高护理伦理修养境界是社会对护理人员提出的要求，也是护理人员应该不断追求的目标。

一、护理伦理修养的含义与特点

（一）护理伦理修养的含义

修养包含了言行、举止、仪表、技艺、情操等多方面的陶冶，也包含有涵养的待人处世态度，以及政治思想、知识技能等方面的某种能力和品质。

护理伦理修养是指护理人员在长期的护理工作中根据护理伦理原则和规范，自觉、有意识地努力学习和践行护理道德，培养自身护理道德判断与实践能力，形成一定护理道德品质的过程。可以从两个层次来理解：一是动态的，即按照护理伦理原则和规范进行的学习、体验、反省等心理活动和护理实践活动；二是静态的，即经过努力形成的护理道德品质、情操和道德境界。

护理伦理修养是护理人员的自觉行为，具有自觉性和主动性的特点。理解护理伦理修养的内涵，会发现其具有三个特征：首先，它是一种自觉的思想斗争，是道德个体的自律，良好护理伦理修养的形成是建立在高度自觉的基础上的。其次，护理伦理修养是护理人员内在道德要求的体现。最后，护理伦理修养是一个长期渐进的过程。护理伦理修养的形成绝非是朝夕之功、一蹴而就的，必须经过长期的艰苦磨炼和不懈努力才能达到。

知识链接

名人名言

“道德常常能弥补智慧的缺陷；然而，智慧却永远填补不了道德的空白。”

——但丁

《神曲》所关注的中心问题是人的罪孽与美德，而对罪孽与美德的评判根据就是人的伦理观念。

但丁（1265～1321），意大利诗人，其创作的《神曲》流传至今，深受世界各国读者喜爱

（二）护理伦理修养的特点

1. 自觉性 无论是护理伦理理论修养、意识修养，还是行为修养，主要是护理人员个人的活动，依靠的是个体的高度自觉性。同时，修养的过程存在着善与恶两种伦理道德观的斗争，需要发挥个体的主观能动性，自觉地趋善避恶、扬善抑恶。自觉性决定护理人员道德水平的高低，是护理伦理修养是否成功的关键。

2. 实践性 护理伦理问题产生于护理实践中，需要在实践中加以鉴别和处理。只有在护理实践中，在同患者、其他医务人员、社会实际的关系中，才能发现行为的善恶，从而做出护理伦理判断。所以，只能在护理实践中通过锻炼和修养才能形成高尚的道德品质。

3. 艰巨性 护理伦理修养是一个长期的、曲折的过程，是艰苦磨炼的过程，是思想上除旧布新的过程，因此绝不会一帆风顺，会遇到阻碍，也会出现反复。修养没有终点，任务艰巨，护理人员必须活到老、学到老。

二、护理伦理修养的作用与方法

（一）护理伦理修养的作用

1. 有利于提高护理人员的道德品质 良好护德护风的形成，是以护理人员个体的自觉性、能动性为前提的，外在教育只是条件，内在修养才是根据。护理人员要有高尚的护理道德，可依照护理伦理原则和规范自觉地反省、锻炼自己，特别是护理专业的学生，处在道德品质形成的重要阶段，更需加强自身的道德修养。只有不断增强自身的抵抗力，才能抵制各种不道德的行为，从而提高自己的护理道德品质。

2. 有利于提高临床护理质量　护理人员伦理修养水平的高低，关系到患者的根本利益。护理实践中，一个有修养、责任心强的护士，能做到精心护理患者，使患者得到有效治疗，反之则可能贻误病情造成事故，甚至会危及生命。因此，护理人员良好的伦理修养和护理科学技术的发展一样，对提高临床护理质量具有十分重要的作用。

3. 有利于形成优良的护理道德作风，促进社会的精神文明建设　护理人员的道德水平直接决定着护德护风的状况。护德护风既是社会主义精神文明的重要组成部分，又是社会主义精神文明的巨大动力。护德护风的改善，说到底还是在于护理人员道德素质的提高，而这种提高必须通过护理人员的伦理修养才能得以实现。

（二）护理伦理修养的方法

护理实践是护理伦理修养的根本途径，也是护理伦理修养的根本方法。在与护理实践相联系的基础上，进行护理伦理修养的具体方法是多种多样的。

1. 学习　苏格拉底说："知识即美德。"没有一定的知识作为前提，护理人员的道德修养就无法进行下去。因此，要进行护理伦理修养，首先应该自觉加强学习。这种学习包括以下几方面内容。

（1）理论学习　护理人员应系统学习护理伦理学知识，了解和掌握护理伦理基本理论、原则和规范等，并将其转化为内心信念，指导护理实践。

（2）思想学习　学习古今中外优秀的护理道德思想，学习同行优秀的道德品质，完善自己的人格，向护理道德理想境界迈进。

（3）行为学习　学习先进人物的护理行为，以榜样的力量来鞭策自己。护理人员在学习时要遵循其内在规律，在于护理实践紧密结合的基础上做到三方面协调并进。

2. 内省　自律"内省"，就是向内反问、检查自己的言行是否有不对的地方。自律，就是指行为主体的自我约束、自我管理。护理伦理修养离不开内省、自律，护理人员必须经常自觉分析、评价、调控自己，自觉抵制社会上不良风气影响，使自己的道德品质日臻完美。

知识链接

防微杜渐，注重自律

古代有一举子进京考进士，路途上看见地上有一枚铜钱，拾起后，四顾无人，放入囊中。这一举动，被一过路老者看见。考试中，举子文章说理透辟，文笔畅达，字语漂亮，人言必中！未想到名落孙山，得到的却是主考官送来的一首诗：一枚铜钱尚动心，要他为官定害民，贪心从此须悔改，未做文章先做人。原来老者就是主考官，他把举子的名字从进士榜上拿掉。由小见大，针孔成像，一滴水映出太阳的光芒，中国人自古就讲究防微杜渐，注重个人道德的内省与自律。

3. 坚持实践　护理实践是培养和提高护理人员护理伦理修养的根本方法。护理伦理修养来源于护理实践，服务于护理实践，离开了护理实践，护理伦理修养便成了一句空话，因此护理伦理修养是理论与实践的统一。一个护理工作者是否具有高尚的道德品质，不是听他的言论，而是看他的实践。护理实践是产生高尚护理道德的基础，是推动护理伦理修养的动力，也是护理伦理修养的目的和归宿。因此，护理人员应把护理伦理原则、规范及理论知识运用到自己的护理实践中去，把它作为自己的镜子和行动指南，经常对照检查自己的言行，严格地剖析自己，不断改进自己的工作。

4. 注重慎独 慎独是我国伦理学所特有的范畴，它既是护理伦理修养的方法，又是护理伦理修养的境界。慎独是指个人独处时，仍能坚持道德信念，按照道德原则行事。护理工作中的慎独是指护理人员在个人独处的时候，仍然自觉地坚持护理道德信念，恪守护理伦理规范。这是由护理职业的特点决定的，护理人员常是独立工作，无人监督，是否按时观察病情，是否严格遵守无菌操作规程等，别人都难以发现。能否认真负责，主要靠护理人员的伦理修养、信念、自觉性和责任心。因此“慎独”对护理人员尤为重要。

知识链接

不畏人知畏己知

在清朝雍正年间，有位叫叶存仁的官吏，先后在淮阳、浙江、安徽、河南等地做官。他当官三十多年，两袖清风，未收取过任何贿赂。有一次他离任升迁时，僚属们派船送行，但船只却迟迟不启程。直到夜半时，才见一叶小舟划来。原来，僚属们为他带来了馈赠礼品。为避人耳目，特意深夜送来。他们以为叶存仁平日不收礼是怕他人知道，而夜深人静时，神不知鬼不觉，叶存仁一定会收下。谁知，叶存仁见此情景，却挥笔赋诗一首，将礼物退了回去。诗云：“月白清风夜半时，扁舟相送故迟迟；感君相送还君赠，不畏人知畏己知。”叶存仁为什么能两袖清风，就是他的严格“慎独”和“不畏人知畏己知”。

护理人员要加强护理伦理修养，努力达到慎独境界。首先，要认识到慎独是护理伦理修养的最高境界，要达到这一境界就必须增强护理伦理修养的自觉性，持之以恒，坚持到底。其次，克服侥幸心理，坚持高标准、严要求，特别是当工作平淡而厌烦或繁忙劳累时，更应以慎独精神要求自己。最后，从点滴做起、防微杜渐。好的道德品质和崇高的精神境界的形成，并非一蹴而就，而是由点滴开始。护理人员应从小事入手，做到“勿以善小而不为，勿以恶小而为之”，牢记全心全意为人民身心健康服务的宗旨，逐步达到慎独的境界。

三、护理伦理修养的目标

护理人员进行伦理修养，其目标是要达到崇高的道德境界、树立崇高的道德理想。护理道德境界是指护理人员护理道德水平和觉悟高低的程度以及道德情操的状况。它反映了护理人员的伦理修养所达到的程度和水平。临床工作中，护理人员的道德水准不尽相同，根据护理人员对公私关系的认识及态度，可分为四个层次。

1. 自私自利的境界 其特点是认识和处理一切关系以满足私利为目的，唯我至上、唯利是图。把护理职业作为谋取个人利益的工具，利用工作之便拉关系、走后门，甚至向患者索贿或受贿；对患者责任心不强，态度恶劣，工作上拈轻怕重，推诿责任。处于这种境界的人不多，但影响很坏，我们必须对这种境界的护理人员加强教育，促使其尽快转变。

2. 先私后公的境界　这种境界的人信奉的原则是奉公守法，互惠互利。其特点是他们能考虑患者和集体利益，但私心较重。当集体利益和个人利益发生矛盾时，常要求集体利益服从个人利益。服务态度不稳定，服务质量时好时坏。处于这种境界的护理人员也不多，应该加强其伦理修养，使其脱离这种境界，向更高层次迈进。

3. 先公后私的境界　这种境界的人能正确处理患者、集体、国家和个人利益的关系。其特点是不论做什么事，一般能以社会利益为重，能先公后私、先人后己，对患者关心体贴，工作认真负责。他们也关注个人利益，但是通过自己的诚实劳动和服务获得正当的利益。当个人利益与患者、集体、国家利益发生冲突时，能把患者、集体、国家利益放在个人利益之上，这种境界有利于社会的发展，是应该提倡的，也是对护理人员伦理修养的广泛要求。在我国，处于这种境界的护理人员是多数，已构成护理队伍的主体精神。

4. 大公无私的境界　护理道德境界的最高层次。其特点是有正确的世界观、人生观，一切言行都以是否有利于社会利益为准则，能够为社会、集体、他人不惜牺牲个人一切，他们的高尚行为是自觉自愿、坚定不移的，不论任何情况都始终坚持一致。是先公后私道德境界的升华，是护理伦理修养的发展方向。

本章小结

护理伦理评价可以对护理人员的行为起到思想教育作用，从而不断调节自己的行为以适应社会对护理角色的期望。为了满足这种期望，护理人员应该不断加强业务学习和素质培养，提升自己的护理道德境界和修养，这也为面临伦理难题时做出更好的伦理决策提供了条件。

【实践活动】

观看视频

活动内容：组织观看视频《判断行为善恶的标准是动机还是效果》。

活动目标：学生熟练掌握护理伦理评价的依据，学会辩证地使用动机效果的评价方法。

活动方法：①讨论并解决相关问题：判断行为善恶的标准是动机还是效果；在判断行为善恶中作用怎样辩证地应用动机与效果。②学生自由发言，教师归纳总结。

学习交流

活动内容：组织一次因“慎独”而避免不良医疗事件的学习会。

活动目标：加深学生对慎独精神重要性的理解。

活动方法：组织学生通过多途径查找相关实例，对案例中相关人员的行为提出自己的见解。

目标检测

一、选择题

1. 护理伦理评价的主要依据是（　　）

A. 服务态度与服务质量　　B. 传统习俗

C. 经济效益与社会效益　　D. 动机与效果、目的与手段

E. 社会舆论

2. 下列不是提高护理伦理修养方法的是（　　）

A. 学习求知　　B. 面壁思过　　C. 坚持实践

D. 注重慎独　　E. 内省自律

3. 社会舆论作为护理伦理评价的一种方式，其特点是（　　）

A. 广泛性　　B. 正确性　　C. 持久性

D. 深刻性　　E. 悠久性

4. 护理伦理修养的最高境界是（　　）

A. 护理事业感很强　　B. 护理责任感很强

C. 慎独　　D. 护理行为自觉

E. 对患者富有同情心

5. 某医院有两位等待肾移植的患者，其中一位患者是25岁青年农民，因外伤致双肾破裂；另一位患者是因长期肾炎而至肾衰竭的65岁教授。现只有一个肾可供移植，医务人员进行决策时考虑的标准不包括（　　）

A. 年龄　　B. 预期寿命　　C. 免疫相容性

D. 身体的整体功能　　E. 患者的社会地位

二、思考题

1. 请结合具体实际，试述在护理工作中如何做到慎独。
2. 加强护理伦理修养的一般方法的主要内容有哪些？
3. 试述依据目的与手段相统一的原则，在选择手段时应具备的条件。
4. 护理工作中常见的伦理困境有哪些？
5. 试述护理伦理评价的特点。

三、案例分析题

一个12岁精神意识状态正常的女孩，因车祸需行截肢术，手术前其父母要求医护人员勿让患者知道实情。

分析：①此时，作为她的责任护士面对着怎样的伦理困境？②在处理这类伦理困境时该遵循什么原则？

扫码“练一练”

（来平英）

第五章

护理关系伦理

学习目标

知识要点

1. 掌握护患双方的权利与义务；护患关系伦理规范。
2. 熟悉护患关系的内容与模式；影响护患关系的因素及造成护患关系紧张的因素。
3. 了解护际关系伦理规范。

技能要点

1. 能正确运用护患关系伦理规范分析护患关系问题。
2. 具有尊重患者，为患者负责，自觉为患者维权的意识和基本能力。

案例

2018 年 11 月 21 日下午 4 点左右，孕妇李某因难产被肖某送进北京某分院，肖某自称是孕妇的丈夫。面对身无分文的夫妇，医院决定免费让其入院治疗，而面对生命垂危的孕妇，肖某却拒绝在医院剖腹产手术单上面签字，焦急的几十名医生和护士束手无策，在抢救了 3 个小时后，医生宣布孕妇抢救无效死亡。请问医护人员该如何处理？

在护理实践中，围绕着患者疾病的诊治与护理，护理人员与患者之间、护理人员之间、护理人员与其他医务人员之间存在着广泛的联系与接触。这些关系处理得好坏直接影响和制约着护理工作的开展和护理质量。因此，护理关系伦理是护理伦理的核心内容和重要课题，对于维护患者和社会利益起着重要的作用。

第一节　护患关系伦理

良好的护患关系是进行一切护理工作的前提与关键，在这一过程中，护患双方都要遵守护患关系伦理，从而更好地保障患者身心健康。

扫码“学一学”

一、护患关系的含义与特征

（一）护患关系的含义

护患关系是指护理人员与患者在医疗和护理活动中建立起来的人际关系，它包括护理人员与患者、患者家属及朋友、陪护人员、患者单位与组织等的关系，是护理人员职业生活中最重要的人际关系，也是护理关系伦理的核心。

（二）护患关系的特征

1. 护患关系是帮助系统与被帮助系统的关系 在医疗护理服务过程中，护理人员与患者通过提供帮助和寻求帮助形成特殊的人际关系。

2. 护患关系是一种专业性的互动关系 护患关系不是护患之间简单的相遇关系，而是护患之间相互影响、相互作用的专业性互动关系；这种互动不仅存在于护患之间，与患者的家属、朋友等同样是护患关系中的重要方面。因此，护患关系是多方面、多层面的互动。

3. 护患关系是一种治疗性的工作关系 治疗性关系是护患关系职业行为的表现，是一种有目标的、需要认真促成和谨慎执行的关系，并具有一定强制性。

4. 护理人员是护患关系后果的主要责任者 护理人员作为护理服务的提供者，在护患关系中处于主导地位，其言行在很大程度上决定着护患关系的发展趋势。因此，一般情况下，护理人员不仅是促进护患关系向积极方向发展的推动者，也是护患关系产生障碍的主要责任承担者。

5. 护患关系的实质是满足患者需要 护理人员通过提供护理服务以满足患者需要是护患关系区别于一般人际关系的重要内容。

二、护患关系的内容与模式

护患关系内在结构上是一种多层次及多因素交叉的复杂社会关系，护患关系的内容可以理解为护患技术关系与非技术关系两个方面。在这两个层面中，技术关系是非技术关系的基础，是维系护患关系的纽带，没有技术关系，就不可能发生护患关系的其他内容；非技术关系则是护患关系的重要内容，它在很大程度上影响着护患关系的质量。

（一）技术关系及其模式

护患技术关系是指护患双方在进行一系列护理技术活动过程中所建立起来的，以护理人员拥有相关的护理知识及技术为前提的一种帮助关系。护患技术关系模式是以医患技术关系模式为基础而形成的，1956 年美国学者萨斯（T. Szasz）和荷伦德（M. Hollender）提出，医患关系模式分为三种类型：主动 - 被动型模式、指导 - 合作型模式、共同参与型模式，即萨斯 - 荷伦德模式，此模式同样适用于护患关系。

1. 主动 - 被动型模式（active - passive mode） 此模式关系的原型为母亲与婴儿的关系，是古今中外护患关系出现最多的一种模式，特点“护士为患者做治疗”。此模式中，护理人员以“保护者”的形象出现，处于专业知识的优势地位和治疗护理的主导地位，获得了给予患者治疗和护理的主动权，而患者则处于服从护理人员处置和安排的被动地位。要求患者绝对服从护理人员的命令，无条件地执行护理人员在治疗和护理方面提出的要求。适用于某些缺乏或失去自我判断能力，难于表达主观意志或不能与护理人员沟通交流的患者，如病情危重、神志不清、休克、意识障碍、痴呆、精神病患者或婴幼儿等患者。这种护患关系类型过分强调护理人员的权威，护理工作中不存在着护理人员与患者进行言语和情感上的沟通及听取患者的意见和建议，容易产生护患矛盾，甚至可能出现差错或事故，影响护理质量的提高。

2. 指导－合作型模式（guidance－cooperation mode） 此模式关系的原型为母亲与儿童的关系，特点是"护士告诉患者应该做什么和怎么做"。此模式中，护理人员以"同盟者"的形象出现，为患者提供合理的建议和方案，患者主动配合治疗护理，积极参与护理活动，双方共同分担风险，共享护理成果。护理人员以宣教者及指导者的角色出现，从患者的健康利益出发，提出决定性的意见，患者则尊重权威，遵循其嘱咐去执行。主要适用于急性病患者和外科手术后恢复期的患者等。这种关系类型相对主动－被动型更进一步，但护理人员的权威仍是决定性。

3. 共同参与型模式（mutual participation mode） 此模式关系的原型为成人与成人的关系，特点是"护士协助患者进行自我护理"，在此模式中，护患双方共同参与医疗和护理活动，即护理人员与患者均为主动，他们的积极性和主动性均得到最大的发挥。患者在治疗护理的过程中不仅主动配合，而且还主动参与，如诉说病情与护理人员共同制定护理目标、探讨护理措施、反映治疗和护理效果等；特别是在患者身体力行的情况下，自己主动完成一些力所能及和有益于健康的活动，如日常生活护理活动、整理床单位、个人卫生护理、康复锻炼、留取大小便标本、病情变化或疾病复发症状的自我监护、用药后副作用的观察和效果评价等。是目前"以患者为中心"的整体护理理念的较为理想的护患关系。

一般说来，在特定的情况下，这三种护患关系模式都是正确和行之有效的，但是三种模式也是难以截然分开的，需要哪种模式要根据患者的病情、环境、医疗设备、技术力量等条件决定，只要患者能表达自己意见，护理人员就应该注意发挥患者的主动性和能动性，共同参与疾病的诊疗与护理。1980 年美国史密斯（Sheri Smith）教授提出，护理关系的技术模式分为三种类型：代理母亲模式、护理人员－技师模式和约定－临床医师模式。这一基本模式已经被越来越多的医学界所接受。

（二）非技术关系及其内容

护患非技术性关系是指护患双方由于心理、社会、道德、法律、教育、经济等多种因素的影响，在实施护理技术过程中所形成的道德、利益、法律、文化、价值等多种内容的关系。是护患关系中最本质、最重要的方面。

1. 道德关系 非技术关系中最重要的内容，护患关系的协调需要道德原则和规范的约束，因为护患双方信息的不对称性，需要护理人员在更高水平上遵守护理道德要求。护理人员要尊重和爱护患者，以患者的利益为重；患者也应该尊重护理人员的人格和权利，履行道德义务，共同构建良好的护患关系。所以说，护患关系又是道德关系。

2. 价值关系 护患双方在护理实践过程中，通过医疗护理活动本身都在实现着各自价值。对护理人员而言，在自己的职业服务中，通过自己的知识和技术为患者提供高质量的医疗护理服务，使患者重获健康，实现了崇高的人生价值。而患者恢复健康重返工作岗位后，又为他人和社会做出贡献，同样实现了个人的社会价值；患者价值的实现则必须是建立在上述活动顺利完成的基础之上，否则其价值就无法实现。所以，护患关系建立的同时也奠基了护患之间的价值关系。

3. 利益关系 护理实践活动本身为医患双方满足各自的需要，即物质利益和精神利益提供可能。对护理而言，通过自己的技术服务和劳动得到经济报酬，同时因自己的劳动解除了患者的病痛，获得自身价值实现的满足感；对患者来说，通过护理人员提供服务而恢复健康并重返工作岗位就是患者的利益。故此护患关系包含着利益关系。

4. 文化关系 护理活动中的护理人员和患者都是一定文化中的个体，护患双方在文化修养、风俗习惯、宗教信仰等方面存在差异，双方在道德行为上的表现也有所不同，因此，影响着护患关系的进一步展开和护理活动的结果。由此可见，护患关系不可避免地也是一种文化关系。

5. 法律关系 之所以说护患关系同时也是法律关系，是因为现代的护患关系不仅依靠道德的调节作用，也越来越依赖法律的调节力量。一方面护理人员的护理资格必须得到法律的认可，必须在法律规定的范围内工作，护理人员违法要追究其个人的法律责任；另一方面虽然患者享有医疗护理权及其各种权利并受法律保护，但是如果就医时扰乱医疗护理秩序，做出违法行为，同样会受到法律制裁。因此，护患关系又是法律关系，是当代社会和医学发展的产物。

护患非技术关系是由多种因素交织构成的，这些因素并不是等量平行地存在于非技术层面的，而是在不同的历史时期、不同的技术水平、不同的医疗体制之下，这些不同的因素会此消彼长，发生权重意义上的变化。

知识链接

一张百年前的老照片

最近在网络上流传着一张百年前的老照片，苏格兰医生梅藤更查房时与中国小患者相互行礼，这一老一小，一医一患的相敬相亲，在今天的背景下，让很多人感慨。1881 年，26 岁的梅藤更来到中国杭州，梅医师查房，一位小患者彬彬有礼地向梅医师鞠躬，深谙中国礼数的梅医师也深深鞠躬回礼。这一温馨场景成为经典瞬间，表达了患者把健康乃至生命都托付给医生的感激，也体现了医生对患者尊重和关爱。

好的医生应该具有三个“H”：Head 是知识，Hand 是技能，Heart 就是良心。

——梅藤更

三、护患关系影响因素及紧张的原因

（一）护患关系影响因素

护患关系是一个对立统一的矛盾体，在临床护理过程中，有许多因素影响着护患关系的和谐发展，归纳主要因素如下。

1. 信任危机 信任感是建立良好护患关系的前提和基础，而良好的服务态度、认真负责的工作精神、扎实的专业知识和娴熟的操作技术是赢得患者信任的重要保证。

2. 角色模糊　个体（护理人员或患者）由于对自己充当的角色不明确，或缺乏真正的理解而呈现的状态。在护患关系中，如果护患双方中任何一方对自己所承担的角色功能不明确，如护理人员不能积极主动地为患者提供帮助，或患者不积极参与康复护理，不服从护理人员的管理等，均可导致护患沟通障碍、护患关系紧张。

3. 责任不明　护患双方往往由于对自己的角色功能认识不清，不了解自己所应负的责任和应尽的义务，从而导致护患关系冲突。护患责任不明主要表现在两个方面：对于患者的健康问题，应由谁来承担责任；对于改善患者的健康状况，谁来承担责任。

4. 权益影响　寻求安全、优质的健康服务是患者的正当权益。但是大多数患者由于缺乏专业知识和疾病因素，导致部分或全部丧失自我护理的能力，被迫依赖医护人员的帮助来维护自己的权益；而护理人员则处于护患关系的主动地位，在处理护患双方权益争议时，容易倾向于自身利益和医院的利益，忽视患者的利益，由此影响护患关系。

5. 理解差异　由于护患双方在年龄、职业、文化程度、生活环境等方面的不同，在交流沟通过程中容易产生差异，从而影响护患关系。

（二）护患关系紧张的原因

随着医疗卫生体制的改革和市场经济体制的建立，护患之间可能会出现矛盾或冲突，我们必须认真分析其产生的原因，有针对性地加以解决。护患关系紧张的原因有很多，主要来自四个方面。

1. 护理人员方面的原因　影响护患关系的主要因素。

（1）职业道德存在问题　护理人员的伦理修养、伦理品质、伦理信念、服务意识、法律意识、健康教育水平及人文素质等影响并决定着护理人员对待护理工作及患者的根本态度，直接影响和制约护理人员的行为和工作质量。在临床护理工作中，受市场经济的影响，不少护理人员日益淡化，甚至忘记了自己所担当的“救死扶伤、防病治病，实行社会主义医学人道主义，全心全意为人民健康服务”的服务宗旨。服务意识差，对待患者语气生硬，缺乏同情心、责任心和爱伤观念；对患者的痛苦表现得冷漠，缺乏工作热情和乐于助人的品质，护理人员的职业道德是影响护患关系紧张与护患矛盾激化的重要因素。

（2）认知心理存在问题　个人的职业如果与他的性格类型相符合，他会对工作产生兴趣，心情舒畅，容易激发起对工作的积极性和创造性。一方面护理工作直接面对患者，服务对象多，工作量大，责任重，且劳动成果得不到社会的肯定和尊重。一方面部分护理人员对护理工作的职责、价值与意义缺乏正确的认识，把对患者的服务当成自己的恩赐，对患者表现心冷、脸板、话硬；现在护理队伍中独生子女增多，有些护理人员缺乏谦让和宽容的心态，从而使患者及其家属产生不满或对抗情绪。同时护理人员还要面对学习、晋升、家庭、照顾子女等各方面的压力，易造成心理上的不平衡和情绪不稳定。这就要求护理人员具备良好的心理素质，否则，将不良的情绪带到工作中，容易引起护患冲突。

（3）业务素质存在问题　精湛的业务水平，优质的服务质量是建立良好护患关系的前提条件。护理人员的理论水平和操作技术，直接影响护理人员的形象，影响患者是否对其产生信任和依赖感。护理人员如果缺乏扎实的专业知识和精湛熟练的操作技能，会给患者造成不必要的痛苦，引起患者的怀疑和不安，并造成护患关系的紧张和恶化，甚至使患者拒绝护理服务。因此，护理人员必须始终坚持以患者的满意为导向，狠抓业务素质的提高，努力做到理论学习全面深入，技术操作精益求精，提高护理服务质量。

知识链接

交谈技巧六要素（SOFTEN）

SOFTEN 由六种重要的参与技巧的英文首写字母缩写而成：S（smile）微笑；O（obeisance）注意聆听的姿态；F（forward）身体前倾；T（tune）音调；E（exchaning eyes）目光交流；N（nodding）点头；把以上六种技巧巧妙结合起来，能使他人产生一种舒适和受到重视的感觉。

（4）沟通技巧存在问题　沟通是人们在互动过程中，通过某种媒介交换信息的过程；护患之间是否能很好地传递信息，在很大程度上取决于护理人员的沟通技巧。由于一些护理人员在工作中缺乏或不注意沟通技巧，与患者沟通时用词不当，一旦言语不当，容易造成过激行为而引发冲突。

2. 患者方面的原因　影响护患关系的重要因素。

（1）文化差异或社会公德意识存在问题　在临床工作中，护理人员接触来自社会各个阶层的患者，由于他们的社会背景不同，如受教育程度、文化素质、社会角色以及患者认知的差异，接受信息时对信息的内在含义的理解和接受不同，容易产生护患矛盾。少数患者社会公德意识水平低下，就医行为不文明，不尊重护理人员的劳动与人格，稍不如意，就出口伤人或无理取闹；有的患者无视医院规章制度，损坏公物等，都会影响护患关系的和谐。

（2）对医疗护理服务期望值存在问题　有的患者对医疗护理服务期望值过高，但过高的要求超出护理服务的能力。如有些护理措施存在某些副作用本来是正常的，但患者也会感到不满意；有些危重或疑难病例，虽然积极救治，精心护理，最后仍然无效，患者及家属不能给予理解甚至无端指责。医院现有的服务设施、休养条件、管理体制与患者需求尚有距离，加上患者不了解医院规章制度，不了解现实条件的制约，而对医护人员产生误会，这些都是引发护患矛盾的重要因素。

3. 医院方面的原因

（1）医院环境设备存在问题　医院是为患者提供专业服务的综合性场所，患者的一切活动都在这个场所进行，医院的布局设置、设备和服务设施等都直接影响护理服务的质量。如果医院医疗护理设备与生活设施陈旧，不能满足患者的需求；或者医院环境差，病房卫生设施不配套，会给患者造成不舒适、不方便或不适应的感觉。因此，优美的院容院貌，宽敞明亮的候诊大厅，简洁清楚的就医指南，整洁、舒适、安全、安静的休养环境，都会给患者留下良好的印象，有利于护患交往。

（2）医院管理水平存在问题　医院管理水平直接影响医院的服务质量。如果医院管理水平落后，护理管理制度不健全、不完善、不科学，护理服务水平低下，管理混乱，均会影响护理质量，造成护患关系紧张并给医院带来恶劣影响。医院管理部门如果对危机管理重要性的认识不足，使得医院在出现护患纠纷后才进行解决，或不能及时妥善地处理患者的投诉，造成患者及家属的不满，也会影响护患关系。因此，医院完善的管理制度及对护理人员的重视与关怀，有利建立良好的护患关系。

4. 社会方面原因

（1）社会对护理工作的认识存在问题　由于受社会观念及传统思想的影响，护理人员的社会地位不高、待遇低，有的患者认为护理人员只能打针、输液、换药，对护理人员的信任度和依从性远远低于医生，造成患者不配合护理人员工作，甚至不尊重护理人员的人格以及劳动成果，影响和谐护患关系的建立。

（2）医疗制度改革中医疗费用存在问题　随着现代医疗技术的不断进步，医疗费用越来越昂贵。在临床护理工作中，催款、解释费用明细等问题也多由护理人员承担，患者或家属对收费不满意，认为是护理人员的原因，把怨气发泄到护理人员身上。有些患者由于承担不起高昂的医疗费用，在医院住院期间，不断地埋怨医护人员，不积极配合医护人员的工作，甚至医护人员稍有不慎，便借此机会作为获得医疗赔偿的一种手段。

（3）中介媒体的宣传存在问题　舆论和新闻媒体对医疗市场的密切关注和对医疗纠纷的广泛宣传以及《医疗事故处理条例》中的举证倒置，对医院虽有促进作用，但同时也误导人们对医院要保持警惕，都是影响良好护患关系的因素。

依法治国是我国政治建设的一个重要目标。当前，公民的法律意识不断增强，国家卫生立法逐渐完善，各种卫生法规的制定对护患双方都提出了相应的准则和规范。护患之间的关系应建立在共同遵守国家法律的基础上，双方都应学法、知法和守法，这是护患关系文明与进步的标志。

第二节　护患双方的权利与义务

扫码“学一学”

案例

患者，女性，50岁，胃癌肝转移患者，发现病情三个月。家属由于担心患者接受不了患绝症的事实，而只告诉她是胃炎、肝硬化，并且要求医务人员绝对不能告诉患者实情。疾病晚期，合并大量腹水及肠梗阻，患者每天在痛苦、埋怨和猜测中度过。每次查房，她都会问同样的问题：护士，你们怎么连胃炎都看不好，我是否得了绝症？作为医护人员，我们内心十分矛盾。可是我们必须尊重家属的意见，这是毋庸置疑的事实。我们只能默默承受着她的埋怨。很快，患者在痛苦中走到了生命的尽头。临终前，她仍不知自己究竟得了什么病，请问患者该不该有知情权？

明确护患双方的权利和义务，是护理伦理学的核心内容。只有护理人员与患者的权利真正地得以享有，并都能自觉履行各自应尽的义务，才能建立和谐的护患关系。

一、患者的权利与义务

（一）患者的权利

国际相应约定与我国有关法律法规规定，患者的权利包括下列主要内容。

1. 生命健康权　该权利是无条件的、绝对的，是不以义务为前提的。《中华人民共和国民法通则》第九十八条规定：公民享有生命健康权。生命健康权包括生命权和健康权两项人身权。

2. 医疗权 生命健康权的延伸，人类生存的权利是平等的，因而医疗保健享有权也是平等的。《宪法》第四十五条规定：中华人民共和国公民在年老、疾病或者丧失劳动能力的情况下，有从国家和社会获得物质帮助的权利。国家从法律的基点确保了平等基本医疗权的实现，这不仅是法律规定，也是患者享有基本医疗权的伦理依据。医疗权包括医疗平等权和医疗自主权。

（1）医疗平等权 患者平等享有医疗卫生资源和医疗、护理保健服务，即获得公正、平等的医疗和护理服务的权利，这项权利是绝对的和无条件的。首先，患者得到的医疗服务质量和服务态度是相同的。医护人员对待所有患者一视同仁，即不分男女、宗教、种族、阶级、党派一律平等，任何人不得以任何借口推诿和拒绝患者的诊治要求，怠慢和延误患者的医疗护理需求。其次，每位公民一律平等地享受相同医疗资源的权利。

（2）医疗自主权 患者医疗自主权是指患者对医方及其所提供的诊治护理决策所享有的自主选择权与决定权。包括自主决定接受医疗机构所提供的诊治护理活动，也包括自主决定放弃或拒绝他认为无效、无益或者不愿接受的诊治护理活动。护理人员在临床护理工作中，要尊重和保障患者及其家属的自主性决定。协助患者自主选择医务人员；慎重地处理患者自主放弃或终止治疗的决定；慎重处理患者自主与医护人员做主的关系。但并非任何情况下患者都有权拒绝治疗的权利，例如患者所患疾病如果不治疗将会给公众造成危害，如某些传染性疾病，这时患者不能拒绝治疗；或者患者处于紧急情况或手术后麻醉苏醒期，若拒绝治疗，会对其造成巨大伤害，甚至威胁其生命。原则上医务人员应根据临床的情况，权衡风险和利益后处理患者的医疗自主权，必要时可求助于第三者如医学伦理委员会、护理伦理学专业委员会或司法机构的裁决。尊重患者自主权，绝不意味着医护人员可以放弃或者减轻自己的伦理责任，也绝不意味着听命于患者的任何意愿和要求。当患者做出不合理的决定，可能对自己、他人造成伤害时，医护人员的特殊干涉权是符合行善原则与不伤害原则的。

知识链接

患者权利

1793 年法国革命国民大会上，第一次提出了患者的权利，其明确规定：一张病床上只能睡一个患者，两张病床之间的距离也至少应有 90 厘米。从此，许多西方国家开始重视患者权利的研究和实践。18 世纪末与 19 世纪初，美国医生实行患者手术治疗应事先取得知情同意。20 世纪初，很多国家接受了不取得患者或当事人在自由意志下的知情同意，不允许进行任何人体医学试验的原则。而在 1946 年通过的《纽伦堡法典》更加强调和确认患者的权利。近几十年来，一些国家对患者权利开展了越来越多的研究，并采取了一系列的步骤和措施来保证患者权利的实现。

3. 受尊重权 尊重是指对患者的生命、权利和人格的尊重。不同地位、个性、品质与价值观念的患者在医疗面前人人平等，他们的人格尊严应受到医护人员的尊重。特别是对于特殊患者群体，如给予精神疾患、性病、艾滋病等患者同等的治疗和护理，在护理过程中同情、关心、体贴患者，尊重并满足患者的正当要求。

4. 知情同意权 患者享有知晓自己病情和医务人员所要采取的诊治护理措施，并自主选择合适的诊治护理决策的权利。患者的知情同意权是患者自主权的具体表现，是患者的一项基本权利。具体表现为对自己真实病情的知情权，患者有权要求医护人员提供真实、准确及充分的病情信息，并对自己的病情做出通俗易懂的解释，不可用艰深难懂之学术用语，以增进有效沟通，这是实现知情同意权的重要保证。对治疗及护理方案的知情权和对手术及相关实验的知情同意权等。

5. 隐私保护权　《中华人民共和国民法通则若干问题的意见》第一百四十条规定：保护公民的隐私权，该规定把非法宣扬他人隐私的行为暂时认定为侵犯名誉权的行为，应依照关于名誉权的规定处理。在医疗护理过程中，患者有权要求医护人员保护其根据需要提供的有关个人生活、行为、生理、心理等方面的隐私；有权要求在进行涉及其病案的讨论或会诊时不让不涉及其医疗的人员参加；有权要求由异性医务人员进行某些部位的体检治疗时需要护理人员在场；有权要求其病案只能由直接涉及其治疗或监督病案质量的人阅读；有权要求医护人员不公开自己的病情、家族史及接触史等。在临床护理工作中保护患者隐私权，体现了护理人员对患者权利、人格和尊严的尊重；它是良好护患关系维系的重要条件，是取得患者信任和合作的重要保证。

知识链接

我的身体怎能被随便观摩！

未婚女青年张萍（化名），22 岁，到某附属医院进行人工流产手术，值班女医生孙某让张萍到里间检查室脱下裤子躺在检查床上。一会儿，孙医生推门进来，向门外叫了一声："你们进来吧！"随即 20 多名身穿白大褂的男男女女鱼贯而入，让全身脱得只剩下一件短袖衫的张萍羞得屈起下身。张萍扭过脸要求孙医生让这些人出去，孙医生说："这些是见习生，没什么。"并要求她躺好，否则没法看病。张萍只得任孙医生一边触摸着她的下身，一边向见习生讲解各部位的名称、早孕症状和检查程序等。请问医生的做法对吗？

6. 身体所有权　患者对自己正常或非正常的身体及其肢体、器官、组织基因等都拥有所有权及支配权。身体所有权不仅为患者生前所有，死后也不容侵犯。我国现行的有关人体器官捐献和遗体捐献的条例与规定，都把捐献者自愿列为首要条款，其前提和实质就是尊重和维护捐献者身体所有权。

7. 免除一定社会责任权　由于患者所患疾病的影响，而降低或完全丧失了承担社会责任和义务的能力，可以视其病情轻重和根据医疗机构证明后，暂时或永久免除一定社会责任，同时有权利得到各种福利保障。例如精神病患者在病情发作期间可凭医疗诊断免除法律责任与道德责任；患者在诊治和休养期间，可凭医疗诊断书免除正常工作的角色责任，并可同时享有合法的工资及其他福利待遇；残疾人有免除兵役的权利。

8. 诉讼赔偿权　患者对医疗机构及其医护人员在医疗活动中，因违反医疗卫生法律、行政法规、部门规章制度及诊疗护理规范或常规，或因过失造成患者人身损害的事故或差错而产生对患者正当权益的侵犯时，享有向卫生行政部门提出质疑和诉讼的权利，以及要求医方给予经济补偿或经济赔偿的权利。《中华人民共和国民法通则》第二十二条规定：因医疗事故受到侵害的公民有权获得赔偿。最高人民法院"关于贯彻执行《民法通则》若干问题的意见”第一百四十六条规定：侵害他人身体致使其丧失全部或部分劳动能力的，赔偿的生活补助费一般应补足到不低于当地居民基本生活费的标准。

9. 服务选择和监督权 患者有比较、鉴别和选择医疗机构、就诊方式、治疗方案和检查项目甚至医生与护士的权利。医务人员不能强迫患者接受各种检查、治疗，也不能强行让患者使用其不愿意使用的药品。应力求较为全面、细致地介绍治疗护理方案，以使患者对方案有完整的了解，做出正确判断和选择。患者在享有平等医疗权的同时，也享有维护这种权利实现的权利，当患者的医疗权利受到侵犯，生命受到威胁而又被拒绝治疗时，患者有权直接提出疑问，寻求解释或通过社会舆论提出批评，要求有关医疗单位或人员改正错误，求得解决。对经济费用消耗的了解，也是此项内容的一部分。

10. 请求回避权 如果发生医疗事故，在进行医疗事故鉴定前，医疗事故双方当事人可以公开、公平地在医学会主持下，按照对等的原则从医疗事故鉴定委员会的专家库中，随机抽取相关专业的鉴定委员实施鉴定，当事人有权以口头或者书面的形式申请他认为不信任的鉴定委员回避，进一步增强医护患双方的平等性。

（二）患者的义务

患者义务是指患者的在诊疗护理过程中应该做的，或者必须做的。权利和义务是相对的，患者在享有上述权利的同时，也应履行其应尽的义务，才能保障其权利的真正实现，才是对自己健康负责，对他人和社会负责。

1. 配合诊治与护理的义务 患者患病后必须接受治疗和护理，有义务尽可能详细、全面及真实地提供病史；有义务告知医护人员治疗护理前后的情况，不能隐瞒有关信息；有义务遵照执行医疗护理计划的嘱咐，如果认为医护嘱咐有不妥之处，不宜擅自修改，而应该及时与医护人员沟通等。传染病患者有义务了解传染病的传播途径和隔离措施，并采取有效措施防止传染病的进一步传播，这是一项特殊的义务。

2. 保持与恢复健康的义务 在医疗护理活动中，医护人员的主要责任是提供医疗护理活动，帮助患者减轻痛苦，促进康复。但现代生活中，许多疾病与人们的生活方式及生活习惯密切相关，需要患者积极配合，才能使其维持最佳的健康状况。因此，患者有义务努力改变不健康、不安全及危险的行为，有责任选择健康的生活方式、养成良好的生活习惯，对自己的健康负责。

3. 尊重医护人员人格尊严和劳动以及专业权利的义务 《护士条例》第三条规定：护士人格尊严、人身安全不受侵犯。护士依法履行职责，受法律保护。《护士条例》第三十条规定：非法阻挠护理人员执业或侵犯护理人员人身权利的，由护理人员所在单位提请公安机关予以治安行政处罚，情节严重，触犯刑律的，提交司法机关依法追究刑事责任。战胜疾病是医护人员和患者的共同目标，患者和家属不得以任何借口要挟医护人员，妨碍其正常的工作秩序和行为，应当尊重医护人员人格尊严和劳动。遇到医疗护理纠纷，应当以科学为依据，以法律为准绳来加以解决，必要时请医学伦理委员会、护理伦理学委员会或司法机构裁决。

4. 遵守医院规章制度的义务 良好的医疗护理环境和秩序不仅有赖于医护人员的辛勤劳动，也有赖于患者及其家属的自觉遵守。如患者应当遵守就诊及住院须知、卫生制度、探视制度、陪护制度、按时交纳合理的医疗费制度等，这是每一位患者应尽的义务。遵守医院规章制度既有利于患者自己健康的恢复，也是对其他患者利益的维护。

5. 支持医学与护理科学发展的义务 为了医学和护理科学的发展，医护人员需要不断地进行新方法、新药物及新器械的临床试验，需要患者的支持。医学科学的发展，人类健康的维护，更需要高素质的医护人员，对于他们的成长需要患者的配合。在医学护理教育中的临床实习也需要患者的理解、支持和配合。为此患者有义务在自己不受伤害，或者收益与风险成比例的情况下，经自愿知情同意，配合医护人员开展教学、科研和公益等活动。

二、护理人员的权利与义务

（一）护理人员的权利

护理人员在执业活动中既享有公民所有的权利同时享有职业范围内的职业权利。

1. 享有人格尊严和人身安全不受侵犯的权利 《护士条例》第三条规定：护士人格尊严、人身安全不受侵犯。护理人员依法履行职责，受法律保护，这既是赋予护理人员的法律权利，也是伦理权利。第十三条规定：护士执业，有获得与其所从事的护理工作相适应的卫生防护及医疗保健服务的权利。从事直接接触有毒有害物质或有感染传染病危险工作的护士，有依照有关法律、行政法规的规定接受职业健康监护的权利，他们在挽救他人生命的过程中同样有权要求自己的生命健康得到基本的保障。此外，患职业病的或直接从事有职业危害工作的人员，有权享受国家和军队规定的有关福利待遇。

2. 享有获得履行职责相关的权利 出于护理的需要，护理人员有权在注册的执业范围内对患者进行护理评估、护理查体、护理诊断、执行护理措施等护理活动；当询问患者的病情时，可能涉及询问与病情相关的隐私等，根据《护士条例》第十五条规定：护士有获得疾病诊疗、护理相关信息的权利和其他与履行护理职责相关的权利。

3. 在某些特殊情况下享有特殊干涉权 特殊干涉权是指医护人员在特殊情况下，有限制患者的自主权利，以确保患者自身、他人和社会的权益。例如对精神病患者与想要或正在自杀患者，可采取强迫治疗或约束措施控制其行为；法律规定的某些患者，如麻风病等烈性传染病患者，可依法行使特殊干涉权，对其进行必要的隔离或强迫他们接受治疗。但是，医护人员的特殊干涉权不是任意行使的，只有当患者的自主决定损害自己的生命、他人的生命和社会公益时，医护人员才可以使用这种权利。

4. 享有学习和培训的权利 《护士条例》第十四条规定：护士有按照国家有关规定获得与本人业务能力和学术水平相应的专业技术职务、职称的权利；有参加专业培训、从事学术研究和交流、参加行业协会和专业学术团体的权利。现代社会和科学技术不断发展，要求护理人员及时更新知识、调整知识结构，不断提高护理伦理修养和业务水平，这是护理人员的权利，也是护理人员的义务。

5. 享有参与影响护理政策决策的权利 《护士条例》第十五条规定：护士可以对医疗卫生机构和卫生主管部门的工作提出意见和建议。

6. 享有获得物质报酬的权利 《护士条例》第十二条规定：护士执业，有按照国家有关规定获取工资报酬、享受福利待遇、参加社会保险的权利。任何单位或者个人不得克扣护士工资，降低或者取消护士福利等待遇。

（二）护理人员的义务

国际护理人员理事会2000年修订的《护士伦理法典》，根据护士的不同角色提出了护士的责任。我国的《护士条例》也对护士的法律义务提出了明确要求。

1. 依法进行临床护理的义务 护理人员作为国家公民在遵守国家宪法和法律的同时，还必须遵守有关的医疗卫生管理法律、行政法规、医院各项规章制度及技术操作规范及常规，这不仅是护理人员的义务，也是护理人员执业的最根本准则，即合法性原则。《护士条例》第十六条规定：护士执业，应当遵守法律、法规、规章和诊疗技术规范的规定。护理人员必须及时、真实、准确和客观地记录患者的治疗护理情况，不能弄虚作假，并且妥善保存这些记录。因抢救急危患者未能及时书写病历的，应当在抢救结束后六小时内根据实际情况及时补记，并加以注明。护理人员在执业中应当正确地执行医嘱，如果发现医嘱是错误的或会给患者带来伤害，护理人员应当拒绝执行这样的医嘱，并及时向相关人员和部门汇报。

2. 紧急救治的义务 《护士条例》第十七条规定：护士在执业活动中，发现患者病情危急，应当立即通知医师；在紧急情况下为抢救垂危患者生命，应当先行实施必要的紧急救护。

3. 尊重患者生命和人格尊严的义务 在护理工作中，护理人员应当尊重患者的生命、人格、个性、尊严、价值观、宗教信仰及风俗习惯，不应以患者的相貌、地位、民族、宗教信仰、政治派别和财富的多少分别对待。

4. 为患者解除痛苦的义务 护理人员应当发扬人道主义精神，关心、爱护、尊重患者。护理人员解除患者的痛苦包括两个方面：解除患者身体上的痛苦和解除患者精神上的痛苦，特别是对于临终的患者更是要强调解除精神上的痛苦，这样才能使得患者在人生的最后时段安详平和，不带任何遗憾地离开人世。

5. 知情告知的义务 《医疗事故处理条例》十一条规定：在医疗活动中，医疗机构及其医务人员应当将患者的病情、医疗措施及医疗风险等如实告知患者，解答其咨询。《医疗机构管理条例实施细则》第六十二条规定：在实施手术、特殊检查、特殊治疗时，应当向患者做必要的解释。因实施保护性医疗措施不宜向患者说明情况的，应当将有关情况通知患者家属。护理人员履行告知义务是患者实现知情同意权利的前提和保障，护理人员应使用患者通俗易懂的语言，全面如实地告知患者自身疾病的情况，实施护理的方案，这些护理的方案具有哪些优缺点和可能给患者带来的不适和伤害，注意不要因为自己的倾向性而选择告知的信息，这样才能保证患者的真正知情。

6. 尊重和保护患者隐私的义务 《护士条例》第十八条规定：护士应当尊重、关心、爱护患者，保护患者的隐私。在护理执业活动中护理人员由于护理的需要，而了解患者的个人隐私，但是这些信息是属于患者个人的；护理人员不得泄露与传播，更不能因为患者的隐私嘲笑和歧视他们。

7. 积极参加公共卫生应急事件救护的义务 促进全社会的健康生活理念的形成，提高全民健康水平是护理职业对社会应承担之责任，对公民应尽之根本义务。《护士条例》第十九条规定：护士有义务参与公共卫生和疾病预防控制工作。发生自然灾害、公共卫生事件等严重威胁公众生命健康的突发事件，护士应当服从县级以上人民政府卫生主管部门或者所在医疗卫生机构的安排，参加医疗救护。

8. 发展护理科学的义务 为解除疾病对人类的折磨，促进健康恢复和增进人体健康水平，护理人员需研究新的护理手段和护理方法。而这是一项持久而且艰苦的工作，需要护理人员具有求真务实的态度和献身科学的精神，在临床护理工作中通过细致的观察，认真地研究，用毕生的精力去实现。

知识链接

希尔顿的微笑经营

美国旅馆大王希尔顿饭店的董事长康纳·希尔顿初入商海时，他的母亲对他说："你要想出这样一种简单、容易、不花本钱而行之有效的办法去吸引顾客，这样你的旅馆才有前途。"希尔顿冥思苦想，终于找到了具备母亲所说四个条件的东西，那就是"微笑服务"。从此，希尔顿每天上班对员工说的第一句话就是你对顾客微笑了没有？为了让微笑经营这一理念深入每一员工的内心，希尔顿要求每一个员工每天来酒店上班的第一件事就是集体唱微笑歌，每一个人都不例外，从希尔顿到每一个员工。微笑经营理念成了希尔顿酒店文化的精髓，每一个希尔顿人都在用微笑传承着这一理念，用微笑走向世界，希尔顿饭店名声也因此显赫于全球饭店业。

希尔顿（1887 ~ 1979）

三、护患关系伦理规范

（一）热爱专业，恪尽职守

搞好护患关系的重要基础。护理事业是一项平凡而崇高的事业，护理工作既要面向患者，又要面向社会各种类型及各种健康状况的人群，其责任重大，影响广泛。护理工作者要树立为护理事业奉献自己终生的信念，忠于职守，勇于献身，满腔热情地对待患者。受世俗的偏见或疾病的折磨，一些患者和家属心情不好时，往往向护理人员发泄，在言语上出现不尊重护理人员的现象，护理人员应牢固树立全心全意为人民服务的思想和护理工作高尚的职业自豪感，给患者更多的同情与关心，用自己熟练的操作技术和热情周到的服务赢得患者的尊重和信任。

（二）刻苦学习，精益求精

高质量的护理服务是和谐护患关系的重要前提。在医学知识日新月异的年代，新理论、新知识和新技术不断涌现，随着新医学模式的转变，要求护理工作者不断提高自己的整体素质。护理工作者要熟练掌握基础护理、临床各专科护理的各项技术、操作规程，特别是各种急症及危重患者的抢救技术。护理人员还必须掌握一定的心理学、社会学、管理学、伦理学、美学、行为医学、人际沟通等方面的知识，不断丰富自己的人文学科知识，提高艺术修养。同时要自觉地学习新知识、新理念、新技能，以精湛的护理技术赢得患者的信任。我国的教育家陶行知先生认为，生活教育与生俱来，与生同在，只有活到老学到老，才能保证川流不息的现代化。所以护理人员要勤奋学习，不断汲取新知识，掌握新技术，不断创新并进行护理科学研究，使护理技术精益求精。

知识链接

鲍威尔的成功秘诀

有所成就的人，不论是企业家还是科学家、政治家，他们不仅很在乎“说什么”，更在乎“怎么说”。在世界政坛上颇受欢迎的鲍威尔有他自己的“说事秘方”，他曾经就如何说好话为自己立下了11条规矩：急事慢慢地说；大事想清楚再说；小事幽默地说；没把握的事小心地说；做不到的事不乱说；伤害人的事坚决不说；没有发生的事不要胡说；别人的事谨慎地说；自己的事怎么想就怎么说；现在的事做了再说；未来的事未来再说。他的“说事秘方”对于我们每个人而言均具有借鉴作用。

（三）举止端正，言语贴切

护理人员的语言和行为是实现护理伦理规范的重要途径。护理人员的语言应规范、文明、亲切、富有感染力，护患沟通应该立体和全方位。在言语沟通时，要先做好准备，交谈中，态度诚恳，多使用谦辞、敬语、安慰和体贴患者的语言，尊重患者的人格。在谈话过程还应密切观察患者的表情、体态变化，耐心倾听，并给予适当的反馈，不要轻易打断对方的谈话，使患者心情舒畅。护理人员的举止应端庄、优雅、自然、大方、得体适度；护理技能操作认真、细致、娴熟、流畅；遇到危急患者抢救，应冷静、沉着、神色镇定，使患者产生安全感和依赖感。

（四）尊重患者，一视同仁

尊重和维护患者的合法权益，是和谐护患关系的重要基础，体现了以人为本的护理理念，是护理人员的基本品质。尊重患者，一视同仁是指尊重患者生命价值、人格和权利；尊重患者的价值观和人格尊严，将患者视为独立的个体；尊重其风俗习惯和精神信念，注重与患者的情感交流和精神照护。护理人员决不能因社会分工不同而把患者分为高低贵贱，不管患者从事什么工作，社会地位高低，经济情况好坏，都应一视同仁，给予一样的尊重，一样的照顾。

（五）任劳任怨，认真负责

护理工作肩负维护健康，保护生命安全和延长生命的崇高使命。护理工作关系到患者的安危和千家万户的悲欢离合，要求护理人员应站在患者的角度，设身处地地为患者着想，以严肃的态度、严谨的工作作风，严格遵守各项规章制度，认真执行各项操作规程，保证各项护理措施及时、准确、安全和有效。护理人员应具备高度的责任感，对患者的健康、安全和生命高度负责，不计较个人的得失，不厌其烦，不辞辛苦，发扬乐于奉献、任劳任怨的精神。

（六）理解家属，耐心解答

护理工作离不开患者家属的配合，护理人员应该理解家属并做好家属的思想工作，以尊重和同情的态度对待他们。对于家属提出的要求，凡是合理的、能够做到的，应该虚心接受并给予满足；要求合理但由于条件限制难以做到的，应该向家属做好解释，以取得对方谅解；对家属提出的不合理要求也要耐心解释，不可急躁，更不能置之不理，应以平等的态度交换意见。

扫码"学一学"

第三节　护际关系伦理

护际关系是指护理人员在护理实践过程中与同行之间的关系。在护理实践活动中，护理人员不仅要与患者发生关系，而且也要与其他医务人员发生关系，其中包括护理人员之间、护理人员与医生、护理人员与医技人员的合作关系，协调处理好这些关系，是提高护理质量的有效保证。

知识链接

马克思曾说过："你希望别人怎样对待自己，你就应该怎样对待别人。"古人说的"敬人者，人恒敬之；爱人者，人恒爱之""己所不欲，勿施于人""己欲立而立人，己欲达而达人"等一系列行为准则是值得我们提倡的。人际关系实际上是互动的、来往的过程，在现实生活中，有些人总是更多地想到别人是否对自己好，是否尊敬自己，很少去想自己是否对别人好，是否尊敬别人。

一、护护关系伦理规范

护理工作纷繁复杂，护护关系类别繁多，比如从职称上讲可分为主任护师、副主任护师、主管护师、护师、护士多个层次的关系；从岗位上讲又有门诊护士、急诊护士、病房护士、手术室护士的不同岗位的关系。通常我们可以把它归纳为三类：上下级护际关系、同级护际关系、教学护际关系。良好的护护关系，是保证为患者提供优质服务，提高医疗质量的极其重要的条件。

（一）互尊互助，互学互勉

护理人员之间的关系是同行、同事和兄弟姐妹的关系，是平等与合作的关系，共同为患者的治疗、预防及保健服务，同行间要大力提倡谦让、谅解与相互尊重的良好道德风尚。护理管理者是护际关系的协调者，在工作中，应多用情、少用权，要以身作则，严于律己，知人善用，以理服人，既要从严要求，又要关心和爱护；下级护理人员要服从领导，尊敬老师，虚心求教，勤奋学习，努力提高。经验丰富和技术职称高的同志要热心指导年轻的护理人员尽快掌握护理知识和技术，加快他们的提高和成长。护理人员特别注意不要在患者面前或与其他同事一起，无原则地议论治疗过程，对别人的护理操作妄加评论和指责，甚至无端贬低，以抬高自己。同事之间要真诚相待，相互尊重、相互帮助，营造民主和谐的人际氛围。

（二）团结协作，密切配合

护理工作的唯一目的就是一切为了患者的健康，为了这一共同的目标，同事之间应强调团结协作，密切配合。当遇有突发事件或危重患者抢救时，应以患者利益为最高原则主动配合，积极参与救治工作。当工作中发现一项必须完成的护理措施被疏漏时，不应受分工不同或人际关系亲疏远近的影响，应立即采取补救措施，决不能事不关己，等闲视之。

不管护理人员如何分工，其目标和职责是一致的，从而决定了护理人员之间的关系具有合作协调的特点。护理工作还有严格的连续性、继承性和较强的时间性，因此必须强调护理人员之间相互衔接，团结协作，密切配合。

案 例

男婴，10个月，因发热、咳嗽，诊断为肺炎入院。经抗感染治疗，4天后体温恢复正常，呼吸系统症状逐渐减轻。但是入院第4天晚上，患儿突然出现阵发性哭闹并伴有腹胀、呕吐，一时诊断未明。当护士为患儿更换尿布时，发现尿布上除有黄色粪便外，还混有黏液血性物。为了证实血性物的来源，护士及时做了肛门指诊，指诊物为黏液血便。该护士立即意识到患儿腹胀、呕吐的原因可能是反复咳嗽而诱发了肠套叠，随即报告值班医生，立即请小儿外科医生会诊，确诊为肠套叠，并及时做了处理，使患儿病情迅速好转。

（三）互相监督，患者至上

护理工作的特点是任何工作上的疏忽和失误，都会给社会、患者和自己带来难以弥补的危害，护理人员之间关系的融洽至关重要。因此，护理人员间互相理解与支持，相互配合与监督，以诚相待，分工合作，一切从患者的实际情况出发，共同完成护理任务。护理人员当班的工作决不留给下一班，发现别人工作中有失误要积极给予补救，不要事不关己，袖手旁观。对其他护理人员的忠告与批评要虚心接受，认真对待，不能置若罔闻。同事取得成绩时，应当作自己的一种鞭策力，彼此间应相互关心、相互爱护、互相监督、不断提高护理服务质量。

二、护医关系伦理规范

医护关系是护理人员在执业工作中与医生形成的分工协作、相互配合的职业关系。护医两者专业相近，工作目标相同，但分工不同，两者相互依存，相互协作，相互制约。医护之间良好的合作关系无疑是患者康复的重要条件。

（一）相互信任，互相尊重

护医关系在理论上是信任的关系，因为医生把药物和治疗都交托到护理人员的手中，而这是关系到患者生命的事情。无论医生或护理人员个人是否承认，这都是人世间最大的信任。在临床护理工作中，医护双方各有自己的专业技术领域和业务优势，只有分工不同，没有高低之分。护理人员要尊重医生，维护医生的威信，主动协助医生，认真执行医嘱。医生也要理解尊重护理人员的辛勤劳动，体会护理工作的重要性，支持护理人员的工作，重视护理人员提供的患者情况，及时修正治疗方案。双方要站在为医学事业负责及为患者提供全程优质服务的高度，自觉地摆正自己的位置，建立起医护双方相互信任、相互尊重的关系。

（二）互相平等，密切配合

护医之间是平等协作关系，是指他们在医疗、护理活动中起着同等作用，享有相同的社会地位。在临床护理工作中，医护人员虽然有分工的不同，但是在人格上，在工作性质上没有贵贱高低之分，都是平等的同志式关系，都应平等相待。在医疗护理过程中，医护人员必须互相学习、取长补短，相互理解与支持；护理人员应积极、主动与医生沟通，虚心听取医生的不同意见，同时善意提出合理化建议。对患者的诊治过程，是一个医护协作的过程，护医双方要充分认识对方的作用，承认对方的独立性和重要性，支持对方工作。

（三）互相制约，相互监督

相互监督是指发现别人在科学上有误，或做出一些违反医疗护理道德的事情，应及时帮助改正，互相监督，开展批评与自我批评。为了维护患者的利益，防止差错、事故的发生，医护双方必须相互制约相互监督，一旦发生医疗差错，应该不护短、不隐瞒、不包庇，要给予及时纠正，使之不铸成大错。必须与人为善，不可幸灾乐祸，更不能相互责难或互相拆台，乘人之危打击别人，这是不负责任的态度，也是不道德的。

护医关系的理想模式是“交流－协作－互补”型，要维系这种医护关系，无疑需要医生和护理人员之间相互尊重、彼此沟通、相互监督、增强理解、团结协作、密切配合。

三、护技伦理规范

（一）平等协作，团结互助

护理人员与医技科室人员之间的关系，也是平等团结协作的关系。为了保证患者得到正确的诊断和及时的治疗，医技科室人员必须为诊断、治疗、护理提供及时准确的依据；作为护理人员必须了解各医技科室的工作特点和规律，遵循相互支持、相互配合、团结共事的精神为医技人员提供方便和支持。

（二）以诚相待，互相学习

护理人员与医技科室人员应相互学习，通力合作，互相体谅，减少埋怨。护理人员应协助医科人员把好安全关、质量关，如对一些送检标本要协助核对，督促及时送检；医技人员也要严防发错、出错报告等差错事故。在工作中双方如果发生了不同意见和矛盾时，相互指责不仅不能解决问题，还会因未采取措施及时补漏而延误患者病情，甚至危及患者生命。所以不管出现任何问题双方都应以实事求是的态度，以诚相待，协商解决问题。同时，护理人员也要关心、体谅医技人员的辛勤劳动，而医技人员也应关心、理解护理人员的工作，做到相互负责，以诚相待。

本章小结

在护理实践中，护理人员与患者之间、护理人员之间、护理人员与其他医务人员之间存在着广泛的联系与接触。为满足不同层次患者的需要，护理人员应该认真掌握护患双方的权利和义务，充分理解护患关系的内容与模式，理解影响护患关系的因素及造成护患关系冲突的原因，用护理伦理规范的要求，努力提高各种处事能力，全方位提高自身的综合素质，更好地为患者服务。

【实践活动】

观看视频

活动内容：组织观看视频《今日关注：一百年前的医患关系》。

活动目标：塑造良好的护患关系。

活动方法：①讨论并解决相关问题：我们要向梅藤更医生学习什么？为什么“爱”是建立良好护患关系的基础？在工作中如何与患者沟通更好地沟通？②学生自由发言，教师归纳总结。

辩论赛

活动内容：组织一次以“护患关系由谁主导”为主题的小型辩论赛。

活动目标：加深对良好护患关系建立的理解。

活动方法：将学生分成两大组，正方论点：和谐护患关系的建立主要依靠护理人员。反方论点：和谐护患关系的建立主要依靠患者。阅读教材及参考书。分组讨论，推选四名辩手，其他学生为自由辩手。由正、反方辩手进行辩论，最后同学代表与教师进行评价。

目标检测

一、选择题

1. 护理关系伦理中最核心的关系是（　　）

A. 护医关系　　B. 护护关系　　C. 护患关系

D. 护技关系　　E. 护理人员与社会的关系

2. 在非技术性关系中，最重要的内容是（　　）

A. 利益关系　　B. 价值关系　　C. 文化关系

D. 道德关系　　E. 法律关系

3. 当患者坚持己见有可能会威胁其生命时，护理人员应该（　　）

A. 征询医生意见　　B. 行使特殊干涉权

C. 尊重患者自主权　　D. 与患者家属协商

E. 向患者家属报告

4. 患者，男性，66 岁，大学教授，因高血压住院治疗。适用于该患者的最佳护患关系模式是（　　）

A. 指导型　　B. 被动型　　C. 共同参与型

D. 指导 - 合作型　　E. 主动 - 被动型

5. 下列权利中最能具体体现患者自主权的是（　　）

A. 生命健康权　　B. 知情同意权和知情选择权

C. 隐私保护权　　D. 监督医疗护理的权利

E. 采取何种治疗方案的权利

二、思考题

1. 患者有哪些权利？

2. 理解课堂内容，说出影响护患关系的因素及引起护患关系紧张的原因。

3. 试述护患关系的内容及模式。

4. 建立良好的护患关系，应遵循哪些伦理规范？

5. 护医关系伦理规范有哪些内容？

三、案例分析题

一位年轻的未婚妇女因子宫出血过多而住院，她主诉子宫出血与她的月经有关，而且去年发生过几次。一位正在妇科实习的护士与她关系融洽，在一次聊天时谈及病情，患者说：“你能为我绝对保密吗？”在护士保证为她保密的前提下她说自己怀孕了，自己服了流产药后造成出血不止。

分析：①此时，如果你是这位实习护士，你会怎样做？并说出你的理由。②患者对实习护士是很不信任的，怎样做才能取得患者的信任？

（陈秋云）

扫码“练一练”

第六章

临床护理伦理

学习目标

知识要点

1. 掌握门诊、急诊护理特点及其伦理规范。
2. 熟悉特殊患者护理伦理规范。
3. 了解特殊患者护理特点。

技能要点

学会运用临床中常见的护理伦理规范解决护理实践中的伦理问题。

护理人员在临床诊疗护理活动中各有分工，但无论从事何种护理工作，护理人员除必须遵守临床诊疗护理活动中的基本道德原则外，还应遵守所在临床科室的特殊护理伦理规范。

扫码“学一学”

第一节　门诊与急诊护理伦理

案例

患者林某，因头晕、咳嗽等症状，到某医院门诊就诊。医生诊断为上呼吸道感染，予以口服感冒冲剂、肌内注射青霉素等治疗。林某想起家中有青霉素针剂，遂自带青霉素到医院找熟人护士刘某，要求给予注射青霉素，刘某要给其做皮试，患者说：“别做了，我怕疼，没事的。”于是刘某就直接给患者肌内注射了青霉素针剂，刚刚注射完一会儿，林某突觉胸闷、气短、头晕眼花等，继而心跳、呼吸停止，经抢救无效而死亡。请问该案例中护士刘某违反了哪些护理规范？护理人员应从该案中吸取什么教训？

门诊与急诊是医院面向社会的窗口，是医院医疗工作的第一线，是医院直接为公众提供诊断、治疗、护理、预防保健的场所。明确门急诊护理特点及其伦理规范，是做好门急诊护理工作的前提和保障。

一、门诊护理特点及其伦理规范

（一）门诊护理特点

1. 情况复杂，管理任务重 普通门诊是防治常见病、多发病的窗口，是患者就医最集中的地方。为了确保患者有秩序就诊，满足患者及时诊断和有效治疗的需要，缩短患者的候诊时间，护理人员既要做好分诊、检诊、巡诊，还要指引患者化验、功能检查 、取药、注射和处置各项具体工作。因此，门诊的管理任务繁重。

2. 人流量大，预防交叉感染 难度大门诊人群流量大，患者集中，病情各异，且传染病患者在就诊前难以及时鉴别和隔离，混杂其中，门诊环境空气污浊，污染严重。同时，在门诊流动的人群中大部分是患者，患者抵抗力低下，更易受到感染。因此，门诊护理人员应该高度重视预防交叉感染，认真做好消毒隔离工作，做好传染病患者或疑似传染病患者的管理。

3. 服务性强，沟通交流任务重 门诊护理工作既有技术性服务，如预检分诊、治疗、健康教育等；也有非技术性服务，如初诊患者不熟悉医院的环境和工作，需要护理人员做好就诊指导，对复诊患者需要了解心理状态，做好心理疏导，增强其战胜疾病的信心，而且门诊患者的病情各不相同，这就要求护理人员提供有针对性的医疗保健服务。不管是技术性服务还是非技术性服务，都需要护理人员与患者或家属进行沟通交流，而交流的对象情况不一，这就势必造成沟通交流任务重，需要护理人员做到耐心、细心、热心和周到的服务。

知识链接

优质护理服务

2015 年 3 月，国家卫生计生委、国家中医药管理局发布《关于进一步深化优质护理、改善护理服务的通知》，要求：医院要建立门诊与急诊护理岗位责任制，明确并落实护理服务职责。责任护士应当按照要求为患者提供入、出院护理服务，不得交由进修护士和实习护生代替完成。有条件的医院，应当明确专职或兼职人员为出院患者提供有针对性的延续性护理服务，保证护理服务连续性，满足患者需求。要求对患者实施个性化的健康教育，注重用药、检查、手术前后注意事项及疾病相关知识等指导，并能体现专科特色。

（二）门诊护理伦理规范

1. 热情关怀，高度负责 门诊患者因疾病痛苦，心理紧张，加上对医院环境和制度的不熟悉，拥挤、嘈杂的环境更加重了心理负担，护理人员应根据患者的病情做好预检分诊，指导患者挂号及就诊，并且细心地做好就诊前的各项准备工作，尽量缩短患者的候诊和就诊时间，减少患者的不适。如果遇到病情危重、年老体弱的患者，可以安排提前就诊，特别是危重的患者，还应该做好病情观察和配合抢救工作，利用患者候诊的时间做好健康教育。因此，门诊护理人员要充分理解、同情患者，主动热情地帮助患者就诊。

2. 细心观察，作风严谨 门诊患者的病种多样，病情变化快，而且大部分患者是随来、随治、随走。护理人员可以观察患者的时间有限，护理工作中的任何疏忽大意，如打错针、发错药、生命体征测量不准确、病情观察不到位等，都可能给患者带来不必要的伤害，甚至危及患者的生命。在治疗护理中，护理人员必须作风严谨，准确无误，严密观察病情变化。例如，青霉素过敏试验，不能有任何大意，要让患者留院观察，确认安全后方可用药或离院。治疗时严格执行查对制度，门诊手术坚持无菌操作原则，认真履行护理职责，保证门诊患者的护理质量。

3. 环境优美，安静舒适 保持门诊环境优美、安静和舒适，可使患者心情稳定，提高诊疗护理效果。门诊布局要合理，可设立总服务台、导医处，体现方便患者的宗旨，备有醒目的标志、指示路牌、多媒体查询触摸屏和电子显示屏等；护理人员应认真做好门诊清洁卫生工作，维持良好的就诊环境，禁止随地吐痰、吸烟、大声喧哗及吵闹行为，加强巡视，及时地根据病情调整患者的就诊顺序；护理人员还要做好门诊污物、污水的无害化处理，做好医院物品和空气的消毒，做好传染病患者的管理，以预防交叉感染的发生。此外，门诊环境还应做到绿化、美化，给人一种温馨舒适的感觉。

4. 团结协作，多方密切配合 门诊护理人员不仅要面对各种各样的患者，还要面对复杂的人际关系；护理人员不仅要处理好与患者、患者家属、医生、其他护理人员及其他科室的医技人员的关系；还要帮助协调患者与医生的关系、门诊与其他科室的关系。处理和协调以上关系需要护理人员具备较强的社交能力，注重相互尊重、团结协作。

二、急诊护理特点及其伦理规范

急诊是医院诊治急症患者的场所，是抢救生命的第一线。急诊护理人员必须具有救死扶伤的高尚道德品质、熟练的配合急救技术和丰富的临床护理经验，要有“急而不躁，忙而不乱”的工作作风。

（一）急诊护理特点

1. 随机性强，必须常备不懈 急诊患者病情变化快，就诊时间、人数、病种及危重程度均很难预料，因此随机性大、可控性小，尤其遇有交通事故、集体急性中毒、传染病流行等，患者常集中就诊，所以急诊工作十分繁忙，要做到紧张有序，常备不懈，随时做好思想上、业务上、急救设备和抢救药品的保障，确保随时都能胜任急救的需要。

2. 时间性强，必须争分夺秒 急诊患者发病急骤，来势凶猛，时间性强。所以一切工作突出一个“急”字，赢得了时间，就赢得了生命。因此，护理人员要争分夺秒，全力以赴投入抢救。

3. 病情多变，必须全力以赴 急诊患者病种复杂，疾病谱广，几乎涉及临床各科室，常需多科人员协作诊疗，因此，要有高效能的组织系统和协作制度。要求急诊护理人员快速准确地做出护理诊断，及时通知有关科室的医生进行诊治与抢救。在医生未到之前，既要做好抢救的准备工作，还要严密监护病情的细微变化，为医生诊断、治疗提供可靠的依据。对病情十分危重的患者，护理人员应主动予以处置，以免耽误时机，丧失抢救良机。

4. 情况复杂，必须预防为主 急诊患者中包括各种传染病患者，及易造成交叉感染，因此，要特别注意无菌操作和严格执行消毒隔离制度，积极预防，防范医院感染事件发生。此外，急诊涉及暴力伤害和意外事件多，要求护理人员加强自我约束，周到服务，防止发生护患冲突。

知识链接

名人名言

“对抢救伤员来说，时间就是生命，能抢救一个伤员，为伤员减少一份痛苦，就是我们医务工作者最大的快乐。”

——白求恩

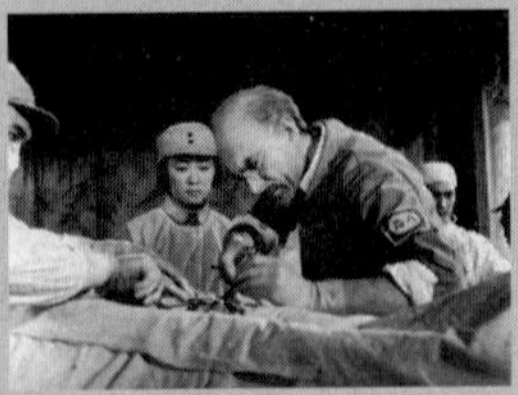

加拿大共产党员白求恩医生不远千里来到中国，他在为八路军伤员做手术。白求恩正是“毫不利己专门利人”的利他主义的杰出代表。他用实际行动证明了他存在的意义，实现了他个人的价值。

（二）急诊护理伦理规范

1. 要有时间紧迫感 急诊护理人员应树立“时间就是生命”“抢救就是命令”的观念。做到急患者所急，争分夺秒，有条不紊，全力以赴，尽力缩短接诊时间，救患者于危急之中。要以冷静、敏捷、果断的作风，配合医生抢救患者。

2. 要有高度的责任心 急诊多为突发病，患者易心理紧张，痛苦不堪，生命垂危。护理人员要理解同情患者的痛苦，尤其对自杀、意外伤害的患者不能埋怨或责怪，要加强心理疏导，以最佳的抢救护理方案进行救治，争取最佳疗效。对危重患者要加强护理措施，要掌握各种急诊抢救技术并积极配合抢救，如吸氧、洗胃、心肺脑复苏、气管插管、输液、保留排泄物送化验等。并详细、准确地做好抢救记录。对确诊或疑似传染病患者应做好登记及报告制度。

3. 要有过硬的综合素质 护理人员只有具备过硬的急救技能和经验，才能保证临危不乱，有条不紊地施以相应的救治措施。此外，具备良好的耐心，才能认真解释患者及家属的询问、质疑或过激言语。有较高的沟通技巧，方能取得患者及家属的信任与合作。总之，急诊医护人员素质高，诊疗护理质量就高，服务态度好，医疗纠纷就少。

4. 要有团结协作的精神 急诊患者病情复杂，抢救成功往往需要多个科室的相互协作、共同完成。所有参加抢救的人员，包括医生、护理人员、麻醉师、其他医技人员等都要精诚合作、密切配合、相互支持、相互理解，共同担负起抢救患者的责任。因此，护理人员要从全局出发，做好协调工作，主动配合多方人员的要求，发扬不怕苦、不怕累的工作精神。

扫码“学一学”

第二节 手术护理伦理

案例

患儿，女性，12岁，精神状态正常，因车祸需行右腿截肢术，手术前其父母要求医护人员勿让患儿知道实情。护理人员听从了患儿父母建议，手术前未告诉患儿实情，手术顺利实施。术后，护理人员在心理护理方面下了很多功夫，帮助患者积极适应身体改变，积极康复，效果明显。请问本案例中护理人员的做法是否正确？体现了哪些护理伦理原则？

外科手术是临床工作的重要组成，是外科患者的主要治疗手段。对于患者而言，手术治疗既是一个治疗过程，又是一个创伤过程。接受手术治疗要做好充分的心理和身体上的准备，同时，要接受手术带来的躯体上的改变和可能发生的意外。护理人员作为手术全程的参与者，要与其他成员密切合作，共同完成任务。

一、手术护理特点

护理手术患者是一项充满挑战性的工作，需要护理人员对患者的生理、心理和社会支持系统有一个全面的评估，对手术患者护理流程娴熟掌握，正确应用护理伦理规范，确保护理工作顺利完成。

（一）受术者的生理特点

围手术期患者（术前5～7天至术后7～12天）的生理状况较平时可能会有较大改变。为确保手术成功实施，在手术前患者可能要接受大量的检查、药物治疗及术前准备等，此时患者的生理状况可能在短时间内有较明显的改变。术后，大部分患者处于麻醉恢复期，短时间内无法自理，有些患者的躯体会有较大的改变。患者短期内无法适应这种改变，会产生一些异常心理情绪，严重者会导致应激性的生理变化。

（二）受术者的心理特点

一般来说，多数患者术前会出现过度焦虑、恐惧、抑郁、睡眠质量下降等症状，还会伴有孤独和无助感等心理特征，这主要与人类对自身创伤与生俱来的恐惧感，以及对手术未知结果的揣测有关。术后，患者多半会因为伤口的疼痛而变得敏感。有些手术造成患者外形的改变，患者会因为不认同自我形象而出现消极、抑郁心理；有些患者质疑手术结果，常会提出很多问题；有些患者盲目乐观，轻视手术创伤等。

二、手术护理伦理规范

（一）术前护理伦理规范

1. 心理护理，消除顾虑 多数患者对手术治疗手段不够了解，造成情绪波动较大，恐惧心理增加，确定手术治疗后，患者往往心绪难平，常伴有紧张、焦虑、失眠等表现。此时护理人员应主动关心体谅患者，耐心细致地帮助患者了解手术方案，让患者明白手术对其治疗的必要性。努力帮助患者摆脱不良情绪，鼓励患者以良好的心态接受和配合手术。护理人员应协助医生做好与患者及家属的沟通，消除他们的心理顾虑，使患者情绪平静地接受手术。

2. 认真沟通，知情同意 《中华人民共和国执业医师法》规定：医师应当如实向患者或家属介绍病情，但应当避免对患者产生不利后果。这些都表明医疗机构在为患者施行手术之前，有义务向患者或者家属说明患者的病情、为什么要手术以及手术的风险，患者或者家属有权决定同意或者不同意施行手术。知情同意是患者的权利，告知是医务人员的义务。因此，医务人员应该在手术前在适当的场合、以适当的方式向患者及家属交代手术风险、手术方式、术中及术后并发症、预后等；并取得患者或者家属签署的手术同意书，确保患者的知情同意权利不受侵害；无法取得患者意见又无家属或者关系人在场，或者遇到其他特殊情况时，经治医师应当提出医疗处理方案，在取得医疗机构负责人或被授权负责人员的批准后实施。

3. 术前准备，程序完备　医生在选择手术治疗时，必须要慎重，要做好手术与非手术治疗、创伤代价与预期效果的利弊权衡。护理人员应该严格按照操作规程，做好术前准备工作。例如做好手术区的皮肤准备，根据手术需要做好胃肠道准备，遵照医嘱给患者用药，准确查对患者姓名、性别、科室、手术诊断、手术名称、手术部位、血型、所需物品，认真细致地做好护理记录。在执行的过程中，注意做好解释工作，以免引起患者的恐惧，同时还要监测执行的效果，如有不妥，应及时解决。同时，护理人员应为患者创造一个整洁、安静、舒适的休息环境，保证患者得到充足的睡眠和良好的休息，保证手术的顺利进行。

（二）术中护理伦理规范

1. 安全肃静，体恤患者　安全肃静的手术环境是做好手术的前提条件，要加强手术室的制度建设，严格遵守无菌操作规程，禁止无关人员进入手术室。手术器械要认真检查，确保性能完好，抢救物品要齐全，且位置固定。室内环境要保持清洁、无菌，温湿度符合要求。手术过程中，在患者面前不要大声讲话，减少不良刺激，不谈论与手术无关的话题，保持手术室的严肃、安静。患者进入手术室后心理紧张进一步加剧，护理人员应该陪伴在患者身边，简单地介绍手术室环境，搀扶患者上手术台，严格按照手术要求暴露手术部位，并注意保暖；协助其他医务人员做好术前指导，指导术中配合的方法，避免谈论与手术无关的话题。

知识链接

她是我最合格的助手

有位护士刚从学校毕业，在一家医院实习，其间若能让院方满意，便可获得一份正式工作，否则就得离开。一天，一位因车祸而生命垂危的患者需要手术，这位实习护士被安排做外科手术专家、院长亨利教授的助手。复杂艰难的手术从清晨进行到黄昏，眼看患者的伤口就要缝合，这位护士突然严肃地对院长说："亨利教授，我们用了12块纱布，可是您只取出了11块。"院长不屑一顾地回答说："我已经全部取出，不要多说，立即缝合。""不"这位护士高声抗议道，"我们确实用了12块纱布。"院长对此不加理睬，命令道："听我的，准备缝合。"这位实习护士听到后，几乎大叫起来："你是医生，你不能这样做！"直到这时，院长冷漠的脸上才浮出一丝微笑。他举起手心里握着的第12块纱布，高声宣布道："她是我最合格的助手。"不用说，这位实习护士理所当然地获得了这份工作。

2. 操作娴熟，一丝不苟　手术的每一个步骤都与患者的安危紧密相连，其中很多操作需要护理人员独立处理完成，所以在任何情况下都要认真负责、一丝不苟、坚持原则。手术过程中护理人员要熟知手术的步骤和护理配合的要求，做到技术熟练、反应灵敏、沉着冷静、果断细致，操作稳、准、轻、快，尽量减少患者身体的暴露，传递器械要眼明手快、准确无误，伤口缝合前要认真清点核对，坚决杜绝手术事故的发生。

3. 密切配合，作风顽强 手术是由团队共同配合完成的，护理人员要从患者利益出发，服从手术全局的需要，与手术团队成员间通力合作。尤其面对复杂手术时，更需要医护人员相互间的密切配合，在紧张的情况下，任何一方配合失误都可能导致手术的失败。手术中出现事故时，当事人要勇于承担责任，及时采取补救措施，尽可能减少对患者的伤害，不得欺瞒不报。手术工作是科学严谨的脑力劳动和艰苦的体力劳动相结合的一项复杂劳动，它需要医务人员不但具有清晰的头脑、敏捷的思维、渊博的医学知识、娴熟的技术操作，还要有强健的身体、顽强的作风和严谨的工作态度。

4. 理解家属，耐心解疑 患者家属往往急于了解手术进展和结果，护理人员应给予充分的理解，要保持和蔼的态度，耐心回答问题，以解除他们的忧虑和不安。如家属提出不合理要求干预手术正常进行时，护理人员应拒绝并进行解释。手术结束后，医护人员应主动将手术结果告知患者家属，做到热心服务。

（三）术后护理伦理规范

1. 密切观察，谨防意外 护理人员应在手术患者回病房前做好迎接患者的各项准备，双方就患者手术过程、生命体征、意识、出血、输血、输液、用药、引流、插管、皮肤等情况进行详细的交接，并及时告知患者和家属结果，满足其心理需求。患者回病房后要密切观察患者的生命体征，准确执行术后医嘱，尤其要注意呼吸道是否畅通，引流管和导尿管有无异常，手术创口有无渗血，生命体征是否正常，有无休克、内出血等现象，发现异常时应及时通知医生，并协助做好紧急处理，尽量减少或消除术后可能发生的意外，确保手术成功。

2. 安抚鼓励，促进康复 患者麻醉苏醒后，伤口疼痛开始发作，活动及饮食受限，有时身上还插有各种导管和引流管，给患者带来很大的痛苦。患者这时通常十分关心手术效果，手术室护士应守护在患者身旁，并及时告诉患者手术进行得很顺利，使其增强康复的信心。有些患者因手术失去某些生理功能或机体组织，产生不良情绪，护理人员应理解患者的心情，给予有效的心理护理，尽量减轻患者的痛苦。创造良好的病房环境，同时鼓励他们进行适度锻炼，增强信心，促进患者早日康复。

第三节　特殊患者护理伦理

扫码“学一学”

案例

患者范某，因“少语、自伤、疑人害己6年”入住某精神病院治疗，诊断为偏执型精神分裂症，护理级别为精神科特级护理。某日晚8时许，患者在病房模仿电视上足球运动员动作将开水浇到自己头上，导致颜面部烫伤。请问该患者的责任护士应负什么责任？结合该案例谈谈护理人员如何避免精神病患者自残和伤人事件发生？

特殊患者的护理是指对各种特殊疾病患者的护理，如特殊年龄段患者、传染病患者、妇产科患者等的护理。特殊护理接触的病种多，病情复杂，需要不同，对护理的要求高。此外，在服务对象和服务方法上特殊患者与其他护理不同，因此在护理工作中除应遵循护理道德的基本原则外，因其服务难度大、范围广，道德要求标准高，伦理难题多等护理特点，还具有一些特殊的伦理规范。

一、老年患者护理特点及其伦理规范

（一）老年患者护理特点

人到了老年后会出现器官、组织、细胞的自然老化，生理功能日渐减退，机体抵抗力下降。同时老年人的心理、精神活动和人格特征等也会发生相应的改变，导致老年人易于患病，且病情复杂，往往具有多科疾病的临床表现，病程长，并发症多，恢复缓慢，易反复。因此护理老年患者工作强度高，难度大。具有如下特点。

1. 病情复杂，护理任务重 老年患者在生理、心理诸方面都处于衰退阶段，发病率高，并发症多，恢复缓慢，容易留下各种后遗症。

2. 病情多变，护理难度大 老年人患病后，体质更加虚弱，抵抗力迅速下降，且许多老年患者往往一身多病，复杂多变，确诊难。有些老年人患病后记忆力明显减退，对于自己的身体不适主诉不清，对于疼痛的感觉不敏感，造成症状和体征不典型，易误诊，有些老年患者自理能力差，心理上固执不易合作，护理难度增大。

3. 疑虑多，心理护理要求高 老年人大多阅历丰富，经历多坎坷，心理活动复杂。当老年患者来院就诊时，经常表现出精神过度紧张、顾虑重重、忧郁、焦虑，甚至惊恐不安，由于行动不便，心理上常常处于痛苦不堪的状态。

（二）老年患者护理伦理规范

关注老年人群体的健康和生活质量，是一个国家社会文明程度的标志之一。随着科技和生活水平的提高，人的平均寿命不断延长，老年人口比例逐渐上升，我国已提前步入老龄化社会，如何实现健康老龄化，是和谐社会发展的要求，也给护理工作提出了新的课题。老年护理不仅仅是护理道德的体现，也是全社会爱老、敬老风尚的体现，关怀、敬重、真诚、平等是老年护理的基本道德原则，护理人员在护理工作中必须一丝不苟、认真照顾、耐心解释，为老年患者提供高水平、高质量的护理服务。

1. 理解与尊重，维护老人权益 老人多数很敏感，对医护人员很挑剔，尤其对频繁接触的护理人员的态度、表情、语言观察得十分细致。容易对护理人员产生误解，这时护理人员应充分理解、尊重和宽容老年患者，对老年患者提出的要求，应耐心细致地倾听，并认真对待；态度要和蔼可亲。行为举止要有礼貌且适宜，语言要得体；护理人员应充分尊重老人的生活方式和行为习惯，尽量满足老人的需求，不要强求老人改变多年的习惯来符合医院的要求。

2. 耐心与细致，杜绝护理事故 老年患者因身心衰老，常表现为说话啰唆、表述不清或语无伦次，且行动不便，动作缓慢，反应迟钝。护理人员一定要有足够的耐心和同情心，切忌急躁，不能流露出不耐烦或者厌恶的情绪，要同情、谅解他们，耐心倾听他们的诉说，采取老人愿意接受的方式进行护理。对于卧床患者，更要精心护理，勤巡视，细观察，凡事为老人的安全和舒适着想，不断提高和改进护理措施，防止差错事故的发生。

知识链接

名人名言

“护士的工作对象不是冷冰冰的石块、木头和纸片，而是有热血和生命的人类。护理工作是精细艺术中之最精细者，其中有一个原因就是护士必须具有一颗同情的心和一双愿意工作的手。”

——南丁格尔

3. 疏导与关怀，做到尊老爱老 由于生理或病理因素给老人带来的痛苦和折磨，使其心理活动变得复杂，老人常会因衰老和疾病给家人增添了负担而感到自卑、自责和不安，同时长期的病痛折磨易使老人产生悲观厌世等消极情绪，表现为沉默、寡言少语，有时会因为小事而脾气暴躁。护理人员要充分了解老人的社会背景、家庭环境、个人喜好，针对患者的不同性格、心理需求，给予充分的理解和同情，用真诚去感化老人，多与老人聊天，积极做好心理疏导，了解和满足老人的合理要求，让老人产生信任感和安全感，保持最佳的心态，愉快地接受治疗和护理。

二、妇科患者护理特点及其伦理规范

（一）妇科患者护理特点

女性患者具有心理特殊、护理责任重大、涉及面广、技术要求高等特点。因此，护理服务工作不能只停留在疾病的护理上，心理护理和家庭护理显得更为重要。

1. 转变观点，强化服务 妇科服务领域广泛，不仅针对患病的女性，而且针对健康女性的健康宣教同样重要。

2. 重视心理，维护尊严 生殖系统的特殊性，决定了患病女性心理上的特殊反应。生殖系统虽非生命器官，但肩负着孕育生命的重要功能，对人类的繁衍、维护女性的自尊起着至关重要的作用，因此当女性生殖系统出现疾病时，直接影响女性的婚姻生活，患者可能面临生育功能、性功能受损的威胁，要承受女性特征、自尊心受损的威胁。患病女性心理上受到的打击尤为明显。

3. 爱护患者，保守秘密 生殖器官是女性身体最私密的部位，因此妇科诊疗和护理要特别注意保护患者的隐私和尊严。

4. 沟通合作，促进康复 当女性患有生殖系统疾病时，在对患者做好心理护理的同时，要特别注意对其配偶做好解释工作和健康生活方式的宣教，以获得其配偶的理解和配合，共同促进疾病的康复。

（二）妇科患者护理伦理规范

1. 态度诚恳，和蔼可亲 女性患者情绪波动大，依赖性强，忍耐性差，疼痛阈值低。结合女性的这些特点，护理人员在工作中要注意主动关心体贴患者，态度和蔼，说话亲切，言行礼貌，对患者的劝说，解释要耐心，帮助患者建立自尊心、自信心，增强信任感和安全感。

2. 行为端庄，作风严谨 女性患者患有生殖器官疾病时，害羞、恐惧、压抑是普遍的心理状态。所以在进行诊疗或护理操作时，态度要严肃认真，行为要举止端庄，并注意避开人群尤其是异性，注意保护患者的隐私，不得过分暴露患者的身体。在进行各种操作时要注意动作轻柔，避免多次反复操作。对未婚女士要尽量以肛诊代替阴道检查，不得以任何方式帮助孕妇非法堕胎，更不能从中牟利。对待患者态度不得带有世俗的感情色彩，无论患者所患为何种疾病，都要一视同仁，尊重患者的人格。

3. 掌握心理，耐心指导　女性患者情绪容易波动，再加上疾病带来的内分泌的变化以及疾病本身或手术等因素，都会导致患者出现一些特殊的心理变化。患者可能会出现隐瞒病史、拒绝检查等情况。护理人员要充分理解患者，掌握患者的内心变化，有针对性地进行耐心的解释、诱导和劝说，以高度的同情心来关心患者、消除其顾虑，增强其治愈疾病和恢复正常生活的信心，减轻其身心痛苦。

4. 健康指导，提高疗效　患者的病情可能会对家庭生活，尤其是对夫妻性生活造成一定影响，护理人员要根据患者病情，对其配偶进行健康宣教，使其主动配合妻子的治疗，提高治疗和护理的成效。

知识链接

纪念林巧稚先生

林巧稚纪念馆位于厦门市鼓浪屿毓园，是为纪念我国当代著名的妇产科专家林巧稚大夫而建立的。她从医 60 多年，亲手接生了 5 万多个中外婴儿，这些婴儿如今有的已儿女成群，有的已当了爷爷、奶奶，而她一生却孜孜求学，孑然一身，终未成婚。这位受到多少人尊敬的医生，1901 年诞生在鼓浪屿晃岩路的一座“小八封楼”里，1983 年病逝。次年，鼓浪屿人民为了纪念这位平凡而伟大的女性，在“毓园”内建立了林巧纪念馆和塑像。“毓园”二字被镌刻在一块长方形的灰白色石碑上。林巧稚的塑像，是用汉白玉雕刻而成的，身穿白色大褂，凝视远方，神态安详，表现出这位女性一生洁白无瑕的形象。林巧稚说：“作为一个医生，一举一动都要为患者负责。作为一个护士，一言一行都要从患者的利益出发。”

三、母婴护理特点及其伦理规范

（一）母婴护理特点

要做好母婴护理，就必须正确分析患者的需求，理解患者及其家属的心理，掌握母婴护理的特点。

1. 重视家庭护理，提高护理质量　妊娠、分娩、产褥虽然由产妇的身体承担，但其本身就是家庭事件，所以护理人员的服务对象不仅仅是产妇本身，同时要涵盖其丈夫、胎儿或新生儿及其整个家庭。

2. 加强心理护理，防范产后抑郁　孕育和分娩胎儿，使孕产妇成了家庭关注的中心，加上孕期和产后激素水平的改变，孕产妇所承受的心理压力很大。尤其分娩后的产妇身体虚弱，激素水平改变明显，家人的关注焦点由孕妇转为婴儿，此时如果产妇心理调节不当，极易出现产后抑郁。

3. 强化围产保健，提高优生概率 在我国随着医学事业的飞速发展，计划生育这一基本国策已经深入人心，优生成为每个家庭的期盼，围产期保健逐渐从以母体为中心的医疗保健转为更重视围产儿的保健工作。因此，要求妇产科的护理人员为积极开展围产儿保健工作不懈努力。

4. 坚持学习提高，胜任护理工作 当前，各种先进的诊断、检测和治疗仪器广泛应用于妇产科临床实践。比如内镜的广泛使用对妇产科的诊断治疗和优生优育起着重要作用，胎心监护仪、超声多普勒听诊仪在产科中已成为必不可少的仪器。护理人员只有认真学习新知识、新技术，才能胜任妇产科临床的护理工作。

5. 掌握婴儿特点，开展优质护理 婴儿在生理、心理等方面都与成人不尽相同。表现在以下几方面：①婴儿生理反应比较灵敏，治疗和护理中不予合作，给操作带来很大困难；②婴儿没有语言表达能力，无法清楚表达自己的感受，当有不适时只会哭闹，这时护理人员要多留心；③婴儿稚嫩、幼小、接受医护操作的耐受力差，实施护理操作的选择范围小；④婴儿生长发育不成熟，免疫系统不完善，抵抗力差，易感染疾病，因而发病率高、起病急、进展快、病情变化大，给护理工作带来困难和风险。

（二）母婴护理伦理规范

1. 加强孕产保健，保障母婴健康 孕产期保健的好坏，直接关系到母婴的健康和安全。孕期保健应该从孕前开始。妇产科护理人员应重视对孕妇进行优生卫生知识的普及，指导孕妇定期进行产前检查和自我监护，积极防治各种并发症。产时，应严格执行消毒隔离和无菌操作，以防止感染，产褥期应做好保健工作，避免病理性变化的发生。降低孕产期并发症及难产的发病率，降低孕产妇死亡率、围产儿死亡率和病残率。

2. 加强语言修养，做好心理护理 妇产科患者由于害羞、压抑、恐惧等心理问题，使得孕产妇背负着极大的心理包袱，比如年轻女性未婚先孕常使患者在面对诊治和护理时感到难以启齿，因为害羞心理，患者不愿袒露实情，甚至拒绝检查和护理，给治疗和护理带来困难，这时，要求护理人员体谅患者的心理，理解和同情其处境，用合适的语言和行动，做好患者的心理疏导，使患者主动配合疾病的治疗。又如，产妇生产后家人往往把注意力的焦点转移到孩子身上，会让产妇有失落感，如果产妇的心理调节不好，极易出现产后抑郁。护理人员要认真观察产妇的反应，及时做好心理疏导，并对其家庭成员做好健康宣教。总之，护理人员的语言修养水平，对患者身心健康有着重要的作用。

3. 加强消毒隔离，做好观察记录 孕妇的身体状况事关母婴安危，在治疗和护理时必须十分谨慎小心，稍有不慎，都会给母婴、家庭以及社会带来不良的影响，所以护理人员对待任何细节都不能掉以轻心。尤其是婴儿病情变化快且不能主诉病情，护理人员要严密观察婴儿的反应，及时记录和报告医生，以供医生及早做出判断。此外，婴儿免疫机制尚不成熟，易发生交叉感染，护理人员要严格执行消毒隔离制度。

4. 加强施救力量，冷静果断处置 产科患者随时都有可能发生异常或意外，例如，分娩时可能突然发生羊水栓塞，胎心异常可能出现胎儿窘迫，妊娠合并心脏病会突然发生心力衰竭、子宫破裂等。由于产科患者变化急剧的特点，使得产科急诊多，因此当病情发生突然改变时，要迅速判断病因、病况，果断决定实施措施，敏捷进行抢救处理。因此，妇产科护理人员应具有冷静、果断的工作作风，一发生紧急情况，应积极配合抢救。

四、儿科患者护理特点及其伦理规范

（一）儿科患者护理特点

儿科患者特别是婴幼儿自我表达能力不完善，不具备或缺乏主诉能力，病情叙述往往由其父母或其他监护人替代，使病情陈述具有间接性特征，可靠性较差。

1. 患儿病情变化快 儿科患者因处于生长发育期，基础代谢旺盛，但免疫功能较成人低，抵抗能力较差，对疾病的防范意识不强，对自身致病因素异常敏感，易感染疾病，急危传染病常见。

2. 患儿自述能力差 儿童语言表达能力和理解能力不完善，不能完整描述疾病症状和自身感受，多以哭闹表达病情。对疾病缺乏足够的心理应对能力，心理活动受环境影响很大，对陌生的环境易产生恐惧心理，给诊治和护理带来一定难度。

3. 健康教育难度大 患儿大多数是完全依赖型，如暖箱中的新生儿，他们的生活照护和临床护理都要由护理人员来完成，初为父母的家长，对抚育孩子没有经验，指导他们喂养、清洗等要靠护理人员手把手地教，反复讲解。儿科护理工作烦琐，更加要求护理人员要有细心、耐心、真心、恒心的护理美德。

4. 技术操作要求高 儿科的常规护理操作，如小儿头皮静脉穿刺、颈静脉采血、股静脉采血、皮试、肌内注射等都比成人困难得多，要求儿科护理人员技高一筹，确保护理操作顺利。

5. 临床护理难度大 由于婴幼儿语言表达能力较差，一些年长儿都不能完整准确地叙述病情，往往靠哭闹不安、拒绝进食、不愿活动、精神欠佳等外观来反映身体的不适。一些年幼体弱儿对疾病反应差，往往表现为体温不升、不哭闹、表情淡漠等。而且儿科病情发展快，来势凶险，同时，由于小儿身体稚嫩、幼小、护患配合较困难，接受医护的耐力差，这无疑为儿科护理增加了难度。

（二）儿科患者护理伦理规范

儿科必须树立以患儿为中心的护理理念。在儿科的护理实践活动中要求儿科护理人员必须具备特殊的素质，应有强烈的责任感，爱护及尊重患儿，具有丰富的知识和熟练的技术操作能力，同时具备针对患儿的沟通技巧和洞察患儿家属心理的能力，这样有利于提高护理质量、化解护患矛盾、减少护患纠纷。

1. 关爱患儿，平等尊重 患儿的健康成长，不但需要物质营养，也需要精神哺育，其中“爱”是重要的精神营养要素之一。护理人员要发自内心地爱护患儿，做到一视同仁，并要尊重患儿，做到言而有信，与患儿建立平等友好的关系，更好地保护患儿，此外还要注意积极与患儿家属进行沟通。

2. 细致严谨，业务精湛 儿科患者因不能主诉病情，且病情变化快，容易误诊、漏诊。所以儿科护理人员必须具有强烈的责任感、良好的慎独修养及严谨的工作作风，密切观察病情，除此之外，还需具备精湛的业务能力。护理人员可以通过其丰富的科学知识及熟练的操作技巧，确知儿童生长发育过程中的变化及生理、心理和社会的需要，而给予其全面的护理；根据所掌握的各年龄组儿童对疾病的心理及情绪的不同反应，通过细致严密的观察，注意患儿有无身、心两方面的客观征象及主观症状；熟悉儿科常用药物的剂量、作用及用法。随着医学科学的发展，护理人员应胜任比较复杂的临床护理技术、抢救技术及先进护理和检查仪器设备的操作，儿科护理人员只有熟练地掌握这些相关的技术，才能减轻患儿的痛苦，取得最佳的护理效果。

3. 有效沟通，治病救人 现代的儿科护理不仅要挽救患儿的生命，同时还必须考虑到疾病的过程对患儿生理、心理及社会等方面发展的影响。要求儿科护理人员必须掌握有效的人际沟通技巧，不断与患儿及家长交流信息，全面了解患儿的生理、心理和社会情况，促使其身心健康。在平时的护理活动中，不但要照顾他们的生活，还要启发他们的思维，与他们进行有效的沟通，以取得他们的信任，建立良好的护患关系。护理人员是儿童学习的对象之一，因此还必须做到以身作则，加强自身的修养。

知识链接

护理对象是顾客

很少有护士用“顾客”两个字来形容自己的护理对象，她们或许觉得那是对神圣的护理事业和白衣天使的亵渎。可是，细想一下，如果护理对象不是护士的顾客，那么护士的顾客又是谁呢？护士为就医者提供服务，这种特殊服务有别于其他服务行业，护患关系更富有人性化、更多涉及个人隐私，尤其是妇产科患者，这种亲密的护患关系，无比的信任程度赋予护士更大的责任感和使命感。如何提高服务质量？除了更新专业知识外，有一个简单的原则：对待每位患者像对自己的亲人一样，用对待自己亲人的态度对待患者。

五、精神病患者护理特点及其伦理规范

精神病是大脑功能紊乱所导致的以认知、情感、意志和行为等精神活动不同程度障碍为主要表现的一类疾病。精神病最大的特点是患者出现人格障碍或缺乏自知力和自控力。由于患者自知力和自理能力减退或丧失，否认有病，拒绝治疗，而且多数患者病因不明，使得护理工作难度加大，对护理道德也提出了更高的要求。

（一）精神病患者护理特点

1. 病情复杂，护理难度大 护理对象是患有各种精神疾病的患者，与躯体疾病不同，精神疾病主要表现为精神和行为上的异常。患者的心理状态紊乱，难以理解客观事物，不能适应社会生活。在护理过程中，患者认知能力差，突发事件多，给护理工作带来意想不到的困难。

2. 任务艰巨，随机事件多 因患者出现人格障碍或缺乏自知力和自控力，常表现为思维紊乱，精神失常。患者常会在不理智的情况下做出一些病态的举动，尤其是精神分裂症、躁狂症患者，因其病理性特征，随时都有可能冲动伤人、毁坏财物或自残，严重危及人身安全，影响社会安宁和个人安危，给家庭和社会造成严重后果。精神科疾病病程长，治愈难，且容易反复。患者容易失去生活的动力，对治疗信心不足，多数患者性格极端、情绪

反常，甚至很大一部分患者否认自己有病，拒绝治疗，只能被家人诱导、哄骗，甚至强行送医，使病患抵触情绪大，不配合治疗，所以精神病患者的诊疗任务重，护理任务艰巨。

（二）精神病患者护理伦理规范

1. 尊重患者，一视同仁 精神病患者在感知、思维、意志、情感方面的异常，常常会给患者和周围人带来困扰，患者的一些异常行为常会影响正常的家庭生活和社会秩序，因此精神病患者经常遭受社会的歧视和人们的疏远，甚至遭受愚弄和凌辱，社会地位低下，合法权益常被侵犯。护理人员要努力消除人们对精神病患者的偏见，在临床诊疗护理上充分尊重精神病患者，把他们同普通患者一样看待。

2. 加强护理，确保安全 精神病患者因缺乏自知和自控能力，意外状况时有发生，危及自身和他人人身安全和财产安全，因而要求医护人员必须严格坚守岗位，定期巡视，履行职责，密切观察患者的病情和心理变化，做好处理危机事件预案。特别是对有自杀、自伤、破坏和暴力倾向的患者，要重点巡视和监护，严格遵守病房管理制度，按时检查和收缴危险物品，杜绝隐患。

3. 保守秘密，精心呵护 保密是保护性医疗制度的一项具体措施，是建立和谐护患关系、赢得患者及其家人信任和配合的基本前提，充分体现出对患者权利、人格尊严的尊重和维护，亦是护理道德的基本要求。保密原则在精神科护理中尤为重要。一些患者在精神异常情况下做出的非理智行为是患者本人不愿看到和听到的，当患者恢复自知力之后知道自己的所作所为一定会羞愧难当，难以面对他人，自我否定，甚至可能会有轻生的想法，导致严重后果。因此护理人员要尽心呵护患者的心理，帮助他们树立信心，早日回归社会，关于患者病情的隐私绝不可泄露出去，这是对精神病患者的尊重和保护。

知识链接

精神病患者应受保护

18 世纪以前，由于人们对精神病缺乏认识，加之宗教迷信的影响，导致人们对精神病患者带有偏见和歧视，认为精神病患者是鬼魂附体或有罪之人。精神病患者一直受到非人道的待遇，如把精神病患者抛进大水桶中，绑在特制的铁圈上转动，用烙铁烫皮肤等，精神病患者社会地位低，合法权益受到侵害。直到 18 世纪法国大革命后，医生比奈尔提出："精神病患者绝不是罪人，不应该受到惩罚，而应该给予人道待遇。"人们才对精神病有了正确的认识，随后，人们对精神病的研究进一步深入。1977 年在夏威夷召开的第 6 届世界精神病大会上，一致通过了关于精神病患者人道待遇的伦理原则《夏威夷宣言》，至此，才形成了一份被全世界医疗界公认的保护精神病患者的国际性伦理准则。

4. 自尊自爱，抵制诱惑 精神科护理人员在护理患者时，要做到态度自然大方、稳重端庄、亲疏适度，不可过分殷勤或有任何轻浮举动，以免让患者产生错觉或误解，导致钟情妄想，给治疗和护理带来不必要的麻烦。女性护理人员工作期间不可浓妆艳抹、过分打扮，以免招致男性患者的性幻想、性冲动。护理人员要高度警惕自身原因导致异性患者的情绪异常，给患者治疗带来的反复和波动。护理人员要自尊自爱，不做有损法律和道德的事情。

5. 遵章守纪，慎独修养 精神病患者因常常不能正确反映和评价客观事物，不能对自己的言行负责，对护理人员的行为也不能给予恰当的评价。这就要求护理人员在工作时自觉遵守工作纪律，严格要求自己，恪守慎独要求，无论有无监督，都凭良心和责任感认真对待每一位患者，严格执行每一项护理操作，按时巡查病房，观察病情，以防意外。在任何情况下都不能违背自己的良心和职业道德，尽职尽责、自觉主动、及时准确地完成各项护理任务。

本章小结

在临床护理工作中，护理人员要根据不同科室患者的特点有所侧重地开展工作。门急诊危重症患者随时都会有生命危险；妇科患者敏感、害羞、胆小、脆弱；儿科患者病情变化快，自述能力差；老年患者身体衰弱，生理机能退化，内心孤独，寂寞无助；精神科患者因认知障碍或躁狂或抑郁；手术患者猜疑、害怕、顾虑重重、心中忐忑。护理人员要把握各类患者的生理和心理特点，有的放矢地开展临床护理工作，保证各科伦理规范在护理实践活动中贯彻落实。

【实践活动】

观看视频

活动内容：组织观看纪录片《被遗忘的时光》。

活动目标：提升老年患者临床护理质量，了解和关注老年痴呆症患者，关爱老年人生活。

活动方法：以教学班为单位召开座谈会，畅谈观后感。分组扮演老年痴呆症患者和护理人员，体会护理人员护理老年痴呆症患者的工作情景。

目标检测

一、选择题

1. 门诊护理是医院工作的重要组成部分，不属于门诊护理的道德要求是（　　）

A. 就诊无序，管理无章　　B. 密切联系，团结协作

C. 作风严谨，准确无误　　D. 环境优美，安全舒适

E. 热情关怀，高度负责

2. 由于儿科患者的特殊性，医护人员在对儿科患者的护理工作中要严格遵守儿科护理的道德要求，不应（　　）

A. 冷淡应对　　B. 敬业精业

C. 照护关爱　　D. 情感贴近

E. 为人师表

3. 老年患者的护理具有难度大、道德要求高的特点，在对老年患者护理中不正确的做

法是（　　）

A. 尊重老人价值　　B. 重视心理护理

C. 细致观察照料　　D. 加强有效沟通

E. 不理睬老人的护理建议

4. 以下属于精神病患者的特点是（　　）

A. 极易出现紧张、恐惧　　B. 易感染疾病，病情变化大

C. 生理心理不成熟　　D. 临床症状和体征不典型

E. 可出现自伤、毁物、伤人等行为

5. 手术后，护理人员应遵照医嘱按时给镇痛药，并指导患者咳嗽、翻身或活动肢体，指导患者早期活动，体现了手术后护理伦理要求中的（　　）

A. 减轻痛苦，促进康复　　B. 严密观察，勤于护理

C. 敏锐观察，细心谨慎　　D. 提高认识，默默奉献

E. 安抚鼓励，换位思考

二、思考题

1. 简述急诊护理特点及其伦理规范。

2. 儿科、妇产科患者的护理伦理规范有哪些?

3. 简述精神病患者的护理伦理规范。

4. 老年患者特点及其伦理规范有哪些?

5. 术前、术后护理人员应该注意些什么?

三、案例分析题

案例一　2018 年 10 月 26 日，孕妇刘某在佛山市某医院早产下一婴儿。两名接生护士发现产妇急产后，未及时报告医生，亦没按规定检查婴儿，就自行判断婴儿死亡，并告知家属是女婴，并将婴儿装进塑料袋丢进医院厕所。半个多小时后，赶到医院的孕妇亲属要求查看，却发现婴儿居然还在动，并且是一名男婴。此次事件已经被认定为一起严重的医疗责任事件。该医院的主管院长、医务科长已被免职，当事医生、护士已被停职。

分析：①这起严重医疗质量安全事故暴露出的问题有哪些?②本案例中护士违反了哪些伦理规范?

案例二　3 岁男孩王某，因误服 5 ml 炉甘石洗剂被送到某医院就诊，急诊医生准备用 25% 硫酸镁 20 ml 口服导泻，但开方时将口服误写成静脉注射，治疗护士拿到处方心想：25% 硫酸镁静脉注射?似乎不能，但又拿不准。又想：执行医嘱是护士的职责。便将 25% 硫酸镁 20 ml 给患儿静脉注射，导致患儿死于高血镁引起的呼吸麻痹。

分析：本案例中的治疗护士是否对患儿的死负有责任?

扫码“练一练”

（宋玉杰）

第七章

重症与临终关怀护理伦理

学习目标

知识要点

1. 掌握重症患者护理、临终护理、尸体护理的伦理规范及安乐死的伦理争论要点。
2. 熟悉临终关怀、死亡教育的伦理意义及临终患者的心理特点与脑死亡的诊断标准。
3. 了解临终关怀、安乐死的含义。

技能要点

1. 能正确运用重症患者护理、临终护理、安乐死及尸体护理伦理规范解决临床护理中的相关问题。
2. 具有尊重患者，为患者负责，自觉为患者维权的意识和基本能力。

重症患者需要我们护理人员做好基础护理，严密观察病情，积极抢救，针对重症患者的护理特点，履行相应的伦理要求。死亡乃人生旅途的终点站，从出生－衰老－死亡是任何生命不可逆转的自然过程，是生命的必然结果。护理人员要为临终患者提供有针对性的护理，尽可能减轻患者临终前的身心痛苦，使其坦然、舒适地度过生命中最后的日子，提高临终患者的生命质量。同时，对临终患者家属进行安抚和指导，将他们的悲痛减轻到最低程度。提高对临终患者的护理伦理水平，是我们护理工作者的重要职责。

第一节　重症患者护理伦理

扫码"学一学"

案　例

某医院急诊科收治一名脑出血患者行开颅手术，术后立即送至重症监护室。值班护士王某随时监测生命体征，积极应对一切病情变化。次日凌晨 4 时，护士发现患者突然呼吸 32 次/分，脉搏快而弱，血压低至 60/40 mmHg，双侧瞳孔不等大。她预感到颅内有新的出血，于是一边迅速向值班医生报告，并一边迅速打开呼吸机，做好二次手术的一切准备工作。故二次开颅手术进展及时顺利，证实了患者脑部又有一动脉破裂出血，由于发现早，医护密切配合，手术成功，患者得救。请对护士王某行为做出道德评价。

重症患者是指病情危重，随时可能发生生命危险的各种患者。应针对重症患者护理及护患关系的特点，对护理人员提出相应的伦理要求。

一、重症患者护理特点

（一）重症患者的心理需求

重症患者并发症多，病因复杂，病程长短各异，医疗环境使患者与家属隔离；同时病情变化快，生命随时处于死亡威胁之下，心理反应与一般患者有所不同，其心理因素对整个疾病的发生、发展和转归起重要作用，主要表现为严重的负性情绪反应：急躁情绪、紧张恐惧、焦虑不安、孤独忧郁、愤怒情绪、角色强化、动机冲突。虽然其心理需求具有因人而异的独特性，但也有共性规律可循，归纳起来常见的共同心理需求包括以下几个方面。

1. 被接纳和被尊重的需要 重症患者通常被安置在监护室里，几个护理人员同时护理十几个甚至几十个患者，患者怕被冷落，为赢得更多尊重，都会尽力协调与周围病友的关系，特别是努力改善与医务人员的关系，希望获得医务人员更多的重视，从而得到更多的关怀和更好的治疗，有利于疾病好转。

2. 适当活动和刺激的需要 重症患者住院后，多数患者生活限于一个狭小的范围内——病床上，个人感兴趣的事情都不同程度地减少。更由于疾病的影响和对预后的担忧，使患者感到无事可干、度日如年。

3. 信息和疾病康复的需要 重症患者不仅需要知道医院的各种规章制度、治疗设备及治疗水平等情况，更急于知道疾病的诊断、治疗、预后等信息；有些患者对院外的有关信息也急于获知，如家庭、工作单位的某些情况，医疗费用的支付问题等。为尽早康复出院，恢复正常生活和工作，每一个患者都把安全感视为主要需求，这也是患者求医的最终目的。

（二）重症患者的护理特点

1. 病情重，护理难度大 重症患者主要为各系统危重症或多脏器功能衰竭的患者。由于患者病情危重，极不稳定，随时都可能发生变化，危及生命。这就需要护理人员严密观察病情，保持清醒的头脑，及时发现病情变化的蛛丝马迹，迅速采取相应措施，确保护理工作的针对性、准确性，使患者得到及时救治。为赢得患者抢救时间，护理人员要有时间观念，不断提高急救意识，建立快速反应的抢救机制。同时，护理人员不能单纯被动执行医嘱，而应有预见性地提醒医生，预见病情的发展变化。重症护理工作不仅涉及多个年龄阶段，而且涉及多个专业学科，要求护理人员把握重症工作特点，掌握多学科知识，坚持以人为本，以患者为中心，加强主动服务意识，使重症护理工作迈向一个新的台阶。

2. 治疗多，护理任务重 重症患者往往病情危重，抵抗力差，常存在循环衰竭、呼吸衰竭，甚至多器官脏器衰竭，所以仪器设备使用频率高，侵入性操作较多。同时，大量应用广谱抗生素，加之患者家属及医护人员的频繁进出，患者随时处于发生感染的危险之中。一旦感染则会加重原发病，使病情恶化，给治疗及护理工作带来极大的困难。护理人员应掌握各种急重症疾病的症状、体征、急救技能，做好病情观察的同时，注意做好患者的护理。

3. 矛盾深，伦理难题多 对于无论医护人员怎么努力都难以扭转病情恶化的患者，医护人员在选择如何抢救他们时，往往面临着两难的伦理选择。医护人员既要尊重患者及其家属的意见，又要遵守生命神圣、生命质量、生命价值的统一。除此之外，重症患者抢救护理工作经常会遇到如下伦理难题：履行人道主义与医院经济效益的矛盾；知情同意与保护患者利益的矛盾；患者拒绝治疗与保护患者生命的矛盾；安乐死与现行法律的矛盾等。重症患者护理伦理难题多，需要护理人员综合考虑。

二、重症患者护理伦理规范

重症患者护理是医疗护理工作中一项重要而严肃的任务，是一场争分夺秒的战斗。因此，护理人员要从思想上、物质上、组织上做好充分准备，常备不懈。遇有重症患者要密切观察，及时采取紧急措施，积极进行抢救。具体的道德要求包括以下几方面。

（一）举止端庄，技术精湛

对重症患者，及时了解病情、治疗进展，只要有百分之一的救治希望，就应做到百分之百的努力，绝不轻易放弃，只有这样才能体现医护人员救死扶伤的精神。在护理过程中，要求护理人员具有高度的责任心和使命感，要做到勤巡视、勤观察，对重点患者病情做到心中有数，发现情况及时通知医师并冷静地投入抢救行动，以使患者转危为安。每一位患者都希望到一个医疗水平高的医院，找一个医术高的医生救治，对护士的要求也是如此，这就要求护理人员要有良好的职业素质，言谈举止大方得体，仪表整洁端庄，首先会在心理上给患者一个良好的印象。再加上扎实的基本功，一丝不苟的抢救程序，准确无误的抢救操作，更会让患者看到自己康复的希望，在安全感中，很快进入被救治的最佳心理状态，提高抢救成功率。

知识链接

ICU 护士的爱

ICU 是重症患者集中的地方，是同死神争夺生命的战场。浙江省台州医院 ICU 护士长朱玲凤说："患者的挣扎、家属的焦虑迫使我们不断拷问自己：还能再做些什么让他们少一些痛苦?"群策群力之后，他们讨论出了 3 个方案：①"手势"明了患者需求：握空心拳表示要喝水，握实心拳表示疼痛，小拇指表示要小便，食指表示有痰……这一套手势化生活用语便形成了。在患者清醒的时候，护士会教他们一一使用这些手势。②"20 问"送去人性关爱：ICU 设计了"术前访视 20 问"，并在心胸外科进行试点。③"读报"带来缤纷四季：患者床边的护士会根据患者的兴趣、爱好，选择一部分报刊内容读给患者听，让他们了解身边的人和事。——摘自《健康报》

（二）良好沟通，任劳任怨

在尽力终止患者不断加剧的疾病痛苦的基础上，再配以适当的语言安慰，能够取得较好的治疗效果。重症患者由于起病急、病情重，病势凶险，患者对疾病缺乏认识，心理适应能力不足，经常表现为紧张、焦虑、恐惧、悲观、失望等情绪，常常心理不平衡，拒绝各种操作等。有时患者或家属可能对护理人员无端指责，甚至无理取闹。这就要求护理人员采取克制的态度，体恤患者及家属的心情，谅解他们的行为。设法稳定患者及家属的情绪，使其主动积极配合救治，提高抢救成功率。抢救结束后，护理人员要沉着冷静，加强信息沟通，主动关心患者，做好家属及清醒患者的解释工作，取得患者及家属的配合。避免不良刺激增加患者思想负担，给患者安全感，使其树立战胜疾病的信心。

（三）尊重患者，谨记慎独

护理人员必须具有“慎独”的品德修养，在单独面对失去监督能力的重症患者时，也绝不忘记尊重患者权利、不降低护理标准。重症患者大多是意识不清的，因为病情危重，需要随时抢救，往往未经患者许可脱去患者衣裤；为了防止躁动患者自伤，会对患者进行约束；导尿、术前备皮等，护理人员会不注意给患者遮挡。这些都侵犯了患者的权利。护理人员要尊重患者的自主权、知情同意权、隐私权等，做好患者代言人，热心为患者服务。

（四）互相尊重，团结协作

危重患者病情复杂，抢救工作常常不是一个人甚至一个科室所能完成的，而是要靠多名医护人员甚至多科室的共同努力。这就要求参加抢救的所有医务人员树立团结协作的精神，各科室内医务人员及科室之间要搞好团结，互相支持，互相尊重，主动协调，密切合作，顾全大局，结成一个团结战斗的集体，为抢救患者的生命而竭尽全力。而面对需要协作抢救的危重患者，护理人员借口拒绝支援或在抢救中相互推诿、互不负责，以致丧失抢救良机、危害患者生命的做法，都是违背护理伦理要求的。

第二节　临终护理伦理

扫码“学一学”

近些年发展起来的临终护理使传统的护理内容逐渐丰富，护理的范围有所扩大。它突出了以人的健康为中心的护理特点而不只是以患者为中心。通过对临终患者的各种关怀、照顾和护理，使人道主义能够更加科学化地得以实现，标志着人类文明在临终护理领域的进步。

一、临终患者心理特点与需求

（一）临终与临终患者的含义

1. 临终　由于疾病末期或意外事故造成人体主要器官生理功能衰竭、各种迹象显示生命即将终结、不能用现有医疗技术治愈，死亡即将发生的过程，是生命活动的最后阶段。

2. 临终患者　目前，世界上不同的国家对临终的时限尚未有统一的标准。我国将预计能存活 2～3 个月的患者视为临终患者；而美国把估计只能存活 6 个月以内的患者称为临终患者；英国把预计能存活 1 年以内的患者称为临终患者；日本则把预计能存活 2～6 个月的患者称为临终患者。在实际生活中，临终的过程可以很短，也可能超出原有的存活时间预期。判断患者的存活时间需要医生运用医学知识对患者的情况做出一种推测和判断，这种判断受到医生个人因素和现代医学技术的影响，有可能会出现失误。比如说由于医疗水平有限，医生的经验不足，难以对患者的存活时间做出准确的判断。由于现代医学技术的发展，有些器官功能衰竭的患者通过机器的维持可以存活很长时间。因此，临终时间的界定需要医生具备渊博的医学知识、丰富的临床经验、准确的判断能力，还要排除先进医疗技术的影响。

（二）临终患者的心理特点

临终意味着即将走向死亡。在这即将告别亲人的最后人生旅程中，患者不仅在生理病理上发生很大变化，而且在心理和行为上也反应复杂。美国医学博士伊丽莎白·库布勒·罗斯（Elisabeth Kubler Ross）曾对400名临终患者进行过心理调查，总结出临终患者的心理过程大致经历五个阶段。

1. 否认期 患者不承认自己患了绝症或病情在恶化，认为可能是医生的误诊。患者的典型反应是“不，那绝对不可能，不可能是我，肯定是弄错了”。

2. 愤怒期 患者已知自己的病情或预后效果不佳，于是气愤命运作弄自己。患者的典型反应是“为什么是我，而不是别人，这太不公平了”。

3. 协议期 患者开始接受自己患了不治之症的事实，期待医护人员能妙手回春，扭转死亡的命运或延长生命。患者的典型反应是“如果让我好起来，我再也不……”

4. 抑郁期 患者已知治疗无望，必死无疑，将要离开人间，面对许多未尽的事情而感到极度的伤感、抑郁。患者的典型反应是“好吧，那就是我”。

5. 接受期 临终患者最后的心理反应。患者面对死亡的现实，对后事有了安排，反而平静、安宁。患者的典型反应是“好吧，既然是我，那就去面对吧”。

但由于个体差异，并非所有患者都经历上述五个阶段的全过程，各期可以交错、重叠，有时可逆，持续时间的长短也不一样。

知识链接

名人名言

“世界上有三种东西能够治病：一是对症的药物，二是外科的手术刀，三是良好的语言。”

——希波克拉底

（三）临终患者的需求

临终患者在未进入昏迷状态之前，大多对自己的情况能做出较为实际的判断及推测，会对医护人员提出一些要求，包括以下几方面。

1. 生理方面的需求 希望生活环境舒适一些，有一定的支持治疗措施，主要有三个方面的需求：①控制疼痛。护理人员应观察患者疼痛的原因、部位、时间、性质等，根据患者疼痛的特点，提供相应的止痛方法，以减轻或解除疼痛；②做好生活护理。包括保持身体清洁、保证营养供应、预防压疮的发生、保持大小便通畅、防范坠床的发生等；③创造舒适的生活环境。调查发现环境的需要排在临终患者需要的前几位，临终患者希望周围环境安静、整洁、舒适、温馨。

2. 心理方面的需求 要求尊重和保留一些生活习惯，要求参加治疗和护理方案的制定，要求有否定、拒绝治疗的权利，有选择死亡方式的权利。同时，希望医生或护理人员能够与自己交谈，了解自己的疾病情况。

3. 社会方面的需求 临终患者面对死亡的来临，经受着心理和生理上的痛苦与折磨，都希望家人时刻守护在自己的身旁，尽管亲人、朋友的守护和探望并不能像医护人员那样解除患者身体上的痛苦，却能使患者感受到人间的亲情、友情和真挚的爱。此外，高昂的医疗费用也是沉重的负担，他们希望得到多方的帮助，比如说政府给予报销、单位给予补贴、医院给予减免，社会给予捐助等。病情的严重使患者不得不考虑后事，家产比较丰厚的患者大多要立遗嘱，对自己的财产进行安排，遗嘱还可能包括遗体火化、丧事的办理、遗体的捐赠等内容。

二、临终关怀及其伦理意义

（一）临终关怀的含义

临终关怀，又称善终服务、安宁照顾等。临终关怀是指由社会各层次人员（医生、护士、社会工作者、宗教人士、志愿者以及政府和慈善团体人员等）组成的团队向临终患者及其家属提供一种全面的照料，包括生理、心理和社会等方面，使临终患者的生命得到尊重，症状得到控制，生命质量得到提高，家属的身心健康得到维护和增强，使患者在临终时能够无痛苦、安宁、舒适地走完人生的最后旅程。因此，临终关怀不仅是一种服务，而且也是一门以临终患者的生理、心理发展和为临终患者提供全面照料减轻患者家属精神压力为研究对象的新兴学科。

知识链接

临终关怀的发展

1967 年，桑德斯博士在英国伦敦创办了世界上第一所临终关怀机构——圣克里斯多福临终关怀院。此后，美国、法国、日本、加拿大、荷兰、瑞典、挪威、以色列等 70 多个国家相继出现了临终关怀服务。我国的临终关怀，香港和台湾地区发展较快，大陆较慢。1988 年，天津医学院创办了临终关怀研究中心，同年上海诞生了临终关怀医院，随后全国各地纷纷开办了临终关怀医院或病房。

（二）临终关怀的伦理意义

随着人类文明的发展，临终关怀越来越受到世人的关注和支持。这项事业具有特殊的伦理意义，具体表现在以下方面。

1. 人道主义在医学领域内的升华 长期以来，医院是救死扶伤的场所，以维护人的生命和促进人类健康为宗旨。临终关怀事业的发展，不以延长患者痛苦的生命为目标，而主要是满足临终患者在生理、心理、伦理和社会等方面的需要，使患者在一个舒适的环境中温暖、安详、有尊严地、无忧无虑地离开人间，同时，临终关怀还包含着对患者亲属进行慰藉、关怀和帮助等内容。特别是社会中爱心力量的参与，其所体现的医学人道主义精神更加完善，更具有新的活动和内容。

2. 体现了生命神圣、质量和价值的统一 人们为自身、为他人、为社会、为后代而创造、奋斗、拼搏了一生，当生命临终时受到应有的关心和照顾，体现了生命的神圣。同时，在一个舒适、无痛苦的环境中度过临终生活，提高了生存的质量，最后有尊严地离开人间，提高了生命的价值。

3. 标志着人类文明的进步 临终关怀可以使临终患者生活质量提高，减少痛苦，维护尊严，使临终患者安然度过人生的最后阶段；同时可以减轻家属照顾患者的负担，减少不必要的高昂医疗支出，并获得心理支持；社会医疗资源得到合理分配，减少了无谓的消耗，保证了医疗卫生服务的公平性。因此，随着社会的发展，社会上越来越多的个人和团体关心和参与这项事业，标志着人类文明的进步。

知识链接

名人名言

"医术是一切技术中最美最高尚的，爱人与爱技术是并行的。" ——希波克拉底

"护士要有奉献自己的心愿，有敏锐的观察力和充分的同情心。" ——南丁格尔

三、临终护理伦理规范

做好临终患者的护理是护理人员应尽的道德义务，这种义务与一般的慈善和怜悯之心不同，不是对患者的恩赐与施舍，而是对生命的热爱，对事业的责任感。

（一）提供全面照护，满足患者生理需要

临终意味着面向死亡，不管临终阶段时间长短，均给患者带来不同程度的肉体和精神上的双重折磨。而医务人员的辛勤付出，很可能改变不了患者死亡的命运。这时患者比任何时候更需要护理人员，照料比治疗显得更重要。护理人员应学习并掌握临终患者的生理特点，为临终患者创造良好的休养环境和氛围，提供全面的照护，解除身体痛苦，坚持以控制症状、减轻痛苦为主要任务，适当治疗。如果患者尚能自理时，尽量帮助他实现自我护理以增加生活的乐趣，至死保持人的尊严。总之，护理人员要像对待其他可治愈的患者一样平等地对待临终患者。

（二）消除紧张恐惧，满足患者心理需要

尽管死亡是自然规律，是生命运动发展的必然过程，但是临终患者仍有享受生活的权利。护理人员除了以良好的服务态度积极、主动地做好基础护理和及时的疼痛治疗外，在心理护理方面，护理人员应在认识临终患者不同心理阶段的基础上，对患者某些失常的行为、言语、情绪变化要予以理解、宽容；发扬人道主义精神，以最真挚、亲切、慈爱的态度对待临终患者，尊重他们的意志，宽容大度，满足他们合理的心理需要。使他们身心处于最佳状态，在生命最后的时刻享受良好的护理，在极大的宽慰中逝去。同时，应尽量增加或积极安排患者与家属、亲朋好友会面的机会和时间，让临终患者说出自己的心里话，并安排参加力所能及的社会活动完成他们的夙愿等。

（三）尊重生命价值，保护患者权利

临终患者的生命虽已进入倒计时，但仍然是一活生生的人，护理人员作为患者的代言人，要维护他们的权利。如允许患者保留自己的生活方式，保守隐私，参与医疗护理方案的制定，选择死亡方式等权利。对临终患者或晚期肿瘤患者，是否真实告诉其病情，也是涉及临终患者享受个人权利的道德问题。在向临终患者和晚期肿瘤患者说明病情时，护理人员要和其他医务人员口径一致、语言温和、态度诚恳，患者该知道的一定要讲清楚，使患者放心；而暂时还不让患者知道的要告诉家属，对患者要慎言守密，不可随心所欲地说。

总之，护理人员要认识患者最后阶段生活的意义，让希望充满他们最后的生活。

（四）关心理解家属，做好家属心理护理

在临终关怀中，护理对象除了患者，还包括家属。当亲人即将离世时，家属悲痛欲绝。护理人员要能够设身处地给予家属理解和同情，关心、体贴家属，真心地帮助他们解决实际问题，减轻他们的精神痛苦，使他们能正确对待亲人的死亡。如护理人员及时告知家属患者的病情，告知患者受到了良好的照顾，鼓励家属参与患者的日常照顾，关心和支持家属，协助家属处理后事，帮助家属解决实际困难。

扫码“学一学”

第三节 死亡与安乐死的伦理问题

知识链接

名人名言

“生如夏花之绚烂，死如秋叶之静美。” ——泰戈尔

“人在临终的时候总比他们以往要引人注目。正如夕阳的余晖、乐曲的终了、杯底的美酒一样，留给人的记忆最温馨、最甜蜜、也最久远。” ——莎士比亚

一、死亡及其伦理意义

（一）死亡与脑死亡的含义

1. 死亡的含义 死亡是生命活动和新陈代谢的终止，是人的本质特征的消失，是不可抗拒的自然规律。传统的死亡定义是心跳、呼吸的停止。随着医学的发展，经过多年的研究与争论，现代医学把人的生命的主导器官由心脏转向了大脑，从而提出了脑死亡的概念。

知识链接

“哈佛标准”的产生背景

1967 年 12 月，南非的班纳德医生完成了世界上第一例心脏移植手术，把一位 24 岁女性的心脏移植到一位 56 岁男性患者的胸腔里，使之存活了 19 天。在手术的第二天，理论界便提出了“患者真是死了吗”的质问，并因此引起了死亡标准的讨论。此事也促使了人们对脑死亡的研究，随后美国哈佛大学提出了脑死亡的诊断标准，即“哈佛标准”。

克里斯蒂安·尼斯林·班纳德（Christiaan Neethling Barnard，1922～2001），南非外科医生，世界上首例人类心脏移植手术的实施者

2. 脑死亡的含义 脑死亡即全脑死亡，为大脑、中脑、小脑和脑干不可逆的停止。是

指由于某种病理原因引起脑组织缺血、缺氧而坏死，致使脑组织功能和呼吸中枢功能达到不可逆转的消失阶段，最终必然导致的病理死亡。

（二）死亡的标准

1. 传统心肺死亡标准 心肺功能的停止，简称“心肺标准”。但是心跳和呼吸的停止并非死亡的本质特征。随着心肺复苏术、心脏起搏器、除颤器、呼吸机的使用，很多呼吸、心跳停止的患者又重新恢复了生命，这说明传统的死亡标准已不符合现代医学的发展，必须寻找一种更科学的死亡标准。

2. 现代脑死亡标准 也称“哈佛标准”。1968 年召开的世界第 22 届医学大会上，美国哈佛大学医学院特设委员会提出了“脑功能不可逆性丧失”作为新的死亡标准，即脑死亡标准，并提出了 4 条诊断标准：①不可逆的深昏迷，即对外部的刺激和内部的需要无感受性和反应性；②自发呼吸停止，即人工通气停止 3 分钟仍无自主呼吸恢复的迹象，即为不可逆的呼吸停止；③脑干反射消失，即瞳孔对光反射、角膜反射、眼运动反射、吞咽反射、喷嚏反射、发音反射等一律消失；④脑电波消失。以上 4 条标准在 24 小时内反复测试结果无变化，并且排除体温过低（低于 32 ℃）及巴比妥类中枢神经系统抑制剂等因素的影响，即可宣布死亡。

关于脑死亡的标准，目前尚有争议。在临床实践中，有些脑电波平直的患者又得到复苏，这给脑死亡提出了挑战。在现有的条件下如何判断死亡，很多国家选择接受哈佛方案，采取两个死亡标准共存。我国也采用两种标准共存的方式来确定死亡，即呼吸、心跳停止；瞳孔放大固定；所有反射消失，整个身体处于松懈状态；脑电图显示脑电波平直。

案例

患者王某，男性，76 岁，离休干部。因与家人争吵过度激愤而突然昏迷，急诊入院。诊断为脑溢血、中风昏迷。经三天两夜抢救，患者仍昏迷不醒，且自主呼吸困难，各种反射几乎消失。面对患者，是否继续抢救？医护人员和家属有不同看法和意见。护士 A 说：“救死扶伤是我们的天职。”护士 B 说：“高龄重症，抢救仅是对家属的安慰。”护士 C 说：“预后不好，对家属和社会都是一个沉重的负担。”患者家属说：“老人才享福，要不惜一切代价地抢救，尽到孝心。”并对医护人员抢救工作是否尽职尽责提出一些疑义。试对医护人员的行为进行伦理分析。

（三）脑死亡标准的伦理意义

1. 有利于科学地确定死亡 脑死亡作为死亡标准在临床中的应用，是人类死亡观的新发展。大量的临床事实已经表明，传统的死亡标准存在一定的缺陷，比如现代的人工低温，在体温降至 -5 ~5 ℃时，心跳和呼吸完全停止若干小时后经过复温，生命活动可以恢复。而以医疗设备维持心跳、呼吸，大脑的功能已经丧失，这种生命质量是很低的。我们应该认识到“脑死 = 人死”的观念使死亡概念更趋科学化。脑是人体的中枢，是思想、意识、情操、智能等人的个体特征的代表器官。脑死亡的人，即使心跳、呼吸尚存，但由于意识的丧失，已经不能主动、自觉地产生人的行为，不能行使一个社会人的权利和义务。因此，这种死亡既是临床死亡，又是社会死亡，是人的整体生命的终结。同时，它避免了用“心死 = 人死”的标准误判假死状态的患者为死亡的现象，如服毒、溺水或冻死等，往往因此放弃或延误抢救时机。使用脑死亡标准更能准确反映生命的完全终结，比传统的死亡标准更具有科学性，也有利于及时抢救假死状态的患者。

2. 有利于节约卫生资源 随着科学技术的发展，使进入脑死亡状态的人维持其呼吸心跳已是不难做到的事情。但利用现代生命支持技术维持大脑不可逆转的、无意识的植物状态生命，是无价值的或者是负价值的，并且花费巨大。在卫生资源有限的情况下，浪费大量的人力、物力、财力去维持这种植物状态的生命，是对有限卫生资源不合理、不公正分配的现象。执行脑死亡标准可以节约卫生资源，有助于卫生资源合理有效的利用，减轻家庭和社会负担。

3. 有利于器官移植的开展 器官移植需要从死者身上摘取活的器官，摘取越早，新鲜度越高，移植后成功率越高。但供移植用的器官来源大大地限制了移植技术在临床上的广泛应用，不少患者在等待移植器官的过程中丧生。依照脑死亡标准对供体做出死亡诊断，可以及时摘取有用器官或组织，应用于器官移植，从而提高器官移植率。这既对器官受体有益，又对器官供体（死者）有益，符合功利论的要求。

4. 有利于社会精神文明建设 现行法律以心肺功能停止作为死亡判断标准，造成一些案件处理中出现合法但不科学的情况。脑死亡标准的确立为此提供了科学依据，有助于防止和处理此类医疗纠纷，正确实施法律。同时，脑死亡标准的确立有利于转变守旧的伦理观念，树立科学、务实的死亡观念，有利于社会主义精神文明建设。

二、安乐死及其伦理争论

（一）安乐死的含义

“安乐死”一词来源于古希腊文“Euthanasia”，其原意有二：一是指无痛苦的死亡，二是指无痛致死术。现代医学伦理学认为，安乐死是指对患有不治之症、濒临死亡的患者，由于其精神和躯体的极端痛苦，在患者和其家属的强烈要求下，经过一系列的法律、道德和科学程序，由医生鉴定及有关部门认可而采用医学的方法，使患者在无痛苦的状态下度过死亡阶段的全过程。安乐死的目的是避免死亡的痛苦折磨，代之以相对舒适和幸福的感受。安乐死的对象仅仅是濒临死亡的患者。

从上面的定义中我们可以看出，为患者实施安乐死必须具备以下条件：①接受安乐死的患者所患疾病是当时医学上公认的绝症，并且患者已经处于临终状态；②患者正在遭受无法忍受的躯体和精神上的痛苦，患者请求通过安乐死来解除痛苦，其家属也表示同意；③患者或其家属的安乐死要求必须得到医生、法学家、伦理学家和社会学家的认可，安乐死的申请、受理、审批和执行必须接受法律的全程监控；④实行安乐死的目的是出于对患者的同情和帮助，出于对患者自主权和尊严的尊重；⑤安乐死要由专职的安乐师来依法实施，实施安乐死所采取的手段或方法应尽可能无痛苦。

（二）安乐死的发展现状

现代的安乐死开始于17世纪的西方国家，这个时期人们所讲的安乐死是指医生采取措施让患者死亡，甚至加速患者的死亡。从19世纪开始，安乐死作为一种减轻死者痛苦的特殊医护措施在临床实践中应用。进入20世纪30年代，欧美各国都大力地提倡安乐死，精神分析大师弗洛伊德就是以自愿安乐死的方式结束了自己的生命。随后安乐死得到了越来越多人的拥护，他们成立了各种安乐死组织并发起了各种关于安乐死运动。20 世纪 20 年代，英国率先开展安乐死大讨论，1935 年英国又率先成立了自愿安乐死协会，并于 1936 年向其上院提出了关于安乐死的法案。1937 年瑞典出台了可以帮助自愿安乐死者的法律规定，1938 年美国成立了无痛苦致死协会，1944 年澳大利亚和南非也成立了类似的组织。在安乐死蓬勃发展的同时，它却被纳粹德国当作杀人的工具，残杀了 20 多万无辜者。从此安乐死声名狼藉，随后的几十年关于安乐死的讨论销声匿迹。

20 世纪 70 年代，安乐死的运动重新兴起。1967 年美国成立了安乐死教育协会，1969 年英国国会再度对自愿安乐死法案进行讨论，1972 年美国《生活》杂志就临终患者是否有权拒绝延长生命进行民意测验，1973 年荷兰成立自愿安乐死团体，1976 年日本、德国也成立了安乐死团体。20 世纪 70 年代以来，关于安乐死的立法问题也受到了各国的重视。1976 年美国加利福尼亚州颁布了人类历史上第一个有关安乐死的法案——《自然死亡法》。1987 年荷兰就安乐死问题通过了有严格限制的法律条文，允许医生为身患绝症且主动提出要求的患者实行安乐死。2001 年 3 月荷兰上院通过了《安乐死法案》，成为世界上第一个使安乐死完全合法化的国家。随后，一些国家也出台了相关的法律，使安乐死合法化。

我国的安乐死发展较晚，20 世纪中叶才从其他国家传入我国，由于我国传统文化认为生死是命中注定的，谁也没有权利去干涉别人的生死，因此，安乐死传入我国以后一直没受到大家的关注。直到 1986 年我国首例安乐死案件汉中案件的发生，才引发人们对安乐死的关注。1988 年我国在上海举行了首次“安乐死学术讨论会”，讨论安乐死在我国实行的可能性和可行性。1992 年 33 名人大代表联名提案要求对安乐死立法，随后又有代表多次提案对安乐死立法，但得到的答复都是时机不成熟。近年来，随着社会的进步，人们的观念也在发生着改变，从单纯延长生命发展到重视生命质量，越来越多的人希望安乐死在我国合法化。

知识链接

在 2015 年“两会”期间，住疆全国政协委员胡志斌表示：“早在 20 世纪 70 年代，国外已有‘脑死亡’和‘安乐死’的立法。目前我国尚没有关于‘脑死亡’和‘安乐死’的国家立法，为加速国家法制体系建设，适应经济发展、社会进步的需要，建议加快设立‘脑死亡’和‘安乐死’的法律法规。”他提议：“通过立法明确‘脑死亡’和‘安乐死’，是建立国家法律体系的重要组成部分，将把死亡学提高到一个新的水平，把死亡权和生存权提高到同等地位，大大促进生命科学的发展进步，也是社会文明进步的标志之一。”他的这份提案引起了广泛关注。

——摘自“天山网”

（三）安乐死的类别

根据不同的划分方法，可将安乐死划分为不同的类型。

1. 积极和消极的安乐死 根据实施中的控制方式不同分。

（1）积极安乐死 又称主动安乐死，即对已无法借现代医学知识或技术，挽救其生命的患者，医师为缓和其痛苦，主动以直接或间接的方法，提早结束其生命。直接的方法是直接注射药物让患者的心跳停止，或给予过量的镇静剂让患者死亡。间接的方法是停止供给饮食等。此种行为在法律上被认为是有意的、有计划的蓄意谋杀。护理人员绝对不能参与这样的行为，即使是在医师的指示下进行，也同样会构成谋杀罪。

（2）消极安乐死　又称被动安乐死，即医师对无法借助现代医学知识或技术救治的濒死患者或为缓和濒死患者痛苦，停止治疗，让患者自然死亡。消极的安乐死只是让死亡过程自然进行而已，是让一个人自然死去，这与杀死一个濒死患者是不同的。临床上将不能恢复正常的昏迷患者的呼吸器撤除，或最初就不使用呼吸器急救，就是一种任其死亡的消极安乐死。

2. 自愿和非自愿的安乐死　根据患者是否有表达意愿分。

（1）自愿安乐死　患者本人要求安乐死，或者有过这种愿望，或对安乐死表示过自愿。当执行自愿安乐死时，执行者只是遵从自愿死亡者所表达的意愿而已。

（2）非自愿安乐死　对那些无行为能力的患者，如婴儿、脑死亡者、植物人等，本人没有安乐死的意愿，而由家属或其他有关人员提出建议实施安乐死。当执行非自愿的安乐死时，执行者等于替患者做决定，认为该患者在目前的情况活下去，不如死去。

3. 各种不同的安乐死在道德上被接受的情形　以上的安乐死类别，由于个人价值不同，产生了极大的道德差异。将其区分为下列四大类，并比较其在道德上被接受的程度：①非自愿的积极安乐死；②非自愿的消极安乐死；③自愿的积极安乐死；④自愿的消极安乐死。以上的排列方式可使我们依其道德的严重性程度来加以区分。通常非自愿的安乐死比自愿的安乐死严重，在道德上较难以正当化。积极的安乐死也比消极的安乐死难以正当化。如果依照上面四种形式加以比较其在道德上被接受的情形，我们可以说第一种最难以被正当化，也最难被接受。而第四种则最容易正当化，也最容易被接受。第二种若与第三种比较，则第二种应比第三种难以正当化，也比较不容易被接受。

（四）安乐死的伦理争论

由于安乐死在医学上表现为一种逆向的操作，即是医务人员或消极或积极地加速而非延缓患者的死亡，以求实现社会利益最大化的“人为”死亡方式，故这种死亡方式一直是社会各界争论的热门话题。

1. 支持安乐死的观点

（1）符合患者的利益　安乐死的对象仅限于濒临死亡且痛苦不堪的患者，其死亡已不可避免，其生命质量和价值已经失去，实施安乐死可解除其肉体和精神痛苦，符合人道主义原则。

（2）避免资源的浪费　安乐死不仅可以减轻患者亲属的精神和经济负担，把其从无意义的经济和身心消耗中解脱出来，还可以合理分配社会资源，将有限的卫生资源用于可救治的患者和卫生保健上，充分发挥资源的效率和效益。

（3）给予患者的权利　人有生的权利，也应当有选择死亡方式的权利。安乐死反映了人类追求无痛苦的、尊严死亡的愿望，是人道主义的进一步延伸，是社会进步和人类文明的标志。

2. 反对安乐死的观点

（1）违背职业道德和法律　只有政法部门有权对违反刑法条文定罪量刑构成死刑罪的人剥夺其生命，其他任何部门或个人均无此权。而安乐死在我国未立法，在任何情况下，医者只能延长患者的生命，而不能促进其死亡。由医务人员和患者家属来执行安乐死也是非法的，无异于杀人，容易被他人为某种不正当目的和企图所利用，成为变相杀人的手段。

（2）妨碍医学科研的发展　随着医学进步，许多“不可逆转”“不可救治”的疾病都进入了“可逆转”“可救治”的范围。如果实施安乐死，在一定程度上将导致医务人员放弃探索根治“不治之症”的责任，使患者错过转危为安的机会，将妨碍医学科研的发展。同时，“不可逆转”的诊断不一定准确，一旦误诊，就可能使本该生存的患者误死于安乐死。

案　例

患者李某，男性，40 岁，因患肝癌转移在家接受一般性治疗。由于患者疼痛难忍，多次恳求妻子王某帮他结束生命。夫妇俩平日感情深厚，王某不忍丈夫在生命的晚期再经受这些痛苦，于是王某含泪给丈夫服了农药，丈夫不久死亡。事后李某的弟弟向法院起诉王某，结果王某被判处有期徒刑 3 年。试对王某的行为进行伦理分析。

3. 区别对待安乐死的观点

（1）对于极度痛苦且无法救治的患者，只要患者有要求、家属同意，而且手续完备，就可实施安乐死。

（2）有些患者虽无救治希望且极度痛苦，但患者清醒而又没有安乐死的愿望，则不能放弃治疗，即使家属或有关人员要求安乐死亦不能实行。对于昏迷的临终患者，患者昏迷前无明确意向表示实施安乐死也要持慎重态度。

（3）对自愿安乐死也要采取慎重的态度，除非在不治之症的疾病诊治上有充分的证据，且结束生命确实对患者有利，否则不能实施安乐死。

知识链接

名人名言

“死亡，天地之常理，畏者不可以苟免，贪者不可以苟得也。” ——欧阳修

“不知死，焉知生。” ——孔子

三、死亡教育伦理

（一）死亡教育的含义

对死亡现象、状态和方法的客观分析，使人们科学地、正确地认识死亡，以便树立起正确的死亡观。实际上，死亡教育就是帮助人们在面对（他人的和自己的）死亡时寻求良好的心理支持，其实质是帮助人们认清生命的本质，让人们接受生命的自然规律。死亡教育的目的并非劝导人们死亡，而是帮助人们活得更好。

知识链接

另辟蹊径的死亡教育

有人说教育孩子应该尽可能地展示一个真善美的世界，然而，德国的家长与老师们却另辟蹊径，让孩子们直面人生和社会的阴暗面。据报道，德国柏林的一所小学竟邀请殡仪馆的工作人员来课堂上讲述人死时会发生的事情。讲完后，孩子们轮流扮演角色，模拟诸如父母因车祸身亡时如何应对。该校老师称，通过这样的课程孩子们体验了突然成为孤儿的感觉，这有助于他们体验遭遇不幸时的复杂心情，以及怎样控制情绪。像这样的挫折模拟情景和角色扮演在德国的学校中十分常见。

——摘自“新浪教育”

（二）死亡教育的伦理意义

1. 有利于人们树立正确的人生观、价值观、死亡观　死亡教育虽名为谈死亡，实乃谈生。由死反思生，唤起人们去直面死神，对人生的价值及意义做深刻的体验；促使人们充分认识“置之死地而后生”的境地，因而去珍惜活着的每一天。临终患者不堪忍受病痛折磨，在他们以死亡解除痛苦的要求得不到医生及家属同意的情况下，部分患者采用服毒、自溢、坠楼、割脉等手段结束生命，令人惨不忍睹。死亡教育使人树立科学文明死亡观念，可以预防不合理性自杀。建立自身的责任感和义务感，以正确对待荣辱得失，珍惜生命，从而避免自杀行为所致的不良后果和影响。

2. 有利于良好社会风气的形成　死亡文明有三个基本要求：①文明终——临终抢救要科学和适度；②文明死——要从容、尊严地优死；③文明葬——丧葬的文明化改革。文明死是死亡文明中的中心环节部分，尚存在着盲目和愚昧，复杂的殡葬礼仪，加上根深蒂固封建迷信观念和相互攀比、唯心从众、心理补偿、借机敛财等消极的心理动机，造就了丧事奢办这一消极社会现象，不利于社会主义的精神文明建设。大力开展死亡教育，用科学知识消除人们心中的疑惑，可以破除封建迷信、移风易俗，文明办丧事，勤俭办丧事。同时通过厚养薄葬的宣传教育，可以教育后辈从精神、物质上赡养好老人，使其居安食美、颐养天年，又可以使老人死后丧事从简，有益于死者的安宁，减轻生者的负担，资源的合理利用，以及良好社会风气的形成，促进社会崇尚科学、文明死亡的新风尚。

3. 有利于临终患者克服恐惧心理，坦然面对死亡　当患者经医生诊断生命进入倒计时，通过死亡教育，使患者可以真实表达内心感受，得到家属的支持，认识到自己的价值意义，保持平衡的状态及健全的人格 。能直言不讳地谈论有关死亡的问题，一方面有利于患者积极配合治疗，另一方面为自己的后事做妥善安排。自始至终保持患者的尊严，从而提高生命最后阶段的质量。

4. 有利于安慰死者亲属　有的临终者自己本身能够坦然面对死亡的事实，而死者亲属却难以接受死亡的事实，悲痛欲绝，且时间持续很长。良好的死亡教育使临终患者能真实表达内心感受，认识到自己的价值意义，使家属得到安慰，保持平衡的状态及健全的人格。死亡后亲友的心理得以平衡，给予家属以慰藉、关怀，疏导悲痛过程，减轻由于死亡引起的一系列问题。

知识链接

名人名言

“选择医学可能是偶然，但你一旦选择了，就必须用一生的忠诚和热情去对待它。”

——钟南山

四、尸体护理伦理

尸体护理是护理人员做好患者生前良好护理工作的继续，是患者死后对死者尸体所进行的最后一项护理。护理人员对死者进行良好的尸体料理，不仅体现了医务人员对死者的负责与尊敬，也是对亲属的极大安慰。

知识链接

尊重生命

台湾慈济大学将自愿捐赠的遗体尊称为“大体老师”，目的是告诉学生，这些“大体老师”不是可以随意“宰割”的冷冰冰的尸体，而是有血有肉的“先生”，学生应该像尊重其他老师一样尊敬他们。值得注意的是，学校花费巨资采用了国际上最先进的遗体处理方式，令死者保持原有容貌，就是为了让学生觉得这些“大体老师”只是处于麻醉状态而已，操刀时，需手下留情。当一名自愿捐赠遗体的捐赠者去世后，学校会将捐赠者个人的生平事迹和生活照片张贴于解剖台及解剖室外的走廊上，让学生们缅怀和瞻仰。既要关注医学知识的传授，更要注重人文精神的培育，尊重生命，让医学生拥有健全人格，才是医学教育的根本。

——摘自《健康报》

（一）严肃认真，一丝不苟

在尸体护理中，护理人员应始终保持对死者尊重的态度，严肃认真地按操作规程进行护理。如要填好尸体识别卡；使尸体仰卧，防止面部淤血变色等；拔掉输氧管、导尿管和输液管；脱去衣服清洁尸体，并为死者穿好衣服。在做完尸体护理后，不随意摆弄或暴露死者。整个操作过程动作应敏捷果断，不拖延时间，以防尸体僵硬造成护理上的困难。

（二）隐蔽护理，避免影响

在尸体护理中，护理人员除对死者负责外，还应对他人、对社会负道德责任。为避免惊扰其他患者和减少对整个病房的恶性刺激，若条件许可，患者临终前应移置抢救间或单间病房，以便死后进行尸体护理。如果病房紧张，最好设置屏风遮挡其他患者的视线，以减轻同病室患者的紧张情绪，遇到传染病患者死亡，其尸体护理必须按照消毒隔离常规进行，病室及死者用物应给予彻底的终末消毒，以防止传染病的传播。

（三）妥善处理，做好交接

护理人员应认真、稳妥地处理好死者的遗嘱、遗物，死者的遗嘱应转交家属或单位领导，遗嘱的内容要慎言，为患者保密是我们的责任，包括死后。死者的遗物认真进行清点后再交给家属，若家属不在，应由2名护士进行清点、登记后交专人保管，然后通知家属认领。

（四）理解亲友，适当移情

“生离死别”这是人生中的一大不幸，也是人们最难以承受的极大精神痛苦。面对死者家属悲痛欲绝的哭声，我们应理解他们此时此刻的心情，并给他们适当的机会，让他们发泄心中的悲痛。适时地、耐心地、真诚地进行劝慰，让他们尽早从悲痛中解脱出来。切记，此时护理人员的语言千万不能过激，否则就可能给医院带来不必要的麻烦，乃至纠纷。

本章小结

重症患者由于病情严重，随时可能发生命危险，护理人员要从思想上、物质上、组织上做好充分准备，常备不懈，这对护理工作提出了更高的伦理要求。临终患者在面临生命倒计时，心理会经历5个心理反应期：否认期、愤怒期、协议期、抑郁期、接受期。护理临终患者时要注意：满足临终患者生理、心理需要；保护临终患者的权利；关心临终患者家属。死亡是每个人必须面对的，现代医学把脑死亡作为死亡标准。作为护理人员要做好对死者的尸体护理和丧亲者的心理安慰。随着社会的发展，安乐死也成为我们伦理学讨论的热门话题。有人支持安乐死，有人反对安乐死，各有各的理由，我们要从实际出发，区别对待安乐死。

【实践活动】

观看视频

活动内容：组织观看视频《护士为临终患者唱最爱的歌》。

活动目标：进一步深入了解临终患者的心理状态，进入临床后能更好地为临终患者提高护理服务，使临终患者在充满人性温情的气氛中安详、舒适和有尊严地离开人间。

活动方法：①讨论并解决相关问题：对案例中的临终患者心理反应属于哪一期？②临终患者住院期间，作为医护人员我们能为其做些什么？

辩论赛

活动内容：组织一次以“安乐死在中国是否应该合法化”为主题的小型辩论赛 。

活动目标：加深对安乐死的理解，客观面对安乐死，培养学生以发展的眼光看待事物。

活动方法：将学生分成两大组，正方论点：安乐死在中国应该合法化；反方论点：安乐死在中国不应该合法化。阅读教材及参考书。分组讨论，推选四名辩手，其他学生为自由辩手。由正、反方辩手进行辩论。同学代表与教师进行评价。

目标检测

一、选择题

1. 符合临终关怀伦理的做法是（　　）

A. 想方设法延长患者的生命，以使其获得更长的寿命

B. 研制更加安全可靠的药物，帮助患者安详辞世

C. 由于临终患者生命质量通常都比较低，没有幸福可言，应及早放弃治疗

D. 努力减轻临终患者的身体疼痛和心理不适，提高其生命质量

E. 让患者了解死亡是每个人不可避免的

2. 在不同安乐死实施方式中，最容易产生争议的是（　　）

A. 被动自愿安乐死的实施　　B. 主动自愿安乐死的实施

C. 被动非自愿安乐死的实施　　D. 主动非自愿安乐死的实施

E. 任何一种安乐死的实施

3. 关于临终患者经历的心理过程，不包括的是（　　）

A. 否认期　　B. 协议期　　C. 愤怒期

D. 抑郁期　　E. 绝望期

4. 现代的临终关怀运动的创始人是（　　）

A. 南丁格尔　　B. 辛普森　　C. 桑德斯

D. 格瑞特　　E. 班纳德

5. 以下不属于死亡教育伦理意义的是（　　）

A. 有利于人们树立正确的人生观　　B. 有利于人们树立正确的价值观

C. 有利于临终患者克服恐惧　　D. 有利于患者的康复

E. 有利于良好社会风气的形成

二、思考题

1. 临终关怀的伦理意义是什么？

2. 安乐死的伦理争论主要有哪几种观点？理论依据是什么？

3. 脑死亡的概念及诊断标准是什么？

4. 简述脑死亡的伦理意义。

5. 简述临终患者的 5 个心理反应期。

三、案例分析题

患者史某，女性，65 岁，农民。经北京几个大医院确诊为肝癌晚期。于是，患者家属带着患者返回当地住上了卫生院，给予支持疗法，但患者逐渐昏迷。一天，卫生院主治医生查房，认为是不治之症，并告诉陪住的患者老伴：“患者根本无康复希望，继续治疗是一种浪费。”随后让护士拔掉静脉点滴针头，不久患者死亡。为此，患者的儿女联名上告法院，理由是医生擅自让护士拔掉静脉点滴针头是见死不救。

分析：家属上告法院的理由是否成立，医护人员是否负有责任？

（颜小芬）

扫码“练一练”

第八章

公共卫生服务护理伦理

学习目标

知识要点

1. 掌握突发公共卫生事件应急护理、社区卫生服务护理、家庭病床护理的伦理要求。
2. 熟悉健康教育的特点及其护理伦理规范。
3. 了解突发公共卫生事件应急护理、社区卫生服务护理、康复护理的特点。

技能要点

1. 能运用所学知识分析社区卫生护理和康复护理伦理问题。
2. 培养在护理过程中关爱患者的职业情感。

随着医学模式的转变及现代护理事业的发展，护理人员与社会的联系越来越紧密，护理工作正在走出医院，走向社会。同时，随着护理的重新定义及护理职责范围的扩大，护理人员必须向个人、家庭、社会提供全方位的健康服务。因此，在突发公共卫生事件应急、社区卫生服务、健康教育、家庭病床、康复护理等方面提出了更高的伦理要求。

第一节　突发公共卫生事件应急护理伦理

扫码“学一学”

案例

某医院在4月1日接收了3名因腹泻入院治疗的某学院学生。第二天又有13名学生因同样的症状住院治疗，至4月3日共收治学生38名。考虑到他们同为某学院学生，而且发病时间相同，该医院怀疑为集体食物中毒事件，及时上报该市疾控中心，同时医院迅速启动了突发事件应急处理事件预案并积极开展医疗救治工作。通过病房及护理人员准备、建立有效的消毒隔离措施、及时上报疫情等应急处理措施，使疫情得到了有效控制。请你谈谈在此突发公共卫生事件的应急处理过程中，体现了医护人员哪些优秀的职业道德规范？

近些年来，突发公共卫生事件时有发生，严重威胁着人们的身心健康并且影响社会稳定。尤其在2003年“非典”肆虐中国之后，公共卫生事件受到了前所未有的关注。为了有效预防、及时控制和消除突发公共卫生事件的危害，保障公众身体健康、维护社会秩序，

2003 年 5 月 12 日国务院颁布了《突发公共卫生事件应急条例》。该条例的颁布，标志着我国的突发公共卫生应急处理工作全面纳入法制化轨道。

一、突发公共卫生事件的含义与应急护理特点

（一）突发公共卫生事件的含义

突发公共卫生事件是指突然发生，造成或可能造成社会公众健康严重损害的重大传染病疫情、群体性不明原因疾病、重大食物和职业中毒以及其他严重影响公众健康的事件。

在突发公共卫生事件中，对受害人员进行一系列医疗救护、现场处置措施是应急处理工作的重点。按照完善的应急处理工作程序规范应急处理，迅速、有效地处理突发公共卫生事件，同时采取有效控制措施，对现场进行应急控制和消除致病、中毒、污染等危险因素，最大限度地减少危害、消除危险，对保护公众健康和安全都起着重要的作用。

知识链接

突发公共事件的分类

2006 年 1 月，国务院颁布的《国家突发公共事件总体应急预案》规定，根据突发公共事件的发生过程、性质和机制，突发公共事件主要分为以下四类。

自然灾害——主要包括水旱灾害、气象灾害、地震灾害、地质灾害、海洋灾害、生物灾害和森林草原火灾等。

事故灾难——主要包括工矿商贸等企业的各类安全事故、交通运输事故、公共设施和设备事故、环境污染和生态破坏事件等。

公共卫生事件——主要包括传染病疫情、群体性不明原因疾病、食品安全和职业危害、动物疫情以及其他严重影响公众健康和生命安全的事件。

社会安全事件——主要包括恐怖袭击事件、经济安全事件、涉外突发事件等。

（二）突发公共卫生事件应急护理特点

1. 社会性广 突发公共卫生事件影响面广，往往造成人们心理恐慌，给日常生活、工作秩序和社会稳定带来深远的负面影响。如 SARS 危机、埃博拉出血热疫情、水污染事件等都严重威胁民众的生命健康，而且波及政治、经济、外交等多个领域。

2. 群体性宽 突发公共卫生事件呈群体性，受影响的人数往往比较多，波及面广。如水污染事件、地震泥石流等突发事件中，受波及的人数可能从一个城市蔓延到一个省甚至到全国。

3. 风险性大 无论是中毒、疫情，还是群体性不明原因疾病，在现场进行处置都是一件危险性极高的工作。全球性恶性传染病不仅给原发区，也给全球带来了巨大灾难。例如西非国家的埃博拉疫情，已经从区域性的恶性传染病演变成全球各国共同对抗的灾难。

4. 时间性紧 突发公共卫生事件的护理工作有突击性的特点。通常事件发生急骤，人们常常毫无防备；事件发生时常常是猝不及防的，患者发病时间集中，数量大，病情、疫情普遍严重，这就要求有关部门、医疗卫生机构及时快速做出决策以便指导救护。

5. 协作性强 某一国发生的危机事件很可能对全球经济、政治、文化等方面造成连带性影响与冲击。有效应对危机事件需要国家之间的合作和国际组织的参与。突发公共卫生事件应急护理要求护理人员既要从宏观上把握护理过程的各个环节，又要一专多能地从微观上处理好每个患者。护理工作必须保持良好的连贯性与协作性，如果在护理的各环节的衔接上出现差错和失误，会给患者的病情转归和生命安全带来不利影响。

6. 责任性重 突发事件护理瞬息万变，对护理人员的要求极高。护理工作任务艰巨、责任重大。护理人员不仅要协助医生做好危重病员的抢救，还要做好伤、病、疫情的观察，配合各种手术，更要做好基础护理和专科护理。

二、突发公共卫生事件中护理人员的责任

（一）伦理责任

卫生行政部门和医疗卫生机构等公共卫生组织及医务人员，均应承担起保护公众身体健康的职责，承担起治病救人的职业责任。

1. 服从统一指挥，相互配合协作 医疗卫生机构应当服从突发事件应急处理指挥部的统一指挥，相互配合、协作，集中力量开展相关的防控和治疗工作。

2. 遵守法律规定，开展医护救治 医疗卫生机构应当对因突发事件致病的人员提供医疗救护和现场救援，对就诊患者必须接诊治疗，并书写详细、完整的病历记录；对需要转送的患者，应当按照规定将患者及其病历记录的复印件转送至接诊的或指定的医疗机构。

3. 预防交叉感染，依法报告疫情 医疗卫生机构应当制定和完善应急预案，加强院内感染工作的管理。医疗卫生机构内应当采取卫生防护措施，防止交叉感染和污染。医疗卫生机构应当对传染病患者密切接触者采取医学观察措施，传染病患者密切接触者应当予以配合。医疗机构收治传染病患者、疑似传染病患者，应当依法报告所在地的疾病预防控制机构。接到报告的疾病预防控制机构应当立即对可能受到危害的人员进行调查，根据需要采取必要的控制措施。

4. 开展健康教育，提高宣教水平 在传染病暴发、流行时，护理人员在协助做好疫情信息的收集和报告、人员的分散隔离、公共卫生措施等工作的同时，应充分发挥护理人员的职业优势和特点，根据护理伦理规范和具体要求，向居民、村民宣传传染病防治的相关知识，提高公众对疫情的正确认知度，并教育群众采取科学的防治措施，发挥公共卫生的长效机制。

（二）法律责任

《突发公共卫生事件应急条例》第五十条规定：医疗卫生机构有下列行为之一的，由卫生行政主管部门责令改正、通报批评、给予警告；情节严重的，吊销《医疗机构执业许可证》；对主要负责人、负有责任的主管人员和其他直接责任人员依法给予降级或者撤职的纪律处分；造成传染病传播、流行或者对社会公众健康造成其他严重危害后果，构成犯罪的，依法追究刑事责任：①未依照本条例的规定履行报告职责，隐瞒、缓报或者谎报的；②未依照本条例的规定及时采取控制措施的；③未依照本条例的规定履行突发事件监测职责的；④拒绝接诊患者的；⑤拒不服从突发事件应急处理指挥部调度的。

知识链接

防灾减灾日

1989年，联合国经济及社会理事会将每年10月的第二个星期三确定为“国际减灾日”，旨在唤起国际社会对防灾减灾工作的重视，敦促各国政府把减轻自然灾害列入经济社会发展规划。2008年5月12日，我国四川汶川发生里氏8.0级特大地震，这场大地震给全国人民带来了巨大的心理压力和难以愈合的心灵创伤，堪称国家和民族史上的重大灾难。灾害发生后，全国人民在党中央、国务院的领导下众志成城、抗震救灾。经国务院批准，自2009年起，每年5月12日为全国“防灾减灾日”。“防灾减灾日”期间，各地、各部门将紧密结合当地防灾减灾实际情况，采取灵活多样的形式，向公众普及灾害常识、防灾减灾知识和避灾自救互救技能，全面增强全社会风险防范意识、知识水平和避险自救能力，最大限度地减轻自然灾害的损失。

三、突发公共卫生事件应急护理伦理规范

（一）奉献精神

突发公共卫生事件发生后，护理人员即使在自身安全受到威胁、个人身体遭受磨难的情况下，也不能忘记自己肩负的救死扶伤的神圣使命，要始终把病员和广大人民群众的生命安危和伤痛放在首位。只要伤情、疫情出现，就必须将生死置之度外，奋不顾身地紧急救护，在疫情暴发时，也不能有丝毫的退缩不前。在任何情况下，都要敢于担风险，敢于负责任，有敢于自我牺牲的奉献精神。

（二）科学精神

应对突发公共卫生事件要充分发挥科技的力量，不遗余力地加强对检测手段、防治药物、防护设备以及疫苗、病原体的研究；同时要坚持实事求是，以科学的态度对待疫情、确定病源、采取预防措施，制定各种突发公共卫生事件的应急预案，建立健全预警机制，加强疾控和卫生监督检测机构的建设，提高检测和科学预测的能力。护理人员要在广大群众中进行防治疾病知识的宣传，使群众能以科学的态度对待疾病，以科学的方法提高自我保护能力。

（三）协作精神

突发公共卫生事件的应对需要各个部门的相互配合、协调。应对策略的制定不仅是疾控部门的职责，还需要其他相关部门一起参与和完成。各级护理人员要有高度的责任心和科学态度，整个救治和护理过程的每个环节，都不能有任何的松懈、怠慢和不负责任的现象发生。

（四）民族精神

越是困难的时候，越是要大力弘扬民族精神，增强中华民族的凝聚力。处理突发公共卫生事件要大力弘扬万众一心、众志成城、团结互助、同舟共济、迎难而上、敢于胜利的民族精神。在抗击非典的斗争中，各级党政领导高度重视；广大医务工作者站在抗击非典的最前线，救死扶伤，无私奉献；社会各界以各种方式支援抗击非典的斗争；全国各地相

互支持，协同作战，一方有难，八方支援。这些都是民族精神的充分体现。

（五）人文精神

突发公共卫生事件护理本身就是一项崇高的人道主义事业和实践活动。护理人员必须将人道主义的思想和要求作为自己从事本职工作的起码道德准则。突发公共卫生事件的处理强调救死扶伤和珍惜人的生命价值，丰富和发展了中华民族“以人为本”“为人民服务”的思想，“人民是主人”的观念得到真正的贯彻，人文精神得到进一步发扬。

（六）敬业精神

护理人员在突发公共卫生事件的应急处理过程中，承担着大量艰苦、细致、危险的基础性工作。敬业精神是一种对工作高度负责、任劳任怨、充满爱心、愿意为所从事职业无私奉献的精神。在抢救现场，每个护理人员要勇于克服困难、充分发挥自己的专业技能和聪明才智，最大限度地挽救和护理患者。任何背离医护人员的崇高职责、贪生怕死，害怕自己受感染，遗弃伤员或人为延误救治行为都是不道德的。

第二节 社区卫生服务护理伦理

扫码“学一学”

案例

患者刘某到社区医院就诊，张医生诊断为萎缩性鼻炎，俗称”臭鼻症”，助手李护士捂着鼻子连说“真臭”。患者很难堪，第二天戴着口罩到某大医院就诊，接诊的刘医生很难明白病史，于是请患者摘下口罩，而患者没有摘。刘医生说：“戴着口罩我听不清你说什么！”这时患者说：“我也不想戴口罩，摘了会熏着你们的。”刘医生宽慰患者：“这是疾病闹的，我能理解。”患者摘下了口罩，经过医生诊查，开了处方。刘医生将处方交给患者后说：“你患了萎缩性鼻炎，一定要坚持治疗。”患者连声道谢。

社区卫生服务承担着直接为广大人民群众提供最基本健康保障的重任，是我国医药卫生事业改革的重点领域。社区护士面对社区内的每一个人、每一个家庭、每一个团体的开展健康卫生服务工作，对其护理伦理的要求具有综合性、复杂性，又具有社区护理的特殊性，只有全面掌握并应用社区护理伦理知识技能，才能更好地提高护理水平，为人民群众提供更为优质的卫生服务。

一、社区卫生服务的含义与特点

（一）社区卫生服务的含义

社区卫生服务是指在政府领导、社区参与、上级卫生机构指导下，以基层卫生机构为主体，全科医生为骨干，合理使用社区资源和技术，以人的健康为中心、家庭为单位、社区为范围，需求为导向，以妇女、儿童、老年人、慢性病患者、残疾人等为重点，以解决社区主要卫生问题、满足基本卫生服务需求为目的，融预防、医疗、保健、康复、健康教育、计划生育技术服务等为一体的，有效、经济、方便、综合、连续的基层卫生服务。

（二）社区卫生服务的对象与内容

1. 社区卫生服务的对象 社区卫生的服务对象是社区全体居民，包括以下几类人群。

（1）健康人群　社区卫生服务的主要对象之一。

（2）亚健康人群　没有任何疾病或明显的疾病，但呈现出机体活力、反应能力及适应能力下降的人群。据有关调查表明：亚健康人群约占总人口的60%，故亚健康人群应成为社区卫生服务的重点对象。

（3）高危人群　明显存在某些有害健康因素的人群，其疾病发生的概率明显高于其他人群。高危人群包括高危家庭的成员和存在明显危险因素的人群。

（4）重点保健人群　由于各种原因需要得到特殊保健的人群，如妇女、儿童、老年人等。

（5）患者群　主要由居家的各种疾病患者组成，包括常见病患者、慢性病患者等。

（6）残疾人群　主要包括居家的、因损伤和疾病导致的功能障碍者或先天发育不良者。

知识链接

国家大力发展社区服务的指导意见

2007年2月，国务院颁发了《国务院关于发展城市社区卫生服务的指导意见》。该意见指出：发展社区卫生服务，要坚持公益性质，完善社区服务功能；坚持政府主导，鼓励社会参与，多渠道发展；坚持以调整和充分利用现有卫生资源为主，建全社区卫生服务网络；坚持公共卫生和基本医疗服务、中西医并重，防治结合；坚持以地方为主，因地制宜，稳步推进。

2. 社区卫生服务的内容　社区卫生服务是城市医疗卫生服务体系的基础，也是公共卫生服务的重要组成部分。除了医疗外，社区卫生服务还有其他的职能，包括疾病预防、医疗、保健、康复、计划生育技术指导、健康教育等，即所谓的“六位一体”。

（三）社区卫生服务的护理特点

1. 群众性与社会性　卫生服务使医护人员的工作深入社会基层，直接面向社区群众。健康教育、卫生防疫、妇幼保健、康复治疗、家庭病床、紧急救助等多方面的工作，均与社区护士直接相关。这要求社区护士具备良好道德素质和职业道德风貌。

2. 自主性与独立性　社区护士工作范围广，有时需深入家庭，单独解决所遇到的健康问题。因此，与医院护士相比，社区护士需要具备较强的独立工作能力和高度的自主性。

3. 长期性与连续性　社区护理工作不会因个人、家庭或人群的健康问题得到解决而停止服务，而是在服务关系建立后对服务对象提供针对性与连续性的健康服务。患者从医院到社区或家庭的连续性护理是以护理人员进行的出院评估和出院计划为基础的。

4. 合作性与协调性　护理人员不仅要与不同领域的医疗保健人员密切合作，还要与社区的卫生行政部门、福利机构、教育部门、政府机关的相关人员合作；同时，也需要协调利用社区的组织力量，如家政培训班、老年协会等。

5. 综合性与实用性　社区护理要求护理人员成为“全科护士”。资料显示，全世界的患者中绝大多数属于社区卫生服务的对象。如慢性病无须住院者、骨折恢复期功能锻炼者、化疗给药者、做动态观察的心脑血管病患者等，都需要接受社区护理服务，不具备全科护士的素质就难以胜任上述工作。社区护理还必须是一专多能的综合性服务，这就要求护理人员既能对重点人员进行身心整体护理，又能在伤病现场进行初步急救；既能指导患者进行恢复期康复锻炼，又能开展健康教育和卫生科普知识宣传；既能开展社区卫生防疫，又能熟悉药品、器材的购买和使用。

二、社区卫生服务中护理人员的角色定位

（一）护理的服务者与初级卫生保健的提供者

护理服务者是社区护士的基本角色。社区护士利用基本护理技能、观察能力、沟通能力、健康教育能力和咨询能力，在考虑服务对象生理、心理、社会、文化、生活环境及背景的基础上，为社区不同人群提供其所需要的护理服务。

社区护理人员工作在一线卫生保健机构，且通过家庭访视等方式能够接触到较多的社区居民，深入了解健康情况，是实施预防保健工作的最佳人选。社区护理的首要任务是如何帮助人们远离有害因素、预防疾病，维持及提高人们的健康水平。

（二）健康生活方式的指导者与求医问药的咨询者

健康教育是社区护理人员的一个重要角色。教育与指导贯穿社区护理服务的始终。因此，社区护理人员以指导者的角色向社区居民提供各种教育、指导服务，包括患者教育、健康人群教育、患者家属的指导。医疗咨询服务是提高居民、特别是慢性病患者生活质量的主要内容。社区护理人员通过细心观察、耐心解释、注重细节、亲和易近的特点，拉近与社区居民和患者的距离，增强疾病恢复信心，融洽沟通。

（三）社区卫生事业的协调者与公共健康的管理者

社区护理人员要掌握较好的人际沟通和协调工作的能力，主动协调医患、护患及医护关系；协调好与社区内各类人群的关系。社区护理人员要对社区居民的健康档案实行动态管理，对人群的变化及漏项及时核实、补充、登记录入，确保每一个责任护士对所管辖居民的健康情况了如指掌。

（四）社区健康问题的观察者与卫生促进项目的研究者

社区护理人员需有敏锐的观察能力，以便及时发现社区健康问题，如儿童生长发育问题、社会环境危险因素等，能够及时发现疾病的早期症状、治疗效果、用药反应等。同时社区护理人员应与其他卫生服务人员合作或独立开展社区护理相关项目研究，了解社区健康问题、健康行为及致病因素等，并通过研究进一步丰富社区护理理论及专业知识领域，以推动社区护理学科的发展。

三、社区卫生服务护理伦理规范

社区卫生服务护理在整个社区卫生服务中起着十分重要的作用，护理人员应遵循社区卫生服务的护理伦理规范。

（一）热情服务，礼貌待人

社区保健服务由于涉及面宽，服务内容多，每天都要面向广大居民进行各种各样的卫生保健服务。社区居民由于文化、年龄、道德修养水平的差异，对社区保健的认识不同，接受保健工作的态度也不一样。从事社区保健的护理人员，在工作中应尊重护理对象，全

心全意为社区群众服务，要有较高的道德修养水平，对待任何人，都应一视同仁，服务态度热情，举止文明礼貌，宣传耐心细致。

（二）任劳任怨，无私奉献

由于社区护理以健康教育与健康促进工作为主，其工作效益带有明显的滞后性，与医院立竿见影的治疗效果不同，卫生保健工作不容易被理解和信任，有时甚至会受到阻力，导致从事社区保健的护理人员在工作中遭遇冷言冷语、不配合的情况。因此，要求护理人员应具备任劳任怨、真诚奉献的品质，在工作中认真踏实地做好每项工作，坚持“预防为主”的方针，不为名利、不图回报、坚守岗位、默默奉献。

（三）严于律己，强调慎独

社区卫生服务中，护理人员要以认真、谨慎的科学态度，恪守操作规程和各项规章制度。社区护理人员在承担卫生监测和单独外出执行保健任务时必须对工作认真负责，要有慎独精神，在无人监督之下仍能按政策和规范去做好每一件工作，真正做到对人民的健康事业负责。社区护理人员在履行职业义务时还要有职业防护意识和能力，采取适当措施，减少职业危害，以严谨的科学态度爱护自己的健康，这也是对患者生命的尊重，同时真正体现了社区护士内在价值和外在价值的统一。

（四）服务社会，勤学苦练

社区卫生护理要求护理人员面向社区全体成员，提供全方位、多层次的优质健康服务。由于护理人员面对的服务对象既包括健康人，又包括患者，且社区居民的健康要求各异，患者的病种病情有很大不同，要求护理人员必须掌握全科性的保健知识，既要有社区保健的相关专业知识，也要有社会科学知识和交叉学科知识；既要有社区保健基本理论，也要有基本技能，还要有科学的预测。护理人员要能胜任社区卫生护理工作，就必须勤学苦练，掌握过硬的本领。

四、部分疾病社区护理中的伦理应用

（一）乙型肝炎

1. 护理伦理问题 乙型肝炎属于传染病，具有病程长、容易反复的特点。部分患者可能预后不良，回到社区后在治疗和生活中的注意事项很多，患者很容易产生不良情绪，这对疾病恢复是十分不利的，同时也是护理工作中需要面对的伦理问题。

2. 伦理规范 社区护理人员在接触乙肝患者时，不能因其为传染病而表现出躲避、推脱等行为。要发挥专业特长，结合乙肝常识做好健康教育，协助纠正不良情绪。当发现患者由于疾病延迟不愈或家庭、经济等不利因素导致严重不良情绪时，针对性地给予患者正确的心理疏导，通过鼓励患者正确认识疾病，指导患者保持良好乐观的心情。同时对家属及周边人员进行乙型肝炎健康普及教育，通过对疾病的正确认识，患者家属能更好地鼓励患者积极面对疾病。

（二）糖尿病

1. 护理伦理问题 糖尿病是社区最常见疾病之一，其病程变化大，并发症多，与患者生活方式和社会环境密切相关，提高患者治疗的依从性，积极配合治疗是主要的护理伦理问题，社区护理人员应主动积极地对患者进行健康教育，同时需要护理人员对糖尿病的发病机制、并发症、饮食指导、用药指导等内容非常熟悉。

2. 伦理规范　由于疾病和治疗的长期性和复杂性，社区护理人员应提高对糖尿病患者长期健康指导的责任心，积极实施家庭生活预防保健策略。其中重点应该是介绍糖尿病的膳食计划和药物正确使用，耐心细致地介绍、演示血糖自测仪器的使用，胰岛素自我注射方法，低血糖反应的预防和自我救助等，这就要求护理人员要勤学苦练，拓展专业知识，这样才能胜任此项工作。

第三节　预防保健护理伦理

扫码“学一学”

预防保健医学是在临床医学、基础医学和社会医学基础上发展起来的，以群体为研究对象，旨在预防、控制及消灭疾病、促进健康、延长寿命及提高生命质量、保护劳动力和促进社会发展的一门综合性学科。其中，健康教育、家庭病床护理、康复护理是预防保健护理的重要内容，护理人员做好预防保健护理，必须遵循特殊的伦理规范。

一、健康教育及其伦理规范

（一）健康教育的含义

健康教育是通过有计划、有组织、有系统的社会和教育活动，促使人们自觉地采纳有益于健康的行为和生活方式，消除或减轻影响健康的危险因素，预防疾病，促进健康和提高生活质量。健康教育的核心是积极教育人们树立健康意识，养成良好的行为和生活方式，保护和促进人体和群体健康。

健康教育的目的不仅仅是提高群众的卫生知识，更重要的是要树立健康的信念，养成健康的行为，促进个人健康和社会文明。通过健康教育能够使人们做出更健康的选择并付诸行动，引发社会对健康及其相关活动的关注及兴趣。

（二）健康教育的伦理规范

1. 坚持人人健康、人人参与的原则，自觉履行促进人类健康的责任。护理人员要坚决贯彻预防为主的方针，树立“大卫生观”，把护理服务由医院扩大至人群、社会，由对患者的护理扩大到健康人的卫生保健服务，并采取切实可行的多种形式，开展有利于社会成员身心健康的活动，把增进人类健康作为自己的道德责任和目标。要正确认识健康是每个人的基本权利，要以所有人的健康为己任，自觉履行促进健康的道德义务。

2. 坚持科学的态度，完善知识结构，开展健康教育与教育指导。为了更好地开展健康教育，护理人员必须进行自我完善。首先，要树立新的健康观，即生理的健康、心理的健康、社会适应三方面的完满状态。其次，要完善自身知识结构，加强横向知识的学习与渗透，特别要加强人文、社会科学知识的学习，努力提高自身的素质与能力。还要以科学的观点，运用新理论和新知识解释客观现象，要坚决与一切不科学的宣传做斗争。

3. 坚持以人为本的理念，以积极、热情的态度开展健康教育。护理人员要树立以人为本的理念，平等地对待和尊重服务对象，工作中要一视同仁，使每个人的健康权利都能得到保障。同时，护理人员要积极热情投身健康教育事业，工作要耐心细致。

4. 坚持以基层和农村为重点，服务基层，服务农村。护理人员要向基层和农村群众普及卫生保健知识，积极参与农村、基层初级卫生保健工作，并把健康教育作为重要内容。健康教育工作者应该认识到，讲究卫生、获得健康是人民大众自身的事业。健康教育具有动员大众参与的职能，宣传和引导人民养成科学健康的生活方式、卫生习惯和自我保健意识。

总之，健康教育是护理工作的重要组成部分，护理人员应当及时了解服务对象的情况，选择适当的时间、内容、方法，使每个公民自觉养成健康的生活方式，使我国公民的整体健康水平提高。

（三）健康教育中的护理伦理应用

护士在健康教育中具有重要的作用，特别是在健康保健常识、合理生活方式、合理用药、避免药物滥用、预防中毒和意外伤害的教育方面。比如护士在开展合理生活方式时，重点是进行合理膳食，不吸烟、不酗酒，积极调试心态等方面的宣教，护士在遵循护理基本伦理的同时，要积极运用社会学、人际沟通、心理学知识技能和对应的伦理要求，例如宣教时要亲切自然，言语举止真诚，同时要设计一些合理的互动交流活动，如开展血压自测，介绍 BMI 尺的使用和发放平衡膳食、合理营养相关的健康知识小册子等，激发满足受教育者接受健康教育的主动性和积极性。同时，由于受过度医疗广告宣传的负面影响，护士在健康教育实践中存在被受教育对象误解、质疑的可能性，应随时保持积极开朗的良好状态，始终用微笑面对大家，用实实在在的教育实效影响服务对象。

二、家庭病床护理及其护理伦理规范

（一）家庭病床护理的含义与特点

1. 家庭病床护理的含义 家庭病床是医疗卫生单位为适合在家庭进行计划治疗和管理的患者而就地建立的病床。它把医、护、患、家庭联在一起，融保健、医疗、康复四位于一体。家庭病床主要的收治对象有：病情适合在家庭医疗的老年病、常见病、多发病患者；出院后恢复期仍需治疗、康复的患者；老弱病残到医院连续就诊有困难的患者；适合家庭病床治疗的部分妇产科、传染病、职业病、精神病患者；晚期肿瘤需要支持和减轻痛苦的患者。

2. 家庭病床的护理特点

（1）护理内容广泛 家庭病床与医院病床护理相比，会遇到更多的实际问题，轻重患者都有，需要对患者做全面的护理工作。包括辅助治疗，生活、心理护理，健康教育等，任务繁重。

（2）护患关系密切 家庭病床的建立，从原来的患者“登门求医”变为医护人员“送医上门”，为形成良好的护患关系奠定了形式基础。建立家庭病床，患者家庭成为治疗护理的场所，使患者及其家属对医务人员备感亲切，有利于发扬医务人员的主动性。护患关系融洽密切，也有利于患者康复。

（3）心理护理要求高 家庭病床的患者由于自身疾病的原因，容易情绪低落、悲观，易对康复失去信心，且认为增加家庭负担。往往心理障碍较多，对心理护理要求高。家庭病床能为护理人员和患者促膝谈心提供便利，护理人员能更深入地了解患者及家属的心理活动，患者的心理需求和心理问题也易于向护理人员倾诉，从而为做好心理护理提供了条件。医务人员可根据患者的需要，有的放矢地进行心理护理和心理教育，并且创造易于患者治疗、护理的舒适环境和富有亲情的气氛，克服影响患者治疗康复的心理障碍，帮助患者树立战胜疾病的信心。

（4）亲情化服务的特点　亲情化服务体现“以人为本，患者至上”的服务理念，现已贯穿于临床护理工作中。家庭病床护理在家庭中进行，更有利于开展亲情化服务，与患者建立亲情关系，在亲情的护理行为中，给患者一种依赖感和安全感。家庭护士要进行角色转换，强化角色意识，进行换位思考。设身处地地为患者着想，做患者的朋友、亲人，为其分担、解决痛苦。要视患者为亲人，尊重患者的权利和人格，做到热情、诚恳、真挚。

（二）家庭病床护理的伦理规范

1. 热情服务，一视同仁　护理人员要尊重患者的人格和享受医疗保健的权利，不应因患者的职业、社会地位、经济条件、风俗习惯、居住条件、民族、信仰、文化程度等差别而给予不同的服务，对于任何患者都要一视同仁，提供热情、周到的服务。

2. 不辞辛苦，定时服务　疾病的发生、发展、转归是一个连续的过程，疾病的诊断、治疗和护理也是一个连续不断的过程，任何一个环节都不能随意中断，而家庭病床的患者居住分散，远近不一，护理人员在上门服务时必须遵守诺言，不辞辛苦，按时定点，绝不能以天气、交通等理由延误治疗和护理，要切实维护患者利益。

3. 勤奋学习，精益求精　家庭病床护理内容的广泛性要求护理人员不仅应有专业知识，还应具备多学科知识，如心理学、社会学、预防医学等。护理人员应掌握不同年龄患者在各种疾病中的临床特点和护理措施，避免偏科，在护理工作中不断积累经验，探索和研究新课题，为了患者的利益，刻苦学习，不断学习。

4. 言语贴切，保守秘密　家庭病床的很多患者由于行动不便、长期忍受病痛折磨，增加家庭的经济负担等原因，容易产生消极心理。护理人员要关心、体贴患者；要随时关注患者的心理状态，发现问题及时开导，但要避免刺激性和消极暗示性语言。对所了解的患者家庭状况、经济状况、个人隐私等应保守秘密。

5. 自我约束，做到慎独　家庭病床独特的护理方式，使得护理人员单独处理问题的机会更多。在家庭病床护理中，自律慎独是一项重要的行为原则。护士应该树立高度的责任心，持之以恒，防微杜渐，重视护理工作中的每个细节，坚守自己内心的道德底线，坚定为患者服务的信念。所以护理人员更要加强道德修养，忠于职守，自觉遵守各项规章制度和操作规程，不以职谋私，达到慎独境界，为患者提供优质服务。

（三）家庭病床护理中的伦理应用

目前，居家养老日益普及，家庭病床在治疗慢性疾患等方面有着独特优势，特别是高血压、糖尿病等老年性疾病在家庭病床进行治疗护理有着明显效果。家庭病床的护理要求护士上门服务时态度要和蔼，语言要亲切。老年人的血管壁弹性差，皮下脂肪层较松，为更好地保护血管，要求护士应有过硬的技术本领，尽量做到一针见血，减少患者痛苦。认真执行家庭病床用药和护理规定，要求家庭护士必须自我约束，做到慎独，具有扎实全面的业务素质、良好的身心素质、丰富的临床经验及较高的职业道德素质。工作中切实按照伦理规范约束自己，为患者提供优质、安全的服务。

护理人员在工作中在开展家庭病床护理的同时，要将护理伦理与家庭伦理综合运用，在工作中发挥家庭成员对于患者的关爱，营造温馨的家庭环境，共同体现了“尊老爱幼”“家和万事兴”“百善孝为先”等传统美德和和谐社会主题，使家庭病床这一节省医疗资源的合理方式，不断完善实际效果，在社区卫生服务中得到更加全面的推广应用。

知识链接

康复医学的发展

康复医学是一门新兴的学科，这一概念出现于20世纪中期。现代康复医学是20世纪的产物，它的确立起源于二次世界大战，大量伤兵进行康复的实践和经验，促进了康复医学的兴起。20世纪60年代以来，随着交通事故和其他意外损伤的增多、老年人口比例上升、社会残疾人口相应增加，客观的需要推动了康复医学有较大的发展。同时，由于现代神经生理学、行为医学、生物医学工程学的进步，用于功能检查和康复的新仪器不断涌现，使康复医学的发展获得了新的动力。

三、康复护理及护理伦理规范

（一）康复护理的含义及其特点

1. 康复护理的含义 康复护理是指根据对伤残者总的医疗计划，围绕全面康复的目标，通过护理人员与康复医生及有关的专业人员密切配合，以帮助伤残者达到功能恢复或减轻伤残、防止继发伤残为目的的护理活动。康复护理是康复医学不可分割的重要组成部分，随着康复医学的发展而发展。

1968年WHO如此定义康复医学：经过医学的、社会的、教育的、职业的综合训练，尽最大可能使伤残者的功能恢复到最好的水平。世界第14届康复会议认为：康复是指运用医学的、社会的和职业的综合手段，帮助障碍者尽可能地发挥其功能。简而言之，康复就是通过医学充分利用每个人所有的能力，使其尽可能地走向社会、走向生活。

知识链接

护士心语

我梦想：我的微笑，是你伤痛中一缕温暖的阳光；

我愿意：我的汗水，是你康复中一滴渴求的甘露；

我愿望：我的关爱，是你重返社会的坚定信念。

2. 康复护理的特点

（1）广泛性 康复护理的最终目的是使伤病者和残疾者的功能和生活质量提高，重建患者身心平衡，最大限度地恢复其生活能力，使其重返社会和家庭。康复护理的实施就是要针对患者的整体康复，做全面的护理工作，护理工作内容广泛。

（2）主动性 在对患者实施康复护理的过程中，康复护士要通过教育和训练患者，使其充分发挥功能上的潜力和个人的主动性，学习新的技能和活动方式，逐步提高功能独立性，尽可能地做自己力所能及的各种活动，要指导、训练和教会他们自我照顾日常生活的技能，使其由被动接受他人照料过渡到自我照顾，提高生活质量。

（3）协调性　功能障碍患者的康复需要多种康复治疗，如运动功能康复、语言功能康复、矫形器的运用及各种康复操、体位训练等，要求康复护士除了应具有临床护士应具备的基本理论和技能外，还需要掌握康复护理的特殊技能，并学习相关疾病障碍的康复医学知识。康复护士既是护理者，还要协调多学科、多专业共同完成患者的康复治疗，需要多方面的沟通、协调，积极发挥桥梁、纽带作用。

（4）长期性　伤残者的康复是一个慢性、长期的过程，不能寄希望于住在医院完全达到康复。因此，除了短期的住院治疗外，出院后还需继续康复治疗，包括门诊治疗、社区治疗、家庭病床治疗或家庭康复指导等。所以，康复护理已成为一个连续的纵向服务过程，因此，康复护理具有长期性的特点。

（二）康复护理的伦理规范

康复护理人员是患者恢复功能的主要指导和训练者，护理工作好坏直接关系患者能否达到预期的康复目标。因此，护理人员应遵循以下的伦理规范。

1. 理解患者，做到同情尊重　伤残人致残的原因大致分为两类：一是先天性残疾，如先天性聋哑、智力发育不全等；二是后天因疾病、创伤、意外事故等原因所导致的伤残。伤残者，特别是后天致残者，由于遭受的是意外的、严重的挫折，他们不仅躯体痛苦，而且更容易出现焦虑、抑郁等情绪反应，甚至人格障碍或患上神经症，进而丧失生活的勇气和信心。因此，护理人员要充分理解患者，同情他们，尊重其人格、权利，切不可怠慢、冷落、鄙视、嘲笑甚至歧视，要以文明的语言、诚挚的态度，尽量满足其生理、心理需求，关怀体贴，精心护理，增强他们生活的信心和勇气，使之密切配合护理人员尽快达到最大限度的康复。

2. 帮助患者，做到体贴负责　伤残患者大多数不能完全自理，有的甚至连穿衣、洗脸、漱口、吃饭、大小便、读报刊、读信件等日常生活小事也都有困难。因此，护理人员要关心体贴他们，热情帮助他们解决实际问题。除做好日常生活护理，还要有针对性地做好心理护理、医疗护理和社会护理。在护理中，对心理失衡患者要及时帮助疏导调节；要根据伤残程序、部位、特点进行生活能力训练，训练中要仔细认真，耐心引导；要利用患者的特殊才能，鼓励他们为社会做贡献等，从而使伤残者感到温暖和慰藉，增强其康复信心，共同完成康复护理任务。

3. 关爱患者，做到耐心周到　康复患者由于住院时间相对较长，显效缓慢，因而比一般患者的护理难度要大，护理人员应耐心尽责地对待康复对象。帮助伤残者进行康复训练要循序渐进，不可操之过急。护理人员也不可怕脏、怕累、怕麻烦、敷衍塞责、粗心大意，应该时刻保持细致、谨慎、周到的服务态度，细心观察患者的病情和心理变化，准确执行医嘱，严格遵守规章制度和操作规程，真诚负责地关爱患者。

总之，随着现代医学的发展，康复护理已经日益凸显出其重要性。康复护理人员应该在努力提升康复护理技能的同时，切实提高康复护理的职业道德规范，以便更好地服务广大患者。

（三）部分疾病康复护理中的伦理应用

1. 脑卒中及后遗症

（1）康复护理伦理问题　患者由于丧失生活自理能力，加之有一定的抑郁悲观情绪，会表现出对护理人员的不合作和不友好态度，甚至有时故意找茬、发脾气、哭闹等，影响康复护理的实际效果，也会对护士工作热情产生负面影响。

（2）护理伦理规范　护士要做到同情尊重患者、帮助患者、关爱患者。护士还应适时进行心理疏导，消除患者焦虑、恐惧等不良情绪，帮助患者树立信心，稳定情绪并让患者参与康复护理方案制定，鼓励患者主动进行肢体康复训练。同时，护理人员应细心发现患者的每一点进步，并予及时鼓励和表扬，帮助患者建立康复的信心。

2. 智力残障

（1）康复护理伦理问题　智力残障的儿童比较特殊，他们的认知功能、理解能力差，同时还有一些行为缺陷。这就决定了对他们进行康复训练，显效缓慢，比一般患者护理难度大，甚至有时有不良行为。

（2）护理伦理规范　护理人员应当关爱患者，做到耐心周到、尽责地对待康复对象。进行康复训练要循序渐进，不可产生急躁或信心不足的情绪。

本章小结

社区卫生服务护理中要求护理人员应遵循热情服务、礼貌待人，任劳任怨、无私奉献，严于律己、强调慎独，服务社会、勤学苦练的伦理规范。家庭病床护理要求护理人员应遵循热情服务、一视同仁，不辞辛苦、定时服务，勤奋学习、精益求精，言语贴切、保守秘密，自我约束、做到慎独的伦理规范；康复护理要求护理人员应遵循同情患者、尊重患者，热心帮助、认真负责，谨慎周密、精益求精等伦理规范。

【实践活动】

案例讨论

活动内容：2003年春夏，历史不会忘记这样一群无私无畏的医务工作者，在这场没有硝烟的战斗中，白衣天使表现出了他们的英勇无畏、无私奉献，用实际行动证明了他们是我们当代最可爱的人。广东省中医院护士长叶欣就是其中的一位。她在面对工作时，总是抢着干最危险的活；她在面对同事时，总是身先士卒关心战友；她在面对患者时，总是给人以春风般的温暖……在迎战“非典”的日子里，她总是抢在别人的前面。她告诉年轻护士：“我已经给这个患者测过体温、听过心肺、吸了痰，你们就别进去了，尽量减少感染的机会。”她常常挂在嘴边的一句话就是“这里危险，让我来！”2003 年 3 月 25 日，当她又一次重复这句话时，不幸感染“非典”，以身殉职。

请结合该案例分析：①突发公共卫生事件应急处理中护理的特点是什么？②叶欣的言行体现了哪些护理伦理观念？给你什么启示？

活动目标：加深对突发公共卫生事件应急护理伦理规范的理解。

活动方法：采用小组讨论的方式，每组选出一个代表进行问题的总结发言，老师进行最后评价。

目标检测

一、选择题

1. 突发公共卫生事件应急护理中最基本的伦理道德要求是（　　）

A. 密切配合，团结协作　　B. 集体利益，高于一切

C. 果敢机警，严肃认真　　D. 忠于职守，无私奉献

E. 尊重患者，维护权益

2. 下列不属于突发公共卫生事件应急护理特点的是（　　）

A. 社会性广　　B. 群体性窄

C. 风险性大　　D. 时间性紧

E. 责任性重

3. 下列不符合社区卫生服务护理人员角色的是（　　）

A. 医疗服务者　　B. 健康指导者

C. 初级卫生保健提供者　　D. 咨询者

E. 协调者

4. 以下不属于家庭病床护理的特点有（　　）

A. 护理内容广泛　　B. 护患关系密切

C. 心理要求高　　D. 亲情化服务

E. 护患关系生疏

5. 康复护理的特点不包括（　　）

A. 广泛性　　B. 主动性

C. 协调性　　D. 长期性

E. 独立性

二、思考题

1. 什么是突发公共卫生事件？你的身边发生过哪些突发公共卫生事件？你对应对突发公共卫生事件有何看法？

2. 社区卫生服务的护理服务特点是什么？

3. 社区卫生服务护理伦理有哪些？

4. 什么是健康教育？在健康教育中，护理人员应遵循哪些伦理规范？

5. 家庭病床护理的道德要求是什么？

三、案例分析题

2012 年，大学生小勇突然遭遇了一场车祸，虽经抢救保住了性命，但却成了植物人。但是，家人和医护人员并没有放弃对他的治疗。医院先后进行了 5 次开颅手术，在大家的共同努力下，小勇在 2017 年的春天苏醒过来，为了实现尽快康复的愿望，小勇积极配合护士们坚持完成每天的康复计划，护士们对小勇每一次的鼓励和支持都增强了他的康复信心。

扫码“练一练”

一年后，小勇又回到了校园，他深情地说：“没有白衣天使的温情呵护，就不会有重获新生的小勇。”

分析：①试讨论小勇康复后为何感谢医护人员的关心和帮助？②结合上述案例，谈谈应如何遵循康复护理的伦理规范？

（谭　庆）

第九章

生殖与性伦理

学习目标

知识要点

1. 掌握优生技术的主要措施及伦理规范；现代辅助生殖技术的护理伦理原则。
2. 熟悉严重缺陷新生儿处置伦理；性病防治中的护理伦理规范；艾滋病防治中的护理伦理原则。
3. 了解优生学概述；性与性教育伦理。

技能要点

能自觉遵守生殖技术与性护理伦理规范及原则，并正确运用以解决实际问题。

自传说中亚当、夏娃在伊甸园偷吃了禁果，人类生殖与性结合开始后，人类对生殖和性健康的追求从未停止过。随着医学技术的不断进步，现代的人类已有能力掌控自身的生殖与性，能让生命的种子在现实的伊甸园中结出美丽健硕的果实，并希望自己在伊甸园的幸福生活能永远继续。

第一节　优生技术护理伦理

扫码“学一学”

案例

新生儿，女性，右手天生残疾（从手臂以下缺如）。患儿父亲投诉医务人员为何多次B超检查未能发现胎儿明显缺陷。请问该医务人员是否有过错？

优生技术是通过开展优生咨询、产前检查及孕产期保健等活动，改善人群遗传素质，防止遗传缺陷个体出生的一项技术。广泛开展优生技术，提高优生服务质量，明确并掌握优生技术护理伦理，是护理人员的职责。它对于提高人口素质、造福子孙后代有着重要的意义。

知识链接

古人的优生观念

优生学的思想起源历史悠久，如：原始部落的乱伦禁忌；古斯巴达人的“去劣存优”习俗——凡有缺陷的新生儿一律被秘密处死；大约公元前586年的《犹太教法典》中禁止表亲结婚的教律以及我国春秋末期的《左传》中“男女同姓，其生不蕃”的记载等，都反映了人类早期的优生思想。

一、优生学的含义与伦理意义

（一）优生学的含义

优生学是研究如何改善人类遗传素质的科学。优生学作为一门科学最早由英国生物学家弗朗西斯·高尔顿（Francis Galton）提出。1883 年，高尔顿在其论文《对人类才能的调查研究》中首次使用了“优生学”一词，即英文单词“eugenic”，其意源于希腊文，本意是“生好的”，高尔顿将其定义为“在社会的控制下，全面研究那些能够改善或削弱后代身体与智力种族素质的各种动因”的科学。

（二）优生学的发展与分类

优生学的思想和措施自古即有。早期的禁止乱伦、亲婚的禁忌习俗和宗教戒律等都反映了古人朴素的优生思想。高尔顿提出“优生学”概念后，优生学在西方各国得到倡导和推广。在我国，优生学的兴起源于1979 年的第一次全国人类与医学学术会议。此后，我国陆续颁布有关优生的法律法规，并于2001 年启动了全球最大的优生计划，在全国范围内实施，对实行计划生育、提高人口素质具有重要意义。经过 100 多年的发展，现代优生学已发展成为一个比较成熟的学科体系，涵盖遗传学、临床医学、社会学、人口学等多学科。

美国遗传学家斯特恩（C. Stern）将优生学分为积极优生学和消极优生学。

1. 积极优生学 又称正优生学（或演进性优生学），主要研究优良基因的繁衍，促进优质人口的出生。如现代辅助生殖技术（收集和贮藏优秀生殖细胞，进行人工授精、体外授精，发展遗传工程等），改善教育与社会环境，孕产期保健及提高产科技术等各项措施都属于积极优生学的范畴。

2. 消极优生学 又称负优生学（或预测性优生学），主要研究如何防止劣质人口出生，减少出生缺陷的发生率。主要从社会和医学方面采取措施。如：禁止近亲结婚；禁止患有严重遗传性疾病和先天性疾病的人生育；大力开展遗传咨询；力争优孕优生；做好围产期的胎儿诊断和保健工作等。

（三）优生学的伦理意义

1. 有利于提高人口素质 通过产前诊断、遗传咨询、新生儿疾病预防等一系列优生优育措施，可以减少不良遗传基因的延续，利于增进人口素质。

2. 有利于家庭幸福和社会发展 先天缺陷和遗传性疾病患者会占据大量的医疗和生活资源。如当前我国重度残疾人口有 2518 万人，每年占用资源总值超过 200 亿美元。此外，严重智残人口的家庭承受的精神压力以及花费的时间和精力更是无法用金钱计算。因此，优生的发展，可以减轻社会和家庭的负担，有利于增进家庭幸福和社会发展。

3. 有利于转变人类的生育观　优生思想使人类对生育的关注从数量转移到质量，有利于人们由“多子多福”的传统生育观自觉地向“少生优生”的生育行为改变，既能优化人们的家庭生活方式，提高人们的生活质量，又能促进我国计划生育工作的开展。

知识拓展

托举生命的不能仅是一座“弃婴岛”

近年来，弃婴现象屡增不减引发社会各界关注，这些弃婴中大部分不是重病就是残疾。2011年6月起，民政部先后在全国28个省份建立了32个婴儿安全岛（俗称“弃婴岛”）。然而，如今广州、厦门、济南等地婴儿安全岛因不堪重负已陆续关闭或摘牌。由此可见，弃婴既是家庭伦理问题，更是一个社会保障问题。民政部副部长李立国在2015年全国“两会”期间表示，弃婴岛弃婴骤增只是临时难题，尽快建立城乡一体的重特大疾病医疗保险迫在眉睫。

二、优生技术主要措施的护理伦理规范

（一）重视婚前检查，遵守有利原则

婚前检查是指对即将婚配的男女双方在婚育方面进行保健指导和健康检查。对双方可能患有的影响结婚和生育的疾病进行的医学检查，提出医学指导意见。婚前检查是减少遗传性缺陷新生儿，提高出生人口素质的重要途径，也是优生的第一个有效措施。婚前检查标志着人类的文明与进步，当前世界上已有很多国家规定婚前男女双方要交换健康诊断书，有的甚至提倡检查应在恋爱前进行。我国于1996年在《母婴保健法》中规定实施强制婚检，2003年的《婚姻登记条例》又取消了强制婚检，“强制”改为“自愿”，虽然是尊重个人自由而自选，但取消强制婚检后出生缺陷比例逐年攀升，弃婴已成严重社会问题。据2010年不完全统计，我国每年弃婴10万名，较20世纪80年代的5000名、90年代的5万名大幅增加。因此，护理人员应加大宣传力度让人们认识到婚前检查的必要性，同时提高婚前保健服务质量，坚守出生缺陷的第一道防线。

（二）做好遗传咨询，尊重自主原则

遗传咨询也称遗传商谈，是咨询医生与咨询者就某一遗传病，在该家系发生的原因、诊断、遗传方式、预后、再发风险等问题，进行一系列解答、讨论和商谈的过程，以供咨询者参考决策。遗传咨询是预防遗传病和提倡优生的重要措施之一。WHO建议，每个家庭或个人在计划生育前都应进行遗传咨询。护理人员应全面掌握有关遗传优生的相关知识，科学、审慎地解答，充分尊重咨询者的自主权，注意保密，实事求是。

（三）加强产前诊断，贯彻知情同意原则

产前诊断又称宫内诊断或出生前诊断，是指在孕妇妊娠早、中期通过检测了解胎儿是否患有遗传病或先天性缺陷，从而为选择性流产提供科学依据。产前诊断是世界各国应用最广泛、最重要的预防性优生措施。护理人员在产前检查过程中应持科学、严谨、负责的

态度，不滥施人工流产术及注意贯彻知情同意原则。

（四）落实孕产期保健，保证无伤原则

从怀孕开始至产后42天内为孕产妇、胎儿及婴儿提供的医疗保健服务。孕产期保健是影响新生儿的生命健康及其未来生活质量的关键环节。护理人员要及时发现孕产妇、胎儿、新生儿的异常情况，积极预防孕产期并发症的发生，降低孕产妇及新生儿的死亡率，达到优生优育的最终目的。

三、严重缺陷新生儿处置伦理

（一）缺陷新生儿分级

有缺陷新生儿，是指出生时即有身体缺陷或智力低下的疾病婴儿。在医学上，有缺陷新生儿分为四级。

1. Ⅰ级缺陷　缺陷对孩子今后的体能、智力发展没有或仅有轻度影响。

2. Ⅱ级缺陷　缺陷对孩子今后的体能、智力发育有重要影响，但达到一定年龄可以矫正或部分矫正，有一定的劳动能力和生活自理能力，或智力一般。

3. Ⅲ级缺陷　缺陷对孩子未来体能、智力发展有严重影响，长大后将失去全部劳动能力和生活自理能力，或智力高度低下，目前无法矫正。

4. Ⅳ级缺陷　缺陷特别严重，目前无法救治，新生儿在短期内肯定要死亡。

（二）缺陷新生儿处置的伦理争议

如何对待Ⅰ、Ⅱ级缺陷新生儿，人们的看法较为一致。体智可达到一般水平者应积极救治矫正。而如何对待Ⅲ、Ⅳ级严重缺陷新生儿，人们则有争议。生命神圣论者认为，人的生命是至高无上的，神圣不可侵犯，即使是严重缺陷新生儿也是如此。生命质量、价值论者认为，没有质量与价值的生命是没必要加以保护或保存的。缺陷新生儿的处置要取决于生命本身质量和对社会的意义。因此，体智只有低下水平的缺陷新生儿，尊重父母舍弃选择，而体智永久严重缺陷的新生儿今后对社会和他人的价值却很小，甚至是负值，而且其低质量的生命对其自身亦无幸福可言，也会给家庭和社会造成负担，这种情况下，医护人员应维护公益淘汰舍弃。

（三）严重缺陷新生儿处置的伦理规范

我国对严重缺陷新生儿的处置有严格的法律规定，护理人员在面对处置的伦理难题时，应注意遵守相关法规，遵循相应的伦理规范，审慎处置。

1. 严重缺陷新生儿的处置，必须具有医生的诊断证明和明确的医学结论，并持有医学伦理委员会的明确处置意见和建议。

2. 必须持有患儿双亲或其监护人的处置意见或建议，有两名或两名以上亲属或其监护人的共同签名。

3. 处置过程应由三名或三名以上相关专业的医务人员，或经过专门训练的人员组成处置小组共同实施，并在非公共场合进行。处理过程在一定范围内予以保密。处置完毕，患儿尸体应严肃而郑重地处理。

4. 处置方法应采用主动安乐死方式，如麻醉窒息、注射药物等，尽可能地缩短患儿痛苦和死亡的时间，不宜采用停止治疗和喂养、待其自然死亡的被动安乐死方式。

扫码“学一学”

第二节　现代辅助生殖技术护理伦理

☞案　例

广州一对富商夫妇，因结婚数年后想要孩子一直未果，2010年初借助试管婴儿技术孕育的8个胚胎竟然全部成功，大喜望外的夫妇最终找来2位代孕母亲加上自身共3个子宫采取“2+3+3”队形，在当年10月先后诞下4男4女，共8胞胎，被称是中国首例8胞胎。请分析案例中出现了哪些伦理问题？

现代辅助生殖技术是用现代医学科学技术代替人类自然生殖过程的某一步骤或全部步骤，按人的意图，在人工操纵下的一种生殖方法。现代辅助生殖技术打破了数百万年进化过程形成的人类由性交、卵子受精、受精卵植入子宫、子宫内妊娠、分娩等步骤组成的自然生殖过程，用人为的方法产生新一代的子体。

一、现代辅助生殖技术的主要形式

现代辅助生殖技术的主要形式包括人工授精、体外授精和克隆。

（一）人工授精

1. 人工授精的含义　人工授精（artificial insemination，AI）是指用人工方式将精液注入女性体内以取代性交途径使其妊娠的一种方法。它的医学价值在于可用来解决男性不育问题。

2. 人工授精的分类　根据精液的来源不同可分为使用丈夫精液的同源授精（AIH）和使用他人精液的异源授精（AID），前者适用于丈夫少精、弱精、因生理或心理原因不能正常性交所致的不孕不育；后者主要用于丈夫无精，或因丈夫患严重的遗传性疾病或其他原因所致的不育。

3. 人工授精的发展　1799年，英国外科医生约翰·亨特（John Hunter）用海绵方法试验成功，为人类最早实施的人工授精技术。1866年，美国纽约妇产医院马里恩（Marien）用其丈夫的精液试验成功。1890年，杜莱姆逊（Dulemson）首次试用于临床。截至目前全世界人工授精成功已超100万例。20世纪60年代，美国、英国、法国、印度等国均先后建立人类精子库，进行优生研究。美国还曾创建诺贝尔名人精子库，诞生230名孩子。我国现代辅助生殖技术的研究与应用起步较晚。1982年，湖南医学院首次用冷冻精液人工授精成功，婴儿顺利出生。1984年，上海第二医学院应用精子洗涤方法人工授精成功。1986年，青岛医学院建立了我国第一座人类精子库。目前，我国运行人类精子库数量已达23个，可提供供精人工授精服务的辅助生殖机构有60个。

（二）体外授精

1. 体外授精的含义　体外授精（in vitro fertilization，IVF）是指从女性体内取出卵子，在器皿（试管）内培养后，加入经技术处理的精子，待卵子受精后，继续培养至形成早期胚胎时，再转移到子宫内着床，发育成胎儿直至分娩的技术。此技术主要用于解决女性因输卵管异常所致的不孕。

2. 体外授精的发展 体外授精诞生的婴儿俗称“试管婴儿”。1978 年 7 月 25 日，英国组织胚胎学家罗伯特·爱德华和妇产科专家帕克利特·斯特普托，用体外授精和胚胎移植技术成功制造了世界上第一例试管婴儿——路易斯·布朗。我国的体外授精研究虽然起步较晚，但发展迅速，已达世界先进水平。1985 年 4 月，中国第一例试管婴儿在台湾省诞生；大陆首例试管婴儿于 1988 年 3 月 10 日在北京医科大学第三医院平安诞生；同年 6 月 7 日，我国第一例胚胎移植试管婴儿在湖南医科大学第二附属医学院诞生。几十年以来，全世界已有 500 多万名试管婴儿出生。

（三）克隆

1. 克隆的含义 “克隆”一词是由“clone”音译而来。又称无性生殖。即克隆是运用现代医学技术，不通过两性结合，而进行高等动物（包括人）生殖的技术。将单一供者的体细胞移植到多个去核的卵子中，从而培养出有相同遗传特性的后代。新的个体的产生不是通过卵子和精子的结合，而是由一个已经存在的基因拷贝复制而成。克隆有两大特征：①子代具有与父本或母本相同的基因组，故克隆又被成为“复制”；②克隆可“复制”多个具有相同遗传物质的新个体，因此又被称为“生物放大技术”。

2. 克隆的发展 无性生殖技术的发展经历了植物克隆、微生物克隆、生物分子克隆和动物克隆 4 个循序渐进的阶段，长期以来，人们普遍认为高等动物的生殖必须严格按照有性生殖的方法，直到 1997 年 2 月 23 日《自然》杂志刊登了英国“多莉”（Dolly）——克隆绵羊诞生的消息后，人们才认识到高等动物也能以无性生殖的方式产生子代。2000 年，美国科学家用无性生殖技术成功地克隆出一只猴子“泰特拉”。2001 年 11 月 25 日，美国马塞诸塞洲的“先进细胞科技公司”宣布，他们成功克隆出世界上第一个人类胚胎，标志着人类又朝克隆人迈进了一大步。我国的克隆技术发展也很快，2001 年 11 月 3 日，我国首例成体细胞克隆牛——康康，在山东莱阳农学院动物胚胎工程中心平安诞生。

二、现代辅助生殖技术的伦理问题

现代辅助生殖技术为人类带来了几百万新的生命，为很多不孕不育家庭带来福音，同时也带来了诸多家庭社会伦理问题，引发道德、法律的种种冲突。

（一）生育与婚姻分离是否会破坏家庭和婚姻的稳定

生儿育女是维持婚姻和家庭幸福美满的纽带，然而人工授精却改变了自然的生育途径，从而切断了婚姻与生育的必然联系；若丈夫失去生育能力，第三者供精和异源人工授精是否有损妻子的“贞操”，是否有碍家庭和睦？若妻子失去了生育能力，丈夫能否另找一位妇女通过人工授精生育？

另一种观点则认为人工授精可以解决男性不孕问题，也是增进家庭及夫妻幸福的重要手段。而完全知情同意的异源人工授精也是人们自愿接受的合理合法行为，技术的操纵者是在利用先进的技术帮助不能生育者摆脱痛苦，使其得享天伦之乐，是人道的。

知识链接

安娜的人生谁做主

电影《姐姐的守护者》根据美国当代畅销书女王朱迪·皮考特的同名小说改编而成。为了让罹患血癌的女儿凯特能够活下来，父母通过基因技术“制造”了与凯特的基因完美配型的小女儿——安娜。安娜感觉自己只是姐姐凯特的“药罐子”。11年来，凡是在凯特有需要的时候，无论是脐带血还是白细胞、肝细胞、骨髓，她都得源源不断地向凯特提供。然而，即使有孤注一掷的妈妈、无可奈何的爸爸以及身边所有人的爱，凯特的情况还是越来越糟，肾功能的衰竭必须要年仅11岁的安娜捐献出自己的一个肾。这一次，安娜选择了拒绝，并且寻找到律师坎贝尔把母亲告上法庭，她要保护自己的身体。

（二）血亲关系断裂是否造成传统家庭模式的解体

同源人工授精就其血缘关系来说，是毫无疑问的亲子关系。而异源人工授精因精子的来源是第三者，使得出生的婴儿有两个父亲；一个是提供一半遗传物质的父亲，称为遗传父亲；另一个是养育他（她）的父亲，称为养育父亲。而第三者的供精供卵、体外授精技术及利用第三者的子宫受孕、妊娠的代孕技术相结合，一个孩子可以有五个父母！两个父亲同前所述，三个母亲为遗传母亲、孕育母亲及养育母亲。究竟谁是孩子的合法父母？遗传父母、孕育母亲均属于“生物学父母”，而养育父母属于“社会学父母”。现在，大多数国家和学者主张遵循抚养-教育的原则，并以法律形式确认养育父母，即社会学父母为真正的父母。因为养育比提供遗传基因更重要，也比提供胚胎营养的场所更重要，亲子关系是通过长期养育行为建立的。三种现代辅助生殖技术的有机结合还可以产生不婚爸爸、不婚妈妈及不婚家庭，造成传统家庭模式的解体。如独身男士可通过供卵、体外授精及代孕而当不婚爸爸；独身女士可通过异源人工授精而成为不婚妈妈；男同性恋或女同性恋者也可摆脱不能生育的遗憾，组建新的不婚家庭或同性恋双亲家庭。而这部分特殊人群进行人工辅助生殖的请求是否应该受理也引发了伦理争议。许多学者从社会伦理以及子女健康成长的角度出发，认为不婚单亲家庭与同性恋双亲家庭缺乏完整的父爱或母爱，对孩子的身心发展不利。因此，许多国家主张禁止或限制单身一族的人工辅助生殖请求，我国2003年颁发的《人类辅助生殖技术规范》明文规定禁止对独身女性实施人工辅助生殖技术。

（三）代孕母亲是否造成生育商业化

20世纪70年代末开始出现代孕母亲。现在，代孕母亲在部分西方国家已经很普遍。2000年7月，我国首例代孕母亲在哈尔滨出现。2001年，卫生部紧急叫停，严格禁止实施任何形式的代孕技术。

代孕母亲是否道德迄今还是争议不休。赞同者认为，代孕母亲的出现可以帮助因生殖原因而不孕的妇女实现生育愿望，无论从道德上还是情理上，都有其合理性，不应受到道德谴责及法律禁止。而反对者认为，代孕利用“出租子宫”赚钱，婴儿也成了商品，神圣的生育由此变得商业化和随意化，是道德堕落，而非助人目的。如果妻子可以生育但不愿妊娠，却租用代孕母亲的子宫，把妇女当作生孩子的机器，更是不道德的，这是对妇女基本权益的损害。如果是母亲为女儿代孕，姐妹间代为怀孕等现象则导致辈分不清，关系错乱等家庭伦理问题。而代孕母亲与孩子难以割舍的感情纽带可能导致代孕母亲与不孕夫妇之间的纠纷；代孕具有一定风险，可能发生严重的妊娠并发症或出现意外；这些潜在的法律纠纷都将给社会增加不安定的因素。因此，多数国家（包括我国）都立法禁止代孕母亲。

（四）精子、卵子和胚胎能否商品化的问题

正如代孕母亲的商业化一样，精子、卵子和胚胎由于供需关系存在使其商品化日趋明显。精子、卵子和胚胎从最初的匿名捐赠逐渐发展到在互联网上公开地买卖，美国、墨西哥等国早有精子、卵子出售，我国在2000年也曾有人在互联网炒作拍卖美女卵子。精子、卵子、胚胎似乎已经商品化，以精液商品化问题为代表，伦理学对生殖细胞的商品化问题展开了激烈的探讨。

赞同者认为，精液商品化可以解决当前人工辅助生殖技术精液不足的问题，精液商品化虽然可能会引起精液质量的下降或多次供精，但可以建立严格的制度并采取相应的措施加以控制而避免。例如，我国卫生部2001年2月发布的《人类精子库管理办法》，用法律的形式对精子库采取限制的措施：限制同一供精者供精次数；控制同一份精液的使用次数；不断更换供精者，在不同地区分散转移供精者的冻精等；以防止血亲通婚的危险，保证现代辅助生殖技术的健康发展。另外，精液和血液一样可以再生，适量采集对人体无害，而取人体的活组织器官则有严重的人体侵害，因此精液可以商品化，而活组织器官则不能。

反对者认为，精液的商品化可能使精子库为追求利益而忽视精液的质量检查，供精者也可能隐瞒自己的遗传缺陷，导致有缺陷的辅助生殖后代产生。精液商品化的趋利性可出现同一供精者多次供精，并在同一地区被多次使用，导致大量同父异母兄弟姐妹的产生，潜藏血亲通婚的高危险性。另外，精液的商品化也可能产生连锁效应，促使其他人体器官组织商品化。

目前对精子、卵子和胚胎商品化持反对意见的人居多，许多国家都立法禁止其商业买卖，如中国、英国、澳大利亚等。

知识链接

世界首批体细胞克隆疾病模型猴在中国诞生

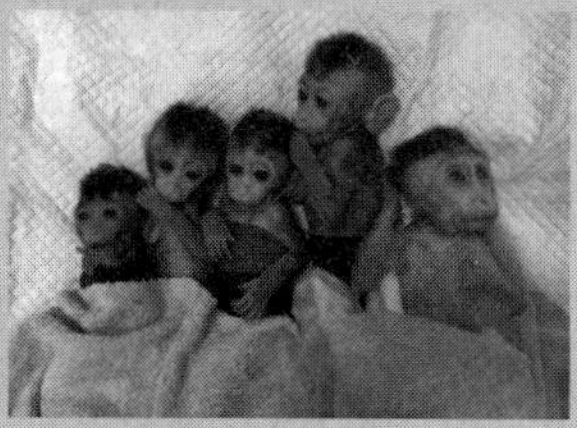

2019年1月24日，5只生物钟紊乱体细胞克隆猴登上中国综合英文期刊《国家科学评论》封面，标志着中国体细胞克隆技术走向成熟，实验用疾病模型猴批量克隆“照进现实”，全球实验动物使用数量有望大幅降低，药物研发驶入“快车道”。

（五）克隆人的伦理争论

克隆在植物界的应用已有上千年的历史，1997年克隆绵羊“多莉”的诞生，标志着克隆技术又有了重大突破，应用克隆技术复制哺乳动物已经成功。“多莉”后科学家们掀起了“克隆热”，伴随着牛、鼠、猪乃至猴这种与人类特征最为相近的灵长类动物陆续被克隆成功，2001 年世界上第一个人类胚胎也克隆成功，标志着克隆人离人类仅一步之遥。是否将克隆技术应用于人类，是否让“克隆人”出生，科学界、伦理界以及宗教界进行了激烈的伦理争论。

赞成者认为，克隆人将是人类为实现长生梦想所迈出的实质性第一步。克隆人绝对是人类科学上了不起的进步，科学进步的脚步是阻止不了的。况且，克隆技术可以优生，改变人类的缺陷基因，保护人类的最佳基因；克隆技术可以解决不育症者希望生育一个与父本或母本基因一致的后代的问题；最重要的是就克隆技术而言，“治疗性克隆”将会在生产移植器官和攻克疾病等方面获得突破，给生物技术和医学技术带来革命性的变化。

与赞成者的声音相比，反对者的呼声更高。2005 年 2 月 18 日，联合国大会法律委员会在经过 3 天的激烈辩论后，最终以 71 票赞成，35 票反对，43 票弃权通过了政治宣言《联合国关于人的克隆的宣言》，敦促所有国家禁止任何形式的克隆人活动。我国对这一提案投了反对票。中国的一贯立场是，反对生殖性克隆，支持治疗性克隆。目前，国际社会对待克隆人的态度普遍都是反对的。反对者认为，克隆人不需两性参与，改变了自然界的生命法则，破坏了家庭人伦关系，克隆人的身份难以认定，社会秩序也将相应发生改变；克隆人技术是对人类的自然构成与自然发展的一种过强的干预，如果被用来控制人的性别比，人种结构或是生产商品化的人体组织器官，造成的社会后果是难以预料的；克隆技术目前尚未很成熟，克隆技术的成功率和安全性均很低，维尔默特（克隆羊之父）和他的克隆小组融合了 277 个细胞，其中只有 29 个发育成胚胎，植入了 13 只母羊体中，最终只诞生了一只“多莉”，克隆小组检查了“多莉”细胞中的端粒，发现刚出生的“多莉”的端粒几乎与其 9 岁的母亲（提供细胞核的母羊）的端粒长度一样，这说明“多莉”已经提早衰老，并且容易染病和提早死亡。“多莉”于 2003 年 2 月因肺部感染，身体状况不断恶化，在苏格兰一家研究所被实施了安乐死，寿命 6 岁半。在现有条件下实施克隆人，极可能会出现流产、死胎，甚至因异常的基因表达造成的畸形、诱发新型疾病等不良后果；克隆人技术可能被别有用心的人滥用实施犯罪。

知识链接

孩子可以“量身定做”

20 世纪 80 年代，国外一遗传学专家考察了亲属的智力水平相关性，结果显示：直系亲属中的智力水平差异大约有 70% 归于遗传。20 世纪 90 年代，科学家们相信，通过干预人类自身的基因可以改变人们记忆力、体质和智力水平。在设定的几项实验中，基因增强后的白鼠都表现出比野生白鼠更强的学习和记忆能力。于是，研究者断言，转基因鼠的认识特征的提高可以通过增强其基因来实现。同样，人的智力和记忆也可以通过基因增强来提高。一旦这种技术成熟，科学家可以根据父母的意图改变基因来设计婴儿，让自己的孩子拥有超强记忆力、理想的身高、健壮的体魄和超高的智商。

三、现代辅助生殖技术的护理伦理原则

现代辅助生殖技术不单纯是医学技术，还涉及伦理、法律、宗教等社会因素及心理因

素，因此护理人员在实施这种技术时要避免单纯的技术观点，对其引发的伦理问题要综合分析，有清醒的认识，应以国家相关道德伦理法规为依据，严格遵守相关的伦理原则。

（一）知情同意原则

医护人员在实施现代辅助生殖技术前必须如实告知受术者实施该技术的程序、成功的可能性和风险以及接受随访的必要性等信息，并签署知情同意书。

（二）维护供、受双方和后代利益原则

医护人员有义务告知供者（供精、供卵、供胚胎者）对出生的后代没有任何的权利与义务；告知受方夫妇通过现代辅助生殖技术出生的后代与自然受孕分娩的后代享有同样的法律权利和义务，受方夫妇作为真正的父母，赋有抚养和教育的义务及相应的权利。

（三）互盲和保密原则

凡使用供精实施的辅助生殖技术，供方与受方夫妇应保持互盲，供方与实施辅助生殖技术的医护人员应保持互盲，供方与后代保持互盲；医护人员对使用辅助生殖技术的所有参与者（如供卵者和受者）有实行匿名和保密的义务；医护人员有义务告知供者不可查询受者及其后代的一切信息，并签署书面同意书。

（四）维护社会公益原则

医护人员必须严格贯彻国家人口和计划生育法律法规，不得对不符合国家人口和计划生育法规与条例规定的夫妇和单身妇女实施人类辅助生殖技术；不得实施非医学需要的性别选择；不得实施代孕技术和生殖性克隆技术。

（五）严防商品化原则

医护人员和机构对要求实施辅助生殖技术的受方要严格掌握适应证，不能滥用；禁止买卖精子、卵子和胚胎。

（六）伦理监督原则

实施辅助生殖技术的机构应建立健全生殖伦理委员会，生殖伦理委员会应严格审查监控各项辅助生殖技术的实施，对技术的进程和结果进行伦理评估，使各项辅助生殖技术符合国际的相应章程，符合我国的有关政策法规，有利于为人类健康服务。

知识链接

基因编辑婴儿事件

2018 年 11 月 26 日，南方科技大学副教授贺建奎的科研团队对外宣布，一对基因编辑婴儿诞生。随即，广东省对“基因编辑婴儿事件”展开调查。2019 年 1 月 24 日调查组初步查明，该事件系贺建奎副教授为追逐个人名利，自筹资金，蓄意逃避监管，私自组织有关人员，实施国家明令禁止的以生殖为目的的人类胚胎基因编辑活动。调查组有关负责人表示，对贺建奎及涉事人员和机构将依法依规严肃处理，涉嫌犯罪的将移交公安机关处理。对已出生婴儿和怀孕志愿者，广东省将在国家有关部门的指导下，与相关方面共同做好医学观察和随访等工作。

第三节　性护理伦理

扫码"学一学"

性健康是人类健康的核心问题之一。性健康关系到人的一生，它包括性生殖健康、性心理健康和性生理健康三部分，内容涉及生理学、心理学、医学、伦理学、社会学等多学科，护理人员在维护和促进人类性健康的活动中，不仅要提供专业的医疗服务和帮助，更要和多学科合作开展全方位的性教育活动及性问题的研究，这对增进个人幸福，维护家庭和谐美满，促进社会文明具有重要的伦理意义。

一、性与性教育伦理

（一）性的含义与本质

1. 性的含义　性是生物繁衍的基础。性行为和性功能乃是人类的一种"本能"，亦是一种自然现象与生理功能。人类正是由于具备了性的特征和性的能力，才有了男女的结合，家庭才能组合，种族与文明才得以延续进化，社会也因此而存在与发展。

2. 性的本质

（1）人类的性存在　正常人共有46条即23对染色体。其中的22对常染色体并不决定人的性别。男女相别的一对被称为性染色体，它决定了人为男女，是造就人类性别的根本。

（2）性是人的本能　性是人类生活的一个重要内容，是人类最基本的需求之一，是历史和社会发展的决定因素之一。中国有古人名言："食、色、性也。"这说明饮食和性是人的两个最基本的需求，也是人的两大本能。

（3）食与性成为一种文化行为　从本能的角度来看待人类的饮食与性，那是人的动物性。人类进化发展使饮食与性上升成为一种文化和文明行为。

（4）食与性本能受到社会的影响与控制　在饮食方面，不仅要吃饱，还要讲求营养、滋味和礼仪，还要受法律和习俗的限制；在性方面，要建立在双方自愿的基础上，性要和爱情结合，性要在婚姻的范围内进行，性要有利于健康，不损害他人，有利于生育后代。

（二）性伦理的发展与原则

1. 性伦理的发展　性伦理是指调整人类两性性行为的社会规范的总和。在人类性发展历史中，出现过七种性文化模式。

（1）神化的性文化　把性崇拜与性禁忌相结合，把性当成神灵，对它既敬又畏。它主要存在于各民族的原始社会，也残留到当代。

（2）罪恶化的性文化　把性当成绝对的道德上的罪与恶，一般主张肉体禁欲主义，如中世纪基督教、佛教、现代天主教等。

（3）工具性的性文化　把性看成实现生殖、婚姻或其他目标的一种工具，否认性的独立存在与独立价值。它表现为基督新教各派的精神禁欲主义，更突出、更标准的则是中国儒家的伦理文化与宋明理学的"灭人欲"。

（4）养生的性文化　把性看成人类生命的一个有益部分，通过性来追求生命和超越生命。它最典型的代表是中国道家思想、房中术以及道教的性观念与性修炼。

（5）快乐主义的性文化　认为性的首要目标是快乐。它表现为古代希腊、罗马和西方本世纪以来的性革命中的实践，中国明清时的性爱小说中也有一些反映。

（6）爱情化的性文化　以爱情来主宰、衡量和升华性实践。它产生于近代西方，流传入我国。

（7）自然主义的性文化　认为性的目标只不过是性本身的自然实现，不应为任何其他目标服务。它是西方本世纪性学发展的产物，直到20世纪70年代后才在社会中得以确定。

2. 性伦理的原则　性虽然体现的是人的生物本能，但人类之性不同于纯粹的动物之性，其特殊性就在于人的社会属性赋予了人类之性以理性精神。现代性伦理学提倡应遵循以下六项基本原则。

（1）性爱统一原则　这是人类性行为活动和性关系建立所必须遵循的重要原则，唯有以情爱为基础才能使人们彼此间有肉体上接近的权利。性本能不过是人类两性结合的自然前提，而情爱则是人类两性结合的社会基础，并且是有决定意义的方面。

（2）平等自愿原则　性对于人类而言绝不仅仅只是一个生理问题，它还涉及每个人的人格与尊严。两性之间作为彼此独立的个体存在，其人格是平等的，因此，性行为必须做到“人格上平等，行为上自愿”。

（3）无伤害原则　强调真正“道德的性”应当是既不伤害自己，也不伤害对方，同时不伤害后代。伤害不仅是身体上的，也包括心理、精神上的伤害。

（4）婚姻缔约原则　圣经上有句名言“性交只有在结婚的床上才是合乎道德的”。男女之间发生性行为，应该建立在依法缔结的婚约基础上。两性关系应具有合法性、专一性、平等性、排他性和持久性。

（5）私密原则　自从人类进入文明时代，人类就对自己的性器官和性行为有了隐秘的要求。私密原则包括两方面：①对他人的性生活不应窥看，更不能拍照、录像加以传播；②不能在公众场合暴露性器官或进行性活动。

（6）性禁忌原则　性行为不仅关系个人，也关系到家庭与社会。人类必须对性行为进行自我控制和自我约束。包括血亲之间婚姻和性行为的禁止；人类的性对象有特定范围，这种范围因各种文化中的风俗、道德不同而有所禁忌，也包括禁止结婚的某些遗传病。

知识链接

名人名言

“性盲或多于文盲；性盲比文盲更可怕！”　——徐天明

“不能把性教育课上成生理卫生课，要把性的教育转变为爱的教育。”　——白岩松

（三）性教育的原则与内容

1. 性教育的含义　性教育是指性生理、性心理、性道德、性法制、性病预防、避免性罪错的教育。是帮助掌握科学性知识，促进身心健康，防止性犯罪以及许多社会问题的有效手段，还是未来生活和谐、婚姻美满、家庭和睦的重要保证。

2. 中国的性教育现状　中国自古以来就是一个传统的国家，尤其在性的问题上更是保守，人们耻于谈性，甚至认为谈论性是一种不高雅、没有修养的表现，因此，出现了中国

式的性教育的尴尬现状：个人“胡乱探索”，家庭“沉默不语”、学校“隔靴搔痒”、社会“态度不明”。上海社科院青少年研究所先后4次在全国一线、二线、三线城市以及部分少数民族地区展开了青少年性行为大调查，内容涵盖性意识、性行为、性知识及性教育等方面。在2019年最新的大调查中，共采集1万份15～24岁青少年样本，并集中对北京、上海、广州三地调查结果进行分析，其中47.8%的青少年表示从未接受过性教育。青少年面对性困惑时主要解惑途径是网络，比例高达23.6%，通过书籍、录像资料者占22%，而通过学校课程和父母教育者分别只占14.3%和10.4%。这项跟踪性大调查的主要负责人表示，当前青少年性教育虽然较以往有所提高，但仍缺乏科学化、系统化的青春期性教育，现实中青少年对性知识的获取还是以自我摸索为主。所以为了青少年的健康成长，学校、家庭、社会携手共建系统的青春期性教育体系刻不容缓。

知识链接

男孩挥刀自宫为哪般

2012年11月3日，福建省泉州市安溪县一名17岁的男孩在家中挥刀自宫，阴茎几乎全部离断。原因竟是因自己的阴茎经常勃起，这让他感觉很羞耻、很苦闷，于是自残。所幸的是，经过福建医科大学附属第二医院泌尿外科医生10多个小时的再植手术后，男孩脱离危险，其性器官和性功能有望恢复良好。

3. 性教育的原则与方法 性教育内容敏感而私密，在国人耻于谈性的社会文化背景下，性教育应适时、适度，并遵守相应的伦理原则。

（1）社会、学校、家庭同步教育的原则 性教育是一个社会系统工程，必须做到舆论、社会、学校、家庭协调一致，才能收到良好效果。同时，性教育要与人生观教育、法制教育相互渗透，协调配合，保证性教育的系统性和连续性。

（2）正面启发教育为主的原则 应以正确的人生观、性意识、性行为方式和正确的性道德进行以正面启发教育为主的性教育。而对于性变态和性紊乱、性犯罪的防治教育则“点到为止”，以个人咨询指导为宜。

（3）群体普及教育与个别咨询指导相结合的原则 性教育既要“点”“面”结合，将知识的普及教育、共性问题的防治与个别特殊问题的咨询与解决结合起来；又要防与治相结合，一面做好“预防第一”的宣传，一面积极帮助患者解决实际存在的问题。

课堂互动

如何回答孩子一个简单的问题——“我从哪儿来”？

二、临床诊疗中的性护理伦理

临床诊疗中经常会涉及人体的生殖系统，与性器官有着直接的关系。长期以来，由于封建社会性神秘、性罪恶思想的影响，国人往往谈性色变，护理人员在临床诊疗工作中有可能需要暴露或接触到患者的隐私部位，需要询问患者的性隐私，这必定给患者造成极大的心理负担，并可能引发道德伦理纠纷，这就要求护理人员努力提高自己的性伦理修养，遵循性护理的伦理原则与规范。

（一）性护理的工作特点

1. 护理部位特殊 生殖和性器官是人体最私密的部位，在人类的生殖与性活动中有着特殊的地位和作用。性护理工作不仅关系到个人的自身健康，也可能影响子孙后代的健康和繁衍。

2. 患者特殊的心理状态 生殖和性器官的特殊性决定了患者心理上的特殊反应，容易产生害羞、压抑、恐惧等心理，这些的心理因素往往会影响疾病的治疗和康复，甚至会延误诊治，加重病情。

3. 护理与咨询并重 性健康不仅是具有性欲的个体在躯体上的健康，还包括在情感、知识、信念、行为和社会交往上的健康。护理人员在临床性护理工作中，不仅要提供专业的治疗服务，还应提供性问题的咨询、性健康教育，以及适时做好安全性行为的指导等，帮助患者尽快恢复健康。

知识链接

名人名言

“凡视妇女及孀妇尼僧人等，必候侍者在旁，然后入房诊视，倘旁无伴，不可自看。假有不便之患，更宜真诚窥睹，虽对内人不可谈，此因闺阃故也。”

——陈实功

（二）临床诊疗中的性护理伦理规范

1. 尊重患者的性权利 性权利是人的基本权利之一，是个体完整人格、人性和人生的统一。护理人员在进行与患者隐私部位有关的护理干预时，应尽量做好遮盖、隔离，创造一个私密的空间，避免过多的暴露；患者不理解不配合时，护理人员应不强迫、不欺骗，耐心解释说明以取得患者的信任和合作。

2. 注意保护患者的隐私 在工作中，与诊疗无关的患者隐私，护理人员不必过多询问，患者在治疗护理中吐露的隐情私事，也不得向与患者治疗无关的他人随意泄露，更不得将患者的隐私当作茶余饭后的闲谈资料，应严格保守隐私秘密。

3. 以科学的态度对待 在临床诊疗中，护理人员难免会遇到面对患者的性器官和性问题的尴尬情景，这就需要护理人员以科学、严肃、专业、认真的态度对待，妥善处理，不惊慌、不侮辱、不责骂，也不可因此省略对患者性器官的检查，或草草结束对性器官的治疗和护理。

4. 保护护患双方的权益 生殖和性器官是极为敏感的隐私部位，护理人员对患者隐私部位实施的各种护理行为，均有引发道德伦理纠纷甚至性犯罪的可能，因此，在对异性进行隐私部位的检查、治疗和护理时，必须有第三者在场，以避免不良事件发生，保护护患双方的权益。

三、性传播疾病防治中的护理伦理

性传播疾病是人类最古老的疾病之一，也是全球范围内发病最广泛的传染病。它不仅危害个人健康，也殃及家庭，贻害后代，同时还危害社会。因此，对医务人员提出了较高的技术和道德要求，护理人员应努力掌握防治性传播疾病的技术，严格遵循相应的伦理原则和规范，以做好性传播疾病的防治工作。

（一）性传播疾病的含义与特点

1. 性传播疾病的含义　性传播疾病（sexual transmitted disease，STD）是国际通用病名，我国简称为“性病”，中医称为“花柳病”“杨梅疮”。

传统将梅毒、淋病、性病性淋巴肉芽肿、软下疳及腹股沟淋巴肉芽肿称为经典性病（venereal diseases，VD）。1975 年，WHO 正式将性病命名为“性传播疾病”后，将淋病、梅毒、性病性淋巴肉芽肿、尖锐湿疣、软下疳、生殖器疱疹、非淋菌性尿道炎、艾滋病、念珠菌病、传染性软疳、滴虫性阴道炎、疥疮、阴虱病等 20 多种疾病列入性病范畴，我国卫生部在《性病防治管理办法》中仅将前 8 种疾病列为重点监测、防治的性病，其余均未列入。

2. 性病患者的特点

（1）传染性强，对社会危害大　性病的病原体多种多样，感染后患病率高，发病快，传播迅速。性病的危害非常大，不仅危害个人、家庭及子女，而且危害社会、民族，如晚期梅毒，不仅破坏人体多个器官，并可危害下一代。

（2）患者的心理压力大　受我国传统儒家文化的影响，性病被视为“脏病”“见不得人的病”，性病患者往往羞于启齿。另外，由于社会上某些宣传过分夸大了性病的危害，使一些性病患者视性病为绝症，担心性病难以治愈，又担心性病传染给家人，这些恐惧心理导致机体长期处于警觉紧张状态，甚至会引发心理疾病。

（3）疗效不能确保　多数性病具有传染性强，治愈难，易复发的特点，如病毒感染引起的生殖器疱疹、尖锐湿疣等性病，目前的抗病毒药物只能起抑制作用，短期内尚无法彻底清除病毒，疗效不能确保，也容易复发。何况性病患者一般都不敢去正规医院而是去找江湖郎中就诊，为了保住秘密不能有始有终地坚持治疗而得不到根治。

（二）性传播疾病防治中的护理伦理规范

1. 尊重患者，保护隐私　性病患者不仅有躯体不适，而且有异常痛苦的内心体验，护理人员必须把握患者的心理特点，设身处地为患者着想，对待他们要与其他患者一样一视同仁，应持理解、同情、帮助的态度，不讽刺、不挖苦、不歧视；充分尊重患者隐私，不能随意与其他医务人员谈论患者的病情，男女患者分开接诊，并设单独的检查咨询室，有必要讨论病情时应隐晦患者的姓名，对患者的个人资料要保密，当然，保密以不危害社会公众的健康利益为前提。

2. 精准诊断，积极治疗　性病诊断的准确性直接关系到患者的声誉，也因此才能指导有效的治疗。医护人员应严格按照国家规定的性病诊断和治疗方案对性病患者或可疑感染者进行规范、准确的诊断和治疗，治疗应严肃认真，准确细致，施术精诚，不借机谋取私利。

3. 及时报告，防止扩散　护理人员发现性病后要按规定填写报疫卡，及时上报传染源和疫情，同时通知性伴及时就医，必要时进行隔离切断传染源，降低患者的复发率，减少对他人和社会的危害，为社会公众的健康利益负责。

4. 积极宣传，普及教育 性传播疾病的防治既是医学问题又是社会问题，医学知识的普及，人们防病意识的提高和有效的防治措施等综合治理十分重要，护理人员应积极开展健康教育和咨询服务，使患者了解所患疾病的知识，改变危险行为，提高对治疗的依从性和自我保护能力，防止复发及传染他人。

知识链接

故意让危地马拉人感染性病以进行研究

2010年10月1日，美国国务卿希拉里·克林顿和卫生与公众服务部长凯瑟琳·西贝利厄斯就60多年前美国政府为研究目的而故意让数百名危地马拉人感染性病表示道歉。

希拉里和西贝利厄斯在一份联合声明中说，当时在危地马拉进行的这些性病实验“显然是不道德的”，她们对“这种不负责的研究能够在公共卫生的掩护下得以进行感到愤怒”。

美国政府于1946年到1948年之间在危地马拉进行医学试验中，美国医疗人员在受害者不知情，或者未经受害者允许的情况下，故意让数百名当地人感染上性病。感染性病的受害者中大约有三分之一的人一直未能得到足够的治疗。

案例

一经性传播的HIV感染者，男性，38岁，医生一直与他实行单线联系的检查与治疗，患者请医生向他的妻子和家人保密，于是医生谎告其妻子，其丈夫得了乙型肝炎，抽她的血是为了检查她是否感染上乙肝，其实是做HIV检查，结果为阴性。但仍处于被感染的危险中。请分析医生的做法道德吗？

四、艾滋病防治中的护理伦理

艾滋病是获得性免疫缺陷综合征（AIDS）的简称，直至1981年才被人们认识的一种新的性传播疾病，却是给人类带来危害最大的传染性疾病。在发现艾滋病后的几十年里，人类围绕它展开了投入最多、成果最为丰富的系列研究，然而到目前为止，尚无治愈该病的有效药物和方法，艾滋病以其传播快、蔓延广、致死性强成为人类生命与健康的天敌，被称为“世纪之泣”的现代瘟疫。

（一）艾滋病的含义与流行趋势

1. 艾滋病的含义 AIDS是人类因为感染人类免疫缺陷病毒（HIV）后导致免疫缺陷，并发一系列机会性感染及罕见的恶性肿瘤，严重者可导致死亡的综合征。HIV主要通过性接触或血液、血制品及母婴传播传染。当其侵入人体后，可选择性地攻击免疫细胞、神经细胞，使人体发生细胞免疫缺陷，导致感染者出现细菌、真菌、病毒、原虫等感染，甚至引发癌症，最终死亡。

2. 艾滋病的流行趋势 艾滋病发源于非洲，1979年在海地青年中也有散发，后由移民带入美国。1981年6月5日，美国亚特兰大市疾病控制中心，首次在《发病率与死亡率周刊》上简要地介绍了他们发现的五例艾滋病患者的病史。1982年正式将此病命名为“艾滋病”。此后不久，艾滋病肆虐全球，广泛分布于全球5大洲210个国家。1985年6月，由上海入境的一名美籍阿根廷青年男性游客因艾滋病住院，治愈无效，死于我国境内，这是出现在我国的首例艾滋病，以后每年都有报告，且呈快速增长趋势。目前我国31个省（市、自治区）全部发现感染者，三种传播途径均已存在。全国艾滋病的流行经过了散发期、局部流行期已转入广泛流行期。原国家卫生和计划生育委员会公布，截至2018年9月底，我国现存活的艾滋病病毒感染者和患者约85.0万例，死亡26.2万例，感染人数在亚洲位居第2位，在全球居第14位。

红绸带标志的意义：红绸带像一条纽带，将世界人民紧紧联系在一起，共同抗击艾滋病，它象征着我们对艾滋病患者和感染者的关心与支持；象征着我们对生命的热爱和对和平的渴望；象征着我们要用“心”来参与预防艾滋病的工作

为提高人们对艾滋病的认识，WHO于1988年1月将每年的12月1日定为“世界艾滋病日”，号召全世界人民行动起来，团结一致共同抵抗艾滋病。目前联合国艾滋病规划署明确提出到2020年实现“90－90－90”目标，到2030年终止艾滋病流行。这意味着到2020年，90%的艾滋病感染者应获得艾滋病监测并了解自己的感染情况；90%的艾滋病阳性患者应接受抗病毒治疗；90%的接受抗病毒治疗者体内病毒受到抑制。这些目标十分远大，要实现尚有众多的问题和挑战，需要各国政府、社会团体、受累人群和联合国系统各方携手合作。

知识链接

艾滋病防治中的伦理难题

在艾滋病防治第一线的一位医务人员撰文，介绍工作中遇到的难题。两名通过静脉吸毒感染HIV的咨询者，每次前来咨询都要带一小包海洛因，说不吸就回不了家，该医务人员清楚吸毒是一种违法行为，对这种行为熟视无睹与社会公德和有关法律违背，但若以任何方式检举揭发前来咨询的HIV患者，必然会使求询者的积极性受挫，求询者在这里只能得到信任、帮助和行为指导，任何有碍求询者的行为都可能导致HIV的传播，使公众受到伤害。

（二）艾滋病防治中的护理伦理原则

面对艾滋病的严峻挑战，全世界人民都动员起来了，各国政府都相继投入了大量的人力、物力、财力，与艾滋病展开了殊死的斗争，在这场斗争中人们不仅要紧紧依靠医学等科学技术作武器，更重要的还要提高认识，调整观念，充分利用道德伦理思想作为精神武器，释疑解惑，动员和激励人们去战胜艾滋病。

1. 尊重原则 尊重HIV/AIDS人群的基本权利，其中包括：知情同意权、隐私权、治疗权、救助权等。但当他们的这些权利与公众利益有矛盾时，应说服他们自觉地服从公众利益，这也是对他们基本权利的一种尊重。例如：让一个已知自己感染了HIV的人，主动地把自己已感染的情况告知自己的配偶和家人。

2. 宽容原则 对HIV/AIDS人群要给予人道的宽恕和谅解，即使对那些因为不良行为而导致的感染者和患者，也应给予一样的同情和帮助，如同性恋者、吸毒人员和卖淫嫖娼人群。同艾滋病做斗争是全社会共同参与的大事，应该以谅解和宽容的精神团结他们“共享权益，共担责任”，因此，不应该歧视、羞辱和遗弃他们。

3. 关爱原则 要用救死扶伤的人道主义精神关爱和救助 HIV/AIDS 人群。在中国的传统道德中，孔子关于“仁者，爱人”的思想对后世影响巨大。在西方伦理学中“生命神圣论”和“道义论”的思想也是关爱原则的重要思想渊源，关爱原则特别体现在对社会各弱势人群的关爱上。联合国艾滋病规划署规定每年的“世界艾滋病日”都要围绕一个主题进行宣传活动，目的就是“通过艾滋病日宣传，激起人们对艾滋病病毒感染者和患者的理解和关爱”。

4. 不伤害原则 在防治艾滋病工作中，千方百计地保护感染者和患者在肉体上和精神上及人格上不受伤害十分重要，医务人员拒绝治疗和护理及人们对感染者和患者语言上或行为上的歧视和羞辱，都会给他们带来肉体上和精神上的巨大伤害。

5. 公平与公正原则 主要指在防治艾滋病的资源分配、利益分配和负担分配上的公平与公正。在城市与农村之间，在发达地区与欠发达地区之间，要做到一视同仁。公平与公正原则，其思想理论渊源就是人道主义中的“平等”和“博爱”思想。2019 年世界艾滋病日的宣传主题已明确为“行动起来，向‘零’艾滋迈进”，副主题为“合力抗艾，共担责任，共享未来”，就是要使每一个国家和每一个人都能分享防治艾滋病的物质和信息资源，有权获取防治艾滋病的知识，有权得到物质帮助。

本章小结

性和生殖健康是一项关系到个人健康、家庭幸福、社会稳定的伟大事业。自古以来，人类对性和生殖健康的追求从未停止。随着社会经济的发展、改革开放，性放纵、性犯罪等社会问题导致性传播疾病包括艾滋病等的流行肆虐；而随着医学科学的进步，人类掌控自身生产和繁衍的能力越来越强，已能运用优生技术量身定做下一代；但这些都给人类造成了诸多的伦理冲突和难题。因此，明确性与生殖相应的护理伦理规范，正确评价优生技术与现代辅助生殖技术运用的社会伦理价值，对指导护理人员开展全方位的性治疗护理、优生优育技术工作及性健康教育活动等有着极其重要的意义。

【实践活动】

观看视频

活动内容：组织观看预防艾滋病系列短片。

活动目标：加深对艾滋病传播途径的认识。

活动方法：组织学生讨论日常生活中哪些行为不会感染艾滋病。

辩论赛

活动内容：组织一次以“护士拒绝护理性病患者是否道德”为主题的小型辩论会。

活动目标：加深对性病防治中的护理伦理规范的理解。

活动方法：将学生分成两大组，正方论点：护士拒绝护理性病患者是道德的；反方论点：护士拒绝护理性病患者是不道德的。阅读教材及参考书，分组讨论，推选四名辩手，其他学生为自由辩手。由正、反方辩手进行辩论。同学代表与教师进行评价。

目标检测

一、选择题

1. 积极优生学和消极优生学共同的目的，最主要是（　　）

A. 控制人口　　B. 提高人口质量　　C. 提高人口智力

D. 提高人口体力　　E. 提高国家竞争力

2. 当前，我国决定增加用于艾滋病研究的资金投入，在具体的操作过程中，应主要遵循的原则是（　　）

A. 不伤害原则　　B. 有利原则　　C. 公正原则

D. 尊重原则　　E. 安全原则

3. 世界上首例试管婴儿的诞生地是（　　）

A. 英国　　B. 美国　　C. 澳大利亚

D. 荷兰　　E. 日本

4. 1985 年 4 月，中国第一例试管婴儿诞生在（　　）

A. 台湾　　B. 上海　　C. 北京

D. 湖南　　E. 广州

5. 辅助生殖技术的基础是（　　）

A. 有大量不育症患者　　B. 生殖细胞商品化

C. 生殖细胞库的建立　　D. 现代生殖医学知识与科技

E. 生育技术商业化

二、思考题

1. 简述优生技术的主要措施及伦理规范。
2. 简述严重缺陷新生儿处置伦理。
3. 简述开展现代辅助生殖技术服务的护理伦理原则。
4. 简述性病防治中的护理伦理规范。
5. 简述艾滋病防治中的护理伦理原则。

三、案例分析题

宜兴一对双独年轻夫妻不幸车祸身亡，小两口生前做试管婴儿在南京鼓楼一医院留下的冷冻胚胎成为双方父母唯一的希望。为了争夺冷冻胚胎的处置权，双方最终对簿公堂，并追加拒绝交出胚胎的医院为第三人。

分析：案例中的冷冻胚胎可以继承吗？

（颜小芬）

扫码“练一练”

第十章

护理科研与医学高新技术应用中的护理伦理

学习目标

知识要点

1. 掌握护理科研、人体试验的伦理规范。
2. 熟悉护理科研伦理的意义；人体试验的伦理分析。
3. 了解护理科研的特点；人体试验的意义。

技能要点

1. 能利用护理科研的伦理规范、人体试验的伦理规范来解决护理科研和人体试验中的伦理问题。
2. 能正确运用伦理规范分析和解决护患关系问题。
3. 具有尊重患者，为患者负责，自觉为患者维权的意识和基本能力。

护理科研是护理人员以科学的观点与方法，对未知事物进行的探索、观察和分析，从而发展护理科学知识的认识活动。护理科研是一个严肃的探索和思维过程，其落脚点是发展护理科学理论和技术，是为了使我们了解护理科研的基本方法和基本程序，开阔视野，激发对护理科研的兴趣以及对本专业的热爱，增强创新意识、创新能力、科学态度、科研能力、科研道德和社会责任感，进一步优化内在素养及提高自身能力的途径。

第一节　护理科研伦理

扫码“学一学”

案例

护士王某，女性，39岁，为晋升职称撰写了一篇论文，在论文里有许多数据是从网上搜索和查阅资料出来的，然后交给杂志社发表，原想把此事隐瞒下去，但反复思虑后在论文还没有发表时报告给了杂志社，同时做了自我检查。

护理学的发展有赖于护理科研水平的提高，而护理科研水平的提高也有赖于护理科研工作者自身的素质和科研伦理道德水平的提高。因此，必须在护理实践中加强对护理科研工作者护理伦理知识的教育培训，树立正确的科研伦理道德观念。

一、护理科研的含义与作用

（一）护理科研的含义

护理科研（introduction to nursing research）是用科学的方法反复地探索、回答和解决护理领域的问题，直接或间接地指导护理实践的过程。护理科研同其他科学研究一样，具有探索性和创新性，这个本质特征规定了科学研究工作者应具有主动性、自觉性和计划性，规定了科研工作的正常程序。护理科研的正常程序能够正确地指导研究工作顺利进行，使护理科学研究活动符合科学规律，取得科学的结果。护理工作是一项集科学性、技术性和事务性于一体的一门独立学科。培养和造就一批能胜任临床护理工作，参加护理管理和护理科研教学的优秀护理人才是今后发展的主要方向。

（二）护理科研的作用

1. 把握护理发展的方向　随着现代化科学技术应用于医学和护理，促使医学及护理学向微细、快速、精细和高效能发展，促进临床护理向现代化方向发展。护理岗位的知识技术含量大大增加，如各种电子监护仪的使用、ICU 的发展，使临床病情观察和危重患者的监护技术向微细、精确的方向发展，从而使护理工作能及时准确地为疾病的诊断、治疗提供依据。为危重患者提供高质量、高技术护理仍是护士的重要任务。

2. 推动护理事业的进步　科研是保证知识更新及发展的手段，只有不断地更新及发展才能保证专业的生命力。护理科研包括护理理论的探讨、护理实践的提高和改进，特别是运用可靠的科学证据来指导临床护理工作。现代护理向着四个研究方向发展：从单纯医院内临床护理研究向医院外社区护理方向的研究发展；从单纯的疾病观察及护理的研究向预防保健方向的研究发展；从单纯生理、病理角度护理的研究向心理治疗及康复护理的研究发展；从单纯疾病和患者护理向对患者整体和健康人护理的研究发展。

3. 促使护理人员升华自我　随着科学技术的发展，越来越多的新理论、新知识、新技术运用到了护理领域，大大丰富了护理学的内容，加速了护理事业的发展。时代要求护理人员无论在知识上、技术上，还是个人修养上都具有更高的素质。高素质护理人才应具备的条件：处理复杂临床问题的能力；健康指导能力；与人有效合作的能力；文明举止、与人沟通的能力；独立分析和解决问题的能力；评判性思维能力；获得信息和自学的能力；一定的科研能力。

知识链接

名人名言

“仅凭知识和技术并不能给人类的生活带来幸福和尊严。人类完全有理由把高尚的道德标准和价值观的倡导者和力行者置于客观真理的发现者之上。”　——爱因斯坦

二、护理科研伦理的特点

（一）研究的时代性

在医疗护理领域，新概念、新方法、新技术层出不穷，特别是人类健康新理念的确立，

使人类对自身的健康认识上升到了一个新的层面。因此，对医疗护理的要求不断提升，这些都对护理科研工作者提出了挑战。护理科研工作者不能漠视时代的发展和社会的进步，在科研中，一定要带着爱心，充分运用现代医学心理学、医学社会学、医学人类学、医学伦理学和医学美学等学科的知识和规律去研究护理工作，在时代的前进中让广大患者得到最科学、最人性的关怀和照护。

（二）内容的广泛性

新医学模式的问世，无论是在理论上还是在实践上，使护理概念、护理内容以及护理工作程序等多方面都发生了变化。现代护理的研究，已从过去的医院内单纯临床护理、单纯疾病观察、单纯研究患者心理，向医院外社区人群护理、预防护理、中西医结合康复与保健护理、社会心理护理、全方位整体护理和医学人文护理等方面发展，内容越来越广泛。

（三）工作的艰巨性

护理研究对象离不开人的本身，研究的成果又作用于人体，由于人类生命的特殊性，许多有创造性的护理措施的研究不能直接在患者身上进行。所以，护理科研做起来常常条件不足，实践周期长，经验的积累和耐心的探索决定了护理科研的艰巨性。

（四）任务的紧迫性

随着生物医学高新技术的发展与临床应用，随之而来的一些伦理难题已摆在我们面前。例如安乐死中的伦理问题如何解决？对于植物人，我们是坚持治疗护理，还是放弃治疗护理？这些年临床医学有了长足的发展，但护理科研工作相对落后，它已不能适应医学和社会的快速发展，因此，护理科研任务繁重而紧迫。

三、护理科研伦理规范

（一）目的明确，动机纯正

护理科研的根本目的是认识人体生命的本质，寻求增进健康、预防疾病、恢复健康、减轻痛苦的途径与方法，提高人类健康水平和生活质量。纯正的动机目的表现在课题选择上，不是以经济利益为目的。选题要有创新性，应符合国家、社会的利益，符合人民群众健康利益，符合学科发展需要，符合科研的社会价值和道德价值，要赶超世界先进水平。

知识链接

科学骗局的代价

韩国科学家黄禹锡在动物克隆领域掌握的技术已得到世界科学界的承认，他得到了政府极大的支持和民众近于膜拜的景仰，拥有着“克隆之父”“民族英雄”“韩国最高科学家”等耀眼的光环。但 2006 年 1 月 10 日公布了对他的调查结果，确认他在国际权威杂志《科学》上发表的 2 篇论文属编造数据，随之政府取消其“最高科学家”称号，免去其一切公职，以诈骗罪、挪用公款罪并违反《生命伦理法》对其提起公诉。

（二）实事求是，严谨治学

本着符合人民健康需要，在护理科研过程中要尊重客观事实，一切从实际出发。在科研实施过程中设计要科学、实验要规范、数据要正确。避免抄袭、窃取他人成果。不应将研究成果夸大、缩小。伪造或擅自改动科研数据、资料，假报成果，抄袭剽窃他人成果等行为都是不道德的，理应受到道德舆论的谴责，严重者将受到法律制裁。

（三）互相尊重，团结协作

护理科研工作者要积极开展学科间、行业间、单位乃至国家间的协作配合，在科研攻关中善于协调好各种人际关系。在合作中与同事相互沟通、相互支持、相互配合；发扬学术民主、团结互助、以诚相待；提倡资源共享，杜绝对有价值的研究原始资料和资源进行封锁垄断，据为己有，但对研究对象的隐私必须暂时保密；尊重他人的劳动成果，正确对待不同意见；充分发挥个人专长和集体智慧，取得最佳的科研成果。

（四）淡泊名利，不断求索

在科研成果的应用中，科研人员应不谋私利，要把造福人类的道德选择放在第一位，教育腐败和学术腐败必须坚决杜绝。科研探索是一个漫长、曲折的过程，会遭到各种难以想象的困难、挫折和险阻，甚至会有生命危险，而且还会受到社会舆论与各种因素的干扰。例如在护理科研中，各种病毒、细菌、寄生虫、放射线、有毒物质都随时可能危害研究者的健康甚至危及生命。面对各种困难和阻力，科研工作者必须不怕危险、挫折、嘲笑和打击，始终坚信真理、绝不动摇，正确对待失败，表现出敢于挑战科研难题的自信。

（五）善待成果，善用成果

护理科研成果的取得是个人和集体智慧与劳动的结晶，科研道德要求每一位参与者互相尊重，在荣誉面前表现出高尚的谦让精神。要正确对待成果，按贡献大小进行利益分配，切不可斤斤计较，在联名发表著作、公布成果时要实事求是地对待文章的署名，盗名窃誉或剽窃他人成果是缺乏科研道德的，甚至是违法的行为。护理科研工作者要把全社会、全人类的整体利益和长远利益放在首位，要把新成果用于解决人类疾病和健康问题放在第一位，商业利益放在第二位。

第二节　人体试验伦理

扫码“学一学”

案例

患者王某，女性，9岁，入院诊断：急性化脓性扁桃体炎。体温39.5 ℃，使用青霉素静脉点滴，第二天体温下降，第四天体温正常。该科医生为完成科研课题，需做正常儿童的神经系统电生理检查（无创性），故选此儿童为受试者。受试第二日，家属探视时发现孩子头顶部皮肤有3个直径约2 mm的圆形丘疹样红斑，于是引起了医患纠纷。经过分析，丘疹样红斑的出现与神经系统电生理检查有关。该医生向医院做了汇报，并向家属及患儿进行道歉。

人体试验是医学研究中一个极为重要的方面，很多医学成就都是通过人体试验才在防病治病中发挥作用的。但必须遵循相应的伦理规范。

一、人体试验的含义与作用

（一）人体试验的含义

人体试验（experiment on human body）是以健康人或患者作为受试对象，用人为的试验手段有控制地对受试者进行观察和研究，以判断假说之真理性的科学研究及其行为过程。医学的进步或发展离不开研究，而医学研究最终将部分地依赖人体试验。可分为天然试验（战争、饥荒、瘟疫等）、自体试验（李时珍、赵学敏、汤飞凡、拉泽尔居里夫人等）、自愿试验（知情同意）、强迫试验（电休克实验）。

（二）人体试验的作用

1. 医学的起点和发展手段 人体试验在医学科学研究中有着极其重要和特殊的地位。无论是基础的医学研究，还是临床的诊断、治疗和预防都离不开人体试验，医学的任何新理论、新方法，在应用之前，无论经过何种成功的动物实验，都必须再做临床人体试验。人体试验是医学研究成果从动物实验到临床应用的唯一中介，只有经过人体试验证明确定有利于某种疾病的诊断、治疗的方法才能推广应用。即使已经在临床上常规运用的理论和方法，也还必须不断地经过人体试验加以改进和完善。从医学的发展历史看，没有人体试验就没有医学，更没有建立在现代物理和生物学基础上的现代医学。因而人体试验无疑对于医学的发展具有重大意义。

2. 常规临床应用之前的中间环节 人体试验正因为对医学的发展和人类健康起了很大的作用，依靠人体试验得出的结果，控制了危害人类健康的诸多病症，符合造福人类的目的，伦理学上赋予了人体试验以积极肯定的评价。如果取消人体试验，而把只是经过动物实验研究的药品和技术直接、广泛地应用于临床，那么就等于把所有的患者当作受试对象。这实际上是对广大民众的生命和健康的不负责任，是极不道德的。

二、人体试验中的伦理学问题

（一）受试者的选择

在人体试验中，选择受试者一定要坚持公平，即受试者的负担和受益在不同的人群中要平等分布。特别关照参加试验的弱势人群的权益，弱势人群（儿童、老年痴呆症患者、严重精神病患者等）也有权参加人体试验，有权享受人体试验带来的好处，但要特别强调关照他们，也就是说，如果弱势人群的个体参与必要的人体试验，不但要取得其家属或监护人的知情同意，还要切实保证他们不承担不公平的负担并且平等受益。

（二）研究资料的保密

进行人体试验，有时会涉及受试者的秘密或隐私。科研机构和科研人员要注意受试者资料的保密，例如发表论文若涉及受试者必须隐匿其姓名。对患者进行人体试验，医师要注意保守其秘密，在人体试验中，研究者也要注意保守受试者秘密，保护其隐私；应尽量运用双盲法。

（三）意外损伤的赔偿

参加人体试验的受试者，如果在实验中意外受到损伤，那么有权要求和获得公平的赔偿。参加人体试验的受试者如果在实验中意外死亡，那么，死亡者的家属也有权要求和获得赔偿。对可预见的不良反应，如果受试者本人或其家属在人体试验之前已经知情同意，则不在赔偿之列。

三、人体试验的伦理规范

根据国际上通行的《纽伦堡法典》和《赫尔辛基宣言》，人体试验必须遵循以下伦理规范。

（一）有利于医学与社会的发展

这一原则规范要求人体试验的目的必须正确而明晰，即人体试验的目的只能是为了研究人体的生理机制，探索疾病的病因和发病机制，改进疾病的诊疗、预防和护理措施等，以利于提高人类健康水平以及促进医学科学和整个社会的发展。禁止出于政治、军事等非医学目的的人体试验，严防出于经济、个人目的等非医学目的的人体试验。《赫尔辛基宣言》明确指出："在涉及人体对象的医学研究中，应优先考虑人体对象的健康幸福，其次考虑科学和社会的利益。"

（二）受试者知情同意

受试者享有知情同意权，知情同意是人体试验进行的前提。凡是采取欺骗、强迫、经济诱惑等手段使受试者接受的人体试验，都是违背道德或法律的行为。首先，必须保证受试者真实、充分地知情，即实验者必须将试验的目的、方法、预期的好处、潜在的危险等信息告知受试者或其代理人，让其理解，并回答对方的质疑；在知情的基础上，受试者表示自愿同意参加并履行书面的承诺手续后，才能在其身体上进行人体试验。如果受试者缺乏或丧失知情同意能力，则由其家属、监护人或代理人代替行使知情同意权。其次，正在参与人体试验的受试者，尽管他已经知情同意，但仍享有不需要陈述任何理由而随时退出人体试验的权利；若退出的受试者是患者，则不能因此而影响其正常的治疗和护理。

（三）维护受试者利益

维护受试者的利益是指在人体试验中要保障受试者的身心安全。首先，必须以动物实验为基础，在获得了充分的科学根据并且确认对动物无明显毒害作用以后，才可以在人体上进行试验。其次，在人体试验的全过程中要有充分的安全防护措施；一旦在试验中出现了严重危害受试者利益的情况，无论试验多么重要，都要立即停止，并采取有效措施使受试者身心上受到的不良影响减小到最低限度。最后，人体试验必须有医学研究的专家或临床经验丰富的专家共同参与或在其指导下进行，并且运用安全性最优的途径和方法。

（四）严谨的科学态度

严谨是科研道德的基本原则，人体试验更强调严谨的科学态度。首先，人体试验的全过程都必须遵循医学科学研究的原理，采用实验对照和双盲的方法，以确保实验结果的科学性，经得起重复的验证。其次，人体试验必须以动物实验为基础，这是人体试验的一个重要环节。经过动物实验并获得真实充分科学依据，经证明的确对动物的机体无毒、无害时，才能推向人体试验阶段。最后，在人体试验结束后，必须做出实事求是的科学报告，力求数据的完整、准确、无误，忠于事实、忠于结果，所得科研资料要妥善保管，任何篡改数据和编造材料的行为都是不道德的。

（五）进行伦理审查

《赫尔辛基宣言》要求涉及人类受试者实验的研究方案，应当交特别任命的伦理委员会评论、指导和批准。要求对人体试验的设计、开展，必须接受独立于资助者和研究者之外的伦理委员会的审查，以保证涉及人的生物医学研究遵循维护受试者利益、医学目的性、科学性、公平合理和知情同意伦理准则的实现。

知识链接

强迫性人体试验

强迫性人体试验是实验者利用手中的“权利”强迫人们接受人体试验。在1937～1945年日本侵华期间中国人民深受其害。日本侵略军队在我国东北成立了731部队，其成员都是医学专家。但他们不是谋人类健康和幸福，而是为战争服务。他们将3000多个中国、俄罗斯、朝鲜居民关押起来，作为受试验对象。在他们身上进行各种病毒、细菌、冷冻试验……甚至进行惨无人道的活的人体解剖。他们向村庄的水源中投放病毒、细菌，整个村庄的人们被杀害。历史告诉我们，强迫性人体试验永远是道德负价值。医务工作者在任何时候、任何情况下都应坚持为人类健康服务的医学目的原则，坚持知情同意原则，坚持不伤害原则，去开展人体试验。

扫码“学一学”

第三节　医学高新技术应用中的护理伦理

随着医学科学的发展，医学高新技术广泛应用，提高了诊疗技术水平。但在满足人们日益增长的医疗保健需求的同时，也改变了人与人之间的伦理道德关系。因此，认真研究医学高新技术应用中的伦理原则，对解决医学高新技术在临床护理工作中的伦理问题起着非常重要的作用。

一、医学高新技术的含义与社会价值

（一）医学高新技术的含义

医学高新技术是指在医学实践活动中，采用现代物理的化学的、生物的尖端技术及相应的新材料、新设备，直接用于人体检查、诊治、护理、预防、保健、康复的一系列医学手段。在医学技术领域中处于前沿或尖端地位，对促进医学经济和医学社会发展有巨大推动作用的技术群。如器官移植、现代生殖、基因工程等技术以及电子计算机、高分子合成、人工脏器、激光技术、电子计算机断层扫描（CT）、核磁共振等新技术材料和新技术。医学高新技术是医学科学迅速发展的产物，也是现代医学进步的重要标志。医学高新技术在临床上的广泛应用有利于维护人类的生命、促进人类的健康；有利于提高人类防治疾病的能力；有利于提高医务人员的科学水平和促进人类普及现代医学知识。但是，技术的快速发展和应用同时也导致了道德的难题和分歧，引发了一些值得我们探讨的伦理问题。

（二）医学高新技术应用的社会价值

1. 医学高新技术应用产生的积极作用　医学高新技术的应用有利于增强人类防治疾病

的能力和提高人类健康水平。主要表现：一是为疾病诊断提供了科学依据，而且检查的速度加快，患者痛苦小。如CT成像时间由原来的X线270秒缩短到了2秒，而且比X线检查技术灵敏100倍，能分辨出人体各种密度相近的软组织；图像融合技术（MRT）不但能获得人体器官和组织的横断面、冠状面和矢状面的解剖图像，还可以显示出组织的化学结构及其变化，它们与多普勒超声、正电子发射计算机断层成像术（PET）、单光子发射计算机断层成像术（SPECT）等都是医学影像技术与电子计算机技术相结合的产物，从而使生物信息的测量技术更加精确化、定量化和自动化，并且具有快速、无损伤、痛苦小等特点。二是开辟了治疗的新途径。如体外碎石技术避免了以往手术取石创伤大，易出血的缺点，减轻了患者的痛苦，减少了危险。三是提高了人类健康水平，通过基因技术，能把人的寿命延长到现在实际平均高出一倍甚至更大的年龄；组织器官移植技术不仅为治疗某些疑难病症提供了重要途径，而且为治疗老年性器官功能衰退和丧失提供了可能。所以这一切无疑提高了人类治疗疾病的能力和人类健康水平。

2. 有助于医务人员科学水平的提高及科学文化的普及 医学高新技术是一种高智力型的综合技术，它需要医务人员了解和掌握相关学科的知识和技能。如现代影像技术（B超、CT）操作，不但要求懂得一定的现代医学知识，具有一定的临床经验，而且还要了解电子计算机技术、微电子技术、核物理技术、超声技术、自动化技术和X光技术。因而，现代医学技术向广大医务人员提出了拓展知识面，更新自己的知识内容，以适应医学高新技术发展的要求。同时，医学高新技术的应用，提供了揭示人体生命和疾病奥秘的重要方法和工具，丰富了人类的生命科学知识，促进了人类普及现代医学知识。

按照唯物辩证法“两点论”的观点，医学高新技术的应用对人类社会的积极效应是客观存在的，但它所产生的负面影响更应引起我们的高度重视。如医学高新技术的应用淡化了医患关系。一方面，医务人员过分依赖高新技术，高尖端的仪器设备检查代替了以往询问病史、体格检查和临床思维，忽视了心理、社会因素对患者的影响；另一方面，患者则过分相信新技术，而不是尽可能地向医务人员提供更多的心理、社会和生物信息，以便于医生分析诊断，从而减少了医患之间的直接交流，影响了医患之间感情的表达和传递，形成了“医务人员－机械－患者”的不良医患关系，出现了医患关系“物化”的趋势。这与“生物－心理－社会”的现代医学模式是相悖的。

3. 医学高新技术应用产生的一些伦理问题 这些伦理问题主要包括：①低体重、有各种先天严重缺陷的新生儿通过先进的医疗技术设备可以使他们存活，他们的存活不仅对自身无幸福可言，对社会的直接影响则是使人口素质的下降；②胎儿性别鉴定等技术的运用带来男女性别比例失调；③重组DNA是一种分子遗传物质，用优秀基因代替普通基因，有意识地调节人类自身的进化，但可能会造成人类遗传性状的混乱，影响生命质量，给人类带来严重危害。

高新技术是一把“双刃剑”，在带来巨大的经济效益的同时，也产生巨大的负面影响。高新技术对社会的影响不仅表现于直接的物质性的危害，它还带来了一系列的人文忧患。高新技术运用到医学领域，对于疑难疾病的预防、治疗，增进健康，提高生命质量有着重要意义。人具有自然属性，还具有社会属性，人的双重属性决定了医学技术从一开始就显得和其他技术的不同，医学伦理贯穿于技术的始终。在医学活动中，出于对“人的尊严”的尊重，任何医学技术都不允许对人造成伤害，这是一个绝对的前提，是医学技术最为特殊的伦理要求。高新技术不断运用到生命领域，冲击着现有的医学伦理、法律、法规，传统的医学问题更多地向人文或精神、价值问题过渡，引发了人们对“医学目的”“生命价值”的重新认识。医学高新技术是实现医学目的的手段，但它需要理性的支配。医学高新技术的应用打破了人类的平静，它开始了对人类自身的干预。“人工生殖技术”“器官移植技术”“基因治疗技术”和“生命维持技术”是现已运用于临床治疗的医学高新技术。这四种医学高新技术贯穿于人生命的始终，对疾病的预防和治疗、提高生命质量具有积极的作用。但是，在“优生”“优活”和“优死”的过程中，它们对人体的出生、生长、发育、衰老、疾病、死亡的干预，给传统的社会关系、社会结构、伦理观念、法律规范带来巨大的冲击，引发了一系列的伦理道德问题。伦理道德是求善的，通过伦理的评价和价值判断，一方面可以在某种程度上防止医学高新技术的滥用，不让潜在的危害转变成为现实；另一方面有助于医学高新技术认清自身的局限或某些不足，以便及时加以改善。对医学高新技术做必要的价值评估与引导，不仅不会阻碍医学技术的进步，相反，只会更有利于医学技术的健康发展。尊重、不伤害、有利、公正原则是医学技术应遵循的医学伦理的基本原则，提高研究人员的社会责任意识，加强伦理法规、制度的建设，完善医学高新技术的伦理审查制度，是保证伦理基本原则实施的重要保证。

二、护理人员在医学高新技术应用中的作用

（一）护理人员是卫生保健的重要力量

当前世界医疗卫生事业发展的趋势，已由以医疗为主转变为更加重视预防和保健工作。由于医学高新技术广泛应用，加之护士是卫生保健工作的主要力量，护理人员已经开始走出医院，面向社会，关注每个人和每个人群的健康状况，围绕健康的生理、心理、社会三方面开展工作，为社区老人、妇女、儿童、慢性病患者等重点人群提供诸如中老年人保健、妇幼保健、青少年保健、慢性病护理、职业病防治、疾病普查、心理咨询等健康保健服务，并开放家庭病床、满足院外患者的基本治疗和护理需求；护理人员还要与医生、社区公共人员、社会性工作者共同合作，开展社会卫生服务。护理工作在医疗保健方面日益显示出其特有的作用。由此可见，护理的职能从单纯的护理患者延伸到预防疾病、维持健康的更广阔的领域，这既是时代的挑战，也是护理专业本身发展的要求。

（二）护理人员是健康教育的主要力量

健康教育是通过有计划、有组织、有系统的教育活动，促进人们自觉地采用利于健康的行为，消除或降低危险因素，降低发病率、伤残率和死亡率，提高生活质量，并对教育效果做出评价。护理人员应用医学高新技术，目的是为了减少或消除影响健康的危险因素，预防疾病，促进健康，提高生活质量。全民健康，健康教育先行。

（三）护理人员成为医生和其他保健人员平等的合作者

现代护理已不再是一项附属于医疗的技术性职业，护理专业成为健康服务系统的一个独立的分支，平行于医疗专业及其他健康服务专业。因而，护理人员成为健康服务系统中的重要一员，在医学高新技术应用中，成为医生的合作伙伴，健康服务的参与者。在为服务对象提供健康服务时，也具有相对独立性。因此，护理人员是医生和其他保健人员平等的合作者。

（四）护理人员为危重患者提供高质量与高技术的护理

随着现代化科学技术应用于医学和护理，促使医学及护理学向微细、快速、精细和高效能发展，促进临床护理向现代化方向发展。护理岗位的知识技术含量大大增加，如各种电子监护仪的使用、ICU的发展，使临床病情观察和危重患者的监护技术向微细、精确的方向发展，从而使护理工作能及时准确地为疾病的诊断、治疗提供依据。为危重患者提供高质量、高技术护理仍是护理人员的重要任务。

三、医学高新技术应用中的护理伦理原则

为增强医学高新技术应用带来的积极效应，尽量避免或缩小其消极作用的出现，在其应用过程中必须遵循以下伦理原则。

（一）人道主义原则

为解决医学高新技术滥用而引起医患关系淡化的不良后果，在其应用中必须坚持人道主义原则，同情、关心、爱护患者，平等、负责地对待患者；坚持以善良、诚实的态度为患者服务。医学高新技术服务的根本目的是最大限度地满足人们的医疗卫生保健需要，为大多数人的健康服务。当医学高新技术应用与人道主义发生矛盾时，要正确处理医院利益与患者利益的关系，坚持以公正、公道的伦理观念加以解决。当患者确实需要某项新技术进行诊断治疗才能挽救其生命时，医务人员应当在条件许可的情况下积极创造条件，尽力予以满足；即使在某些特殊情况下，患者暂时无力支付医疗费用，也应给予满足。“见死不救”的做法是违背医学人道主义原则的，应当坚决抛弃。

（二）公正分配原则

在卫生资源的宏观分配方面，该原则要求医疗卫生事业管理者及医务人员应以全体人民的健康利益为出发点，在医疗、预防及有关研究所需的人力、物力和财力等卫生资源的分配中，着眼于人民群众平等的健康要求和权利，以实现全体人民的初级卫生保健为基本目标，合理分配卫生资源，最大限度地满足社会绝大多数人的医疗保健需求。为解决经济发达地区和城市医院高新技术设备过于集中和利用率低，而农村和经济落后地区则缺少高新技术的现状，其引进和应用必须从总体上同国家卫生行政部门的宏观规划相协调，接受主管部门的宏观调控。

在卫生资源的微观分配和医疗服务方面，面对众多医疗服务的需求者，公正原则要求医务人员在一视同仁的平等前提下，不分国籍、性别、年龄、宗教、社会地位、经济状况等，坚持医学的科学标准，按病情的轻重缓急提供必要的医疗服务和医学高新技术，使人人享有平等的医疗保健权及医学高新技术使用权。

（三）整体效益原则

它要求医疗单位在医学高新技术的应用中，不能仅仅局限其局部利益，而必须顾及社会的总需求与整体利益，坚持局部利益服从整体利益的原则，以避免片面追求部门经济利益而任意扩大其使用范围，诱导需求等现象发生；同时，医学高新技术的应用和发展不能仅仅着眼于近期效果，要看到其长远的社会效果，以克服医学高新技术的滥用引起的医源性疾病，以及胎儿性别鉴定带来的男女性别比例失调等大量伦理道德问题。

（四）生命价值原则

在医学高新技术的应用中贯彻生命价值原则，一方面，要尊重人的生命。当医学高新技术的应用可以把患者从死亡的边缘上挽救过来的时候，毫无疑问也应积极创造条件，满足患者的需求。另一方面，又要尊重生命的价值。因为人的生命是可以用价值来衡量的，分为正价值、零价值和负价值。这就要求医务人员在应用医学高新技术时，应在提高生命质量和价值的前提下去维护人的生命权利，维护生命的神圣和尊严。如果医务人员在应用医学高新技术时，不惜一切代价去维持一个毫无生命质量和社会价值的生命，这样，不仅会造成医药卫生资源的极大浪费，而且也会给家庭和社会带来负担。所以，在医学高新技术的应用中坚持生命价值原则，一定要考虑患者的生命质量和存在的社会价值。

（五）精益求精的原则

为防止医学高新技术应用中误诊误治现象的发生。医务人员在其应用过程中必须坚持精益求精的原则。在思想上，对医学高新技术的应用要有高度的责任感，忠于职守，切不可因自己的疏忽与失误而损害患者的利益。在知识结构上要求医务人员必须熟悉自己的专业知识，了解与之相关的科学知识，掌握医学科学技术的发展动态，不断更新知识结构，以提高自己的临床思维能力。在技术上，医务人员要懂得现代医疗仪器的原理，达到熟练操作，准确无误。

（六）最佳选择原则

为减少由于医学高新技术应用造成的伤害和危险，减轻患者及其家属的经济负担，医学高新技术的应用必须坚持最佳选择原则。主要包括以下内容。

1. 适应证最佳　医学高新技术的应用首先要严格控制其适应证，不得任意扩大其适应范围，随意开列检查项目，让患者做意义不大或毫无意义的检查。

2. 手段最佳　医学高新技术的临床应用中必须遵循由低到高的顺序，凡是用较低手段检查治疗而能达到同样效果的，就无须选择高一级手段。

3. 疗效最佳　与普通医学技术的疗效相比较，医学高新技术应用的疗效应当是最佳的。

4. 损伤最小　在效果相当的情况下，要选择损伤最小，安全系数最高的手段。在特殊情况下必须使用某项技术但又有一定伤害或危险时，应征得患者及家属的同意，并尽力将伤害减少到最低限度，以确保患者安全。

5. 耗费最小　在选择医学高新技术时，应减少资源的消耗，以减轻患者及家属的经济负担。

（七）宣传适度原则

在医学高新技术的使用中，医务人员要注重科学依据，要以辩证的、实事求是的、科学的态度去宣传和评价它的作用及后果。任何医学高新技术都具有正负两重的作用，医务人员不可片面夸大其作用，扩大其适应证，使患者迷信高新技术，从而忽视常规治疗护理和调动其内在因素的作用。少数医务人员从个人私利出发，片面夸大高新技术的作用，宣传甚至动员患者接受高新技术的诊疗，以从中获得好处的行为是极不道德的。总之，对医学高新技术的意义与作用，医务人员应给予正确的、客观的宣传和评价。

本章小结

护理科研是一个严肃探索和思维过程，用科学的观点与方法，对未知事物进行的探索、观察和分析，从而发展护理科学知识的认识活动。医疗高新技术在临床广泛应用中必须遵循护理伦理原则。在人体试验中设计必须科学严谨，以动物实验为基础。把维护受试者利益与健康和保证安全放在第一位，严防出现以经济为主等非医学目的的人体试验。试验必须有利于维护人类的生命、促进健康；有利于提高人类防治疾病的能力；有利于社会、有利于提高医务人员的科学水平。

【实践活动】

辩论会

活动内容：组织一次以“护理科研论文撰写规范”为主题的小型辩论会。

活动目标：加深对护理科研规范的理解。

活动方法：将学生分成两大组，正方论点：护理科研论文撰写可以完全借用别人的观点、结论和有关数据；反方论点：护理科研论文撰写只能是自己的观点、研究后实际的结论和真实的数据。阅读教材及参考书。分组讨论，推选四名辩手，其他学生为自由辩手。由正、反方辩手进行辩论。同学代表与教师进行评价。

目标检测

一、选择题

1. 为克服医学高新技术应用于医学服务所产生的负面影响，要求医务工作者（　　）
   A. 不仅关心患者的躯体，而且还要关心患者的心理
   B. 注意克服人－物－人的物化趋势
   C. 维护和尊重患者的知情同意权
   D. 正确处理同行关系
   E. 不能以医谋私
2. 世界上最早的关于人体试验的国际性医德文献是（　　）
   A. 1803 年的《医学伦理学》
   B. 1946 年的《纽伦堡法典》
   C. 1948 年的《日内瓦宣言》
   D. 1964 年的《赫尔辛基宣言》
   E. 1981 年的《人体生物医学研究的国际标准》
3. 在临床医学研究中对待受试者的正确做法是（　　）
   A. 对受试者的负担不可以过分强调
   B. 对受试者的受益要放在首要位置考虑
   C. 对受试者的负担和受益要公平分配

D. 需要特别关照参加试验的重点人群的负担

E. 对参加试验的弱势人群的权益可以不必太考虑

4. 避免医学高新技术在应用中出现负面效应的主要办法是（　　）

A. 结合患者的经济条件

B. 掌握医学高新技术使用的范围

C. 加强医学高新技术应用中的伦理学教育

D. 关心患者，减少不必要的检查

E. 注意生态环境的保护

5. 下面不应理解为医学高新技术应用中正效应的是（　　）

A. 提高了疑难病的诊疗水平

B. 有利于医疗质量的提高

C. 医学高新技术的应用带来高的经济效益

D. 人们生命质量和生命价值得以优化

E. 临床诊断、治疗水平进一步提高

二、思考题

1. 简述护理科学研究中应遵循的伦理原则。
2. 简述护理科研不端行为的表现形式。
3. 简述护理科研选题研究问题的来源。
4. 简述护理科研道德的意义。
5. 简述护理科研选题的注意事项。

三、案例分析题

案例一　某科研小组，利用中、重度哮喘的患者，给不同剂量的呋塞米雾化吸入治疗进行单盲人体试验。自愿参加的受试者在试验前停用平喘药一天，除有明显低氧血症的患者给予30%氧气吸入外，均不加用其他药物。治疗组给不同浓度呋塞米生理盐水溶液雾化吸入20分钟，对照组仅给生理盐水雾化吸入，观察4小时。结果治疗组85%有效，对照组1例起效和1例无变化外，82%的受实者肺功能较前恶化。

分析：①此试验是否需要继续进行下去？②是否符合人体试验伦理道德规范？③按照这样的试验进行会导致什么样的结果？

案例二　患者孙某，女性，40岁，因患溃疡性结肠炎入院治疗。住院后，医生告之有一种治疗溃疡性结肠炎的新药，需要一部分患者做临床疗效试验。医生还告诉患者自愿参加，但希望溃疡性结肠炎患者都参加。孙某原来不想参加这项试验，但抱着试一试的态度便参加了，用药一个星期之后，她自觉效果不好，便中途退出了试验，主管医生对她的做法很不满意，为此，她很苦恼，担心医生今后不会认真给她治疗了。

分析：对医生的做法和态度的改变做伦理分析。

扫码“练一练”

（谭　庆）

护理法规篇

第十一章

卫生法律法规

学习目标

知识要点

1. 掌握护士执业注册制度及护士执业规则。
2. 熟悉护理法的内容与形式；护士执业资格考试制度。
3. 了解卫生法的基本原则；卫生法律制度及学习护理法的意义。

技能要点

1. 能够严格遵守护士执业规则从事护理活动。
2. 具有依法执业的法律意识。

护理法是调整护理过程中形成的社会关系的所有法律规范的总称，属于卫生法的一个组成部分，尤其是对护理人员的执业注册与执业规则的规定，对护理人员依法从事护理活动有监督、约束和指导的作用。

扫码“学一学”

第一节　卫生法概述

案例

患者，男性，78岁，神志清楚且精神正常，农民。家住偏远山区，8年前因咳嗽住院，被诊断为肺癌，最近病情又发作，再次入院治疗。检查发现已扩散至身体其他部位，患者拒绝继续治疗，想将钱留给儿子盖房娶媳妇，并请求医生给予安乐死。而他的妻子及儿子则恳请医生一定要为他治疗。试根据卫生法的基本原则分析医院对此该如何处理？

卫生法学是研究卫生法律规范及其发展规律的一门法律科学，是自然科学和社会科学相互渗透和交融，并随着生物－心理－社会医学模式的产生而发展起来的一门交叉学科。卫生法学明确了医务人员在医药卫生工作中的权利和义务及如何正确履行岗位职责，它对拓宽医学生的知识领域，培养合格的医学人才，增强医学生的社会主义法制观念，更好地从事医药卫生工作具有重要的意义。

一、卫生法的含义与特征

（一）卫生法的含义

卫生法是指由国家制定或认可，并由国家强制力保证实施的，用于调整在保护人体生命健康活动过程中所形成的各种社会关系的法律规范的总和。卫生法有狭义和广义两种理解。狭义的卫生法指由全国人民代表大会及其常务委员会所制定的各种卫生法律。广义的卫生法不仅包括上述各种卫生法律，还包括被授权的其他国家机关制定颁布的各种卫生法规和规章，如卫生条例、规则、决定、标准、章程、办法等，以及散见于宪法、民法及其他部门法律中用于调整卫生领域的法律规范。本书所述卫生法即广义的卫生法。卫生法是国家法律体系中的一个重要组成部分，是依法治国中不可缺少的一环，它具有法律的一般属性，又有特定的调整对象，并具有自己的特征而有别于其他法律。

（二）卫生法的特征

1. 以保护公民健康权为根本宗旨　健康权是指人的机体组织和生理功能的安全受到法律保护的权利。公民健康权是公民人身权中一项最基本的权利。卫生法以保障公民生命健康权为根本宗旨。

2. 综合性和多样性　卫生法带有诸法合体，多种调节手段并用的特征。卫生法的表现形式具有综合性和多样性；而且卫生法的调节手段具有综合性和多样性，不仅采用行政手段调整卫生行政管理活动中产生的社会关系，而且采用民事手段调整卫生服务活动中的权利义务关系。

3. 科学性和技术规范性　卫生法的科学性表现在卫生法与现代科学技术紧密结合。同时卫生法保护的是公民生命健康这一特定的对象，这必然要将大量的技术规范法律化，即将直接关系到公民生命健康安全的科学工作方法、程序、操作规范、卫生标准等确定下来，成为技术法规，把遵守技术法规确定为法律义务，使公民的生命健康权得到保障。此外，医药卫生工作本身作为技术性很强的工作，要适应现代科学技术发展，把科学技术的研究成果应用于医药卫生工作中，就必须用立法来强化医药卫生技术规范，形成操作规程、技术常规及医药卫生标准等法定性技术规范供人们遵照执行。

4. 社会共同性　当今社会卫生问题已成为人类所面临的共同问题。人们都在探求解决人人享有卫生保健，预防和消灭疾病，增进人体健康，促进社会经济发展等问题的办法。为此各国在卫生立法方面不断加强国际合作与交流，以便能更好地相互借鉴，从而推动了国际卫生法的发展。这充分体现了卫生法的社会共同性的特征。

知识链接

名人名言

“法律是无私的，对谁都一视同仁。在每件事上，她都不徇私情。”——托马斯

“人民的幸福是至高无上的法。”——西塞罗

二、卫生法的基本原则

卫生法的基本原则是指贯穿于各自法律和法规之中，对调整保护人体健康而发生的各种社会关系具有普遍指导意义的准则，卫生立法要体现这些基本原则，在卫生法的实施过程中同样要贯彻执行这些基本原则。

（一）保护公民身体健康原则

每个公民都依法享有改善卫生条件，获得基本医疗保健的权利，以增进身体健康，延长寿命，提高生命质量，这也是卫生立法的最高目的。因此，我国的宪法和相关法律都明文规定，保护人民健康，不断满足人民群众的医疗保健需要，是社会主义医疗卫生的根本任务。同时为了更好地保护公民健康水平，有效监督人群健康状况和疾病流行情况，有效管理和监督与人民生活密切相关的饮食业和药品生产经营状况，国家设立专门机构进行分类管理，各司其职，对保护公民健康发挥了重要作用。这些都是国家在卫生工作中贯彻落实保护公民身体健康原则的具体体现。

（二）预防为主原则

卫生工作要坚持“预防为主，综合治理”的方针，正确处理防病和治病的关系，把防疫工作放在首位，坚持防治结合，预防为主。如果重视预防工作，加大卫生基本设施建设力度，彻底改变不良卫生习惯，严格把握住生产、工作、学习、生活等环节的卫生质量要求，就可控制和减少疾病。这是一项综合性的系统工程，必须增强全体公民预防保健意识，明确卫生防疫工作是全社会的共同责任。

（三）保护社会健康原则

要协调个人利益与社会健康利益的关系。社会健康利益是一种涉及个人利益，但又不专属于任何个人的社会整体利益。这种对社会整体利益的保护有可能导致对个人权利的限制，如对某些传染病患者，法律规定其不得出境或者入境。因此个人在行使自己的健康权利时，不得损害社会健康利益。

（四）国家卫生监督原则

卫生行政机关或国家授权的卫生职能部门，对其管辖范围内有关单位和个人执行国家颁布的卫生法律、法规、规章、条例及标准情况予以监察督导，坚持依法办事，严格执法，同一切违反卫生法的行为做斗争，以保证有一个良好的社会卫生环境。国家卫生监督包括医政监督、药政监督、公共卫生监督和其他有关卫生监督。为了体现和实现这一原则，卫生法对各级各类卫生监督机构的设置、任务、职责、管理、监督程序，以及对违法者的处罚种类、裁量标准、处罚程序及执法文书等一系列问题做了明确规定，要求卫生监督人员准确适用法律，严格依法办事。

（五）动员全社会参与原则

卫生工作必须做到政府领导、部门配合、社会支持、群众参与，使卫生事业成为全民的事业。这一原则反映了卫生工作的社会性，有利于增强社会全体成员的参与意识和责任感。

（六）患者自主原则

保护患者权利的观念是卫生法的基础，而患者的自主原则是患者权利的核心。所谓患者自主原则是指患者经过深思熟虑，就有关自己疾病的医疗问题做出合理的理智的并表示负责的自我决定权。它包括：患者有权自主选择医疗机构、医生及其医疗服务的方式；除法律、法规另有规定外，有权自主决定接受或者不接受某一项医疗服务；患者有权拒绝非医疗性服务等。我国目前还没有专门的患者权利保护法，但我国现行的卫生法律、法规都从不同角度对患者权利做了明确、具体的规定。

知识链接

名人名言

“法律规定的惩罚不是为了私人的利益，而是为了公共的利益；一部分靠有害的强制，一部分靠榜样的效力。”

——格老秀斯

“制定法律法令，就是为了不让强者做什么事都横行霸道。”

——奥维德

三、卫生法律制度

（一）预防保健法律制度

为了加强预防保健工作，通过有组织的社会共同努力来改善卫生环境，从而促进身体健康，提高工作效率，控制社会传染病的流行，教育个人形成良好的个人卫生习惯、组织医护人员对疾病进行早期的诊断和预防性治疗，国家制定了《传染病防治法》《国境卫生检疫法》《职业病防治法》《国内交通卫生检疫条例》《突发公共卫生事件应急条例》《艾滋病防治条例》《血吸虫病防治条例》《使用有毒物品作业场所劳动保护条例》《尘肺病防治条例》《公共场所卫生管理条例》《学校卫生工作条例》等法律法规。

上述卫生法律、法规，在预防保健方面主要确立了以下法律制度。

1. 传染病预防控制制度　主要规定包括：①传染病预防控制预案制定和传染病监测预警制度；②实行有计划的预防接种制度；③传染病菌种、毒种和病原微生物实验室管理制度；④传染病社会综合预防制度；⑤传染病疫情的报告、通报和公布制度；⑥传染病疫情控制措施等。

2. 突发公共卫生事件应急制度　主要规定包括：①中央与地方的应急管理体制与职责；②全国和省两级突发公共卫生事件应急预案的制定和启动制度；③突发公共卫生事件的监测与预警制度；④突发公共卫生事件的报告与信息公布制度；⑤突发公共卫生事件的应急处理措施等。

3. 职业病防治制度　主要规定包括：①建设项目预评价制度和职业病危害项目申报制度；②建设项目的职业病防护设施与主体工程同时设计、同时施工、同时投入生产和使用审查制度；③劳动过程中对职业病的防护与管理制度；④用人单位在职业病防治中的责任制度；⑤职业病患者、疑似职业病患者的救治和保障制度等。

4. 公共场所和学校卫生管理制度　主要规定包括：①公共场所卫生许可证制度，卫生管理和卫生责任制度，危害健康事故报告制度等；②对学生健康进行监测和健康教育制度，加强对传染病、学生常见病的预防和治疗制度等。

5. 妇女儿童健康权益和公民生殖健康权益保障制度 主要规定包括：①婚前保健服务制度、孕产期保健制度等；②对女职工实行特殊劳动保护制度等；③保障公民获得适宜的计划生育技术服务制度等。

（二）与人体健康相关产品管理法律制度

为了加强对食品、药品、化妆品、医疗器械等与人体健康相关产品的监督管理，保证其产品质量，保障人体健康，国家制定了《食品安全法》《药品管理法》《医疗用毒性药品管理办法》《放射性药品管理办法》《药品行政保护条例》《化妆品卫生监督条例》《医疗器械监督管理条例》等法律法规。

上述卫生法律、法规，在与人体健康相关产品管理方面主要确立了以下法律制度：

1. 食品安全管理制度 主要规定包括：①国家实行食品安全制度；②食品的基本安全要求；③食品生产经营应当符合食品安全标准；④生产经营和使用食品添加剂，应当按照食品安全国家标准；⑤食品、食品添加剂、食品容器、包装材料、食品用工具、设备，以及用于清洗食品和食品用工具、设备的洗涤剂、消毒剂的卫生要求；⑥食品生产经营企业和食品从业人员卫生许可证和健康证制度等。

2. 药品管理制度 主要规定包括：①实行国家药品标准；②药品生产实行批准文号管理制度；③药品生产（包括医疗机构制剂）、经营企业和生产、经营药品许可证制度；④处方药与非处方药分类管理制度；⑤对放射性药品、精神药品、麻醉药品、医疗用毒性药品实行特殊管理的制度；⑥血液制品管理制度等。

3. 化妆品管理制度 主要规定包括：①化妆品生产企业卫生许可证制度；②化妆品生产从业人员健康检查制度；③化妆品生产所需原料、辅料以及直接接触化妆品的容器和包装材料卫生标准管理制度；④进口化妆品、特殊用途化妆品和化妆品新原料安全性评审制度等。

4. 医疗器械管理制度 主要规定包括：①医疗器械分类管理制度；②医疗器械新产品审批制度；③医疗器械生产经营许可证制度；④医疗器械临床试验制度；⑤医疗器械产品生产注册制度；⑥医疗器械标准制度等。

（三）医疗机构和卫生技术人员管理法律制度

为了规范医疗机构的医疗行为，提高医务人员的职业道德与业务素质，稳定正常工作秩序，保证医疗质量，促进医疗卫生事业的发展，保障公民健康，国家制定了《执业医师法》《乡村医生从业管理条例》《医疗机构管理条例》《医疗废物管理条例》《医疗事故处理条例》《护士条例》等法律法规。

上述卫生法律、法规，在医疗机构和卫生技术人员管理方面主要确立了以下法律制度。

1. 医疗机构管理制度 主要规定包括：①医疗机构设置审批制度；②医疗机构执业许可证制度；③医疗机构诊疗活动制度；④医疗废物无害化处置制度；⑤医疗事故技术鉴定和赔偿制度等。

2. 卫生技术人员管理制度 主要规定包括：①执业医师资格考试制度和医师执业注册制度；②护士执业注册制度；③乡村医生注册、培训和考核制度等。

知识链接

红十字会的职责

红十字会履行下列职责：①开展救灾的准备工作；在自然灾害和突发事件中，对伤患者和其他受害者进行救助；②普及卫生救护和防病知识；③开展红十字青少年活动；④参加国际人道主义救援工作；⑤宣传国际红十字和红新月运动的基本原则以及《日内瓦公约》及其附加议定书；⑥依照国际红十字和红新月运动的基本原则，完成人民政府委托事宜；⑦依照《日内瓦公约》及附加议定书的规定开展工作。

（四）卫生公益事业法律制度

为了促进卫生公益事业的全面发展，弘扬人道主义精神，促进和平进步事业，国家制定了《红十字会法》《献血法》《全国血站工作条例》等法律法规和规章。

上述卫生法律、法规和规章在卫生公益事业方面主要确立了以下法律制度：①中国红十字会的性质、工作方式；②我国公民自愿参加红十字会制度；③健康公民自愿无偿献血制度；④红十字标志使用制度。

第二节　护理法概述

扫码“学一学”

案　例

由于产妇及新生儿体弱，其家属认为病房紧闭门窗后生煤炭火炉比较暖和，于是将门窗紧闭。护理人员夜间巡视病房时告诉产妇这样容易导致一氧化碳中毒，并将门窗稍稍打开。待护理人员离开后，产妇向家属反映没有门窗紧闭时暖和，结果家属以护理人员开窗导致产妇感觉气温低为由，提出索赔。试分析本案中护理人员的行为是否违反护理法？

护理法是以法律的形式对护理人员在教育培训和服务实践方面所涉及的问题予以限制的法律，其中明确了护理法的概念，规定了护理活动的内容、考试及注册制度、护士执业规则等，将护理行为纳入法制化的轨道，保证了护理质量的提高及护理人员与患者权利的保护。

一、护理法的概念及历史发展

（一）护理法的概念

护理法是调整护理过程中形成的社会关系的法律规范的总称，是由国家规定或认可的关于护理人员的资格、权利、责任和行为规范的法律法规。护理法不仅是对护理工作进行规范的法律、法规，而且还包括与护理工作有关的法律法规。我国的护理法属于卫生法的一部分，而且受国家宪法的制约，对护理工作有监督、约束和指导的作用。

（二）护理法的历史发展

中国现代护理事业是1840年鸦片战争前后随着西方医疗护理工作的传入，逐步发展起来的。1888 年，在福州成立了我国第一所护士学校。1934 年，国民政府教育部成立了护士教育专门委员会，护士教育被纳入国家正式教育系统。为了规范护士执业和管理，国民政府于 1936 年颁发了《护士暂行规则》，1943 年颁发了《助产士法》。

中华人民共和国成立以后，国家虽然先后颁布了有关护理的法规、文件，但是由于未建立起严格的考试、注册、执业管理制度，大量未经专业培训的人员涌入护士队伍。虽然原卫生部、原劳动人事部曾多次命令禁止非卫生技术人员从事卫生技术工作，但是由于没有一部关于护士资格管理的法规，各级医疗机构无法阻止这一现象的发生，使从事护理工作人员的水平和素质参差不齐。

党的十一届三中全会后，随着医疗卫生事业的发展和民主法制建设的加强，护理工作的法制化管理日益受到重视。1982 年，卫生部在医政司内设立了城市护理处。根据国务院批准卫生部颁发的《卫生技术人员职称及晋升条例（试行）》的规定，正规护校的毕业生可以获得护士、护师、主管护师、副主任护师及主任护师的技术职称。

1986 年，首届全国护理工作会议召开。会后卫生部发布了《关于加强护理工作领导，理顺管理体制的意见》。1997 年，卫生部又发出《关于进一步加强护理管理工作的通知》，要求加速护理工作改革，转变护理模式，提高护理质量，以适应社会发展和满足人民群众日益增高的护理保健需求。1993 年 3 月，卫生部颁布了《中华人民共和国护士管理办法》，自 1994 年 1 月 1 日起施行。1997 年，卫生部颁布了《关于进一步加强护理工作的通知》《继续护理学教育试行办法》。2008 年，国务院颁布《护士条例》并自 2008 年 5 月 12 日起施行，它从立法层面明确了护士的权利和义务，明确了各级政府及有关部门、医疗卫生机构在维护护士合法权益，规范护理技术行为等方面的责任，使护士执业管理走上了法制化轨道。中华护理学会为了贯彻实施《护士条例》，给全国护理工作提供护理伦理及执业行为的基本规范，在借鉴国内外经验和广泛征求意见的基础上，组织专家制定并于 2008 年颁布了《护士守则》。2008 年，卫生部颁布《护士执业注册管理办法》。

知识拓展

国外护理立法的发展

护士、护理立法源于 20 世纪初。1903 年美国北卡罗莱纳、新泽西等州首先颁布了《护士执业法》，作为护士执业的法律规范。英国于 1919 年率先颁布了英国护理法。荷兰于 1921 年颁布了护理法，随后，芬兰、意大利、美国、加拿大、波兰等国也相继颁布了护理法。在亚洲，日本于 1948 年正式公布了《护士法》。我国香港特别行政区制定有《香港护士注册条例》。

二、护理法的内容与形式

（一）护理法的内容

1. 护理教育部分 主要包括：教育种类与宗旨、专业设置、编制标准、审批程序、注册和取消注册的标准和程序等，以及入学护生的条件、护校学制、课程设置、考试程序及教学质量评估体系等。

2. 护士资格部分　主要包括：护士资格获得的途径、注册条件、注册种类与机构、注册程序、准予注册的标准等。

3. 护理服务部分　主要包括：护理人员的分类命名，各类护理人员的职责范围、权利义务、管理系统以及各项专业工作规范、各类护理人员应达标准的专业能力、护理服务的伦理学问题，以及对违反执业规定的护理人员进行处罚的标准和程序等。

4. 护理管理部分　主要包括：护理质量管理的原则、方法和途径，护理质量评估指标、体系和程序等。

（二）护理法的形式

护理法是卫生法的重要组成部分，广义的护理法包括护理专业法及护理相关法。我国现行的护理法规表现形式有以下几种，其中包括与护理工作相关的法律、法规条文和直接对护理工作进行规范的护理法规。

1. 宪法　有关卫生方面的规定主要包括：国家发展医疗卫生事业，推行计划生育，发展社会保险、社会救济和医疗卫生事业等，是我国卫生法制定的依据。

2. 卫生法律　由全国人大及其常委会制定颁布的有关卫生方面的规范性文件。如《食品安全法》《药品管理法》《传染病防治法》《职业病防治法》《母婴保健法》《人口与计划生育法》《献血法》等。

3. 卫生法规　由国家卫健委或国家卫健委与其他有关部委制定经国务院批准，由国家卫健委发布的。如《医疗事故处理条例》《医疗机构管理条例》《医疗废物管理条例》《人体器官移植条例》《护士条例》等。

4. 地方性卫生法规　省、自治区、直辖市及省会所在地的市和经国务院批准的较大的市人大及其常委会，根据国家授权或法律、法规规定，结合当地实际情况制定的规范性文件。如《上海市精神卫生条例》《北京市公共场所禁止吸烟的规定》等。

5. 卫生规章　由国家卫健委制定发布或国家卫健委与有关部委联合制定发布的规范性文件。如《医院工作人员职责》《卫生技术人员职务试行条例》《医院感染管理办法》《护士执业注册管理办法》等。

6. 地方卫生规章　省、自治区、直辖市及省会所在地的市和经国务院批准的较大的市人民政府制定的规范性文件。如《上海市实施〈突发公共卫生事件应急条例〉细则》《北京市外地来京人员计划生育管理规定》等。

7. 技术性法规　从事医学诊断和治疗、卫生监督、监测和管理的准则。包括医疗技术规范、操作规程和卫生标准等。

8. 国际卫生条约　由我国与外国签订的或批准、承认的国际卫生条约、公约、宣言等。这些国际卫生条约和协定，除我国声明保留的条款外，对我国产生约束力，如《国际卫生条例》。

（三）护理法的分类

我国现行的护理法规，基本上可以分为以下几大类。

1. 国家主管部门通过立法机构制定的法律。可以是国家卫生法的一个部分，也可以是根据国家卫生基本法制定的护理专业法。

2. 根据卫生法，由政府或地方主管当局制定的法规。

3. 政府授权各专业团体自行制定的有关会员资格的认可标准和护理实践的规定、章程、条例等。

除上述三类以外，如劳动法、教育法、职业安全法，乃至医院本身所制定的规章制度，对护理实践也具有重要影响。

三、学习护理法的意义

法律在护理专业中具有重要的意义，具体体现在以下几个方面。

（一）维护护理人员自身的权益

通过护理立法，使护理人员的地位、作用和职责范围具有法律依据，护理人员在行使护理工作的权利、义务、职责时，可最大限度地受到法律的保护，任何人都不可随意侵犯和剥夺。同时护理法规定了护士准入制度，加强护士队伍建设，明确了护士的权利、义务和执业规则，维护护士合法权益，明确各级卫生行政部门、医疗机构在护士的使用、培养、待遇和管理方面的责任，从而增强了护理人员的崇高使命感，使他们能发挥自己的才能尽心尽职地为公众服务。

（二）规范护理教育

护理法的制定和实施，可以从制度上保证护理教育的有序发展，针对护理专业的特点和对护士知识、技术和能力的要求，改革和发展护理教育，建立和完善包括岗前培训、毕业后教育、继续教育在内的终生教育体系，使护理教育逐步纳入标准化、科学化的轨道，从而培养出适合护理工作发展需求的护理人才。

（三）提高护理质量

树立以患者为中心的整体护理理念，以保障患者安全和诊疗效果，满足患者身心健康需求已成为临床护理工作的发展方向。护理法通过有关护理服务的具体规定，对护理工作提出了严格的要求。通过规定护士的准入标准、护士的义务、法律责任、执业规则等，保证了护理人员为患者提供规范的护理服务，从而满足新时代对护理工作的要求，提高护理质量。

（四）提高护理管理水平

随着社会经济的发展和人民生活水平的提高，人民群众的健康需求不断增长，希望得到更好的健康服务以提高生命质量。这不但对护理服务提出了更高要求，也对护理管理提出了更高要求。护理法的实施保证了上岗护理人员的水平与素质，使一切护理活动及行为均以法律为规范，做到有法可依、违法必究，将护理管理纳入法制化的轨道，从而保证护理质量的提高和患者的安全。

扫码“学一学”

第三节　护士执业注册与执业规则

☞案例

某医院病房内有一名性病患者，治疗中护理人员张某得知了该患者的得病经过，便经常与其他医务人员谈论此事。不久后很多医务人员及其他患者，甚至患者家属都知道此事，该性病患者遭到很多人的指指点点。这不仅给该患者造成了很大的心理压力，而且造成了其病情的恶化。试分析护理人员张某侵犯该患者隐私的行为将承担哪些法律责任？

为了确保从事护理工作的护士具有保障患者健康和医疗安全的执业水平，我国实行护士执业资格考试及护士执业注册制度。护理人员经执业注册后取得护士执业证书，是从事护理活动的唯一合法的法律文书。同时对于护理人员首次执业注册、变更执业注册、延续执业注册及注销执业注册等程序也有明确的规定。

一、护士执业资格考试制度

根据《护士执业资格考试办法》的规定，国家护士执业资格考试是评价申请护士执业资格者是否具备执业所必需的护理专业知识与工作能力的考试。护士执业资格考试由国家卫健委负责组织实施。考试成绩合格者可申请护士执业注册。

（一）国家统一考试制度

护士执业资格考试实行国家统一考试制度。统一考试大纲，统一命题，统一合格标准。护士执业资格考试原则上每年举行一次，具体考试日期在举行考试3个月前向社会公布。护士执业资格考试包括专业实务和实践能力两个科目。一次考试通过两个科目为考试成绩合格。

（二）适用人员

在中等职业学校、高等学校完成国务院教育主管部门和国务院卫生主管部门规定的普通全日制3年以上的护理、助产专业课程学习，包括在教学、综合医院完成8个月以上护理临床实习并取得相应学历证书的，可以申请参加护士执业资格考试。

（三）提交的材料

申请参加护士执业资格考试的人员，应提交以下材料：①护士执业资格考试报名申请表；②本人身份证明；③近6个月二寸免冠正面半身照片3张；④本人毕业证书；⑤报考所需的其他材料。

申请人为在校应届毕业生的，应当持有所在学校出具的应届毕业生毕业证明，到学校所在地的考点报名。学校可以为本校应届毕业生办理集体报名手续。

申请人为非应届毕业生的，可以选择到人事档案所在地报名。

（四）考试成绩

护士执业资格考试成绩于考试结束后45个工作日内公布，考生成绩单由报名考点发给考生。考试成绩合格者取得考试成绩合格证明，作为申请护士执业注册的有效证明。

二、护士执业注册制度

（一）申请护士执业注册应具备的条件

根据《护士条例》及《护士执业注册管理办法》的规定，申请护士执业注册，应当同时具备下列四项条件。

1. 具有完全民事行为能力　根据我国《民法通则》的规定，完全民事行为能力人是指

18 周岁以上的公民或 16 周岁以上不满 18 周岁的公民，能以自己的劳动收入作为主要生活来源的，视为完全民事行为能力人。

知识链接

民事行为能力

公民的民事行为能力分为完全民事行为能力、限制民事行为能力和无民事行为能力三类。18 周岁以上的公民，具有完全民事行为能力，可以独立进行民事活动。16 周岁以上不满 18 周岁的公民，且能以自己的劳动收入作为主要生活来源的，视为具有完全民事行为能力。10 周岁以上的未成年人及不能完全辨认自己行为的精神病患者是限制民事行为能力人。不满 10 周岁的未成年人及不能辨认自己行为的精神病患者是无民事行为能力人。

2. 具有相应学历证 在中等职业学校、高等学校完成国务院教育主管部门和国务院卫生主管部门规定的普通全日制 3 年以上的护理、助产专业课程学习，包括在教学、综合医院完成 8 个月以上护理临床实习，并取得相应学历证书。

3. 通过国家卫健委组织的护士执业资格考试 本条规定了所有层次的毕业生包括中专、大专、本科生均必须参加护士注册考试，取代之前普通本科毕业的学生可以免考而直接申请执业资格的规定。目前我国护士执业注册考试每年举办一次，采取笔试作答的方式。考试范围包括基础知识、相关专业知识、专业知识和专业实践能力等。

4. 符合国务院卫生主管部门规定的健康标准 申请者应符合国务院卫生主管部门规定的健康标准。因健康原因不适合或不能胜任护理工作者，应避免从事护理工作。根据《护士执业注册管理办法》规定，申请护士执业注册，应当符合下列健康标准：无精神病史；无色盲、色弱、双耳听力障碍；无影响履行护理职责的疾病、残疾或者功能障碍。

（二）护士执业注册申请及办理程序

1. 护士执业注册的申请 申请护士执业注册应当提交的材料包括：①护士执业注册申请审核表；②申请人身份证明；③申请人学历证书及专业学习中的临床实习证明；④护士执业资格考试成绩合格证明；⑤省、自治区、直辖市人民政府卫生行政部门指定的医疗机构出具的申请人 6 个月内健康体检证明；⑥医疗卫生机构拟聘用的相关材料。

2. 护士执业注册的办理程序 护士执业注册申请，应当自通过护士执业资格考试之日起 3 年内提出，逾期提出申请的，除提交上述申请材料外，还应在符合国务院卫生主管部门规定条件的医疗卫生机构接受 3 个月临床护理培训并考核合格。申请护士执业注册的应当向拟执业地省、自治区、直辖市人民政府卫生行政部门提出，受到申请的主管部门应当自受理申请之日起 20 个工作日内，对申请人提交的材料进行审核。审核合格的准予注册，发给《护士执业证书》；对不符合规定条件的不予注册，并书面说明理由。

（三）护士执业注册的有效期

护士执业注册有效期为 5 年。护士执业注册有效期届满需要继续执业的，应当申请延续注册。

（四）护士变更执业注册的规定

护士在其执业注册有效期内变更执业地点等注册项目，应当办理变更注册。

1. 提交材料　护士在其执业注册有效期内变更执业地点的，应当向拟执业地注册主管部门报告，应提交以下材料：①护士变更注册申请审核表；②申请人的《护士执业证书》。

2. 变更手续的办理程序　根据《护士条例》第九条的规定：护士在其执业注册有效期内变更执业地点的，应当向拟执业地省、自治区、直辖市人民政府卫生主管部门报告。收到报告的卫生主管部门应当自收到报告之日起 7 个工作日内为其办理变更手续。护士跨省、自治区、直辖市变更执业地点的，收到报告的卫生主管部门还应当向其原执业地省、自治区、直辖市人民政府卫生主管部门通报。

（五）护士执业延续注册的规定

1. 提交材料　护理人员申请延续注册，应当提交的材料包括：①护士延续注册申请审核表；②申请人的《护士执业证书》；③省、自治区、直辖市人民政府卫生行政部门指定的医疗机构出具的申请人 6 个月内健康体检证明。

2. 延续注册申请的办理程序　护理人员执业注册有效期届满需要继续执业的，应当在有效期届满前 30 日向原注册部门申请延续注册。根据《护士执业注册管理办法》的规定，注册部门自受理延续注册申请之日起 20 日内进行审核。

（六）护士执业重新申请注册的规定

1. 重新申请注册的要求　根据《护士执业注册管理办法》的规定，有下列情形之一的，拟在医疗卫生机构执业时应当重新申请注册：①注册有效期届满未延续注册的；②受吊销《护士执业证书》处罚，自吊销之日起满 2 年的。

2. 提交材料　重新申请注册的，按照首次申请执业注册的规定提交材料；如果中断护理执业活动超过 3 年的，还应当提交在省、自治区、直辖市人民政府卫生行政部门规定的教学、综合医院接受 3 个月临床护理培训并考核合格的证明。

（七）注销护士执业注册的规定

护士执业注册后有下列情形之一的，原注册部门应当依照行政许可法的规定，办理注销执业注册：①注册有效期届满未延续注册；②受吊销《护士执业证书》处罚；③护士死亡或者丧失民事行为能力。

（八）撤销护士执业注册的规定

护士执业注册申请人隐瞒有关情况或者提供虚假材料申请护士执业注册的，卫生行政部门不予受理或者不予护士执业注册，并给予警告；已经注册的应当撤销注册。

案例

李某带着儿子去位于某市的儿童医院看病，但是由于当天患者众多，李某等了很久仍然没有挂上专家号，于是李某便产生不满情绪，与组织秩序的护理人员发生口角，并且当众侮辱谩骂该护理人员，护理人员并未理睬李某。但是李某仍不罢休，事后与他的几位朋友一起砸毁了护士站。试分析李某的行为侵犯了护理人员的哪些权利？本案中护理人员应如何保护自己的合法权益？

三、护士执业规则

（一）含义

护士执业规则是指护理人员依照法律规定，在执业过程中所应遵守的规定和原则。护士执业规则的目的是规范护理人员的执业行为，实质是要求护理人员在执业过程中为或不为一定行为的法律义务，并具有强制性。我国《护士条例》对护士的执业规则做了明确的规定。

（二）执业规则

1. 依法执业 护士必须依法执业，根据法律规定护士非法执业包括三种情况：①未取得护士执业证书的人员从事护理活动的；②未及时办理执业地点变更手续的护士在注册地点以外的地方从事护理活动的；③注册期限届满未延续注册而从事护理活动的。对于以上非法执业活动，卫生行政部门应依法予以取缔，因非法执业给患者造成损害的，按照相关法规，应承担损害赔偿责任；构成犯罪的依法还应承担刑事责任。

2. 独立执业 护理人员进行护理活动时，应明确自己的职责范围及工作要求，超出自己职能范围或没有遵照规范要求而对患者造成伤害时，护理人员应为此承担法律责任。在需委派别人实施护理时，必须明确被委托人有无担负此项工作的资格、能力及知识，否则由此产生的后果，委派者负有不可推卸的责任。

3. 谨慎执业 护理人员应按照医嘱规范从事护理行为，在拿到医嘱后应仔细查对，确保无误后应准确及时地加以执行，随意篡改或无故不执行医嘱均属违法行为。护理人员如果发现医嘱有明显错误时，应报告护士长或者上级主管部门。如果护理人员明知医嘱有错误，但不提出质疑，或者护士由于疏忽大意而忽视医嘱中的错误，由此造成严重后果的护理人员与医生将共同承担法律责任。

4. 规范执业 护理人员从事护理活动时应做好护理记录，包括体温单、执行医嘱的记录、护理病历、护理计划等，如果发生护理纠纷，完整、可靠的护理记录可提供诊治护理的真实经过，是重要的法律证据，因此，涂改、隐匿、伪造或者销毁护理记录都属于违法行为。

知识拓展

中国台湾地区护士执业规则的规定

护理人员的业务范围：①健康问题之护理评估；②预防保健之护理措施；③护理指导及咨询；④医疗辅助行为。

护理人员的执业规则：①护理人员执行业务时，应制作记录，该记录由该护理人员执业的机构保存10年；②遇有患者危急，应立即联络医师，但必要时，得先行给予紧急救护处理；③护理人员受有关机关询问时，不得为虚伪之陈述或报告；④除依前条规定外，护理人员或护理机构及其人员对于因业务而知悉或持有他人秘密，不得无故泄漏。

（三）法律责任

1. 侵犯护理人员权利的法律责任 《护士条例》充分保障了护士的权利，规定了对侵犯护士权利的医疗卫生机构的法律责任。医疗卫生机构有下列情形之一的，依照有关法律、行政法规的规定给予处罚；国家举办的医疗卫生机构有下列情形之一、情节严重的，还应当对负有责任的主管人员和其他直接责任人员依法给予处分：①未执行国家有关工资、福利待遇等规定的；②对在本机构从事护理工作的护士，未按照国家有关规定足额缴纳社会保险费用的；③未为护士提供卫生防护用品，或者未采取有效的卫生防护措施、医疗保健措施的；④对在艰苦边远地区工作，或者从事直接接触有毒有害物质、有感染传染病危险工作的护士，未按照国家有关规定给予津贴的。

除此之外，对于扰乱医疗秩序，阻碍护士依法开展执业活动，侮辱、威胁、殴打护士，或者有其他侵犯护士合法权益行为的，由公安机关依照治安管理处罚法的规定给予处罚；构成犯罪的依法追究刑事责任。

2. 违反护理人员义务的法律责任　护士在执业活动中有下列情形之一的，由县级以上地方人民政府卫生主管部门依据职责分工责令改正，给予警告；情节严重的，暂停其6个月以上1年以下执业活动，直至由原发证部门吊销其护士执业证书：①现患者病情危急未立即通知医师的；②发现医嘱违反法律、法规、规章或者诊疗技术规范的规定，未依法提出或者报告的；③泄露患者隐私的；④发生自然灾害、公共卫生事件等严重威胁公众生命健康的突发事件，不服从安排参加医疗救护的。另外，规定护理人员在执业活动中造成医疗事故的，应依照医疗事故处理的有关规定承担法律责任。

知识链接

名人名言

"人民应该为法律而战斗，就像为了城墙而战斗一样。"　——赫拉克利特

"在民主的国家里，法律就是国王；在专制的国家里，国王就是法律。"　——马克思

3. 违反护士管理规范的法律责任　卫生主管部门的工作人员未依法履行职责，在护士监督管理工作中滥用职权、徇私舞弊，或者有其他失职、渎职行为的，依法给予处分；构成犯罪的，依法追究刑事责任。医疗卫生机构有下列情形之一的，由县级以上地方人民政府卫生主管部门依据职责分工责令限期改正，给予警告；逾期不改正的，暂停其6个月以上1年以下执业活动；国家举办的医疗卫生机构有下列情形之一、情节严重的，还应当对负有责任的主管人员和其他直接责任人员依法给予处分：①违反本条例规定，护士的配备数量低于国务院卫生主管部门规定的护士配备标准的；②允许未取得护士执业证书的人员或者允许未依照本条例规定办理执业地点变更手续、未延续执业注册的护士在本机构从事诊疗技术规范规定的护理活动的。

另外，医疗卫生机构有下列情形之一的，由县级以上地方人民政府卫生主管部门依据职责分工责令限期改正，给予警告：①未制定、实施本机构护士在职培训计划或者未保证护士接受培训的；②未依照本条例规定履行护士管理职责的。

本章小结

卫生法学以保护公民健康权为根本宗旨，其内容主要包括：预防保健法律制度，与人体健康相关产品管理法律制度，医疗机构和卫生技术人员管理法律制度，卫生公益事业法律制度等。我国的护理法属于卫生法的一部分，内容包括：护理教育、护士资格、护理服务与护理管理。护士执业资格考试实行国家统一考试制度，考试成绩合格者可申请护士执业注册。同时护理人员在执业过程中在明确自己执业权利的同时更应当严格遵守护士执业规则。

【实践活动】

问答比赛

活动内容：组织一次以“护士守则”为主题的问答比赛。

活动目标：使学生能够更好地理解、明确自己在未来的护理工作中享有的权利和义务，正确履行岗位职责。

活动方法：教师准备50个问题。学生自愿报名参赛。提前通知参赛学生课下做好准备。选取5名同学作为评委，宣布参赛规则，并进行比赛。评委与教师进行评价并公布比赛成绩。

问题讨论

活动内容：组织讨论“护理人员在执业活动中发现患者病情危急，应当立即通知医师，在紧急情况下应当先行实施必要的紧急救护”这一规定的意义？

活动目标：使学生加深对该项条款的理解，正确履行岗位职责。

活动方法：教师提出问题。将学生分成4个小组，进行小组讨论。每个组选出代表发言。教师进行总结点评。

目标检测

一、选择题

1. 卫生法的概念是（　　）

   A. 国家立法机关颁布的卫生法律

   B. 国家行政机关颁布的卫生法规

   C. 国务院卫生行政部门颁布的卫生规章

   D. 卫生行政部门颁布的技术规范

   E. 全部上述保障人体健康的法律规范的总和

2. 在整个卫生法律体系中享有最高法律效力的规范性文件是（　　）

   A.《中华人民共和国宪法》

   B.《中华人民共和国食品卫生法》

   C.《中华人民共和国民法通则》

D.《中华人民共和国刑法》

E.《中华人民共和国献血法》

3. 申请护士执业注册，应当符合的健康标准有（　　）

A. 无精神病史

B. 无色盲、色弱、双耳听力障碍

C. 无影响履行护理职责的疾病、残疾或者功能障碍

D. 全部上述健康标准需同时满足

E. 前两项同时满足

4. 护士执业注册申请，应当自通过护士执业资格考试之日起（　　）内提出

A. 1 年　　B. 2 年　　C. 3 年

D. 4 年　　E. 5 年

5. 护士申请延续注册，应当提交什么材料（　　）

A. 护士变更注册申请审核表

B. 申请人的《护士执业证书》

C. 省、自治区、直辖市人民政府卫生行政部门指定的医疗机构出具的申请人 3 个月内健康体检证明

D. 提交在省、自治区、直辖市人民政府卫生行政部门规定的教学、综合医院接受 3 个月临床护理培训并考核合格的证明

E. 申请人学历证书及专业学习中的临床实习证明

二、思考题

1. 卫生法的实施过程中要贯彻执行哪些基本原则？
2. 护理法有哪些内容？
3. 申请护士执业注册，应当提交哪些材料？
4.《护士条例》规定了护士执业中应当履行哪些义务？
5. 护士执业延续注册的规定应当提交哪些材料？

三、案例分析题

案例一　小王是某医院的一名护士，为了提升自己的业务水平，小王外出学习了一段时间，后来小王发现其该月的工资、奖金均被部分扣除，医院给的理由是：小王参加培训的时间过长。

分析：该医院的做法是否合法？

案例二　护士李某在北京某医疗机构工作，但是结婚后想要跟老公一起到上海工作。

分析：她应如何办理相关手续？

（兰玉梅）

扫码“练一练”

第十二章

与护理相关的法律制度

学习目标

知识要点

1. 掌握护理人员在器官移植中的职责；采血及临床用血管理制度及医疗废物全程控制制度；药品管理的法律规定。
2. 熟悉器官移植的原则及供体与受体的权利；血站的设置及执业许可及医护人员的法律责任；医疗废物管理的基本原则；药品管理法律制度的立法概况。
3. 了解器官移植的法律责任；无偿献血工作的组织及管理；医疗废物处置从业人员的健康保护；违反药品管理行为的法律责任。

技能要点

1. 依法从事各项专业护理行为，严格遵守相关领域的各项法律规范。
2. 增强法律意识，培养依法执业的自觉性。

与护理相关的法律制度是指护理人员在从事护理活动时所涉及的相关法律领域，如在对器官移植的患者进行护理中应了解器官移植方面的法律制度，以明确自己的职责；在临床用血中应熟悉血液管理法律制度从而清楚护理人员的法律责任；在接触医疗废物时应了解医疗废物的管理原则、全程监控制度等法律规定。

第一节　器官移植法律制度

扫码“学一学”

案例

2017年1月，张某到某医院进行治疗，医护人员为其诊断为“肝癌复发”，告知只有进行肝移植术方可治疗并延长生命。张某于是反复向医护人员询问肝移植术后的生存期限及效果，均答复可以生存几年甚至十年，但并未告知张某仍有肝癌复发的危险。张某遂决定手术。两个月后，在未复查必要检查项目的情况下为张某进行了“同种异体肝移植术”，但术后刚满一年，张某就去世了。试分析该医院进行肝移植术有哪些违法之处？

人体器官移植是挽救脏器衰竭患者的行之有效的手段。当一个人生命垂危，而器官移植是挽救患者的唯一方法时，考虑器官移植是适宜的，更是充分可行的。因此护理人员应明确器官移植的原则、人体器官的来源、供体及受体的权利等法律问题，特别是护理人员在器官移植中的职责，才能依法做好护理工作。

一、器官移植概述

（一）器官移植的含义

器官移植是指摘除一个身体的器官并把它置于同一个体（自体移植），或同种另一个体（同种异体移植），或不同种个体（异种移植）的相同部位（常位）或不同部位（异位）。人体器官移植是指摘取人体器官捐献人具有特定功能的心脏、肺脏、肝脏、肾脏或者胰腺等器官的全部或者部分，将其植入接受人身体以代替其病损器官的过程。

（二）器官移植的现状

据统计，至2003年底全世界器官移植已突破百万例次。国际上人体器官的移植涉及重大人体器官，如肾移植、肝移植、心脏移植、胰移植、肺移植、骨髓移植等方面。而中国器官移植始于20世纪60年代，1974年第一例肾移植成功。虽然起步较晚，但发展较快，根据2019年2月中国器官组织大会统计的数据，2018年我国182家具备器官移植资质的医院共完成移植手术20 201例，较2017年增加20%。捐献、移植数量位居世界第2位。肝脏、心脏、肺脏移植，多个单中心移植数量位居世界前列，患者生存率等质量指标已与国际水平持平，部分指标明显优于国际水平。

（三）器官移植的立法

为了规范人体器官移植，保证医疗质量，保障人体健康，维护公民的合法权益，经2007年3月21日国务院第171次常务会议通过，制定了《人体器官移植条例》，自2007年5月1日起施行。在中华人民共和国境内从事人体器官移植，均适用该条例，但从事人体细胞和角膜、骨髓等人体组织移植，不适用本条例。全文共五章三十二条。在条例的制定过程中，国务院法制办会同卫生部对世界卫生组织人体器官移植指导原则和11个国家、地区人体器官移植的法律、法规进行了研究，并总结我国8个地方实施遗体（器官）捐献法规的经验，先后4次征求有关部门和地方政府的意见，多次听取医学、法学、伦理学、社会学、人权等方面专家的意见，还专门征求了世界卫生组织的意见。应该说这个条例的制定过程遵循了公开、透明的原则，体现了民主立法、科学立法的要求。

除此之外，目前调整和约束器官移植方面的法律规范还有《关于规范活体器官移植的若干规定》《卫生部关于依法禁止无人体器官移植资质医疗机构开展器官移植手术的通知》《卫生部办公厅关于加强人体器官移植数据网络直报管理的通知》《颜面部同种异体器官移植技术管理规范（试行）》《卫生部关于印发 <人体器官移植技术临床应用管理暂行规定> 的通知》等部门规章15部。另外，还有《山西省卫生厅办公室关于进一步加强人体器官移植管理工作的通知》《上海市卫生局关于本市医疗机构申请开展器官移植技术临床应用和相应专业诊疗科目登记的通知》等多部地方性法规。

知识链接

国家器官获取和移植网络

1984 年，美国根据《国家器官移植法案》成立了“国家器官获取和移植网络”（OPTN）。法律规定，“国家器官获取和移植网络”是唯一能够与所有器官捐献和移植系统中的专业人员相联系的公开而独立的合作组织，其职能是使美国的器官移植系统更加合理高效地运行。“国家器官获取和移植网络”应在卫生部的授权监督下由一家私人的、非营利组织来运行，颁布相关政策，开发检索查询系统，在全国范围内分配可用的器官。

二、器官移植的法律问题

（一）器官移植的原则

1. 自愿捐献原则 捐献人体器官是每个公民都享有的权利，对这种权利的行使，条例不能加以限制。为此条例做了五方面的规定：①公民有权捐献或者不捐献其人体器官；任何组织或者个人不得强迫、欺骗或者利诱他人捐献人体器官。②捐献人体器官的公民应当具有完全民事行为能力，并应当以书面形式表示。③公民已经表示捐献其人体器官意愿的，有权随时予以撤销。④公民生前表示不同意捐献其人体器官的，任何组织或者个人不得捐献、摘取该公民的人体器官；公民生前未表示不同意捐献其人体器官的，该公民死亡后，其配偶、成年子女、父母可以以书面形式共同表示同意捐献该公民人体器官的意愿。⑤任何组织或者个人不得摘取未满 18 周岁公民的活体器官用于移植。

2. 知情同意原则 知情同意是活体器官移植的一项必经程序，包括器官权人的知情权利，医生对器官移植的风险与效益的正确评估义务，知情人特别是医生的告知义务。器官权人的知情权利是指器官捐献人有权知悉捐献器官相关的一切真实情况。医生对器官移植的风险与效益的正确评估义务指对于不可再生的器官或组织的移植，以及（或者）其丧失足以导致生命危险或者严重健康损害的器官或组织的移植，医生有进行特殊的危险和效益的评估的义务。知情人特别是医生的告知义务指对捐献目的和器官摘除手术的危险，以及摘除器官后对健康的可能损害的一系列后果的告知。医方从死体上摘取器官也同样必须遵循知情同意原则，只不过这时候一般做出知情同意表示的是死者的近亲属，此种情况下一般应当采用通知的方式告知死者的近亲属。

3. 秘密性原则 法律规定除本人明示同意，或是本人死亡之后按照其亲属的先后顺序，即配偶、子女或是父母的先后顺序获其中一方明确同意，方可以公布器官或组织捐赠人的身份，其他情况禁止泄漏器官和组织捐赠人的身份。

4. 无偿原则 禁止因获取报酬而捐献组织和器官，同时也不允许宣扬人体器官和组织的交易，医院在器官移植和摘取的手术中可以获得劳务报酬，但这里的报酬同样不得涉及关于实施手术的器官或组织的任何价值。无偿原则有一个例外，即如果捐赠人因摘取行为受到损害，不论其本人或第三者有无过错均有权获得赔偿。同时为了保证器官摘取和移植等手术安全性，以治疗为目的而进行的手术只能由获得特别许可的医院负责，并按照相应的职业规则进行。

5. 禁止人体器官买卖原则　这是国际共同遵循的规则。为了防止可能发生的买卖或者变相买卖人体器官的情形，条例明确规定任何组织或者个人不得以任何形式买卖人体器官，不得从事与买卖人体器官有关的活动。同时对人体器官移植手术收取费用的范围做了界定，规定：医疗机构实施人体器官移植手术，只能依照条例的规定收取摘取和植入人体器官的手术费、药费、检验费、医用耗材费以及保存和运送人体器官的费用，不得收取或者变相收取所移植人体器官的费用。为了防止变相买卖人体器官，条例对活体器官接受人的范围做了严格的限制，规定：活体器官的接受人限于活体器官捐献人的配偶、直系血亲或者三代以内旁系血亲，或者有证据证明与活体器官捐献人存在因帮扶等形成亲情关系的人员。为了保证禁止人体器官商业交易原则得以落实，条例对买卖人体器官或者从事与买卖人体器官有关活动的单位和个人规定了严格的法律责任。

（二）器官移植医疗服务准入与退出制度

1. 准入制度　为了确保医疗机构提供的人体器官移植医疗服务安全、有效，《人体器官移植条例》对人体器官移植医疗服务规定了准入制度。在准入方面，条例规定了以下三方面的内容：①医疗机构从事人体器官移植，应当有与从事人体器官移植相适应的执业医师和其他医务人员、设备、设施；有由医学、法学、伦理学等方面专家组成的人体器官移植技术临床应用与伦理委员会；有完善的人体器官移植质量监控等管理制度。②开展人体器官移植的医疗机构应当依照《医疗机构管理条例》的规定，申请办理人体器官移植诊疗科目登记。③省级卫生主管部门进行人体器官移植诊疗科目登记，应当考虑本行政区域人体器官移植的医疗需求和合法的人体器官来源情况。

2. 退出制度　从医疗机构主动申报和卫生主管部门监督两个方面，《人体器官移植条例》还规定了不再具备条件的医疗机构的退出制度。在退出方面，条例做了两个方面的规定：①已经获准从事人体器官移植的医疗机构不再具备条例规定条件的，应当停止从事人体器官移植，并向原登记部门报告；原登记部门应当注销该医疗机构的人体器官移植诊疗科目登记，并予以公布。②省级以上人民政府卫生主管部门应当定期组织专家根据人体器官移植手术成功率、植入的人体器官和术后患者的长期存活率，对医疗机构的人体器官移植临床应用能力进行评估，并及时公布评估结果；对评估不合格的由原登记部门撤销其人体器官移植诊疗科目登记。

（三）人体器官的摘取与植入

为了保障公民自愿捐献人体器官的权利，防止非法摘取人体器官，提高人体器官移植的临床疗效，需要重点对人体器官的摘取和植入两个环节加以规范。对此条例做了四方面的规定：①摘取活体器官前或者尸体器官捐献人死亡前，应当经所在医疗机构的人体器官移植技术临床应用与伦理委员会审查，并经三分之二以上委员同意。②摘取活体器官，应当查验活体器官捐献人同意捐献其器官的书面意愿、活体器官捐献人与接受人之间存在条例规定关系的证明材料，并应当向活体器官捐献人说明器官摘取手术的风险、术后注意事项、可能发生的并发症以及预防措施等有关情况，并确认除摘取器官产生的直接后果外不会损害活体器官捐献人的其他生理功能，确保捐献人的生命安全。③摘取尸体器官，应当在依法判定捐献人死亡后进行。对摘取人体器官完毕的尸体，除用于移植的人体器官以外应当恢复尸体原貌。④对人体器官捐献人应当进行医学检查，采取措施，降低接受人因人体器官移植感染疾病的风险。《人体器官移植条例》规定了人体器官移植预约者名单制度，以及按照公正、公平、公开原则确定申请人体器官移植手术患者的排序制度。

（四）人体器官来源的法律问题

开展器官移植手术最大的难题在于供体器官来源严重不足，通常器官来源于活体供者、尸体供者两种。

1. 活体供者 捐献人体器官的公民应当具有完全民事行为能力。公民捐献其人体器官应当有书面形式的捐献意愿，对已经表示捐献其人体器官的意愿，有权予以撤销。由于未成年人缺乏足够的判断能力，不能清醒地认识到器官摘除的后果，可能存在被他人诱使捐献自己的器官或被偷摘器官的可能，因此，任何组织或者个人不得摘取未满 18 周岁公民的活体器官用于移植。

2. 尸体供者 公民生前未表示不同意捐献其人体器官的，该公民死亡后，其配偶、成年子女、父母可以以书面形式共同表示同意捐献该公民人体器官的意愿。公民生前已表示不同意捐献其人体器官的，任何组织或者个人不得捐献、摘取该公民的人体器官。

（五）供体及受体的权利

1. 供体的权利

（1）知情权 活体器官移植中，供体有权了解包括自己的身体状况是否允许捐献器官，活体器官移植的技术现状、手术成功率，是否会损害受体健康；活体器官摘取的程序；活体器官移植的手术过程；器官摘取时可能产生的危险；捐献器官后出现并发症后可能采取的救治措施等。在尸体器官移植中，供体及其亲属有权得知当前我国尸体器官移植的现状，尸体器官移植应遵循的原则及程序，尸体器官摘取的过程，尸体器官摘取后可能对尸体造成的损害及医方可能会采取的补救措施等。

（2）同意权 从法律上来讲，供体向受体捐赠器官是一种权利而非义务，供体有选择不捐献器官的权利。临床用于移植的器官必须经捐赠者书面同意，同时器官捐赠者在移植手术以前，对已经表示捐献其人体器官的意愿，有权予以撤销。

（3）生命健康权 器官移植的前提必须是首先要保证供体自身的生命安全和身体健康。在器官摘取和植入过程中必须坚持无伤害原则，不能为了受体的生命健康而损害供体的生命健康或人格尊严。

2. 受体的权利

（1）知情同意权 知情同意权在进行器官移植之前，护理人员应当配合医生对受体及其亲属或法定代理人充分讨论器官移植的程序，客观地说明可能发生的危害，使患者及其亲属对器官移植有充分的了解，尊重患者做的自主决定。

（2）生命健康权 我国器官移植的开展，由于种种复杂的原因存在供体不足的问题，这时就出现了一个问题，即受体的选择问题。为此《人体器官移植条例》规定了申请人体器官移植手术患者的排序，应当符合医疗需要，遵循公平、公正和公开的原则。另外，条例要求建立的人体器官移植工作体系是由卫生主管部门、医疗机构和其他社会组织组成的。该体系除了开展人体器官捐献的宣传、推动工作外，还应当确定人体器官移植预约者名单，组织协调人体器官的使用，使捐献的人体器官能够移植给最合适的接受人。

（3）安全权 器官移植可导致艾滋病传播，国内就有肾移植手术后发现艾滋病的报道。

因此为保护供移植人体器官的安全，必须对供体进行筛选，尽量避免艾滋病高危人群作为供体，并且移植前，必须对供体进行 HIV 检测。根据《人体器官移植技术临床应用管理暂行规定》的规定，医疗机构对人体器官捐赠者和需要移植的人体器官应当进行必要的检查，防止患者因人体器官移植感染其他疾病，保证人体器官移植的临床疗效。艾滋病病毒感染者或者艾滋病患者、肝炎病毒携带者、梅毒患者等患有经血液传播疾病者和恶性肿瘤患者等的器官不得用于人体器官移植。

三、法律责任

违反《人体器官移植条例》，应承担的行政责任主要包括以下内容。

（一）行政责任

1. 医务人员的行政责任　有下列情形之一的，依法给予处分；情节严重的，由原发证部门吊销其执业证书：①未经人体器官移植技术临床应用与伦理委员会审查同意摘取人体器官的；②摘取活体器官前未依照本条例第十九条的规定履行说明、查验、确认义务的；③对摘取器官完毕的尸体未进行符合伦理原则的医学处理，恢复尸体原貌的。

另外，从事人体器官移植的医务人员违反本条例规定，泄露人体器官捐献人、接受人或者申请人体器官移植手术患者个人资料的，依照《执业医师法》或者国家有关护士管理的规定予以处罚。从事人体器官移植的医务人员参与尸体器官捐献人的死亡判定的，由县级以上地方人民政府卫生主管部门依照职责分工暂停其 6 个月以上 1 年以下执业活动；情节严重的，由原发证部门吊销其执业证书。

2. 医疗机构的行政责任　医疗机构有下列情形之一的，对负有责任的主管人员和其他直接责任人员依法给予处分；情节严重的，由原登记部门撤销该医疗机构人体器官移植诊疗科目登记，该医疗机构 3 年内不得再申请人体器官移植诊疗科目登记：①不再具备医疗机构从事人体器官移植应当具备的条件，仍从事人体器官移植的；②未经人体器官移植技术临床应用与伦理委员会审查同意，做出摘取人体器官的决定，或者胁迫医务人员违反本条例规定摘取人体器官的；③摘取活体器官前未依照本条例第十九条的规定履行说明、查验、确认义务的；④对摘取器官完毕的尸体未进行符合伦理原则的医学处理，恢复尸体原貌的。

另外，医疗机构未定期将实施人体器官移植的情况向所在地省、自治区、直辖市人民政府卫生主管部门报告的，由所在地省、自治区、直辖市人民政府卫生主管部门责令限期改正；逾期不改正的，对负有责任的主管人员和其他直接责任人员依法给予处分。

3. 买卖人体器官的行政责任　买卖人体器官或者从事与买卖人体器官有关活动的，由设区的市级以上地方人民政府卫生主管部门依照职责分工没收违法所得，并处交易额 8 倍以上 10 倍以下的罚款；医疗机构参与上述活动的，还应当对负有责任的主管人员和其他直接责任人员依法给予处分，并由原登记部门撤销该医疗机构人体器官移植诊疗科目登记，该医疗机构 3 年内不得再申请人体器官移植诊疗科目登记；医务人员参与上述活动的，由原发证部门吊销其执业证书。

国家工作人员参与买卖人体器官或者从事与买卖人体器官有关活动的，由有关国家机关依据职权依法给予撤职、开除的处分。

（二）民事责任

《人体器官移植条例》规定，违反本条例规定，给他人造成损害的，应当依法承担民事责任。公民和法人承担民事责任的主要方式有：停止侵害，排除妨碍，消除危险，返还财产，恢复原状，修理、重作、更换，赔偿损失，支付违约金，消除影响、恢复名誉，赔礼道歉等。

（三）刑事责任

《人体器官移植条例》规定，违反本条例规定，有下列情形之一，构成犯罪的，依法追究刑事责任：①未经公民本人同意摘取其活体器官的；②公民生前表示不同意捐献其人体器官而摘取其尸体器官的；③摘取未满 18 周岁公民的活体器官的。国家机关工作人员在人体器官移植监督管理工作中滥用职权、玩忽职守、徇私舞弊，构成犯罪的，依法追究刑事责任；尚不构成犯罪的，依法给予处分。

知识链接

"谁都不应凌驾于法律之上，谁都不应该受法律的欺凌，当我们要求人们遵守法律时，无须征得他们的同意。"

——西·罗斯福

"法律就是秩序，有好的法律才有好的秩序。"

——亚里士多德

三、护理人员在器官移植中的职责

（一）说明的义务

护理人员在器官捐赠、移植的科学知识和法律准备方面，给予活体器官捐赠者及其亲属必要的经验咨询和指导非常重要。帮助捐赠者或者家属了解自身的权利义务，包括在捐赠器官过程中的捐赠条件、捐赠程序、到指定医疗机构捐赠和必须接受的审慎检查等。护理人员应当协助医生向活体器官捐献人说明器官摘取手术的风险、术后注意事项、可能发生的并发症及其预防措施等，并与活体器官捐献人签署知情同意书。

（二）尊重死者尊严

进行器官移植，从尸体摘取可供移植的器官时，应注意以下两个问题：①必须维护死者的人格尊严，不得随意破坏尸体的完整性；②对尸体的处理不得违反公序良俗和社会道德，不允许任何人对尸体进行使用收益，亦不得以强行性法规做强制摘取尸体器官或组织的规定。我国《人体器官移植条例》规定，从事人体器官移植的医疗机构及其医务人员应当尊重死者的尊严；对摘取器官完毕的尸体，应当进行符合伦理原则的医学处理，除用于移植的器官以外应当恢复尸体原貌。

（三）尊重保密规定

器官移植是一项高度复杂的现代医学技术，尽管目前器官移植技术手术都很成功，但相对于一般的医学应用技术而言，它依旧潜藏着巨大的医疗风险。因此在器官移植中应当严格遵守相关的法律规定，不得泄露人体器官捐献人、接受人或人体器官移植手术患者的个人资料。

（四）认真做好护理工作

器官移植手术一旦确定，整个手术过程及术后的护理配合极为重要。

1. 做好术前准备工作 主要包括：①心理护理：术前患者表现为悲观失望，精神十分紧张，护理人员在探访患者时应向患者及家属讲清手术利弊，简单介绍手术方案、准备情况及手术成功病例，耐心解答患者的疑问，减轻患者的心理负担，树立战胜疾病的信心；②患者准备：协助完成各项检查，如心肾功能、呼吸功能、动脉血气分析和组织相容性检查等；③手术室环境的准备和手术器械及用物准备等。

2. 做好术中配合　器官移植手术是难度最大的手术之一，术中的护理配合也具有相当大的难度。为此专门设立的护理配合小组，应根据分工责任制，从准备物品到手术配合做到定人定位，各尽其责，密切配合。

3. 做好术后护理　器官移植手术后及时预防与处理各种并发症发生，从手术至出院各个阶段均需要精心的护理。术后对患者进行保护性隔离和监护，时间长达 1 周甚至更长。应重点观察常见并发症，如有无排斥反应，包括超急性排斥反应、急性排斥反应、慢性排斥反应；有无感染和消化道出血，以及精神方面的并发症。监护结束后，除继续对患者各项指标进行全面监测外，还要对患者进行大量的健康宣教，以帮助患者尽快、全面地掌握自我监测知识和技能，为出院做好准备。

第二节　血液管理法律制度

扫码“学一学”

案例

高某因胃出血到某医院接受治疗并输血 500 ml，一周后出院时，出院记录记载一切正常。但出院后不久，自己即被检查出“丙肝”抗体阳性，而自己在入院前没有“丙肝”病史，后经查证，是某医院在为高某输血时不够谨慎，导致其感染“丙肝”病毒，身体健康受到损害。另外，高某在住院期间，医院已经检查出高某“丙肝”抗体为阳性，但是医院未将该事实告知高某。试分析该医院有哪些违法行为？对此应承担何种法律责任？

血液是一种复杂的维持生命的物质，输血是现代医学的主要手段，是人类认识自己、征服伤病的伟大发现，在临床医学领域中有着拯救生命、治疗疾病的重要作用，其功效是药物所不能替代的。因此公民献血是救死扶伤、发扬人道主义精神的一种表现。《献血法》的公布与实施，为我国采供血工作的监督管理提供了法律依据，标志着我国血液工作开始进入全面依法管理的新阶段。

一、献血法概述

（一）献血法的含义及立法

献血法是指调整在保证临床用血需要和安全，保障献血者和用血者身体健康活动中产生的各种社会关系的法律规范的总称。我国的献血法律制度采用广义的解释，包括 1998 年 10 月 1 日起施行的《中华人民共和国献血法》（以下简称《献血法》），也包括国务院颁布的《血液制品管理条例》，还包括原卫生部制定的《血站管理办法》等有关献血的法规规章。《献血法》及其相关配套血液管理法规的公布与实施，为我国采供血工作的监督管理提供了法律依据，标志着我国血液工作开始进入全面依法管理的新阶段。

（二）无偿献血的对象

《献血法》规定，国家实行无偿献血制度，国家提倡18周岁至55周岁的健康公民自愿献血。国家机关、军队、社会团体、企业事业组织、居民委员会、村民委员会，应当动员和组织本单位和本居民区的适龄公民参加献血。国家鼓励国家工作人员、现役军人和高等学校在校学生率先献血，为树立社会新风尚做表率。

知识拓展

无偿献血

现今，世界上很多国家已达到医疗用血全部来自无偿献血。如经济发达的美国、日本、加拿大、德国、澳大利亚，也有经济欠发达的阿尔及利亚、坦桑尼亚、尼日尔、尼泊尔、缅甸等，都实行了无偿献血制度。人们把献血看作健康人对社会应尽的义务，是很普通的事。澳大利亚等国在中小学设有献血知识课，学校定期带学生到血液中心采血现场参观，让学生了解献血的全过程，使他们从小就懂得献血不影响健康的道理，长大后成为一名光荣献血者。

（三）无偿献血工作的组织与管理

1. 地方各级人民政府领导献血工作　无偿献血关系到全体公民，涉及面广，做好无偿献血工作需要各级政府统一规划、组织协调。各级人民政府需要采取措施广泛宣传献血的意义，普及献血的科学知识，开展预防和控制经血液途径传播的疾病的教育。

2. 各级卫生行政部门和红十字会的职责　各级卫生行政部门是医疗卫生事业的主管部门，献血工作是医疗卫生事业的一项重要组成部分。因此对献血工作进行监督管理是各级卫生行政部门的职责。中国红十字会是中华人民共和国统一的红十字组织。各级红十字会依法参与推动献血工作。

3. 各级政府有关职能部门及其他组织的职责　各级政府要组织有关职能部门，如社会团体、卫生、教育机构、新闻部门，运用多种形式宣传、普及献血常识，使广大公民认识到无偿献血是救死扶伤献爱心的善举，提高公民无偿献血的自觉性。

二、血站管理与临床用血

（一）血站的设置及执业许可

1. 血站的设置　血站是指不以营利为目的的采集、制备、储存血液，并向临床提供血液的公益性卫生机构。血站应当根据本行政区域人口、医疗资源、临床用血需要等实际情况设立，血站分为血液中心、中心血站（血站）、中心血库等。

血液中心是所在省、自治区、直辖市采供血工作的业务、教学和科研中心，负责直辖市、省会所在市和自治区首府所在地的采供血工作，一般设在省会城市。血液中心的设置由省、自治区、直辖市人民政府卫生行政部门初审，由国务院卫生行政部门审核批准。中心血站（血站）是设区的市的血站，负责所在市及所辖县（市）的采供血工作。中心血库是县或县级市的血站，负责所在县、市的采供血工作。设置中心血站（血站）、中心血库或血站分站的由所在地的人民政府卫生行政部门初审，省、自治区、直辖市人民政府卫生部门审核批准。

2. 血站的执业许可　血站、中心血库执业，开展采供血业务，必须分别领取《血站执业许可证》《中心血库采供血许可证》后方可进行。未取得采血许可证的单位和个人，不得开展采供血业务。血站注册登记机关为批准其设置的人民政府卫生行政部门，许可证注册登记的有效期为3年。

（二）采血与供血管理

1. 采血管理

（1）健康检查　献血者要符合国务院卫生行政部门规定的身体健康条件，因此血站在采集血液之前，必须按规定对献血者进行免费健康检查，健康检查不合格的不得采其血液。

（2）规范采血行为　血站采集血液必须严格遵守有关操作规程和制度，采血必须由具有采血资格的医务人员进行。一次性采血器材用后必须销毁，不得再次使用。血站对采集的血液必须进行检测，检测的各种指标都应符合国务院卫生行政部门制定的标准。

（3）采集血液数量和间隔　血站每次采集血液一般为200ml，最多不超过400ml。根据我国的情况，从保护献血公民的健康和血液质量考虑，献血法还规定了两次采集血液间隔期不得少于6个月。

（4）记录与发证　血站采血后，应在《无偿献血证》及献血档案中记录献血者的姓名、出生日期、血型、献血时间、地点、采血者签字，并加盖该血站采血专用章等。血站应对献血者发给《无偿献血证》，《无偿献血证》由国务院卫生行政部门制作，任何单位和个人不得伪造、涂改、出卖、转让、出借。

2. 供血管理

（1）血站应当保证发出的血液质量、品种、规格、数量无差错。未经检验或者不合格的血液，不得向医疗机构提供。

（2）血液的包装、储存、运输必须符合要求，血液包装袋上必须标明：①血站的名称及其许可证号；②献血者的姓名（或条形码）、血型；③血液品种；④采血日期及时间；⑤有效期及时间；⑥血袋编号（或条形码）；⑦储存条件。

（3）特殊血型需要从外省、自治区、直辖市调配血液的，由供需双方省级人民政府卫生行政部门协商后实施，实施中由需方血站对血液进行再次检验，保证血液质量。

（4）血站应当制定重大灾害事故的应急采供血预案，并从血源、管理制度、技术能力和设备条件上保证预案的实施，满足应急用血的需要。血站应当根据医疗机构的用血计划，积极开展成分血制备，并指导临床成分血的应用。

（三）临床用血管理

1. 临床用血的供给　无偿献血的血液必须用于临床，不得买卖。血站、医疗机构不得将无偿献血的血液出售给单采血浆站或者血液制品生产单位。医疗机构对临床用血必须进行核查，不得将不符合国家规定的血液用于临床。保证应急用血，医疗机构可以临时采集血液，但应当依照本法规定，确保采血用血安全。

2. 临床合理用血的管理规定　医疗机构临床用血应当制订用血计划。遵循合理科学的原则，不得浪费和滥用血液。公民临床需要用血时，只交付用于血液的采集、储存、分离、检验等费用，具体收费标准由国务院卫生行政部门会同物价管理部门制定。无偿献血者临床需要用血时，免交前款规定的费用；无偿献血者的配偶和直系亲属临床需要用血时，可以按照省、自治区、直辖市的规定免交或者减交前款规定的费用。

三、法律责任

（一）血站的法律责任

1. 违规采血的法律责任 《献血法》规定：血站违反有关操作规程和制度采集血液，由县级以上地方人民政府卫生行政部门责令改正；给献血者健康造成损害的，应当依法赔偿，对直接负责的主管人员和其他直接责任人员，依法给予行政处分；构成犯罪的，依法追究刑事责任。

2. 违法出售血液的法律责任 《献血法》规定：血站、医疗机构出售无偿献血的血液的，由县级以上地方人民政府卫生行政部门予以取缔，没收违法所得，可以并处 10 万元以下的罚款；构成犯罪的，依法追究刑事责任。

3. 违法供血的法律责任 血站违反《献血法》的规定，向医疗机构提供不符合国家规定标准的血液的，由县级以上地方人民政府卫生行政部门责令改正；情节严重，造成经血液途径传播或者有传播严重危险的，限期整顿，对直接负责的主管人员和其他直接责任人员，依法给予行政处分；构成犯罪的，依法追究刑事责任。

（二）医疗机构及其医务人员的法律责任

1. 违规用血的法律责任 医疗机构的医务人员违反本法规定，将不符合国家规定标准的血液用于患者的，由县级以上地方人民政府卫生行政部门责令改正；给患者健康造成损害的，应当依法赔偿，对直接负责的主管人员和其他直接责任人员，依法给予行政处分；构成犯罪的，依法追究刑事责任。

2. 刑事责任 根据《刑法》第三百三十五条规定：医务人员由于严重不负责任，造成就诊人死亡或者严重损害就诊人身体健康的，处 3 年以下有期徒刑或者拘役。

（三）其他主体的法律责任

1. 玩忽职守的法律责任 卫生行政部门及其工作人员在献血、用血的监督管理工作中，玩忽职守，造成严重后果，构成犯罪的，依法追究刑事责任；尚不构成犯罪的，依法给予行政处分。

2. 违法采血及组织卖血的法律责任 非法采集血液的或者非法组织他人出卖血液的，由县级以上地方人民政府卫生行政部门予以取缔，没收违法所得，可以并处 10 万元以下的罚款；构成犯罪的，依法追究刑事责任。

3. 刑事责任 《刑法》第三百三十三条规定：非法组织他人出卖血液的，处五年以下有期徒刑，并处罚金；以暴力、威胁方法强迫他人出卖血液的，处 5 年以上 10 年以下有期徒刑，并处罚金。有前款行为，对他人造成伤害的，依照本法第二百三十四条故意伤害罪的规定定罪处罚。

扫码“学一学”

第三节 医疗废物管理法律制度

案 例

检查人员在对某保健站进行现场监督检查时发现，该保健站二楼某体检室普通黑色生活垃圾袋内装有使用后的一次性手套2副、使用后的一次性床单1件。查见二楼楼梯口公用通道旁侧厕所内，该医疗机构将盛装医疗废物的小型号专用包装袋收集于一个大型号专用包装袋内，并直接置放于右侧地面。小型号专用包装袋未封口，无产生科室名称、类别的标签。该医疗机构当场未能提供医疗废物内部交接登记三联单。试分析该保健站有哪些违法之处？

医疗废物是我国危险废物名录中的第一类，因此需要对其进行严格管理，以减少其流失以及二次污染等环境污染问题，医疗废物管理制度是解决我国医疗废物环境问题的关键环节。医疗废物管理制度是国家为了从根本上有效地解决医疗废物问题，而制定的废物管理政策目标和为实现目标所制定的措施、程序、方法等各种法律规范。

一、医疗废物的含义与分类

（一）医疗废物的含义及立法

医疗废物是指医疗卫生机构在医疗、预防、保健以及其他相关活动中产生的具有直接或者间接感染性、毒性以及其他危害性的废物。为了加强医疗废物的安全管理，防止疾病传播，保护环境，保障人体健康，2003年6月16日国务院颁布并实施了《医疗废物管理条例》。该条例经国务院于2010年12月9日修订，2011年1月8日公布实施。适用于医疗废物的收集、运送、储存、处置以及监督管理活动。医疗卫生机构收治的传染病患者或者疑似传染病患者产生的生活垃圾，按照医疗废物进行管理和处置。计划生育技术服务、医学研究、教学、尸体检验和其他相关活动中产生的具有直接或者间接感染性、毒性以及其他危害性废物的管理，依照《医疗废物管理条例》执行。2003年的8月卫生部颁布了《医疗卫生机构医疗废物管理办法》，10月卫生部、国家环保总局颁布《医疗废物分类目录》，11月国家环境保护总局关于发布《医疗废物专用包装物、容器标准和警示标识规定》的通知，2004年6月卫生部、国家环保总局颁布《医疗废物行政处罚办法（试行）》，以上法规规范对医疗废物管理提出了详细要求，使医疗废物管理有法可依。

知识链接

德国医疗废物分类处理

在德国，政府比较重视对医疗废弃物的回收处理工作。为了方便初级阶段的收集工作和最终阶段的回收企业处理工作，其医疗废弃物被分为A、B、C、D、E五大类。其对医疗废弃物的处理主要有以下几种途径：①A类医疗废物及少量的D类医疗废物可再利用部分的回收再利用；②A类、B类及经过消毒处理的C类医疗废物可与生活垃圾一同焚烧填埋；C类、E类医疗废物在危险废物焚烧炉中进行焚烧填埋；③D类医疗废物通过化学物理方法处理。

（二）医疗废物的分类

2003年10月10日，卫生部、国家环保总局共同发布了《医疗废物分类目录》，根据医疗废物的危害性特征，将医疗废物分为：①感染性医疗废物，即携带病原微生物具有引发感染性疾病传播危险的医疗废物；②病理性医疗废物，即诊疗过程中产生的人体废弃物和医学实验动物尸体等；③损伤性医疗废物，即能够刺伤或者割伤人体的废弃的医用锐器；④药物性医疗废物，即过期、淘汰、变质或者被污染的废弃的药品；⑤化学性医疗废物，即具有毒性、腐蚀性、易燃易爆性的化学物品。

二、医疗废物管理的基本原则

根据医疗废物本身的特殊性及借鉴国内外的实践经验，对医疗废物的收集、储存、运输和处理处置要全面、严格地遵循下列原则。

（一）全程管理原则

县级以上各级人民政府卫生行政主管部门，对医疗废物的产生、分类收集、密闭包装到收集转运、储存、处置活动中的疾病防治工作实施统一监督管理；环境保护行政主管部门，对医疗废物的产生、分类收集、密闭包装到收集转运、储存、处置活动中的环境污染防治工作实施统一监督管理。县级以上各级人民政府其他有关部门在各自的职责范围内负责与医疗废物处置有关的监督管理工作。

（二）集中处理原则

国家推行医疗废物集中无害化处理，鼓励有关医疗废物安全处置技术的研究与开发。县级以上地方人民政府负责组织建设医疗废物集中处置设施。国家对边远贫困地区建设医疗废物集中处置设施给予适当支持。

（三）分工负责原则

医疗卫生机构作为医疗废物的产生单位，负责医疗废物产生后的分类收集管理；医疗废物集中处置单位负责从医疗废物产生单位收集、转运到医疗废物集中处置地的储存和处置的管理。任何单位和个人有权对医疗卫生机构、医疗废物集中处置单位和监督管理部门及其工作人员的违法行为进行举报、投诉、检举和控告。

（四）强化监督管理原则

《医疗废物管理条例》特别突出了对医疗废物的产生和医疗废物的几种处置两方面的监督管理。卫生行政部门及计划生育、科技、教育行政部门，负责对医疗卫生机构、计划生育技术服务机构及科研、教育机构等医疗废物产生单位的监督。环境保护行政部门负责医疗废物集中处置单位的许可和监管；工商、公安、计划、财政、邮电、储蓄、民航等部门予以配合、支持。县以上各级人民政府其他有关部门在各自的职责范围内负责与医疗废物处置有关的监督管理工作。

三、医疗废物管理制度

（一）全程控制制度

1. 医疗废物登记制度 医疗卫生机构和医疗废物集中处置单位，应当对医疗废物进行登记，登记内容应当包括：医疗废物的来源、种类、重量或者数量、交接时间、处置方法、最终去向以及经办人签名等项目。登记资料至少保存3年。

2. 严防医疗废物流漏散　医疗卫生机构和医疗废物集中处置单位，应当采取有效措施，防止医疗废物流失、泄露、扩散。

3. 发生医疗废物流漏散的处理　发生医疗废物流失、泄露、扩散时，医疗卫生机构和医疗废物集中处置单位应当采取减少危害的紧急处理措施，对患者提供医疗救护和现场救援，同时向所在地的县级人民政府卫生行政主管部门、环境保护行政主管部门报告，并向可能受到危害的单位和居民通报。

4. 禁止流通制度　《医疗废物管理条例》从以下几个方面规定了禁止流通制度：①禁止任何单位和个人转让、买卖医疗废物；禁止在运送过程中丢失医疗废物；禁止在非储存地点倾倒、堆放医疗废物，或者将医疗废物混进其他废物和生活垃圾。②禁止邮寄医疗废物；禁止通过铁路、航空运送医疗废物；有陆路通道的，禁止通过水路运送医疗废物；没有陆路通道必须经水路运送医疗废物的，应当经设区的市级以上人民政府环境保护行政主管部门批准，并采取严格的环境保护措施后，方可通过水路运送。③禁止将医疗废物与旅客在同一运输工具上载运；禁止在饮用水源保护区的水体上运输医疗废物。

（二）医疗卫生机构对医疗废物的管理

1. 医疗废物的分类收集　医疗卫生机构应当及时收集本单位产生的医疗废物，并按照类别分置于防漏、防锐器穿透的专用包装物或者密闭的容器内。

2. 医疗废物的包装警示　医疗废物专用包装物、容器，应当有明显的警示标识和警示说明。有关医疗废物专用包装物、容器的标准和警示标识的规定，由国务院卫生行政主管部门和环境保护行政主管部门共同制定。

3. 医疗废物的暂时储存　医疗废物的暂时储存必须遵守以下规定：①医疗卫生机构应当建立医疗废物的暂时储存的设施、设备，其地点应当远离医疗区以及生活垃圾存放所，并设置明显的警示标识和防漏、防鼠、防蚊蝇、防盗以及防止儿童接触等安全措施；②医疗卫生机构应当使用防渗漏、防遗撒的专用运送工具，按照本单位确定的内部医疗废物运送时间、路线，将医疗废物收集、运送至储存地点；③医疗废物的暂时储存设施、设备应当对其定期消毒和清洁；医疗废物的运送工具使用后，应当在医疗卫生机构内指定的地点及时消毒和清洁；④医疗废物暂时储存的时间不得超过 2 天，不得露天存放医疗废物。

4. 医疗废物的暂时交付　医疗卫生机构应当按照集中处理的原则，及时将医疗废物交由医疗废物集中处理单位处理；医疗废物中病原体的培养基、标本和菌种、毒种保存液等高危险废物，在交医疗废物集中处理单位前应当就地消毒。

（三）自行处置医疗废物的要求

1. 对医疗卫生机构的要求　医疗卫生机构产生的污水、传染病患者或者疑似传染病患者的排泄物，应当按照国家规定严格消毒；达到国家规定的排放标准后，方可排入污水处理系统。

2. 对不具备条件的农村的要求　不具备集中处理医疗废物条件的农村，医疗卫生机构应当按照县级人民政府卫生行政部门、环境保护行政主管部门的要求，自行就地处理其产生的医疗废物。自行处置医疗废物的，应当符合下列基本要求：①使用后的一次性医疗器具和容易致人损伤的医疗废物，应当消毒并做毁形处理；②能够焚烧的，应当及时焚烧；③不能焚烧的，消毒后及时填埋。

（四）医疗废物处置从业人员的健康保护

1. 进行相关知识的培训 医疗卫生机构和医疗废物集中处置单位，应当对本单位从事医疗废物收集、运送、储存、处置等工作人员和管理人员，进行相关法律和专业技术、安全防护以及紧急处理等知识的培训。

2. 采取职业卫生防护措施 医疗卫生机构和医疗废物集中处置单位，应当采取有效的职业卫生防护措施，为从事医疗废物收集、运送、储存、处置等工作人员和管理人员，配备必要的防护用品，定期进行健康检查；必要时对有关人员进行免疫接种，防止其受到健康危害。

四、法律责任

（一）行政责任

违反《医疗废物管理条例》，应承担的行政责任主要包括以下内容。

1. 医疗卫生机构、医疗废物集中处置单位违反本条例规定，有下列情形之一的，由县级以上地方人民政府卫生行政主管部门或者环境保护行政主管部门按照各自的职责责令限期改正，给予警告；逾期不改正的，处2000元以上5000元以下的罚款：①未建立、健全医疗废物管理制度，或者未设置监控部门或者专（兼）职人员的；②未对有关人员进行相关法律和专业技术、安全防护以及紧急处理等知识的培训的；③未对从事医疗废物收集、运送、贮存、处置等工作的人员和管理人员采取职业卫生防护措施的；④未对医疗废物进行登记或者未保存登记资料的；⑤对使用后的医疗废物运送工具或者运送车辆未在指定地点及时进行消毒和清洁的；⑥未及时收集、运送医疗废物的；⑦未定期对医疗废物处置设施的环境污染防治和卫生学效果进行检测、评价，或者未将检测、评价效果存档、报告的。

2. 医疗卫生机构、医疗废物集中处置单位违反本条例规定，有下列情形之一的，由县级以上地方人民政府卫生行政主管部门或者环境保护行政主管部门按照各自的职责责令限期改正，给予警告，可以并处5000元以下的罚款；逾期不改正的，处5000元以上3万元以下的罚款：①贮存设施或者设备不符合环境保护、卫生要求的；②未将医疗废物按照类别分置于专用包装物或者容器的；③未使用符合标准的专用车辆运送医疗废物或者使用运送医疗废物的车辆运送其他物品的；④未安装污染物排放在线监控装置，或者监控装置未经常处于正常运行状态的。

3. 医疗卫生机构、医疗废物集中处置单位有下列情形之一的，由县级以上地方人民政府卫生行政主管部门或者环境保护行政主管部门按照各自的职责责令限期改正，给予警告，并处5000元以上1万元以下的罚款；逾期不改正的，处1万元以上3万元以下的罚款；造成传染病传播或者环境污染事故的，由原发证部门暂扣或者吊销执业许可证件或者经营许可证件；构成犯罪的，依法追究刑事责任：①在运送过程中丢弃医疗废物，在非贮存地点倾倒、堆放医疗废物或者将医疗废物混入其他废物和生活垃圾的；②未执行危险废物转移联单管理制度的；③将医疗废物交给未取得经营许可证的单位或者个人收集、运送、贮存、处置的；④对医疗废物的处置不符合国家规定的环境保护、卫生标准、规范的；⑤未按照本条例的规定对污水、传染病患者或者疑似传染病患者的排泄物，进行严格消毒，或者未达到国家规定的排放标准，排入污水处理系统的；⑥对收治的传染病患者或者疑似传染病患者产生的生活垃圾，未按照医疗废物进行管理和处置的。

4. 其他主体转让、买卖医疗废物，邮寄或者通过铁路、航空运输医疗废物，或者违反本条例规定通过水路运输医疗废物的，由县级以上地方人民政府环境保护行政主管部门责令转让、买卖双方、邮寄人、托运人立即停止违法行为，给予警告，没收违法所得；违法所得5000元以上的，并处违法所得2倍以上5倍以下的罚款；没有违法所得或者违法所得不足5000元的，并处5000元以上2万元以下的罚款。

（二）民事责任

医疗卫生机构、医疗废物集中处置单位违反《医疗废物管理条例》规定，导致传染病传播或者发生环境污染事故，给他人造成损害的，依法承担民事赔偿责任。

（三）刑事责任

县级以上各级人民政府卫生行政主管部门、环境保护行政主管部门或者其他有关部门，以及医疗卫生机构、医疗废物集中处置单位，违反《医疗废物管理条例》的有关规定，造成传染病传播或者环境污染事故，依照刑法构成犯罪的，追究刑事责任。这些罪行涉及传染病防治失职罪、重大环境污染事故罪、妨碍传染防治罪、传染病菌种毒种扩散罪、妨害公务罪。

第四节　药品管理法律制度

扫码“学一学”

案例

小张因患糖尿病需要经常服用降糖药物，经常到其所在社区医院开取处方降糖药物，结果该社区医院给小张开出的降糖药物存在质量问题，造成其糖尿病加重，后经医疗鉴定机构鉴定，发现了该降糖药物的质量问题。故小张应该找制药厂索赔。试分析本案中该制药厂生产不符合质量标准的药品都应承担什么责任？此时，小张应如何维护自己的合法权益？

药品是人类防治疾病必不可少的特殊商品，为了保证药品的安全有效，任何国家对药品都采取了比其他商品更为严格的监督管理措施。我国的药品管理法主要是从药品的研制、生产、流通到使用等各环节做了一系列明确的规定，护理人员在执业过程中应了解相关的法律规定。

一、药品管理法概述

（一）药品管理法的含义

药品管理法是调整药品监督管理，确保药品质量，维护人体健康活动中产生的各种社会关系的法律规范的总和。药品管理法在加强药品监督管理，提高药品质量方面起着重要作用，是保障人民用药安全的重要法宝。

（二）药品管理法的立法

1984年9月20日第六届人大常委会第七次会议通过了《中华人民共和国药品管理法》

（以下简称《药品管理法》），1985 年 7 月 1 日起施行，这是中华人民共和国成立以来第一部药品管理法律。该部法律已由中华人民共和国第十二届全国人民代表大会常务委员会第十四次会议于 2015 年 4 月 24 日修订通过，自 2015 年 4 月 24 日起施行。随着社会发展及新形势下新的需要，2019 年 4 月全国大常委会对《药品药管法（修订草案）》进行了第二次审议，2019 年修订版将于今年生效。除此之外，我国药品管理方面的法律法规还包括《中华人民共和国药品管理法实施办法》《麻醉药品管理办法》《医疗用毒性药品管理办法》《精神药品管理办法》《放射性药品管理办法》等条例。

二、药品管理的法律规定

（一）药品标准

药品标准是国家对药品质量规格及检验方法所做的技术性规定，是药品研制、生产、经营、使用和检验、监督管理部门共同遵守的法定依据。我国《药品管理法》规定，药品必须符合国家药品标准。我国的药品标准包括《中华人民共和国药典》和国务院药品监督管理部门颁布的药品标准。只有符合国家药品标准的药品，才是合格药品，方可生产、销售和使用。法定的药品质量标准具有法律的效力，生产、销售、使用不符合药品质量标准的药品是违法的行为。

《中华人民共和国药典》简称《中国药典》，是由国家药典委员会负责组织编纂、制定和修订的国家药品标准，是法定的国家药品标准，新中国成立以来，我国共编纂颁布《中国药典》10 版，1985 年版之前有 3 版，1985 年起每 5 年修订一版。现在适用的是 2015 年版，2020 年版目前正在修订中。

（二）药品的审批

《药品管理法》规定：在我国药品生产企业实行药品许可证的基础上，具体生产某一药品，实行药品生产批准文号制度。凡报批生产药品的企业，必须按规定的内容报地（市）卫生行政部门及药检所，经药检所检验合格后，由地（市）卫生行政部门和药检所签署意见，报转省医药管理部门，经审核同意后，报省卫生厅审核批准发给批准文号。药品的批准文号一般 5 年内不得变更，停产 3 年以上的药品，其批准文号作废。

（三）进口药品的管理

药品进口，必须经国务院药品监督管理部门组织审查，经审查确认符合质量标准、安全有效的，方可批准进口，并发给《进口药品注册证》。中国香港、澳门、台湾地区企业生产的药品取得《医药产品注册证》后，方可进口。医疗机构因临床急需少量药品的，应当持《医疗机构执业许可证》向国务院药品监督管理部门提出申请，经批准后，方可进口。进口药品到岸后，进口单位应当持《进口药品注册证》以及产地证明原件、购货合同副本、装箱单等材料，向口岸所在地药品监督管理部门备案。口岸所在地药品监督管理部门经审查，提交的材料符合要求的，发给《进口药品通关单》。进口单位凭《进口药品通关单》向海关办理报关验收手续。口岸所在地药品监督管理部门应当通知药品检验机构对进口药品逐批进行抽查检验。

（四）特殊药品的管理

我国《药品管理法》规定：国家对麻醉药品、精神药品、医疗用毒性药品、放射性药品实行特殊管理。特殊药品的包装必须印有规定的标志，进出口麻醉药和精神药品，必须持国务院卫生行政部门的进、出口准许证。特殊药品的运输要按照航运、铁路、公路运输部门和邮电部门的特殊规定，采取严格措施来保证运输安全。特殊药品的供应也应根据科研和教学的需要，有计划地按规定组织供应，严格使用手续，防治流弊或乱用。

（五）药品的分类管理

《药品管理法》规定：国家实行处方药和非处方药分类管理制度。《处方药和非处方药分类管理办法（试行）》于2000年1月1日起施行。该办法规定：为了保障人民用药安全、有效、使用方便，根据药品种类、规格、适应证、剂量、给药途径的不同，对药品分别按处方药和非处方药进行管理。药品分类的核心是要加强处方药的管理、规范非处方药的管理，减少不合理用药的发生，切实保证人民用药的安全有效。

处方药是指必须凭执业医师或执业助理医师的处方才可调配、购买和使用的药品；非处方药是指不需要凭执业医师或执业助理医师的处方即可自行判断、购买和使用的药品。

根据非处方药品的安全性，将非处方药分为甲类非处方和乙类非处方药。

（六）基本药物制度

基本药物是适应基本医疗卫生需求，剂型适宜，价格合理，能够保障供应，公众可公平获得的药品。

国家基本药物制度是为维护人民群众健康、保障公众基本用药权益而确立的一项重大国家医药卫生政策，是国家药品政策的核心和药品供应保障体系的基础，涉及基本药物遴选、生产、流通、使用、定价、报销、检测评价等多个环节。

三、法律责任

（一）行政责任

违反《药品管理法》，应承担的行政责任主要包括以下内容。

1. 无证生产经营的法律责任　①未取得《药品生产许可证》《药品经营许可证》或者《医疗机构制剂许可证》生产经营药品或者配制制剂的，依法予以取缔，没收违法生产、销售的药品和违法所得，并处违法生产、销售药品（包括已售出和未售出的药品）货值金额2倍以上5倍以下的罚款。②提供虚假证明、文件资料样品或者采取其他欺骗手段取得《药品生产许可证》《药品经营许可证》《医疗机构制剂许可证》或者药品批准证明文件的，吊销《药品生产许可证》《药品经营许可证》《医疗机构制剂许可证》或者撤销药品批准证明文件，5年内不受理其申请，并处1万元以上3万元以下的罚款。

2. 生产、销售假药、劣药的法律责任　①生产、销售假药，没收违法生产销售的药品和违法所得，并处违法生产、销售药品（包括已售出和未售出的药品）货值金额2倍以上5倍以下的罚款；有药品批准证明文件的予以撤销，并责令停产、停业整顿；情节严重的，吊销《药品生产许可证》《药品经营许可证》或者《医疗机构制剂许可证》。②生产、销售劣药的，没收违法生产、销售的药品和违法所得，并处违法生产、销售药品（包括已售出和未售出的药品）货值金额1倍以上3倍以下的罚款；情节严重的，责令停产、停业整顿或者撤销药品批准证明文件、吊销《药品生产许可证》《药品经营许可证》或者《医疗机构制剂许可证》。③生产、销售假药、劣药，情节严重的企业或者其他单位，其直接负责的主管人员和其他直接责任人员10年内不得从事药品生产、经营活动。对生产者专门用于生产假药、劣药的原辅材料、包装材料、生产设备，予以没收。

3. 给予、收取回扣的法律责任 ①药品的生产企业、经营企业、医疗机构在药品购销中暗中给予、收受回扣或者其他利益的，药品的生产企业、经营企业或者其代理人给予使用其药品的医疗机构的负责人、药品采购人员、医师等有关人员以财物或者其他利益的，由工商行政管理部门处1万元以上20万元以下的罚款，有违法所得的，予以没收；情节严重的，由工商行政管理部门吊销药品生产企业、药品经营企业的营业执照，并通知药品监督管理部门吊销其《药品生产许可证》《药品经营许可证》。②药品的生产企业、经营企业的负责人、采购人员等有关人员在药品购销中收受其他生产企业、经营企业或者其代理人给予的财物或者其他利益的，依法给予处分，没收违法所得。医疗机构的负责人、药品采购人员、医师等有关人员收受药品生产企业、经营企业或者其代理人给予的财物或者其他利益的，由卫生行政部门或者本单位给予处分，没收违法所得；对违法行为情节严重的执业医师，由卫生行政部门吊销其执业证书。

（二）民事责任

《药品管理法》规定：药品生产企业、经营企业、医疗机构违反法律规定，给药品使用者造成损害的，依法承担赔偿责任。受害人向法院起诉要求赔偿，应当从知道或者应当知道受损害之日起1年内提出。

（三）刑事责任

对生产、销售假药、劣药，危害人民健康，造成严重后果的，依照《刑法》有关规定，追究刑事责任。刑事责任主要包括以下内容。

1. 生产销售假药的法律责任 《刑法》第一百四十一条规定：生产销售假药，足以严重危害人体健康的，处3年以下有期徒刑或者拘役，并处或者单处销售金额50%以上2倍以下罚金；对人体健康造成严重危害的，处3年以上10年以下有期徒刑，并处销售金额50%以上2倍以下罚金；致人死亡或者对人体健康造成特别严重危害的，处10年以上有期徒刑、无期徒刑或者死刑，并处销售金额50%以上或者2倍以下罚金或者没收财产。

2. 生产销售劣药的法律责任 《刑法》第一百四十二条规定：生产销售劣药，对人体健康造成严重危害的，处3年以上10年以下有期徒刑，并处销售金额50%以上2倍以下罚金；后果特别严重的，处10年以上有期徒刑或者无期徒刑，并处销售金额50%以上2倍以下罚金或者没收财产。

3. 违规提供麻醉药品、精神药品的法律责任 《刑法》第三百五十五条规定，依法从事生产、运输、管理、使用国家管制的麻醉药品、精神药品的人员，违反国家规定，向吸食、注射毒品的人提供国家规定管制的能够使人形成瘾癖的麻醉药品、精神药品的，处3年以下有期徒刑或者拘役，并处罚金；情节严重的，处3年以上7年以下有期徒刑，并处罚金；向走私、贩卖毒品的犯罪分子或者以牟利为目的，向吸食、注射毒品的人提供国家规定管制的能够使人形成瘾癖的麻醉药品、精神药品的，依照《刑法》第三百四十七条关于走私、贩卖、运输、制造毒品的规定予以定罪处罚。单位犯有上述罪的，对单位判处罚金，并对其直接负责的主管人员和其他直接责任人员，依照上述的规定处罚。

本章小结

器官移植法律制度明确规定了器官移植的原则、人体器官的合法来源、供体及受体的权利及法律责任等法律问题。此外，《献血法》规定了无偿献血制度，采血与供血等制度，无偿献血的血液必须用于临床并不得买卖。医疗废物本身的特殊性及借鉴国内外的实践经验，《医疗废物处理条例》对医疗废物的收集、储存、运输和处理处置等都有严格的法律规定。此外，药品及特殊药品的法律规定等，护理人员在从事相关护理行为时应严格遵守上述法律规定。

【实践活动】

观看视频

活动内容：组织观看视频《器官移植救人危旦》，组织学生讨论护理人员应怎样依法对器官移植患者进行护理？

活动目标：加深对器官移植法律制度的理解。

活动方法：提出问题；组织学生带着问题观看视频；然后分组讨论；最后教师进行点评。

案例讨论

活动内容：组织学生讨论医疗废物与环境污染案例。

活动目标：加深对医疗废物的危害及医疗废物处置问题的理解，使学生了解护理人员在工作中对医疗废物应如何正确处理。

活动方法：通过 PPT 展示两起医疗废物违法案例；教师提问并引导学生讨论回答；然后教师逐一点评并总结。

目标检测

一、选择题

1. 下列适用于《人体器官移植条例》的有（　　）

A. 骨髓　　B. 角膜　　C. 肾脏

D. 细胞　　E. 血小板

2. 领导本行政区域内的献血工作，统一规划并负责组织、协调有关部门共同做好献血工作的主体有（　　）

A. 地方各级人民政府　　B. 地方各级献血办公室

C. 地方各级采供血机构　　D. 地方各级卫生行政部门

E. 地方各级政府职能部门

3.《医疗废物管理条例》不适用于（　　）

A. 医疗废物的收集活动　　B. 医疗废物的运送活动

C. 医疗废物的贮存活动　　D. 医疗废物的监督管理等活动

E. 医疗废物的产生活动

4. 医疗机构对其医疗废物登记资料的保存时间不得少于（　　）

A. 1 年　　B. 2 年　　C. 3 年

D. 4 年　　E. 5 年

5. 医疗废物的管理，不符合规定的是（　　）

A. 禁止在运送过程中丢弃医疗废物

B. 禁止在非贮存地点倾倒、堆放医疗废物

C. 禁止将医疗废物混入其他废物和生活垃圾

D. 医疗废物不按照类别分置于包装物或者容器

E. 贮存设施或者设备应符合环境保护、卫生要求

二、思考题

1. 器官移植的原则有哪些？
2. 简述护理人员在器官移植中的职责。
3. 血液采集过程中应注意哪些法律问题？
4. 医疗废物的种类有哪些？
5. 医疗废物的暂时储存必须遵守哪些规定？

三、案例分析题

王某因交通事故致下肢及左股骨髁间开放性骨折，于是住某医院进行治疗，因护理人员在给王某输血时，未检测供血者是否含有病毒，致使王某不幸感染了艾滋病病毒和丙型肝炎病毒，至今由于免疫力明显下降继发感染了肺结核、胃肠炎等疾病，给王某及家人的身心健康和经济状况造成极大的损害。

分析：①本案中医院有哪些违法之处？②对王某应承担何种责任？

扫码“练一练”

（郭玉蕾）

第十三章

护理纠纷与责任

学习目标

知识要点

1. 掌握举证责任倒置及医院不承担赔偿责任的情形；护理医疗事故的构成及处理的方法；护理刑事责任的构成。
2. 熟悉护理纠纷的解决途径；护理医疗事故鉴定；护理行政责任的形式。
3. 了解护理纠纷的特点；不属于护理医疗事故的情形；护理医疗事故的赔偿及护理民事责任。

技能要点

1. 能够在未来执业中避免护理纠纷与护理医疗事故的发生，依法执业。
2. 增强法律意识，培养依法执业的自觉性。

护理人员在从事护理活动时，有时会引发护理纠纷的发生，甚至有可能酿成护理医疗事故。因此护理人员应该了解护理纠纷的特点及解决途径，特别是护理医疗事故的构成及法律责任，严格依法执业。

第一节　护理纠纷

扫码“学一学”

案例

某医院内科病房，护理人员在术后护理中因为没有严格执行“三查七对”制度，将B型血错输到A型血的患者体内。发现后，尽管医院及时采取了措施，但最终仍导致该名患者严重视力障碍。请分析这场护理纠纷有哪些解决途径？如果患者提起诉讼，应由谁负责举证？

护理纠纷是发生在护患之间的，针对护理活动的争执，是护理过程中发生的特殊的民事纠纷，有其自身的特点。护理纠纷出现，其解决途径也有明确的法律规定。如果患者提起民事诉讼，那么依据“举证责任倒置”的原则由医院一方承担举证责任，否则就要承担由此带来的护理法律责任。

一、护理纠纷的含义与特点

（一）护理纠纷的含义

护理纠纷是指在临床诊疗过程中，主要是护理人员与患者或患者家属之间发生的纠纷，因为患者或家属对护理过程不满意，或是认为护理人员在护理过程中有失误，甚至对患者造成不良后果，要求赔偿或追究护理人员责任的纠纷。护理纠纷属于医疗纠纷的一种，医疗纠纷即医患双方因诊疗护理行为而发生的纠纷。据统计，护理纠纷目前已占到整个医疗纠纷的10%以上，因此护理纠纷应引起护理人员、医院乃至社会的重视。

（二）护理纠纷的特点

1. 原因多样化 就护理纠纷而言，其突出的特点是涉及的范围较广泛。医生与患者的纠纷主要集中在医学专业问题方面，如诊断治疗失误、手术出现了意外损伤、治疗未达到预期要求等问题。而护理纠纷则不同，由于护理人员与患者和家属接触密切，接触的范围广泛，包括日常生活护理、临床治疗、医院有关制度的落实和咨询、执行医嘱等，这些工作都需要由护理人员协助或直接完成。因此，护理纠纷涉及范围广泛。

2. 可防范性大 相比医患纠纷，护理纠纷发生原因很多，但从防范角度讲，却有较大的可防范性。医患纠纷有许多难以预见性和不可控制性，而大多数护理纠纷通过有效措施是可以控制和防范的，因为有些医疗问题并非都是单纯的技术原因，可能因为疾病的复杂性、机体自身的特殊性、患者机体的应激能力等，涉及的因素很多，有时候难以避免一些意外情况的发生。另处，还有许多疾病的后果是无法预料的，即使按照常规制度实施诊断治疗，也难以保证每种疾病不出现并发症。因此，无论多么有经验的医生也难以保证把每个患者救治成功。护理纠纷则不然，大多数可以控制。只要按照制度办事，严格遵守查对制度，对有疑问的医嘱及时提出，树立正确的服务观念，培养良好的素质，逐步提高护理人员的服务能力和服务水平，就可以避免纠纷的发生。

3. 技术性纠纷较少 有些护理人员在工作中经常流露出不满的情绪，表现为服务态度冷淡，与患者交流面无表情，解答问题不耐心，甚至在语言或非语言行为上伤害患者的自尊心等。这必然要出现一些误会，影响双方情绪，导致护理纠纷的发生。因为护理人员主要工作是观察和记录病情变化、执行医嘱、对患者进行基础护理等。他们不是诊断治疗措施的决策者，而是执行者。对患者的疾病，护理人员很少在诊断是否正确、选择诊断手段、治疗方法等问题上做出决定。因此，医患纠纷和护理纠纷的特点也有差别。医患纠纷主要表现在医疗专业技术方面，而护理纠纷主要表现为非诊疗技术性纠纷。

二、护理纠纷的解决途径

根据法律规定，护理纠纷有很多解决途径，主要途径包括以下几种。

（一）双方协商

双方协商即双方和解。医疗机构与患者双方就赔偿问题进行协商，达成一致意见，双方签订协议书，并且报卫生行政主管部门备案即可。协商是成本最低的一种解决方式，护患双方往往都会优先考虑。协商成功是建立在一个重要的基础之上，就是发生纠纷的双方均能做出一定妥协和让步，最终达到双方利益的平衡。

（二）调解

如果医疗机构与患者双方达不成一致意见，不能协商解决，那么可以向当地卫生行政部门提出申请，由卫生行政部门帮助调解解决。这种解决方式的特点是快速方便。卫生行政部门有专门的调解人员负责调解工作，具有更专业的解决方法及专业认知能力，更有助于护患纠纷的顺利解决。

（三）民事诉讼

提起民事诉讼是指护理纠纷的当事人在人民法院的主持下，在其他诉讼参与人的配合下，来解决护患纠纷。患者或者患者家属可以不向卫生行政部门申请调解，直接向人民法院提起诉讼。患者或患者家属可以侵权为案由提起诉讼，诉讼时效为 1 年；如果患者或患者家属以违约为案由提出诉讼，则诉讼时效为 2 年，均自知道或应当知道自己的权益受到侵害之日起计算。严格的诉讼程序、最高的权威裁判和国家强制力的保证等因素使得诉讼在护理纠纷的解决中始终占据着核心的地位。

1. 民事诉讼的当事人 因民事权利义务发生纠纷，以自己的名义参与诉讼活动，并受人民法院裁判程序约束的利害关系人。在护理纠纷中，当事人即为医院和患者双方。当事人在民事诉讼程序中有不同的称谓，在第一审程序中称谓是原告与被告；在第二审程序中，当事人分别为上诉人和被上诉人；在执行程序中称谓是申请人和被申请人。原告是指在民事诉讼中为保护自己的民事权益，以自己的名义向法院提出诉讼，因而引起民事诉讼程序发起的人。被告是指民事诉讼中，因原告起诉而被法院通知应诉的人。无论原告还是被告都享有诉讼权利，也必须承担相应的诉讼义务。

案 例

某医院收治了一名三岁的先天性心脏病患儿，手术成功后送到心外科重症监护室监护。该患儿的病历上已清楚注明“对某某药物过敏”，但主治医生却忽视了这一重要信息，在医嘱中开了患儿过敏的抗生素，而执行护理人员也没严格执行“三查七对”制度，就对患儿注射了该药物，不久后护理人员发现了问题也没有向医生汇报，终致患儿死亡，患儿死亡的主要原因是抗生素过敏，请分析患儿父母就此与医院发生争议，可以通过哪些途径解决？

2. 民事诉讼的审理程序 法院在开庭审理民事案件时，一般按照以下程序进行。

（1）开庭审理 开庭审理时，审判长要核对当事人、诉讼代理、第三人身份信息，宣布合议庭组成人员，告知当事人的诉讼权利和义务，询问当事人是否申请回避等。

（2）法庭调查 主要是当事人陈述和证人作证，出示书证、物证和视听资料，宣读现场笔录、鉴定结论和勘验笔录。法庭调查的基本顺序：①询问当事人和当事人的陈述；②证人到庭作证；③鉴定人到庭；④出示书证、物证和视听资料；⑤勘验人到庭。

（3）法庭辩论 在合议庭主持下，各方当事人就本案事实和证据及法律依据，阐明自己的观点论述自己的意见，反驳对方的主张，进行言词辩论的诉讼活动。法庭辩论的顺序：①原告及其诉讼代理人发言；②被告及其诉讼代理人答辩；③第三人及其诉讼代理人发言或答辩；④互相辩论。

（4）合议庭评议 法庭辩论结束后，合议庭休庭，由全体成员对案件进行评议。评议不对外公开，采取少数服从多数原则。评议应当制定笔录，对不同意见也必须如实记入笔录，评议笔录由合议庭全体成员及书记员签名。

（5）宣读判决　合议庭评议后，审判长应宣布继续并宣读判决。如果不能当庭宣判，审判长应宣布另定日期宣判。

三、举证责任倒置

（一）举证责任倒置的含义

举证责任就是指当事人对自己提出的主张提供证据并加以证明。举证责任是诉讼当事人在诉讼中分担的举证义务，这种举证义务可以是法定的，也可以是法院根据案件具体情况依法分配的。在没有证据证明“事实主张”或证据不足以证明“事实主张”时，由负有举证责任的当事人承担不利后果。举证责任倒置是相对于举证责任“正置”原则而提出的，在民事诉讼中，一般是“谁主张、谁举证”的原则，即由原告负举证责任。所谓举证责任倒置是指在特殊的案件中，把原告承担的举证责任倒置到被告一方，如被告不能就此举证证明，则推定原告主张的事实成立的一种举证责任分配制度。

知识链接

“举证责任倒置”的由来

举证责任倒置理论产生于德国19世纪末20世纪初的工业革命时期，在这一时期出现了大规模的环境污染问题，医疗事故引起的伤害赔偿问题等案件，对此如果沿用旧的举证责任分配原则，对受害者显失公平。但又缺乏新的原则，因此，法官们在法律没有规定的情况下，根据司法实践中的新情况，借助法律赋予自己的司法自由裁量权，将举证责任转移给加害人承担。

（二）护理纠纷中的举证责任倒置

最高人民法院《关于民事诉讼证据的若干规定》第四条第八项规定“因医疗护理行为引起的侵权诉讼，由医疗机构就医疗护理行为与损害后果之间不存在因果关系及不存在医疗护理过错承担举证责任”，即护理纠纷争议诉讼适用举证责任倒置。医疗机构要在护理纠纷诉讼中胜诉，必须举出证据证明医疗机构及其护理人员在患者的身体损害发生中不存在过失，或医疗机构及其护理人员的过失与患者的损害后果之间不存在因果关系。否则就应当承担败诉的不利后果。

知识链接

名人名言

“法律是为了保护无辜而制定的。”　——爱略特

“法律和制度必须跟上人类思想进步。”　——杰弗逊

（三）护理纠纷中的证据

所谓证据就是能够证明案件事实的依据，护理纠纷中的证据就是能够证明护理行为有无过错，护理行为与损害结果之间有无因果关系的事实依据。护理事故争议处理中的证据包括以下几种。

1. 书证　以文字、符号、图案等表示的内容来证明案件事实的书面材料。在护理纠纷诉讼中，所有病历资料、各种医疗器械、设备、药品的说明书、医疗记录、护理记录等均属于书证。所以护理人员在做护理记录时，一定要认真、仔细，并且要将其保管好。

2. 物证　以其存在的外形、特征、质量、性能等来证明案件事实的物品。在护理纠纷争议诉讼中，各种一次性医疗用品、医疗器械、药品、血液及其制品、检验设备等都可作为证据使用。

3. 视听资料　以声音图像及其他视听信息来证明案件特征事实的录像带、录音带、电影胶卷、电脑软件、光盘、照片等信息材料。在护理纠纷诉讼中，病理切片、X 线片、整形患者手术前后的照片资料等均为视听资料。

4. 证人证言　除当事人之外了解案件有关情况的人向人民法院就自己知道的案件事实所做的陈述。证人确有困难不能出庭的，经人民法院许可，可以提交书面证言。证人必须是具有完全民事行为能力的人，不能正确表达意志的人不能作证。在护理纠纷诉讼中，可以请其他的患者或患者家属为医院出庭作证。

5. 当事人陈述　当事人就案件事实所做的陈述。在护理纠纷诉讼中，工作人员可以出庭陈述并接受对方的质证。

6. 鉴定结论　鉴定人运用自己的专业知识对当事人或人民法院提出的案件的有关问题所做出的判断结论。权威鉴定机构的鉴定结论往往是法官定案的主要依据。在护理纠纷诉讼中，护理医疗事故技术鉴定结论、伤残鉴定结论、尸体解剖结论等都属于鉴定结论。

（四）医疗机构不承担责任的情形

1. 根据我国《侵权责任法》第六十条的规定，患者有损害，因下列情形之一的，医疗机构不承担赔偿责任：①患者或者其近亲属不配合医疗机构进行符合诊疗规范的诊疗；②医务人员在抢救生命垂危的患者等紧急情况下已经尽到合理诊疗义务；③限于当时的医疗水平难以诊疗的。因此，在护理纠纷中医疗机构如果证明上述情形之一存在，则医疗机构不承担赔偿责任。

2. 根据《民法通则》第一百三十六条的规定，身体受到伤害要求赔偿的诉讼时效期间为 1 年。同时，根据第一百三十七条的规定，诉讼时效期间从知道或者应当知道权利被侵害时起计算。但是从权利被侵害之日起超过 20 年的，人民法院不予保护。因此在护理纠纷中，如果患者或患者家属不积极主张权利，超过上述诉讼时效的规定，也将丧失胜诉权，医疗机构也可不承担赔偿责任。

扫码“学一学”

第二节　护理医疗事故

案例

2018 年 2 月某市人民法院审理了一起案件，原因是患者王某因身体不适至医院就诊，住院的当天输液时，液体发生外漏渗入皮肤，因为值班护士没有及时发现，直到第二天早上医生查房时才发现，但此时王某已经出现了皮肤坏死现象，不仅需要“刮骨疗伤”，还要植皮并且留下永远的疤痕。试分析本案性质及值班护士的行为。

护理医疗事故属于护理人员在执业过程中由于过失造成的严重损害患者身体健康的事故，在护患双方就是否构成护理医疗事故产生争议时需经专业的鉴定机构对此进行鉴定，得出的鉴定结论可以作为护理医疗事故认定的依据。另外，护理医疗事故一旦构成，医疗机构必然应承担由此产生的赔偿责任。

一、护理医疗事故的含义与构成

（一）护理医疗事故的含义

护理医疗事故属于医疗事故的一种，医疗事故是指医疗机构及其医务人员在医疗活动中，违反医疗卫生管理法律、行政法规、部门规章和诊疗护理规范、常规，过失造成患者人身损害的事故。确定是否构成医疗事故目前需要医疗事故鉴定委员会鉴定才能认定。护理医疗事故是指医疗机构及其护理人员在护理活动中，违反医疗卫生管理法律、行政法规、部门规章和护理常规，过失造成患者人身损害的事故。护理医疗事故发生的行为人必须有过失，且过失是因为违反法律、法规，或护理常规，且给患者造成了严重的损害后果。护理医疗事故与护理纠纷是完全不同的两个概念。护理纠纷的范围要比护理医疗事故广得多，形成护理纠纷不一定构成护理医疗事故。

（二）护理医疗事故的构成

1. 必须有违法行为 医疗机构及护理人员的行为必须违反了有关的医疗卫生管理法律行政法规、部门规章和诊疗护理规范、常规。这些法律、法规可以是国家和地方有权机关制定并公布的，如《民法通则》《药品管理法》《护士条例》等，也包括《医院工作制度》《医疗事故技术鉴定暂行办法》和《医疗机构病历管理规定》等部门规章；当然还包括诊疗护理规章和技术操作规范等。

2. 必须发生在护理过程中 这里所说的护理过程中，是指护理人员的护理行为必须是在经过卫生行政部门审查合格并取得《医疗机构执业许可证》的医疗机构中进行的。医疗机构无论其是国有、集体、私有或个体的，也无论它是医院、疗养院、职业病防治所、妇幼保健院、社区卫生服务中心。这里的护理人员也必须是取得护士执业资格并经注册，在医疗机构执业的人员。若不具备上述资质的机构或者个人从事护理活动，就是非法行医，若由此引发事故，则不属于护理医疗事故。

知识链接

医疗事故的等级

根据对患者人身造成的损害程度，医疗事故分为四级。一级医疗事故：造成患者死亡、重度残疾的；二级医疗事故：造成患者中度残疾、器官组织损伤，导致严重功能障碍的；三级医疗事故：造成患者轻度残疾、器官组织损伤，导致一般功能障碍的；四级医疗事故：造成患者明显人身损害的其他后果的。

3. 必须有严重的损害后果 在客观要件上，要构成护理医疗事故，必须要造成患者严重人身损害的后果。如果仅为护理过失，尚未造成对患者的人身损害，还不能构成护理医疗事故。关于人身损害的程度，应包括患者死亡、重度残疾、中度残疾、器官组织损伤导致严重功能障碍的，以及其他明显人身损害后果。侵权行为损害赔偿请求权以实际损害作为成立条件，有损害就有赔偿，如果没有损害则无赔偿。

4. 违法行为与损害后果之间必须有因果关系 这是确认是否构成护理医疗事故的重要条件。由于医疗护理行为是一个复杂的过程，具有很强的科学性和专业技术性。患者接受诊治和护理的过程，也是在一个复杂的环境中进行的。因此在更多情况下，医疗护理行为和损害后果之间的因果关系表现不是十分明显，常常是一果多因，主、客观原因交织在一起，错综复杂。此时要准确认定护理行为主体的过错行为与“损害后果”是否具有因果关系就不是那么容易了，而实际生活中不少护理医疗事故争议的发生，都是由于不理解因果关系判断的原因而引起的。

5. 护理人员主观上必须有过失 发生护理医疗事故的过失行为，必须是非故意的或意外的。这种过失包括疏忽大意的过失和过于自信的过失两种。疏忽大意的过失是指按照责任医疗机构的规模、等级、设备技术条件，以及护理人员的职称、岗位责任应该具备的护理水平要求，应当预见到或可以预见到自己的行为可能对患者造成损害，由于其疏忽大意未能预见到，或对于危害患者生命、健康的不当做法，应当做到有效的防范，但由于其疏忽大意而未能做到，出现了患者的不良后果。例如擅离职守，延误抢救等。过于自信的过失是指行为人虽然能够或者已经预见到自己的行为可能给患者造成严重后果，但由于轻信自己的技术、经验或有利的客观条件，或因判断或行为上的失误致使严重后果发生。通常表现为遇到本不胜任的工作，自认为可以胜任或自认为经验丰富，执行医嘱仅凭印象等。

如果不是上述非故意和意外的原因，而是借从事护理行为的便利，故意造成患者的人身损害，则是故意杀人或故意伤害的刑事犯罪行为，将按照《刑法》《刑事诉讼法》由司法机关立案和处理。这种情况也就不再属于护理医疗事故范畴，不属于《医疗事故处理条例》的调整范围。

知识链接

故意与过失

我国《刑法》规定：知自己的行为会发生危害社会的结果，并且希望或者放任这种结果发生，因而构成犯罪的，是故意犯罪。故意犯罪，应当负刑事责任。同时，《刑法》第十五条规定：应当预见自己的行为可能发生危害社会的结果，因为疏忽大意而没有预见，或者已经预见而轻信能够避免，以致发生这种结果的，是过失犯罪。过失犯罪，法律有规定的才负刑事责任。

（三）不属于护理医疗事故的情形

现代医学科学虽然有了很大进步，但是由于人体的复杂性和特异性，人类对许多疾病的发生原理尚未认识，现代医学技术还做不到包治百病，在疾病面前医学还有很多遗憾，人类在与疾病顽强斗争中甚至会付出比较大的代价。这是医务人员不愿意看到的结果，但有时它难免发生。因此根据《医疗事故处理条例》规定，在护理过程中有下列情形之一的，不属于护理医疗事故。

1. 在紧急情况下为抢救垂危患者生命而采取的紧急医学处置措施造成不良后果的不属于医疗事故。因为在某些紧急情况下，医护人员未经患方同意采取了紧急医学处置，虽然从表面上看没有“保护”患者知情权，但此时保护患者的生命健康权高于一切，即使医护人员未按常规行使告知义务也不承担赔偿责任。

2. 在医疗活动中由于患者病情异常或者患者体质特殊而发生医疗意外的不属于医疗事故。因患者体质特殊而发生的医疗意外相对而言比较容易理解，如常见的过敏性休克，是指那些按护理常规不需事先做过敏性试验的药物，按通常治疗剂量和给药途径使用后出现的过敏性休克，这主要是由于患者体质特殊引起的，不属于护理医疗事故。

3. 在现有医学科学技术条件下，发生无法预料或者不能防范的不良后果的不属于医疗事故。应当注意的是，对于“无法预料”和“不能防范”两个概念不能加以混淆。如实践中的猝死是潜在的疾病突然恶化或急促进展，而发生的出乎人们意料之外的急性死亡，此时可以说是“无法预料”和“不能防范”。

4. 无过错输血感染造成不良后果的不属于医疗事故。输血感染是否属于医疗事故，关键是看诊疗护理过程中医方是否有“过错”，临床实践中，医疗单位在手术输血告知书中有这样一段话“本医疗机构无血液检测义务”，因此对因无过错输血导致的各类意外风险均不承担任何责任。

5. 因患方原因延误诊疗导致不良后果的不属于医疗事故。这是指患者及其家属不配合诊疗护理行为，不执行医嘱，造成病情恶化的严重后果，法律规定对此应由患方自己承担责任。

6. 因不可抗力造成不良结果的不属于医疗事故。这是指患者在接受护理过程中并非护理人员故意或者过失，而是由于不能抗拒的原因或者不能预见的原因导致患者出现难以预料的严重后果的，不构成医疗事故。

二、护理医疗事故的处理

（一）护理医疗事故处理的原则

1. 以事实为根据，以法律为准绳的原则 《医疗事故处理条例》规定：处理医疗事故应当遵循公开、公平、公正、及时、便民的原则，坚持实事求是的科学态度，做到事实清楚、定性准确、责任明确、处理得当。应当指出的是，法律上所讲的“事实”必须是有证据证明的事实。

2. 维护护患双方合法权益的原则 这一规定要求医疗单位、卫生行政部门或人民法院在处理护理医疗事故时，应当站在公正的立场上，维护医疗单位和患者及其家属双方的合法权益。

3. 坚持个人利益与国家利益相一致的原则 个人利益同国家利益相一致，就是要求医疗单位在处理可能是护理医疗事故的时候，不能为了个人或局部的利益而偏袒、庇护有关责任人员，既不能迁就患者及其家属提出的过高要求，也不能大事化小，小事化了，袒护责任人员。诚然，将个人利益同国家利益结合这是一个系统工程，它涉及国家社会保障机制的建立以及目前正在进行的医疗卫生体制改革。

（二）护理医疗事故争议处理的方法

1. 事故的报告　《医疗事故处理条例》规定：护理人员在护理活动中发生或者发现护理医疗事故、可能引起护理医疗事故的护理过失行为或者发生护理医疗事故争议的，应当立即向所在科室主任报告，科室负责人应当及时向本医疗机构负责医疗服务质量监控部门或者专（兼）职人员报告。对发生导致患者死亡或可能为二级以上的护理医疗事故、导致3人以上人身损害严重后果的重大护理过失行为的，医疗机构应当在12小时内向所在地卫生行政部门报告。

2. 实物封存　《医疗事故处理条例》规定：疑似输液、输血、注射、药物等引起不良后果的，医患双方应共同对现场实物进行封存和启封，封存的现场实物由医疗机构保管；需要检验的应当由双方共同指定的、依法具有鉴定资格的检验机构进行检验；双方无法共同指定时，由卫生行政部门指定。疑似输血引起不良后果，需要对血液进行封存保留的，医疗机构应当通知提供该血液的采供血机构派员到场。护理过程中一旦出现疑似输液、输血等引起不良后果的，护理人员就应当履行上述保管与封存的法定义务。

3. 尸检　医患双方当事人不能确定死因或者对死因有异议的，应当进行尸检。尸检必须在患者死亡后48小时内进行，但具备尸体冻存条件的可以延长至7日。尸检应当经死者近亲属同意并签字，由按照国家有关规定取得相应资格的机构和病理解剖专业技术人员进行。承担尸检任务的机构和病理解剖专业技术人员有进行尸检的义务。医疗事故争议当事人可以请法医病理学人员参加尸检，也可以委派代表现查尸检过程。拒绝或者拖延尸检，超过规定时间影响对死因判定的，由拒绝或者拖延的一方承担责任。

（三）护理医疗事故的技术鉴定

1. 鉴定组织　按照《医疗事故处理条例》和《医疗事故技术鉴定暂行办法（试行）》的规定，医疗事故技术鉴定，由负责组织医疗事故技术鉴定工作的医学会组织专家鉴定组进行。设区的市级地方医学会和省、自治区、直辖市直接管辖的县（市）地方医学会负责组织首次医疗事故技术鉴定工作。省、自治区、直辖市地方医学会负责组织再次鉴定工作。必要时中华医学会可以组织疑难、复杂并在全国有重大影响的医疗事故争议的技术鉴定工作。

2. 鉴定程序　负责组织医疗事故技术鉴定工作的医学会应当自受理医疗事故技术鉴定之日起5日内，通知医疗事故争议双方当事人提交进行医疗事故技术鉴定所需的材料。当事人应当自收到医学会的通知之日起10日内提交有关医疗事故技术鉴定的材料、书面陈述及答辩。负责组织医疗事故技术鉴定工作的医学会应当自接到当事人提交的有关医疗事故技术鉴定的材料、书面陈述及答辩之日起45日内组织鉴定并出具医疗事故技术鉴定书。

3. 鉴定结论　医疗事故技术鉴定结论是卫生行政部门处理医疗事故争议的依据，也是人民法院审理医疗事故争议案件的重要依据。专家鉴定组应当在事实清楚、证据确凿的基础上综合分析患者的病情和个体差异，实事求是地做出鉴定结论并制作医疗事故技术鉴定书。鉴定结论以专家鉴定组成员过半数通过。

（四）护理医疗事故的行政处理

1. 行政处理申请的提出　当患方认为是护理医疗事故并要求按护理医疗事故处理时，

患方应当自知道或应当知道其身体健康受到损害之日起1年内，向当地卫生行政部门提出护理医疗事故争议处理申请。申请书应当书面提出，并载明申请人的基本情况、有关事实、具体请求和理由等。

2. 行政处理申请的受理机构 当事人申请卫生行政部门处理的，由医疗机构所在地的县级人民政府卫生行政部门受理。医疗机构所在地是直辖市的，由医疗机构所在地的区、县人民政府卫生行政部门受理。有下列情形之一的，县级人民政府卫生行政部门应当自接到医疗机构的报告或者当事人提出医疗事故争议处理申请之日起7日内移送上一级人民政府卫生行政部门处理：①患者死亡；②可能为二级以上的医疗事故；③国务院卫生行政部门和省、自治区、直辖市人民政府卫生行政部门规定的其他情形。

3. 申请的受理 卫生行政部门应当自收到护理医疗事故争议处理申请之日起10日内进行审查，做出是否受理的决定。受理后应当进行必要的调查，判定是否属于护理医疗事故。对通过调查无法判定的、需要进行护理医疗事故技术鉴定的，应当自做出受理决定之日起5日内，将有关材料交医学会组织护理医疗事故技术鉴定，并书面通知当事人双方。对不符合规定不予受理的，应当书面通知申请人，并说明理由。对初次鉴定不服，申请再次鉴定的，卫生行政部门应当自收到申请之日起7日内交省、自治区、直辖市地方医学会组织再次鉴定。

三、护理医疗事故的赔偿

（一）护理医疗事故赔偿的解决途径

1. 协商解决 发生护理医疗事故的赔偿等民事责任争议，医患双方可以协商解决。医患双方协商解决民事责任争议，体现了医患双方依法处分民事权利、确认民事义务的自主权。这也是当前普遍采取的做法，它可以减少因诉讼带来的财力、人力和精力的浪费。医患双方协商解决赔偿等民事责任的应当制作协议书。

2. 调解解决 目前调解解决包括由卫生行政部门主持调解、律师调解及人民调解委员会的调解等。已确定为护理医疗事故的，卫生行政部门应护理医疗事故争议双方当事人请求，可以进行赔偿调解。调解时应当遵循当事人双方自愿原则进行，并应当依据《医疗事故处理条例》的规定计算赔偿数额。经调解双方当事人就赔偿数额达成协议的，制作调解书，双方当事人应当自觉履行。调解不成或者经调解达成协议后一方反悔的，卫生行政部门不再进行调解。

3. 诉讼解决 发生护理医疗事故的赔偿等民事责任争议，医患双方不愿意协商或者协商不成的，可以直接向人民法院提起民事诉讼。诉讼是解决护理医疗事故赔偿等民事责任争议的最终途径。

（二）护理医疗事故赔偿的决定因素

护理医疗事故赔偿，应当考虑下列因素，确定具体赔偿数额：①医疗事故等级；②医疗过失行为在医疗事故损害后果中的责任程度；③医疗事故损害后果与患者原有疾病状况之间的关系。

（三）赔偿项目

发生护理医疗事故的赔偿等民事责任争议的，患者或者患者家属可以要求赔偿，根据

《医疗事故处理条例》第五十条规定的赔偿项目包括以下几项。

1. 医疗费 根据医疗机构出具的医药费、住院费等收款凭证，结合病历和诊断证明等相关证据确定。赔偿义务人对治疗的必要性和合理性有异议的，应当承担相应的举证责任。医疗费的赔偿数额，按照一审法庭辩论终结前实际发生的数额确定。器官功能恢复训练所必要的康复费、适当的整容费以及其他后续治疗费，赔偿权利人可以待实际发生后另行起诉。但根据医疗证明或者鉴定结论确定必然发生的费用，可以与已经发生的医疗费一并予以赔偿。

2. 误工费 根据患者的误工时间和收入状况确定。误工时间根据受害人接受治疗的医疗机构出具的证明确定。受害人因伤致残持续误工的，误工时间可以计算至定残日的前一天。患者有固定收入的，按照本人因误工减少的固定收入计算，对收入高于医疗事故发生地上一年度职工年平均工资3倍以上的，按照3倍计算；无固定收入的按照医疗事故发生地上一年度职工年平均工资计算。

3. 住院伙食补助费 按照医疗事故发生地国家机关一般工作人员的出差伙食补助标准计算。

4. 陪护费 根据陪护人员的收入状况和陪护人数、陪护期限确定。陪护人员有收入的，参照误工费的规定计算；陪护人员没有收入或者雇佣护工的，参照当地护工从事同等级别护理的劳务报酬标准计算。陪护人员原则上为一人，但医疗机构或者鉴定机构有明确意见的，可以参照确定陪护人员人数。陪护期限应计算至受害人恢复生活自理能力时止。受害人因残疾不能恢复生活自理能力的，可以根据其年龄、健康状况等因素确定合理的护理期限，但最长不超过20年。

5. 残疾生活补助费 根据伤残等级按照医疗事故发生地居民年平均生活费计算，自定残之日起最长赔偿30年。但是，60周岁以上的不超过15年；70周岁以上的不超过5年。患者因伤致残但实际收入没有减少，或者伤残等级较轻但造成职业妨害严重影响其劳动就业的，可以对残疾赔偿金作相应调整。

6. 残疾用具费 因残疾需要配置补偿功能器具的，凭医疗机构证明按照普及型器具的费用计算。伤情有特殊需要的，可以参照辅助器具配制机构的意见确定相应的合理费用标准。

7. 丧葬费 按照医疗事故发生地规定的丧葬费补助标准，以6个月总额计算。

8. 被扶养人生活费 患者依法应当承担扶养义务的未成年人或者丧失劳动能力又无其他生活来源的成年近亲属。被扶养人还有其他扶养人的，赔偿义务人只赔偿受害人依法应当负担的部分。被扶养人有数人的，年赔偿总额累计不超过上一年度城镇居民人均消费性支出额或者农村居民人均年生活消费支出额。按照其户籍所在地或者居所地居民最低生活保障标准计算。对不满16周岁的，扶养到16周岁。对年满16周岁但无劳动能力的，扶养20年；但是60周岁以上的，不超过15年；70周岁以上的，不超过5年。

9. 交通费 患者到所在地医院治疗或者必须转院治疗的，其本人的交通费应予赔偿。按照患者实际必需的交通费用计算，凭据支付。交通费应当以正式票据为凭；有关凭据应当与就医地点、时间、人数、次数相符合。

10. 住宿费 按照医疗事故发生地国家机关一般工作人员的出差住宿补助标准计算，凭据支付。

11. 精神损害赔偿金 自然人在人身权利或者是某些财产权利受到不法侵害，致使其人身利益或者财产利益受到损害并遭到精神痛苦时，受害人本人、本人死亡后其近亲属有权要求侵权人给予损害赔偿的民事法律制度。一般而言，这样的精神损害通常包括两个方面的情况：一种是因遭受有形人身损害或者财产损害而导致的精神损害；另一种是未遭受有形人身损害或者财产损害而直接导致的精神损害。精神损害赔偿应按照医疗事故发生地居民年平均生活费计算。造成患者死亡的赔偿年限最长不超过6年；造成患者残疾的赔偿年限最长不超过3年。

知识链接

我国精神损害赔偿制度的发展

中华人民共和国成立以来，开始借鉴苏联民法的理论和立法经验，否认精神损害赔偿制度，将精神损害赔偿视为资产阶级的民法制度予以排斥。至《民法通则》颁布实施，才正式建立了新中国的精神损害赔偿制度，准许侵害姓名权、名称权、肖像权、名誉权和荣誉权的受害人请求精神损害赔偿。在实践中，司法机关运用上述规定，将损害赔偿制度进一步扩大，对侵害隐私权等其他人格权的侵权行为，适用精神损害赔偿。

另外，参加护理医疗事故处理的患者近亲属所需交通费、误工费、住宿费等，参照上述有关规定计算，计算费用的人数不超过2人。护理医疗事故造成死亡的，参加丧葬活动的患者的配偶和直系亲属所需的交通费、误工费、住宿费，参照上述有关规定计算，计算费用的人数不超过2人。护理医疗事故赔偿的上述费用，实行一次性结算，由承担护理医疗事故责任的医疗机构支付。

扫码“学一学”

第三节 护理法律责任

案例

某医院护理人员张某在第一休养室婴儿室值班，4时30分许，张某喂完奶的1床男婴啼哭不止，她便将这名捆包住手脚的婴儿由仰卧姿势翻转至俯卧姿势后离去。婴儿口鼻被压迫。约一小时后，张某突然想起该婴儿还处于俯卧姿势，遂跑去查看，发现婴儿已停止呼吸，后经抢救无效死亡。请问护理人员张某行为是否要承担刑事责任？

护理活动中，患者和医疗机构之间实际上形成了一种医疗护理服务合同关系。因此在因护理医疗事故发生损害追究医疗机构民事法律责任时，可以追究医疗机构的违约责任；同时由于护理医疗事故损害的是公民的人身健康权，因此患者及其家属也可以要求医疗机构承担侵权责任。一般来讲，护理事故的法律责任包括民事、行政和刑事三个方面的责任。

一、护理民事责任

（一）护理民事责任的概念与形式

1. 护理民事责任的概念 民事责任是指根据民法规定，民事主体侵犯他人的民事权利或不履行自己所负的民事义务时所应承担的法律后果。构成护理事故的绝大多数案件属于民事案件。护理民事责任是因护理行为导致护理医疗事故或者护理行为有明显过错给患者造成损失时，应对患者承担民事法律责任。护理民事责任的特征是医护方违反民事义务所应承担的法律后果；内容是财产责任；在法律允许的范围内当事人协商解决；以违反义务的加害人即医疗机构补偿受害人（患者或患者家属）的损失为主要目的。

2. 护理民事责任的形式　民事责任的承担包括违约责任和侵权责任两种形式，这两种责任形式都统一规定在《中华人民共和国民法通则》第一百三十四条之中。根据《民法通则》第一百三十四条的规定，民事责任形式共计 10 种，包括：停止侵害、消除危险、返还财产、恢复原状、修理更换重作、赔偿损失、消除影响、恢复名誉、赔礼道歉等。

（二）护理民事赔偿的范围

护理医疗事故中的民事责任以赔偿损失为主，包括财产损害和精神损害两个方面。对于财产损害的赔偿，一般遵循全部赔偿的原则。但是对于损害的发生和扩大，患方有过错的，应当相应减轻医疗机构的赔偿责任。对于精神损害的赔偿，根据法律规定，精神损害赔偿从法律性质上属于财产性赔偿责任。其功能是以财产赔付的方式弥补受害人的精神痛苦，使受害人的精神损害得到一定程度的缓解甚至消除，精神利益可以得到一定程度的恢复。

二、护理行政责任

（一）护理行政责任的含义与特点

1. 护理行政责任的含义　护理行政责任是指在发生护理事故或处理护理事故过程中，相关机构或人员违反卫生法律法规或护理技术操作规范，所应承担的行政法律后果。它包括医疗机构及护理人员的行政责任以及在处理护理事故过程中，可能出现的卫生行政部门及护理人员、参加护理事故鉴定工作的人员、患者及其亲友等人的行政责任。

2. 护理行政责任的特点　包括以下四点，①护理行政法律关系是发生护理行政责任的基础；②只能适用于推定的人；③只能由法定机关来追究；④承担方式具有多样性。

（二）护理行政责任的形式

我国现行卫生法律、法规规定的护理行政责任的主要方式包括行政处分和行政处罚。

1. 行政处分　由管辖权的卫生行政机关或医疗卫生机构对所属人员违法、失职，但尚未构成犯罪的行为实施的惩戒措施。

（1）特点　行政处分有其自身的特点包括：①实施行政处分的机构，必须是具有行政隶属关系和行政处分权限的政府卫生主管机关和医疗卫生机构；②受行政处分者是实施了卫生违法或渎职的护理人员和卫生行政相对人的个人，是一种内部责任形式；③卫生行政机关工作人员和卫生行政相对人的个人的违法行为均尚未构成犯罪；④行政处分是一种违反卫生法律、法规的法律责任，属于行政责任；⑤行政处分的依据是国家卫生法律、法规和医疗卫生机构的内部规章。

（2）种类　行政处分的种类有以下 6 种：警告、记过、记大过、降级、撤职和开除。《医疗事故处理条例》第五十五条规定：医疗机构发生医疗事故的，由卫生行政部门根据医疗事故等级和情节，给予警告；情节严重的，责令限期停业整顿直至由原发证部门吊销执业许可证，对负有责任的医务人员依照《刑法》关于医疗事故罪的规定，依法追究刑事责任；尚不够刑事处罚的，依法给予行政处分或者纪律处分。

2. 行政处罚 法定行使卫生行政职权的机关、法律法规授权组织，依法对违反卫生法律、法规尚未构成犯罪的单位和个人，实施的一种行政法律制裁。

（1）特点 行政处罚的特点包括：①行政处罚是一种强制性的法律制裁；②行政处罚的前提是卫生行政管理相对人实施了违反卫生管理秩序的行为，而这种行为按照卫生法律、法规或规章的规定，应当给予行政处罚；③实施卫生行政处罚的主体只能是卫生行政主管机关或者法律、法规和规章规定的其他行政机关，而且必须在行政主体法定的职权范围内，依据法定的程序实施行政处罚；④卫生行政处罚的对象是卫生违法行为人。

（2）种类 根据《行政处罚法》规定，行政处罚的种类共计 7 种，包括：警告、罚款、没收违法所得、没收非法财物、责令停产停业、暂扣或者吊销许可证、暂扣或者吊销执照、行政拘留、法律及行政法规规定的其他行政处罚。

1）警告 行政主体对实施了卫生违法行为，但情节较为轻微并未造成实际危害后果时，对相对人进行的谴责和训诫。警告在违法行为轻微时一般单独适用，其目的是对相对人给予一种精神上的惩戒。例如，《护士条例》第二十八条规定，医疗卫生机构允许未取得护士执业证书的人员，或者允许未依照规定办理执业地点变更手续、延续执业注册有效期的护士在本机构从事诊疗技术规范规定的护理活动的，由县级以上地方人民政府卫生主管部门依据职责分工限期改正，给予警告。

2）罚款 行政主体强迫违法相对人缴纳一定数额的货币，依法让相对人的某些财产权遭到一定损失或被剥夺的处罚形式，是追究行政责任使用最广泛的一种形式。罚款是对违法相对人合法财产权的剥夺。例如《医疗机构管理条例》第四十八条规定，违反本条例第二十八条规定，使用非卫生技术人员从事医疗卫生技术工作的，由县级以上人民政府卫生行政部门责令其限期改正，并可以处以 5000 元以下的罚款。

3）没收违法所得 卫生行政主体依法将相对人通过违法行为获得的财产收归国有的处罚形式。例如《母婴保健法实施办法》第四十条规定，医疗、保健机构或者人员未取得母婴保健技术许可，擅自从事婚前医学检查、遗传病诊断、产前诊断、终止妊娠术和医学技术鉴定或者出具有关医学证明的，由卫生行政部门给予警告，责令停止违法行为，没收违法所得。

4）没收非法财物 卫生行政主体依法将违禁物品或者违法相对人用以实施违法行为的工具予以收缴的处罚形式。违禁物品是指法律、法规禁止生产、销售、储存、运输的物品。例如《执业医师法》第三十九条规定，未经批准擅自开办医疗机构行医或者非医师行医，由县级以上人民政府卫生行政部门予以取缔，没收其违法所得及其药品、器械，并处 10 万元以下的罚款。

5）责令停产停业 卫生行政主体责令违法相对人停止相关生产经营活动，从而剥夺或者限制违法相对人从事某种生产经营活动权利的处罚形式。责令停产停业是通过限制或者剥夺违法相对人从事某种活动的能力，间接影响其财产权，对违法相对人处以不作为的义务，并只在一定时期内限制或剥夺违法相对人的生产经营权。如果违法相对人在法定期限内及时纠正、履行了法定义务，仍可继续从事已被停止的生产经营活动，但其只适用于较严重的违法行为。例如《中医药条例》第三十二条规定，中医医疗机构违反规定，不符合中医医疗机构设置标准，或者获得城镇职工基本医疗保险定点医疗机构资格，未按照规定向参保人员提供基本医疗服务的，由县级以上地方人民政府负责中医药管理部门责令限期改正；逾期不改正的，责令停业整顿，直至由原审批机关吊销其医疗机构执业许可证、取消其城镇职工基本医疗保险定点医疗机构资格。

6）暂扣或者吊销许可证、执照　卫生行政主体依法暂时扣押或者撤销相对人已经取得的从事某种活动的资格证书，以限制或者剥夺相对人从事某种活动的特许权利和资格的处罚形式。被处以暂扣许可证、执照的相对人，在其改正违法行为后或者经过一定时期，发还证件，恢复其行为资格，允许其重新享有该权利和资格。例如《护士条例》第三十一条规定，护士在执业活动中发现患者病情危急未立即通知医师的，由县级以上地方人民政府卫生主管部门依据职责分工责令改正，给予警告；情节严重的，暂停其6个月以上1年以下执业活动，直至由原发证部门吊销其护士执业证书。

知识链接

名人名言

“只要爱自由，就足以建立共和国，但是，能够维护共和国和使它繁荣的，只有爱法律。”

——马布利

“犯罪总是以惩罚相补偿；只有处罚才能使犯罪得到偿还。”

——达雷尔

三、护理刑事责任

（一）护理刑事责任的概念及特点

1. 护理刑事责任的概念　护理刑事责任是指护理人员在执业活动中违反卫生法律、法规的行为，侵害了刑法所保护的社会关系构成犯罪所应承担的法律后果。护士执业行为中的刑事责任只能由公安机关、检察机关和人民法院按照《刑事诉讼法》的法定程序，根据《刑法》的有关原则与规定予以追究，任何其他机关、团体、个人都无权对护理人员执业行为中的刑事责任进行追究。

2. 护理刑事责任的特点　①护理刑事责任的责任主体是经执业注册取得护士执业证书，依法从事护理活动的护理人员，是由护理人员的犯罪行为所引起的；②犯罪行为是一种具有一定社会危害性与刑事违法性，并应受到刑罚惩罚的行为。它是产生刑事责任的依据，护理人员在执业活动中没有犯罪行为，就不应承担刑事责任；③是一种最严厉的法律责任。它不仅剥夺行为人的人身自由，而且剥夺行为人的财产权利、政治权利直至生命权利；④只能由司法机关依法追究。

（二）护理刑事责任的构成要件

护理刑事责任的构成，即护理人员承担刑事责任的基本要件，又称犯罪构成，是指我国刑法规定的护理人员执业行为构成犯罪所必须具备的主观和客观要件的总和。简而言之，即犯罪的法定标准，也是区分罪与非罪，此罪与彼罪的标准。它包括以下四个方面。

1. 犯罪主体　实施犯罪并承担法律责任的人。护理活动中的犯罪主体是特殊主体，即护理人员。依照《护士条例》规定，经执业注册取得护士执业证书，依照法律规定在医疗、预防、保健机构中从事护理活动的卫生技术人员。

2. 犯罪主观方面 犯罪主体对自己实施的危害社会的行为引起的危害社会的结果所持的心理态度，也包括犯罪动机和目的。护理执业活动中的犯罪行为的犯罪主观方面包括故意与过失。

3. 犯罪客体 我国刑法所保护而为犯罪行为所侵犯的社会主义社会关系。护理人员的犯罪行为所侵犯的客体是复杂的客体，它既侵犯了患者的生命健康权，又侵犯了国家对医疗机构的管理秩序和护士执业制度，也侵犯了医疗单位的正常工作秩序，包括医疗机构的形象、声誉及名誉等。

知识链接

犯罪客体的种类

我国刑法所保护的社会主义社会关系是指国家主权、领土完整和安全，人民民主专政的政权，社会主义制度，社会秩序和经济秩序，国有财产或者劳动群众集体所有的财产权，公民私人的财产所有权，公民的人身权利、民主权利和其他权利等。这些社会关系在我国刑法中已有明确的表述，它们一旦为犯罪行为所侵犯，就成为犯罪客体。

4. 犯罪客观方面 犯罪活动的客观外在表现，包括危害行为、危害结果、危害行为与危害结果之间的因果关系。护理人员的犯罪客观方面具有自身的特殊性，主要表现在护理执业活动中因护理人员违反有关卫生法律、法规及制度规定，而造成严重后果的情形。

（三）护理刑事责任的形式

刑事责任的承担方式是用刑罚对犯罪分子实行惩罚。我国的刑罚分为主刑和附加刑两种。

1. 主刑 对犯罪分子适用的主要刑罚方法。主刑只能独立适用不能附加适用。对一个犯罪只能适用一个主刑，而不能适用两个以上的主刑。主刑包括管制、拘役、有期徒刑、无期徒刑和死刑。例如《刑法》第三百三十五条规定，医务人员由于严重不负责任，造成就诊人死亡或严重损害就诊人身体健康的，处3年以下有期徒刑或者拘役。

2. 附加刑 也称从刑，是补充主刑适用的刑罚方法。附加刑既可以随主刑附加适用，也可以独立适用。包括：罚金、剥夺政治权利、没收财产、驱逐出境。

知识链接

法国的刑罚

法国的刑罚可分为三大类：①主刑，包括无期徒刑、终身拘押、有期徒刑、有期拘押、罚金刑、日罚金刑、公共利益性质的劳动，在轻罪或违警罪案件中，法院也可以宣告判处一种或数种附加刑，并将其作为主刑宣告；②附加刑，分为强制性附加刑和任意性附加刑，没收刑是最常见的一种强制性附加刑，任意性附加刑为数众多；③从刑，是指由法律规定从属于某些特定的有罪判决的丧失权利或无能力处分，如禁止从事某种商业职业。

本章小结

护理纠纷属于医疗纠纷的一种，其解决途径包括协商、调解及诉讼。一旦因护理纠纷发生诉讼，采取举证责任倒置的原则，由医疗机构一方负举证责任。护理医疗事故与护理纠纷是完全不同的两个概念，需经过医学会组织专家鉴定组进行鉴定，经鉴定属于护理医疗事故的可依法要求医疗机构进行赔偿。护理人员在执业活动中造成医疗事故的，依照医疗事故处理的有关规定承担法律责任，包括民事、行政和刑事三个方面的责任。

【实践活动】

观看视频

活动内容：组织观看视频《两岁女孩命丧黑诊所》。

活动目标：加深对护理纠纷及护理医疗事故及法律责任的理解。

活动方法：提出上面两个问题；组织学生带着问题观看视频；然后分组讨论，视频中李艳辉是否构成护理医疗事故？将承担何种责任？推选一名同学代表小组发言。教师进行评价并分析案件。

案例讨论

活动内容：组织学生讨论护理医疗事故案例“夺命注射”。

活动目标：加深对护理纠纷及护理医疗事故及法律责任的理解。

活动方法：通过 PPT 展示三个护理医疗事故案例；以课堂提问的方式任意挑选学生回答；然后教师进行点评并分析案件。

目标检测

一、选择题

1. 提交有关医疗事故技术鉴定的材料、书面陈述及答辩，要求当事人应当自收到医学会的通知之日起（　　）

A. 5 日内　　B. 10 日内　　C. 15 日内

D. 20 日内　　E. 30 日内

2. 发生医疗事故争议后，途径解决包括（　　）

A. 向法院提起民事诉讼

B. 双方必须先自行协商

C. 只能申请卫生行政部门处理

D. 申请仲裁裁决

E. 上述途径均可

3. 与护理医疗事故造成患者人身损害无关的因素是（　　）

A. 护理人员　　B. 医务人员　　C. 违反法律法规

D. 过失　　E. 违反部门规章

4. 发生重大医疗过失行为的，医疗机构应当在（　　）向所在地卫生行政部门报告

A. 12 小时内　　B. 24 小时内　　C. 36 小时内

D. 48 小时内　　E. 72 小时内

5. 本市医疗事故争议，当事人申请行政处理的，受理主体是（　　）

A. 医疗机构

B. 医疗机构所在地区（县）卫生局

C. 医疗机构所在地区（县）卫生局监督所

D. 医疗机构所在地区（县）医学会

E. 以上都可以

二、思考题

1. 护理民事责任的形式有哪些？
2. 护理纠纷提起诉讼的时效是如何规定的？
3. 什么是举证责任倒置？
4. 护理医疗事故赔偿的决定因素有哪些？
5. 护理行政责任中行政处罚的种类包括哪些？

三、案例分析题

案例一　患者朱某因冠状动脉粥样硬化性心脏病在北京某医院住院治疗。在医院的治疗下，患者病情不但没有好转，反而不断加重直至死亡。朱某去世后该医院没有建议死者家属进行尸检。当死者家属要求复印和封存病历时，医院却声称朱某的部分病历已经被盗，医院也无法找到。朱某的家属认为，由于医院的错误诊疗护理行为导致朱某死亡，给家属带来了沉重的精神创伤和经济损失，遂起诉到法院要求医院赔偿护理费、住院伙食补助、丧葬费、死亡赔偿金、精神抚慰金共 17 万余元。

分析：本案中医院是否应承担赔偿责任？

案例二　2017 年 10 月，范某因突发右手痉挛伴不自主动作到某医院看急诊。经检查，脑电图正常，头颅 CT 为双侧基底节区多发性脑梗死，后给予脑明、脑康复等治疗后有所好转。为进一步治疗，范某办理了住院手续。入院诊断为“多发性脑梗死，高血压三期”。范某自述有 5 年高血压病史，十二指肠溃疡史 10 年，曾有 8 次出血史，否认有冠心病、糖尿病史。入院一周后某日凌晨，医务人员发现范某已死亡多时。尸检报告表明：范某猝死的原因是急性心肌梗死且心脏破裂。事后范某家属主张由于医院医护人员疏于职责，在范某死亡后数小时才发现，值班医护人员未能及时巡视患者，延误了抢救时机，使范某在得不到应有急救措施的情况下痛苦地离开了人世，医院具有严重过失，请求法院依法判决某医院赔偿损失共计 30 余万元。

扫码“练一练”

分析：医院是否应对范某的死承担赔偿责任？

（郭玉蕾）

附　录

附录一　大医精诚论

（唐）孙思邈《千金要方》

学者必须博极医源，精勤不倦，不得道听途说，而言医道已了，深自误哉！凡大医治病，必当安神定志，无欲无求，先发大慈恻隐之心，誓愿普救含灵之苦。若有疾厄来求救者，不得问其贵贱贫富，长幼妍媸，怨亲善友，华夷愚智，普同一等，皆如至亲之想；亦不得瞻前顾后，自虑吉凶，护惜身命。见彼苦恼，若已有之，深心凄怆，勿避崄巇、昼夜寒暑，饥渴疲劳，一心赴救，无作功夫形迹之心。如此可为苍生大医；反此则是含灵巨贼（关于反对杀生，“杀生求生，去生更远”的一段，略）。其有患疮痍、下痢，臭秽不可瞻视，人所恶见者，但发惭愧凄怜忧恤之意，不得起一念蒂芥之心，是吾之志也。夫人医之体，欲得澄神内视，望之俨然；宽欲汪汪，不皎不昧。省病诊疾，至意深心；详察形候，纤毫勿失，处判针药，无得参差。虽曰病宜速救，要须临事不惑，唯当审谛覃思；不得于性命之上，率尔自逞俊快，邀射名誉，甚不仁矣！又到病家，纵绮罗满目，勿左右顾眄，丝竹凑耳，无得似有所娱；珍馐迭荐，食如无味；醽醁兼陈，看有若无。……夫为医之法，不得多语调笑，谈谑喧哗，道说是非，议论人物，炫耀声名，訾毁诸医，自矜己德。偶然治瘥一病，则昂头戴面，而有自许之貌，谓天下无双，此医人之膏肓也（关于“阴阳报施”一段，略）。医人不得恃己所长，专心经略财物，但作救苦之心……

附录二　医家五戒十要

（明）陈实功《外科正宗》

（一）五戒

一戒：凡病家大小贫富人等，请观者便可往之，勿得迟延厌弃，欲往而不往，不为平易。药金毋论轻重有无，当尽力一例施与，自然生意日增，毋伤方寸。

二戒：凡视妇女及孀妇尼僧人等，必候侍者在旁，然后入房诊视，倘旁无伴，不可自看。假有不便之患，更宜真诚窥睹，虽对内人不可谈，此因闺阃故也。

三戒：不得出脱病家珠珀珍贵等送家合药，以虚存假换。如果该用，令彼自制入之，倘服不效，自无疑谤，亦不得称赞彼家物色之好，凡此等非君子也。

四戒：凡救世者，不可行乐登山，携酒游玩，又不可片时离去家中。凡有抱病至者，必当亲视，用意发药，又要依经写出药帖，必不可杜撰药方，受人驳问。

五戒：凡娼妓及私伙家请看，亦当正己，视如良家子女，不可他意儿戏，以取不正，视毕便回。贫窘者药金可璧，看回只可与药，不可再去，以图邪淫之报。

（二）十要

一要：先知儒理，然后方知医理，或内或外，勤读先古明医确论之书，须旦夕手不释卷，一一参明，融化机变，印之在心，慧之于目，凡临症时，自无差谬矣。

二要：选买药品，必遵雷公炮炙，药有依方修合者，又有因病随时加减者，汤散宜近备，丸丹须预制，常药愈久愈灵，线药越陈越异，药不吝珍，终久必济。

三要：凡乡井同道之士，不可生轻侮、傲慢与人，与人切要谦和谨慎，年尊者恭敬之，有学者师视之，骄傲者逊让之，不及者荐拔之。如此自无谤怨，信和为贵也。

四要：治家与治病同，人之不惜元气，斲丧太过，百病生焉，轻则支离身体，重则丧命。治家若不固根本而奢华，费用太过，轻则无积，重则贫窘。

五要：人之受命于天，不可负天之命。凡欲进取，当知彼心愿否，体认天道顺逆，凡顺取，人缘相庆。逆取，子孙不吉。为人何不轻利远害，以防还报之业也？

六要：里中亲友人情，除婚丧疾病庆贺外，其余家务，至于馈送往来之礼，不可求奇好胜。凡飧只可一鱼一菜，一则省费，二则惜禄，谓广求不如俭用。

七要：贫穷人家及游食僧道衙门差役人等，凡来看病，不可要他药钱，只当奉药。再遇贫难者，当量力微赠，方为仁术，不然有药而无伙食者，命亦难保也。

八要：凡有所蓄，随其大小，便当置买产业以为根本。不可收买玩器及不紧物件，浪费钱财。又不可做入银会酒会，有妨生意，必当一例禁之，自绝谤怨。

九要：凡室中所用各样物具，俱要精备齐整，不得临时缺少。又古今前贤书籍，及近时名公新刊医理词说，必寻参看以资学问，此诚为医家之本务也。

十要：凡奉官衙所请，必当速去，毋得怠缓，要诚意恭敬，告明病源，开俱方药。病愈之后，不得图求匾礼，亦不得言说民情，至生罪戾。闲不近公，自当守法。

附录三　希波克拉底誓言

仰赖医神阿波罗，埃斯克雷彼斯及天地诸神为证，鄙人敬谨宣誓，愿以自身能力及判断所及，遵守此约。凡授我艺者敬之父母，作为终身同世伴侣，彼有急需我接济之。视彼儿女，犹我兄弟，如欲受业，当免费并无条件传授之。凡我所知无论口授书传俱传之吾子，吾师之子及发誓遵守此约之生徒，此外不传与他人。

我愿尽余之能力及判断力所及，遵守为病家谋利益之信条，并检束一切堕落及害人行为，我不得将危害药品给予他人，并不做该项之指导，虽有人请求亦必不予之。尤不为妇人施堕胎手术。我愿以此纯洁与神圣之精神，终身执行我职务。凡患结石者，我不施手术，此则有待于专家为之。

无论至何处，遇男遇女，贵人及奴婢，我之唯一目的，为病家谋幸福，并检点吾身，不做各种害人及恶劣行为，尤不做诱奸之事。凡我所见所闻，无论有无业务关系，我认为应守秘密者，我愿保守秘密。倘使我严守上述誓言时，请求神祇让我生命与医术能得无上光荣，我苟违誓，天地鬼神实共殛之。

附录四 迈蒙尼提斯祷文

永生之上天既命予善顾世人生命之康健，唯愿予爱护医道之心策予前进，无时或已。毋令贪欲、吝念、虚荣，名利侵扰予怀，盖此种种胥属真理与慈善之敌，足以使予受其诱惑而忘却为人类谋幸福之高尚目标。

愿吾视患者如受难之同胞。

愿天赐予以精力、时间与机会，俾得学业日进、见闻日广，盖知也无涯，涓涓日积，方成江河。且世间医术日新，觉今是而昨非，至明日又悟今日之非矣。

神乎，汝既命予善视世人之生死，则予谨以此身许职，予今为予之职业祷告上天：

事功艰且巨，愿神全我功。

若无神佑助，人力每有穷。

启我爱医术，复爱世间人。

存心好名利，真理日沉沦。

愿绝名利心，服务一念诚。

神请求体健，尽力医患者。

无分爱与憎，不问富与贫。

凡诸疾病者，一视如同仁。

附录五 纽伦堡法典（1946 年）

这是审判纳粹战争罪犯的纽伦堡军事法庭决议中的一部分，这个牵涉人体试验的十点声明，被称为《纽伦堡法典》，它制定的关于人体试验的基本原则有二：一是必须利于社会，二是应该符合伦理道德和法律观点。这个文件精神在某种程度上被赫尔辛基宣言所接受，成为人体试验的指导方针。

1. 受试者的自愿同意绝对必要。这意味着接受试验的人有同意的合法权利；应该处于有选择自由的地位，不受任何势力的干涉、欺瞒、蒙蔽、挟持、哄骗或者其他某种隐蔽形式的压制或强迫；对于试验的项目有充分的知识和理解，足以做出肯定决定之前，必须让他知道试验的性质、期限和目的，试验方法及采取的手段，可以预料到的不便和危险，对其健康或可能参与试验的人的影响。确保同意的质量的义务和责任，落在每个发起、指导和从事这个试验的个人身上，这只是一种个人的义务和责任，并不是代表别人，自己却可以逍遥法外。

2. 试验应该收到对社会有利的富有成效的结果。用其他研究方法或手段是无法达到的，在性质上不是轻率和不必要的。

3. 试验应立足于动物实验取得的结果，对疾病的自然历史和别的问题有所了解的基础上，经过研究，参加试验的结果将证实原来的实验是正确的。

4. 试验进行必须力求避免在肉体和精神上的痛苦和创伤。

5. 事先就有理由相信会发生死亡或残废的试验一律不得进行，除了试验的医生自己也成为受试者的试验不在此限。

6. 试验的危险性，不能超过试验所解决问题的人道主义的重要性。

7. 必须做好充分准备和有足够能力保护受试者排除哪怕是微之又微的创伤、残废和死亡的可能性。

8. 试验只能由在学科上合格的人进行。进行试验的人员，在试验的每一阶段都需要有极高技术和管理。

9. 当受试者在试验过程中，已经到达这样的肉体与精神的状态，即继续进行已经不可能的时候，完全有停止试验的自由。

10. 在试验过程中，主持试验的科学工作者，如果他有几分理由相信即使操作是诚心诚意的，技术也是高超的，判断是审慎的，但是试验继续进行，受试者照样还会出现创伤、残废和死亡的时候，必须随时中断试验。

附录六　日内瓦协议法

世界医学会1948年通过

我庄严地宣誓，把我的一生献给为人道主义服务。

我给我的老师们以尊敬和感谢。这些都是他们应该赢得的。

我凭着良心和尊严行使我的职业。

我首先考虑的是我的患者的健康。

凡是信托于我的秘密我均予以尊重。

我将尽我的一切能力维护医务职业的荣誉和崇高传统。

我的同行均是我的兄弟。

在我的职责和我的患者之间不允许把对宗教、国籍、种族、政党和社会党派的考虑掺进去。

即使受到威胁，我也将以最大的努力尊重从胎儿开始的人的生命，决不利用我的医学知识违背人道法规。

我庄严地、自主地并以我的名誉做出上述保证。

附录七　赫尔辛基宣言

这个宣言于1964年芬兰赫尔辛基召开的第18届世界医学大会上正式通过，并于1975年在日本东京举行的第29届世界医学大会上作过修订。

引　言

维护人们的健康是医药卫生人员的光荣使命。他或她的知识和道德心是为了实现这个使命。

世界医学协会的日内瓦声明，对于医药卫生人员在道义上具有约束力。患者的健康必须是我们首先认真考虑的事。国际医学道德标准的规定接连宣称：“任何有可能减弱人们身体上或精神上的抵抗力的行为或意见，只有当它是为了受试验者本身的利益时，才可以使用。”

包括以人作为受试验者的生物医学研究目的，必须是旨在用以增进诊断、治疗和预防等方面的措施，以及为了针对疾病病因学与发病机制的了解。

在现行的医学习惯做法方面，大部分的诊断、治疗和预防性的过程含有偶然性因素在内，因此要把上述指导精神以果敢的行动应用到医药卫生科学研究中去。

基于医药卫生方面研究工作的继续不断发展，在某种程度上最后必然会导致取决于以人作为受试验者的这种试验方法。

在试验研究工作的进行过程中，应该特别注意要使受试验者或动物的外界环境和生活福利不致受到影响，对此必须高度重视。

为了促进医药卫生科学知识和提高对患者治疗的水平，通过试验所取得的可靠成果加以有选择的应用，是必不可少的步骤与手段。世界医学协会所制订的下述建议，对每个医药卫生工作人员从事包括以人作为受试验的生物医学科学研究工作，可当作一个指南。必须特别强调指出的是，协会所设计的这项标准草案，对世界各地的医药卫生工作者来说，也只是个手册。医药卫生工作人员，在他们自己国家有关的法令指导下，也不会减轻或解除他们由于刑事的、民事的以及合乎职业道德等方面所应负的责任。

（一）基本原则

1. 包括以人作为受试验者的生物医学科学研究工作，必须符合普遍认可的科学原理，应该建立在足以胜任地履行实验室任务和动物实验法的基础之上；并且，对于有关的科学文献，要有详尽的了解。

2. 包括以人作为受试验者的每个试验程序的设计和行动，应该在有试验根据的备忘录中明白地和系统地做出说明；为了取得尊重、评议和指导，这份备忘录应该送给一个特别委任而又不承担义务的专门委员会。

3. 包括以人作为受试验者的生物医学科学研究工作，只有通过曾受严格训练的有资格的人们和在临床上一个被认可的医生的监督下，才可进行。对受试验者应负的责任，即使他或她本人已经同意，也总应当委托一个医务上胜任的工作者，而不能依据这项研究工作的进行是有理由的。

4. 除非研究目的的重要性与受试验者可能受到的内在风险相称，否则生物医学科学研究工作就不能合乎法理地进行到底。

5. 包括以人作为受试验者的生物医学研究工作进行之前，应细致比较可预测的风险与可预见到的利益。对于受试验者或其他人们利害关系的重要性，一定要始终压倒对科学研究和人类社会方面的影响。

6. 科学研究工作的正义性服从于保护他或她的完整，这个原则必须永远受到重视。一切预防措施应予采用，使受试验者的独立或秘密，不致于受到干扰与妨碍，而且在研究工作过程中受试验者身体上与精神上的完整，以及他或她的人格可能受的影响与冲击，要减少到最低限度。

7. 除非受试验者已被说服同意参加，对在试验工作进行过程中所遇风险或出现偶然性事故是可预报的情况有所了解，否则，参加这项研究计划的医药卫生工作者就应弃权，无论哪项调查研究，如果确已查明或者发觉它有可能碰到风险，在重要性上或许会超过所达到的效果，从事这项科学研究的工作者就应停止进行。

8. 在发表或公布他或她的科学研究结果时，医药卫生工作者对于保证研究成果的准确性负有极大的责任。和本宣言中所规定的基本原则不符合的实验报道，不被接受发表。

9. 在通过人们进行的无论哪项科学研究中，每个可能的被试验者，对于参加这项研究的目标、方法、预期好处、潜在危险以及他或她可能承担的不适与困难等，都必须足够充分地被告知。他或她也应该了解他们有权不参加这个研究，而且任何时候都可以撤销他或她的承诺。如仍需要他或她继续参加这项试验的话，医药卫生工作者到那时就应该得到他们更改签订的承诺，更可取的是书面形式的承诺。

10. 对于这个科学研究计划在得到该项情报有所了解以后的承诺时，如果受试验者对他或她是处在一个从属的亲属关系之中，或者是在强迫情况下同意的，主持此项科学研究的工作人员应特别谨慎从事。处于上述情况时，一个不参加这项研究工作而且对于这个法定关系完全不受约束的医药卫生工作者，应得到了解这项科学研究目的性的情报人员的承诺。

11. 万一作证人在法律上无资格时，法定的监护人应该根据国家法律取得书面承诺。受试验者如因身体上或精神上的缘故，或系尚未达到成年，依据国家法律的规定，可从他或她可信赖的亲属那里，达到许可参加试验的证明。

12. 本研究工作的备忘录，永远应该包含合乎职业道德方面所必须包括的一切需要考虑的事情，并应指出这个宣言中所宣布的基本原则均已遵守。

（二）医学科学研究工作结合专业性的管理（临床性研究工作）

1. 在对患者治疗过程中，医务工作者有使用新发现的诊断技术和治疗方法的自由，如果按照这个医生判断认为这些措施能提供希望来挽救患者生命，恢复健康，或者能减轻痛苦的话。

2. 一个新发明的措施或方法所带来的可能的好处、风险以及使患者的不舒适感，应与现有最好的诊断技术与治疗方法加以对比权衡。

3. 在任何医学科学研究中，每个患者——包括对照组中那些患者（若有的话），都应保证使他们得到最好的和被证实了的诊断技术和治疗方法。

4. 患者对某项科学研究工作拒绝参加时，绝对不能使医生和患者之间的关系受到影响或妨碍。

5. 假如医务工作者认为取得受试验者的书面同意书是不必要的，对于提出这项建议的具体理由，应在该试验备忘录中加以说明，以供专题委员会审查。

6. 医务工作者在医学科学研究工作中，可以结合业务服务进行，它的目标是为了获得新的医学科学知识，但是这种医学科学研究工作的进行应到达的程度，只能是使得患者在诊断技术或（和）治疗方法方面所得到的益处，被证明是正当的。

（三）以人作为受试验者的无疗效性生物医学科学研究工作（非临床性生物医学研究工作）

1. 在一个人身上进行医学科学研究工作这种纯科学上的应用方面，医生的责任在于当他或她被当作生物医学研究工作的对象时，他始终是受试验者的生命与健康的保护者。

2. 受实验者们，应是自愿参加者——不论是健康人，还是患者，因为这个实验（或试验）设计，对于患者所患疾病是无关的。

3. 调查研究人员，或者是调查研究专题小组，根据他、她的或他们的判断，这项研究工作如果继续进行下去，会对受试验者产生不良影响，就应该立即停止。

4. 对于通过任何人进行的研究工作，它在科学方面与人类社会方面的重要性，永远也不应该放在对受试验者的应有的尊重之上。

附录八 悉尼宣言

关于死亡的确定，世界医学会第22次会议采纳于1968年8月澳大利亚悉尼。

1. 在大多数国家，死亡时间的确定将继续是医师的法律责任。通常，他可以用所有医师均知晓的经典的标准无须特别帮助地确定患者的死亡。

2. 然而近代的医学实践使得进一步研究死亡的时间成为必要：①有能力人工地维持含氧血液循环通过不可恢复性损伤的组织；②尸体器官的应用，如作移植用的心或肾脏。

3. 问题的复杂性在于：死亡是在细胞水平的逐渐的过程。组织对于氧供断绝的耐受能力是不同的。但是临床的兴趣并不在于维持孤立的细胞而在于患者的命运。这里，不同细胞或组织的死亡时刻不是那么重要的。因为不管采用什么复苏技术总归确定无疑地不可恢复了。

4. 死亡的确定应建立在临床判断和必要时的辅助诊断上。近年来最有帮助的是脑电图。然而还没有一种技术性的标准能完全满足目前医学的状况，也没有一种技术操作能取代医师的全面临床判断，若涉及器官移植，那么应由两名以上的医师做出死亡诊断，而且医生对死亡的决定不能与移植手术发生直接联系。

5. 人的死亡时刻的确定使得停止抢救在伦理上被许可。以及在法律允许的国家内从尸体中取出器官被许可，并得以满足法律同意的需要。

附录九 国际护理学会护士守则

国际护理学会1973年批准了这个《国际护士道德守则》。这个文件较1965年公布的有几处明显的修改。

1. 本文件明确了在护理工作中护士的任务和责任，删去1965年守则中“护士的义务是机智而忠实地执行医嘱”的内容，这种提法有取消护士的判断和责任的意味。

2. 1965年守则在“护士相信……保持人的生命”之后，加上“护士基本任务有三个方面：保持生命，减轻痛苦，增进健康”。1973年守则在此处改为四个方面：“增进健康，预防疾病，恢复健康和减轻痛苦。”并加上“护理从本质上说就是尊重人的生命、人的尊严和人的权利”。

3. 传统观点对于有道德的护士，1965年守则是这样表达的：“护士的个人行动不得有意漠视其生活及工作的社会所能接受的行为方式。”1973年守则特别强调职业的独立性，作了这样的修改：“护士在作为一种职业力量起作用时，个人行动必须时刻保持能反映职业荣誉的标准。”

护理的需要是全人类性的。护理从本质上说是尊重人的生命，尊重人的尊严和尊重人的权利。不论国籍、种族、主义、肤色、年龄、政治、或社会地位，一律不受限制。

护士向个人、家庭和社会提供卫生服务，并与有关的群体进行协作。

(1) 护士与人

护士的主要任务是向那些要求护理的人负责。

护士作护理时，要尊重个人的信仰、价值和风俗习惯。

护士要保守个人的秘密，在散播这些秘密时必须做出伦理学判断。

(2) 护士与临床实践

护士个人执行的任务就是护理，必须坚持学习，做一个称职的护士。

护士要在特殊情况下仍保持高标准护理。

护士在接受或委派一项任务时，必须对自己的资格和能力做出判断。

护士在作为一种职业力量起作用时，个人行动必须时刻保持能反映职业荣誉的标准。

(3) 护士与社会

发起并支持满足公众的卫生和社会需要的行动中，护士要和其他公民一起分担任务。

(4) 护士与合作者

护士在护理及其他方面，跟合作者保持合作共事关系。

当护理工作受到合作者或某些人威胁的时候，护士要采取适当措施以保护个人。

(5) 护士和职业

在护理工作和护理教育中，在决定或补充某些理想的标准时，护士起主要作用。

在培养职业核心知识方面，护士发挥积极作用。

护士通过职业社团，参与建立和保持护理工作中公平的社会和经济方面的工作条件。

附录十　护士条例

第517号

《护士条例》已经2008年1月23日国务院第206次常务会议通过，现予公布，自2008年5月12日起施行。

总理　温家宝

二〇〇八年一月三十一日

第一章　总　则

第一条　为了维护护士的合法权益，规范护理行为，促进护理事业发展，保障医疗安全和人体健康，制定本条例。

第二条　本条例所称护士，是指经执业注册取得护士执业证书，依照本条例规定从事护理活动，履行保护生命、减轻痛苦、增进健康职责的卫生技术人员。

第三条　护士人格尊严、人身安全不受侵犯。护士依法履行职责，受法律保护。全社会应当尊重护士。

第四条　国务院有关部门、县级以上地方人民政府及其有关部门以及乡（镇）人民政府应当采取措施，改善护士的工作条件，保障护士待遇，加强护士队伍建设，促进护理事业健康发展。

国务院有关部门和县级以上地方人民政府应当采取措施，鼓励护士到农村、基层医疗卫生机构工作。

第五条 国务院卫生主管部门负责全国的护士监督管理工作。

县级以上地方人民政府卫生主管部门负责本行政区域的护士监督管理工作。

第六条 国务院有关部门对在护理工作中做出杰出贡献的护士，应当授予全国卫生系统先进工作者荣誉称号或者颁发白求恩奖章，受到表彰、奖励的护士享受省部级劳动模范、先进工作者待遇；对长期从事护理工作的护士应当颁发荣誉证书。具体办法由国务院有关部门制定。

县级以上地方人民政府及其有关部门对本行政区域内做出突出贡献的护士，按照省、自治区、直辖市人民政府的有关规定给予表彰、奖励。

第二章 执业注册

第七条 护士执业，应当经执业注册取得护士执业证书。

申请护士执业注册，应当具备下列条件：

（一）具有完全民事行为能力；

（二）在中等职业学校、高等学校完成国务院教育主管部门和国务院卫生主管部门规定的普通全日制 3 年以上的护理、助产专业课程学习，包括在教学、综合医院完成 8 个月以上护理临床实习，并取得相应学历证书；

（三）通过国务院卫生主管部门组织的护士执业资格考试；

（四）符合国务院卫生主管部门规定的健康标准。

护士执业注册申请，应当自通过护士执业资格考试之日起 3 年内提出；逾期提出申请的，除应当具备前款第（一）项、第（二）项和第（四）项规定条件外，还应当在符合国务院卫生主管部门规定条件的医疗卫生机构接受 3 个月临床护理培训并考核合格。

护士执业资格考试办法由国务院卫生主管部门会同国务院人事部门制定。

第八条 申请护士执业注册的，应当向拟执业地省、自治区、直辖市人民政府卫生主管部门提出申请。收到申请的卫生主管部门应当自收到申请之日起 20 个工作日内做出决定，对具备本条例规定条件的，准予注册，并发给护士执业证书；对不具备本条例规定条件的，不予注册，并书面说明理由。

护士执业注册有效期为 5 年。

第九条 护士在其执业注册有效期内变更执业地点的，应当向拟执业地省、自治区、直辖市人民政府卫生主管部门报告。收到报告的卫生主管部门应当自收到报告之日起 7 个工作日内为其办理变更手续。护士跨省、自治区、直辖市变更执业地点的，收到报告的卫生主管部门还应当向其原执业地省、自治区、直辖市人民政府卫生主管部门通报。

第十条 护士执业注册有效期届满需要继续执业的，应当在护士执业注册有效期届满前 30 日向执业地省、自治区、直辖市人民政府卫生主管部门申请延续注册。收到申请的卫生主管部门对具备本条例规定条件的，准予延续，延续执业注册有效期为 5 年；对不具备本条例规定条件的，不予延续，并书面说明理由。

护士有行政许可法规定的应当予以注销执业注册情形的，原注册部门应当依照行政许可法的规定注销其执业注册。

第十一条 县级以上地方人民政府卫生主管部门应当建立本行政区域的护士执业良好

记录和不良记录，并将该记录记入护士执业信息系统。

护士执业良好记录包括护士受到的表彰、奖励以及完成政府指令性任务的情况等内容。护士执业不良记录包括护士因违反本条例以及其他卫生管理法律、法规、规章或者诊疗技术规范的规定受到行政处罚、处分的情况等内容。

第三章　权利和义务

第十二条　护士执业，有按照国家有关规定获取工资报酬、享受福利待遇、参加社会保险的权利。任何单位或者个人不得克扣护士工资，降低或者取消护士福利等待遇。

第十三条　护士执业，有获得与其所从事的护理工作相适应的卫生防护、医疗保健服务的权利。从事直接接触有毒有害物质、有感染传染病危险工作的护士，有依照有关法律、行政法规的规定接受职业健康监护的权利；患职业病的，有依照有关法律、行政法规的规定获得赔偿的权利。

第十四条　护士有按照国家有关规定获得与本人业务能力和学术水平相应的专业技术职务、职称的权利；有参加专业培训、从事学术研究和交流、参加行业协会和专业学术团体的权利。

第十五条　护士有获得疾病诊疗、护理相关信息的权利和其他与履行护理职责相关的权利，可以对医疗卫生机构和卫生主管部门的工作提出意见和建议。

第十六条　护士执业，应当遵守法律、法规、规章和诊疗技术规范的规定。

第十七条　护士在执业活动中，发现患者病情危急，应当立即通知医师；在紧急情况下为抢救垂危患者生命，应当先行实施必要的紧急救护。护士发现医嘱违反法律、法规、规章或者诊疗技术规范规定的，应当及时向开具医嘱的医师提出；必要时，应当向该医师所在科室的负责人或者医疗卫生机构负责医疗服务管理的人员报告。

第十八条　护士应当尊重、关心、爱护患者，保护患者的隐私。

第十九条　护士有义务参与公共卫生和疾病预防控制工作。发生自然灾害、公共卫生事件等严重威胁公众生命健康的突发事件，护士应当服从县级以上人民政府卫生主管部门或者所在医疗卫生机构的安排，参加医疗救护。

第四章　医疗卫生机构的职责

第二十条　医疗卫生机构配备护士的数量不得低于国务院卫生主管部门规定的护士配备标准。

第二十一条　医疗卫生机构不得允许下列人员在本机构从事诊疗技术规范规定的护理活动：

（一）未取得护士执业证书的人员；

（二）未依照本条例第九条的规定办理执业地点变更手续的护士；

（三）护士执业注册有效期届满未延续执业注册的护士。

在教学、综合医院进行护理临床实习的人员应当在护士指导下开展有关工作。

第二十二条　医疗卫生机构应当为护士提供卫生防护用品，并采取有效的卫生防护措施和医疗保健措施。

第二十三条　医疗卫生机构应当执行国家有关工资、福利待遇等规定，按照国家有关规定为在本机构从事护理工作的护士足额缴纳社会保险费用，保障护士的合法权益。

对在艰苦边远地区工作，或者从事直接接触有毒有害物质、有感染传染病危险工作的护士，所在医疗卫生机构应当按照国家有关规定给予津贴。

第二十四条 医疗卫生机构应当制订、实施本机构护士在职培训计划，并保证护士接受培训。

护士培训应当注重新知识、新技术的应用；根据临床专科护理发展和专科护理岗位的需要，开展对护士的专科护理培训。

第二十五条 医疗卫生机构应当按照国务院卫生主管部门的规定，设置专门机构或者配备专（兼）职人员负责护理管理工作。

第二十六条 医疗卫生机构应当建立护士岗位责任制并进行监督检查。

护士因不履行职责或者违反职业道德受到投诉的，其所在医疗卫生机构应当进行调查。经查证属实的，医疗卫生机构应当对护士做出处理，并将调查处理情况告知投诉人。

第五章 法律责任

第二十七条 卫生主管部门的工作人员未依照本条例规定履行职责，在护士监督管理工作中滥用职权、徇私舞弊，或者有其他失职、渎职行为的，依法给予处分；构成犯罪的，依法追究刑事责任。

第二十八条 医疗卫生机构有下列情形之一的，由县级以上地方人民政府卫生主管部门依据职责分工责令限期改正，给予警告；逾期不改正的，根据国务院卫生主管部门规定的护士配备标准和在医疗卫生机构合法执业的护士数量核减其诊疗科目，或者暂停其6个月以上1年以下执业活动；国家举办的医疗卫生机构有下列情形之一、情节严重的，还应当对负有责任的主管人员和其他直接责任人员依法给予处分：

（一）违反本条例规定，护士的配备数量低于国务院卫生主管部门规定的护士配备标准的；

（二）允许未取得护士执业证书的人员，或者允许未依照本条例规定办理执业地点变更手续、延续执业注册有效期的护士在本机构从事诊疗技术规范规定的护理活动的。

第二十九条 医疗卫生机构有下列情形之一的，依照有关法律、行政法规的规定给予处罚；国家举办的医疗卫生机构有下列情形之一、情节严重的，还应当对负有责任的主管人员和其他直接责任人员依法给予处分：

（一）未执行国家有关工资、福利待遇等规定的；

（二）对在本机构从事护理工作的护士，未按照国家有关规定足额缴纳社会保险费用的；

（三）未为护士提供卫生防护用品，或者未采取有效的卫生防护措施、医疗保健措施的；

（四）对在艰苦边远地区工作，或者从事直接接触有毒有害物质、有感染传染病危险工作的护士，未按照国家有关规定给予津贴的。

第三十条 医疗卫生机构有下列情形之一的，由县级以上地方人民政府卫生主管部门依据职责分工责令限期改正，给予警告：

（一）未制定、实施本机构护士在职培训计划或者未保证护士接受培训的；

（二）未依照本条例规定履行护士管理职责的。

第三十一条 护士在执业活动中有下列情形之一的，由县级以上地方人民政府卫生主管部门依据职责分工责令改正，给予警告；情节严重的，暂停其6个月以上1年以下执业活动，直至由原发证部门吊销其护士执业证书：

（一）发现患者病情危急未立即通知医师的；

（二）发现医嘱违反法律、法规、规章或者诊疗技术规范的规定，未依照本条例第十七条的规定提出或者报告的；

（三）泄露患者隐私的；

（四）发生自然灾害、公共卫生事件等严重威胁公众生命健康的突发事件，不服从安排参加医疗救护的。

护士在执业活动中造成医疗事故的，依照医疗事故处理的有关规定承担法律责任。

第三十二条 护士被吊销执业证书的，自执业证书被吊销之日起2年内不得申请执业注册。

第三十三条 扰乱医疗秩序，阻碍护士依法开展执业活动，侮辱、威胁、殴打护士，或者有其他侵犯护士合法权益行为的，由公安机关依照治安管理处罚法的规定给予处罚；构成犯罪的，依法追究刑事责任。

第六章　附　则

第三十四条 本条例施行前按照国家有关规定已经取得护士执业证书或者护理专业技术职称、从事护理活动的人员，经执业地省、自治区、直辖市人民政府卫生主管部门审核合格，换领护士执业证书。

本条例施行前，尚未达到护士配备标准的医疗卫生机构，应当按照国务院卫生主管部门规定的实施步骤，自本条例施行之日起3年内达到护士配备标准。

第三十五条 本条例自2008年5月12日起施行。

附录十一　医疗事故处理条例

中华人民共和国国务院令　第351号

《医疗事故处理条例》已经2002年2月20日国务院第55次常务会议通过，现予公布，自2002年9月1日起施行。

总理　朱镕基

二〇〇二年四月四日

第一章　总　则

第一条 为了正确处理医疗事故，保护患者和医疗机构及其医务人员的合法权益，维护医疗秩序，保障医疗安全，促进医学科学的发展，制定本条例。

第二条 本条例所称医疗事故，是指医疗机构及其医务人员在医疗活动中，违反医疗卫生管理法律、行政法规、部门规章和诊疗护理规范、常规，过失造成患者人身损害的事故。

第三条 处理医疗事故，应当遵循公开、公平、公正、及时、便民的原则，坚持实事求是的科学态度，做到事实清楚、定性准确、责任明确、处理恰当。

第四条 根据对患者人身造成的损害程度，医疗事故分为四级：

一级医疗事故：造成患者死亡、重度残疾的；

二级医疗事故：造成患者中度残疾、器官组织损伤导致严重功能障碍的；

三级医疗事故：造成患者轻度残疾、器官组织损伤导致一般功能障碍的；

四级医疗事故：造成患者明显人身损害的其他后果的。

具体分级标准由国务院卫生行政部门制定。

第二章 医疗事故的预防与处置

第五条 医疗机构及其医务人员在医疗活动中，必须严格遵守医疗卫生管理法律、行政法规、部门规章和诊疗护理规范、常规，恪守医疗服务职业道德。

第六条 医疗机构应当对其医务人员进行医疗卫生管理法律、行政法规、部门规章和诊疗护理规范、常规的培训和医疗服务职业道德教育。

第七条 医疗机构应当设置医疗服务质量监控部门或者配备专（兼）职人员，具体负责监督本医疗机构的医务人员的医疗服务工作，检查医务人员执业情况，接受患者对医疗服务的投诉，向其提供咨询服务。

第八条 医疗机构应当按照国务院卫生行政部门规定的要求，书写并妥善保管病历资料。

因抢救急危患者，未能及时书写病历的，有关医务人员应当在抢救结束后6小时内据实补记，并加以注明。

第九条 严禁涂改、伪造、隐匿、销毁或者抢夺病历资料。

第十条 患者有权复印或者复制其门诊病历、住院志、体温单、医嘱单、化验单（检验报告）、医学影像检查资料、特殊检查同意书、手术同意书、手术及麻醉记录单、病理资料、护理记录以及国务院卫生行政部门规定的其他病历资料。

患者依照前款规定要求复印或者复制病历资料的，医疗机构应当提供复印或者复制服务并在复印或者复制的病历资料上加盖证明印记。复印或者复制病历资料时，应当有患者在场。

医疗机构应患者的要求，为其复印或者复制病历资料，可以按照规定收取工本费。具体收费标准由省、自治区、直辖市人民政府价格主管部门会同同级卫生行政部门规定。

第十一条 在医疗活动中，医疗机构及其医务人员应当将患者的病情、医疗措施、医疗风险等如实告知患者，及时解答其咨询；但是，应当避免对患者产生不利后果。

第十二条 医疗机构应当制定防范、处理医疗事故的预案，预防医疗事故的发生，减轻医疗事故的损害。

第十三条 医务人员在医疗活动中发生或者发现医疗事故、可能引起医疗事故的医疗过失行为或者发生医疗事故争议的，应当立即向所在科室负责人报告，科室负责人应当及时向本医疗机构负责医疗服务质量监控的部门或者专（兼）职人员报告；负责医疗服务质量监控的部门或者专（兼）职人员接到报告后，应当立即进行调查、核实，将有关情况如实向本医疗机构的负责人报告，并向患者通报、解释。

第十四条 发生医疗事故的，医疗机构应当按照规定向所在地卫生行政部门报告。

发生下列重大医疗过失行为的，医疗机构应当在 12 小时内向所在地卫生行政部门报告：

（一）导致患者死亡或者可能为二级以上的医疗事故；

（二）导致 3 人以上人身损害后果；

（三）国务院卫生行政部门和省、自治区、直辖市人民政府卫生行政部门规定的其他情形。

第十五条 发生或者发现医疗过失行为，医疗机构及其医务人员应当立即采取有效措施，避免或者减轻对患者身体健康的损害，防止损害扩大。

第十六条 发生医疗事故争议时，死亡病例讨论记录、疑难病例讨论记录、上级医师查房记录、会诊意见、病程记录应当在医患双方在场的情况下封存和启封。封存的病历资料可以是复印件，由医疗机构保管。

第十七条 疑似输液、输血、注射、药物等引起不良后果的，医患双方应当共同对现场实物进行封存和启封，封存的现场实物由医疗机构保管；需要检验的，应当由双方共同指定的、依法具有检验资格的检验机构进行检验；双方无法共同指定时，由卫生行政部门指定。

疑似输血引起不良后果，需要对血液进行封存保留的，医疗机构应当通知提供该血液的采供血机构派员到场。

第十八条 患者死亡，医患双方当事人不能确定死因或者对死因有异议的，应当在患者死亡后 48 小时内进行尸检；具备尸体冻存条件的，可以延长至 7 日。尸检应当经死者近亲属同意并签字。

尸检应当由按照国家有关规定取得相应资格的机构和病理解剖专业技术人员进行。承担尸检任务的机构和病理解剖专业技术人员有进行尸检的义务。

医疗事故争议双方当事人可以请法医病理学人员参加尸检，也可以委派代表观察尸检过程。拒绝或者拖延尸检，超过规定时间，影响对死因判定的，由拒绝或者拖延的一方承担责任。

第十九条 患者在医疗机构内死亡的，尸体应当立即移放太平间。死者尸体存放时间一般不得超过 2 周。逾期不处理的尸体，经医疗机构所在地卫生行政部门批准，并报经同级公安部门备案后，由医疗机构按照规定进行处理。

第三章 医疗事故的技术鉴定

第二十条 卫生行政部门接到医疗机构关于重大医疗过失行为的报告或者医疗事故争议当事人要求处理医疗事故争议的申请后，对需要进行医疗事故技术鉴定的，应当交由负责医疗事故技术鉴定工作的医学会组织鉴定；医患双方协商解决医疗事故争议，需要进行医疗事故技术鉴定的，由双方当事人共同委托负责医疗事故技术鉴定工作的医学会组织鉴定。

第二十一条 设区的市级地方医学会和省、自治区、直辖市直接管辖的县（市）地方医学会负责组织首次医疗事故技术鉴定工作。省、自治区、直辖市地方医学会负责组织再次鉴定工作。

必要时，中华医学会可以组织疑难、复杂并在全国有重大影响的医疗事故争议的技术鉴定工作。

第二十二条 当事人对首次医疗事故技术鉴定结论不服的，可以自收到首次鉴定结论之日起15日内向医疗机构所在地卫生行政部门提出再次鉴定的申请。

第二十三条 负责组织医疗事故技术鉴定工作的医学会应当建立专家库。

专家库由具备下列条件的医疗卫生专业技术人员组成：

（一）有良好的业务素质和执业品德；

（二）受聘于医疗卫生机构或者医学教学、科研机构并担任相应专业高级技术职务3年以上。

符合前款第（一）项规定条件并具备高级技术任职资格的法医可以受聘进入专家库。

负责组织医疗事故技术鉴定工作的医学会依照本条例规定聘请医疗卫生专业技术人员和法医进入专家库，可以不受行政区域的限制。

第二十四条 医疗事故技术鉴定，由负责组织医疗事故技术鉴定工作的医学会组织专家鉴定组进行。

参加医疗事故技术鉴定的相关专业的专家，由医患双方在医学会主持下从专家库中随机抽取。在特殊情况下，医学会根据医疗事故技术鉴定工作的需要，可以组织医患双方在其他医学会建立的专家库中随机抽取相关专业的专家参加鉴定或者函件咨询。

符合本条例第二十三条规定条件的医疗卫生专业技术人员和法医有义务受聘进入专家库，并承担医疗事故技术鉴定工作。

第二十五条 专家鉴定组进行医疗事故技术鉴定，实行合议制。专家鉴定组人数为单数，涉及的主要学科的专家一般不得少于鉴定组成员的二分之一；涉及死因、伤残等级鉴定的，并应当从专家库中随机抽取法医参加专家鉴定组。

第二十六条 专家鉴定组成员有下列情形之一的，应当回避，当事人也可以以口头或者书面的方式申请其回避：

（一）是医疗事故争议当事人或者当事人的近亲属的；

（二）与医疗事故争议有利害关系的；

（三）与医疗事故争议当事人有其他关系，可能影响公正鉴定的。

第二十七条 专家鉴定组依照医疗卫生管理法律、行政法规、部门规章和诊疗护理规范、常规，运用医学科学原理和专业知识，独立进行医疗事故技术鉴定，对医疗事故进行鉴别和判定，为处理医疗事故争议提供医学依据。

任何单位或者个人不得干扰医疗事故技术鉴定工作，不得威胁、利诱、辱骂、殴打专家鉴定组成员。

专家鉴定组成员不得接受双方当事人的财物或者其他利益。

第二十八条 负责组织医疗事故技术鉴定工作的医学会应当自受理医疗事故技术鉴定之日起5日内通知医疗事故争议双方当事人提交进行医疗事故技术鉴定所需的材料。

当事人应当自收到医学会的通知之日起10日内提交有关医疗事故技术鉴定的材料、书面陈述及答辩。医疗机构提交的有关医疗事故技术鉴定的材料应当包括下列内容：

（一）住院患者的病程记录、死亡病例讨论记录、疑难病例讨论记录、会诊意见、上级医师查房记录等病历资料原件；

（二）住院患者的住院志、体温单、医嘱单、化验单（检验报告）、医学影像检查资料、特殊检查同意书、手术同意书、手术及麻醉记录单、病理资料、护理记录等病历资料原件；

（三）抢救急危患者，在规定时间内补记的病历资料原件；

（四）封存保留的输液、注射用物品和血液、药物等实物，或者依法具有检验资格的检验机构对这些物品、实物作出的检验报告；

（五）与医疗事故技术鉴定有关的其他材料。

在医疗机构建有病历档案的门诊、急诊患者，其病历资料由医疗机构提供；没有在医疗机构建立病历档案的，由患者提供。

医患双方应当依照本条例的规定提交相关材料。医疗机构无正当理由未依照本条例的规定如实提供相关材料，导致医疗事故技术鉴定不能进行的，应当承担责任。

第二十九条 负责组织医疗事故技术鉴定工作的医学会应当自接到当事人提交的有关医疗事故技术鉴定的材料、书面陈述及答辩之日起45日内组织鉴定并出具医疗事故技术鉴定书。

负责组织医疗事故技术鉴定工作的医学会可以向双方当事人调查取证。

第三十条 专家鉴定组应当认真审查双方当事人提交的材料，听取双方当事人的陈述及答辩并进行核实。

双方当事人应当按照本条例的规定如实提交进行医疗事故技术鉴定所需要的材料，并积极配合调查。当事人任何一方不予配合，影响医疗事故技术鉴定的，由不予配合的一方承担责任。

第三十一条 专家鉴定组应当在事实清楚、证据确凿的基础上，综合分析患者的病情和个体差异，作出鉴定结论，并制作医疗事故技术鉴定书。鉴定结论以专家鉴定组成员的过半数通过。鉴定过程应当如实记载。

医疗事故技术鉴定书应当包括下列主要内容。

（一）双方当事人的基本情况及要求；

（二）当事人提交的材料和负责组织医疗事故技术鉴定工作的医学会的调查材料；

（三）对鉴定过程的说明；

（四）医疗行为是否违反医疗卫生管理法律、行政法规、部门规章和诊疗护理规范、常规；

（五）医疗过失行为与人身损害后果之间是否存在因果关系；

（六）医疗过失行为在医疗事故损害后果中的责任程度；

（七）医疗事故等级；

（八）对医疗事故患者的医疗护理医学建议。

第三十二条 医疗事故技术鉴定办法由国务院卫生行政部门制定。

第三十三条 有下列情形之一的，不属于医疗事故。

（一）在紧急情况下为抢救垂危患者生命而采取紧急医学措施造成不良后果的；

（二）在医疗活动中由于患者病情异常或者患者体质特殊而发生医疗意外的；

（三）在现有医学科学技术条件下，发生无法预料或者不能防范的不良后果的；

（四）无过错输血感染造成不良后果的；

（五）因患方原因延误诊疗导致不良后果的；

（六）因不可抗力造成不良后果的。

第三十四条 医疗事故技术鉴定，可以收取鉴定费用。经鉴定，属于医疗事故的，鉴定费用由医疗机构支付；不属于医疗事故的，鉴定费用由提出医疗事故处理申请的一方支付。鉴定费用标准由省、自治区、直辖市人民政府价格主管部门会同同级财政部门、卫生行政部门规定。

第四章 医疗事故的行政处理与监督

第三十五条 卫生行政部门应当依照本条例和有关法律、行政法规、部门规章的规定，对发生医疗事故的医疗机构和医务人员作出行政处理。

第三十六条 卫生行政部门接到医疗机构关于重大医疗过失行为的报告后，除责令医疗机构及时采取必要的医疗救治措施，防止损害后果扩大外，应当组织调查，判定是否属于医疗事故；对不能判定是否属于医疗事故的，应当依照本条例的有关规定交由负责医疗事故技术鉴定工作的医学会组织鉴定。

第三十七条 发生医疗事故争议，当事人申请卫生行政部门处理的，应当提出书面申请。申请书应当载明申请人的基本情况、有关事实、具体请求及理由等。

当事人自知道或者应当知道其身体健康受到损害之日起 1 年内，可以向卫生行政部门提出医疗事故争议处理申请。

第三十八条 发生医疗事故争议，当事人申请卫生行政部门处理的，由医疗机构所在地的县级人民政府卫生行政部门受理。医疗机构所在地是直辖市的，由医疗机构所在地的区、县人民政府卫生行政部门受理。

有下列情形之一的，县级人民政府卫生行政部门应当自接到医疗机构的报告或者当事人提出医疗事故争议处理申请之日起 7 日内移送上一级人民政府卫生行政部门处理：

（一）患者死亡；

（二）可能为二级以上的医疗事故；

（三）国务院卫生行政部门和省、自治区、直辖市人民政府卫生行政部门规定的其他情形。

第三十九条 卫生行政部门应当自收到医疗事故争议处理申请之日起 10 日内进行审查，作出是否受理的决定。对符合本条例规定，予以受理，需要进行医疗事故技术鉴定的，应当自作出受理决定之日起 5 日内将有关材料交由负责医疗事故技术鉴定工作的医学会组织鉴定并书面通知申请人；对不符合本条例规定，不予受理的，应当书面通知申请人并说明理由。

当事人对首次医疗事故技术鉴定结论有异议，申请再次鉴定的，卫生行政部门应当自收到申请之日起 7 日内交由省、自治区、直辖市地方医学会组织再次鉴定。

第四十条 当事人既向卫生行政部门提出医疗事故争议处理申请，又向人民法院提起诉讼的，卫生行政部门不予受理；卫生行政部门已经受理的，应当终止处理。

第四十一条 卫生行政部门收到负责组织医疗事故技术鉴定工作的医学会出具的医疗事故技术鉴定书后，应当对参加鉴定的人员资格和专业类别、鉴定程序进行审核；必要时，可以组织调查，听取医疗事故争议双方当事人的意见。

第四十二条 卫生行政部门经审核，对符合本条例规定作出的医疗事故技术鉴定结论，应当作为对发生医疗事故的医疗机构和医务人员作出行政处理以及进行医疗事故赔偿调解的依据；经审核，发现医疗事故技术鉴定不符合本条例规定的，应当要求重新鉴定。

第四十三条 医疗事故争议由双方当事人自行协商解决的，医疗机构应当自协商解决之日起 7 日内向所在地卫生行政部门作出书面报告，并附具协议书。

第四十四条 医疗事故争议经人民法院调解或者判决解决的，医疗机构应当自收到生效的人民法院的调解书或者判决书之日起 7 日内向所在地卫生行政部门作出书面报告，并附具调解书或者判决书。

第四十五条 县级以上地方人民政府卫生行政部门应当按照规定逐级将当地发生的医疗事故以及依法对发生医疗事故的医疗机构和医务人员作出行政处理的情况，上报国务院卫生行政部门。

第五章　医疗事故的赔偿

第四十六条 发生医疗事故的赔偿等民事责任争议，医患双方可以协商解决；不愿意协商或者协商不成的，当事人可以向卫生行政部门提出调解申请，也可以直接向人民法院提起民事诉讼。

第四十七条 双方当事人协商解决医疗事故的赔偿等民事责任争议的，应当制作协议书。协议书应当载明双方当事人的基本情况和医疗事故的原因、双方当事人共同认定的医疗事故等级以及协商确定的赔偿数额等，并由双方当事人在协议书上签名。

第四十八条 已确定为医疗事故的，卫生行政部门应医疗事故争议双方当事人请求，可以进行医疗事故赔偿调解。调解时，应当遵循当事人双方自愿原则，并应当依据本条例的规定计算赔偿数额。

经调解，双方当事人就赔偿数额达成协议的，制作调解书，双方当事人应当履行；调解不成或者经调解达成协议后一方反悔的，卫生行政部门不再调解。

第四十九条 医疗事故赔偿，应当考虑下列因素，确定具体赔偿数额：

（一）医疗事故等级；

（二）医疗过失行为在医疗事故损害后果中的责任程度；

（三）医疗事故损害后果与患者原有疾病状况之间的关系。

不属于医疗事故的，医疗机构不承担赔偿责任。

第五十条 医疗事故赔偿，按照下列项目和标准计算：

（一）医疗费：按照医疗事故对患者造成的人身损害进行治疗所发生的医疗费用计算，凭据支付，但不包括原发病医疗费用。结案后确实需要继续治疗的，按照基本医疗费用支付。

（二）误工费：患者有固定收入的，按照本人因误工减少的固定收入计算，对收入高于医疗事故发生地上一年度职工年平均工资 3 倍以上的，按照 3 倍计算；无固定收入的，按照医疗事故发生地上一年度职工年平均工资计算。

（三）住院伙食补助费：按照医疗事故发生地国家机关一般工作人员的出差伙食补助标准计算。

（四）陪护费：患者住院期间需要专人陪护的，按照医疗事故发生地上一年度职工年平均工资计算。

（五）残疾生活补助费：根据伤残等级，按照医疗事故发生地居民年平均生活费计算，自定残之月起最长赔偿30年；但是，60周岁以上的，不超过15年；70周岁以上的，不超过5年。

（六）残疾用具费：因残疾需要配置补偿功能器具的，凭医疗机构证明，按照普及型器具的费用计算。

（七）丧葬费：按照医疗事故发生地规定的丧葬费补助标准计算。

（八）被扶养人生活费：以死者生前或者残疾者丧失劳动能力前实际扶养且没有劳动能力的人为限，按照其户籍所在地或者居所地居民最低生活保障标准 计算。对不满16周岁的，扶养到16周岁。对年满16周岁但无劳动能力的，扶养20年；但是，60周岁以上的，不超过15年；70周岁以上的，不超过5 年。

（九）交通费：按照患者实际必需的交通费用计算，凭据支付。

（十）住宿费：按照医疗事故发生地国家机关一般工作人员的出差住宿补助标准计算，凭据支付。

（十一）精神损害抚慰金：按照医疗事故发生地居民年平均生活费计算。造成患者死亡的，赔偿年限最长不超过6年；造成患者残疾的，赔偿年限最长不超过3年。

第五十一条 参加医疗事故处理的患者近亲属所需交通费、误工费、住宿费，参照本条例第五十条的有关规定计算，计算费用的人数不超过2人。

医疗事故造成患者死亡的，参加丧葬活动的患者的配偶和直系亲属所需交通费、误工费、住宿费，参照本条例第五十条的有关规定计算，计算费用的人数不超过2人。

第五十二条 医疗事故赔偿费用，实行一次性结算，由承担医疗事故责任的医疗机构支付。

第六章 罚 则

第五十三条 卫生行政部门的工作人员在处理医疗事故过程中违反本条例的规定，利用职务上的便利收受他人财物或者其他利益，滥用职权，玩忽职守，或者发现违法行为不予查处，造成严重后果的，依照刑法关于受贿罪、滥用职权罪、玩忽职守罪或者其他有关罪的规定，依法追究刑事责任；尚不够刑事处罚的，依 法给予降级或者撤职的行政处分。

第五十四条 卫生行政部门违反本条例的规定，有下列情形之一的，由上级卫生行政部门给予警告并责令限期改正；情节严重的，对负有责任的主管人员和其他直接责任人员依法给予行政处分：

（一）接到医疗机构关于重大医疗过失行为的报告后，未及时组织调查的；

（二）接到医疗事故争议处理申请后，未在规定时间内审查或者移送上一级人民政府卫生行政部门处理的；

（三）未将应当进行医疗事故技术鉴定的重大医疗过失行为或者医疗事故争议移交医学会组织鉴定的；

（四）未按照规定逐级将当地发生的医疗事故以及依法对发生医疗事故的医疗机构和医务人员的行政处理情况上报的；

（五）未依照本条例规定审核医疗事故技术鉴定书的。

第五十五条　医疗机构发生医疗事故的，由卫生行政部门根据医疗事故等级和情节，给予警告；情节严重的，责令限期停业整顿直至由原发证部门吊销执业许可证，对负有责任的医务人员依照刑法关于医疗事故罪的规定，依法追究刑事责任；尚不够刑事处罚的，依法给予行政处分或者纪律处分。

对发生医疗事故的有关医务人员，除依照前款处罚外，卫生行政部门并可以责令暂停6个月以上1年以下执业活动；情节严重的，吊销其执业证书。

第五十六条　医疗机构违反本条例的规定，有下列情形之一的，由卫生行政部门责令改正；情节严重的，对负有责任的主管人员和其他直接责任人员依法给予行政处分或者纪律处分：

（一）未如实告知患者病情、医疗措施和医疗风险的；

（二）没有正当理由，拒绝为患者提供复印或者复制病历资料服务的；

（三）未按照国务院卫生行政部门规定的要求书写和妥善保管病历资料的；

（四）未在规定时间内补记抢救工作病历内容的；

（五）未按照本条例的规定封存、保管和启封病历资料和实物的；

（六）未设置医疗服务质量监控部门或者配备专（兼）职人员的；

（七）未制定有关医疗事故防范和处理预案的；

（八）未在规定时间内向卫生行政部门报告重大医疗过失行为的；

（九）未按照本条例的规定向卫生行政部门报告医疗事故的；

（十）未按照规定进行尸检和保存、处理尸体的。

第五十七条　参加医疗事故技术鉴定工作的人员违反本条例的规定，接受申请鉴定双方或者一方当事人的财物或者其他利益，出具虚假医疗事故技术鉴定书，造成严重后果的，依照刑法关于受贿罪的规定，依法追究刑事责任；尚不够刑事处罚的，由原发证部门吊销其执业证书或者资格证书。

第五十八条　医疗机构或者其他有关机构违反本条例的规定，有下列情形之一的，由卫生行政部门责令改正，给予警告；对负有责任的主管人员和其他直接责任人员依法给予行政处分或者纪律处分；情节严重的，由原发证部门吊销其执业证书或者资格证书：

（一）承担尸检任务的机构没有正当理由，拒绝进行尸检的；

（二）涂改、伪造、隐匿、销毁病历资料的。

第五十九条　以医疗事故为由，寻衅滋事、抢夺病历资料，扰乱医疗机构正常医疗秩序和医疗事故技术鉴定工作，依照刑法关于扰乱社会秩序罪的规定，依法追究刑事责任；尚不够刑事处罚的，依法给予治安管理处罚。

第七章　附　则

第六十条　本条例所称医疗机构，是指依照《医疗机构管理条例》的规定取得《医疗机构执业许可证》的机构。

县级以上城市从事计划生育技术服务的机构依照《计划生育技术服务管理条例》的规定开展与计划生育有关的临床医疗服务，发生的计划生育技术服务事故，依照本条例的有关规定处理；但是，其中不属于医疗机构的县级以上城市从事计划生育技术服务的机构发生的计划生育技术服务事故，由计划生育行政部门行使依照本条例有关规定由卫生行政部门承担的受理、交由负责医疗事故技术鉴定工作的医学会组织鉴定和赔偿调解的职能；对发生计划生育技术服务事故的该机构及其有关责任人员，依法进行处理。

第六十一条 非法行医，造成患者人身损害，不属于医疗事故，触犯刑律的，依法追究刑事责任；有关赔偿，由受害人直接向人民法院提起诉讼。

第六十二条 军队医疗机构的医疗事故处理办法，由中国人民解放军卫生主管部门会同国务院卫生行政部门依据本条例制定。

第六十三条 本条例自2002年9月1日起施行。1987年6月29日国务院发布的《医疗事故处理办法》同时废止。本条例施行前已经处理结案的医疗事故争议，不再重新处理。

附录十二 医疗纠纷预防和处理条例

中华人民共和国国务院令 第701号

《医疗纠纷预防和处理条例》已经2018年6月20日国务院第13次常务会议通过，现予公布，自2018年10月1日起施行。

总理 李克强

二〇一八年七月三十一日

第一章 总 则

第一条 为了预防和妥善处理医疗纠纷，保护医患双方的合法权益，维护医疗秩序，保障医疗安全，制定本条例。

第二条 本条例所称医疗纠纷，是指医患双方因诊疗活动引发的争议。

第三条 国家建立医疗质量安全管理体系，深化医药卫生体制改革，规范诊疗活动，改善医疗服务，提高医疗质量，预防、减少医疗纠纷。

在诊疗活动中，医患双方应当互相尊重，维护自身权益应当遵守有关法律、法规的规定。

第四条 处理医疗纠纷，应当遵循公平、公正、及时的原则，实事求是，依法处理。

第五条 县级以上人民政府应当加强对医疗纠纷预防和处理工作的领导、协调，将其纳入社会治安综合治理体系，建立部门分工协作机制，督促部门依法履行职责。

第六条 卫生主管部门负责指导、监督医疗机构做好医疗纠纷的预防和处理工作，引导医患双方依法解决医疗纠纷。

司法行政部门负责指导医疗纠纷人民调解工作。

公安机关依法维护医疗机构治安秩序，查处、打击侵害患者和医务人员合法权益以及扰乱医疗秩序等违法犯罪行为。

财政、民政、保险监督管理等部门和机构按照各自职责做好医疗纠纷预防和处理的有关工作。

第七条 国家建立完善医疗风险分担机制，发挥保险机制在医疗纠纷处理中的第三方赔付和医疗风险社会化分担的作用，鼓励医疗机构参加医疗责任保险，鼓励患者参加医疗意外保险。

第八条 新闻媒体应当加强医疗卫生法律、法规和医疗卫生常识的宣传，引导公众理性对待医疗风险；报道医疗纠纷，应当遵守有关法律、法规的规定，恪守职业道德，做到真实、客观、公正。

第二章　医疗纠纷预防

第九条　医疗机构及其医务人员在诊疗活动中应当以患者为中心，加强人文关怀，严格遵守医疗卫生法律、法规、规章和诊疗相关规范、常规，恪守职业道德。

医疗机构应当对其医务人员进行医疗卫生法律、法规、规章和诊疗相关规范、常规的培训，并加强职业道德教育。

第十条　医疗机构应当制定并实施医疗质量安全管理制度，设置医疗服务质量监控部门或者配备专（兼）职人员，加强对诊断、治疗、护理、药事、检查等工作的规范化管理，优化服务流程，提高服务水平。

医疗机构应当加强医疗风险管理，完善医疗风险的识别、评估和防控措施，定期检查措施落实情况，及时消除隐患。

第十一条　医疗机构应当按照国务院卫生主管部门制定的医疗技术临床应用管理规定，开展与其技术能力相适应的医疗技术服务，保障临床应用安全，降低医疗风险；采用医疗新技术的，应当开展技术评估和伦理审查，确保安全有效、符合伦理。

第十二条　医疗机构应当依照有关法律、法规的规定，严格执行药品、医疗器械、消毒药剂、血液等的进货查验、保管等制度。禁止使用无合格证明文件、过期等不合格的药品、医疗器械、消毒药剂、血液等。

第十三条　医务人员在诊疗活动中应当向患者说明病情和医疗措施。需要实施手术，或者开展临床试验等存在一定危险性、可能产生不良后果的特殊检查、特殊治疗的，医务人员应当及时向患者说明医疗风险、替代医疗方案等情况，并取得其书面同意；在患者处于昏迷等无法自主作出决定的状态或者病情不宜向患者说明等情形下，应当向患者的近亲属说明，并取得其书面同意。

紧急情况下不能取得患者或者其近亲属意见的，经医疗机构负责人或者授权的负责人批准，可以立即实施相应的医疗措施。

第十四条　开展手术、特殊检查、特殊治疗等具有较高医疗风险的诊疗活动，医疗机构应当提前预备应对方案，主动防范突发风险。

第十五条　医疗机构及其医务人员应当按照国务院卫生主管部门的规定，填写并妥善保管病历资料。

因紧急抢救未能及时填写病历的，医务人员应当在抢救结束后 6 小时内据实补记，并加以注明。

任何单位和个人不得篡改、伪造、隐匿、毁灭或者抢夺病历资料。

第十六条　患者有权查阅、复制其门诊病历、住院志、体温单、医嘱单、化验单（检验报告）、医学影像检查资料、特殊检查同意书、手术同意书、手术及麻醉记录、病理资料、护理记录、医疗费用以及国务院卫生主管部门规定的其他属于病历的全部资料。

患者要求复制病历资料的，医疗机构应当提供复制服务，并在复制的病历资料上加盖证明印记。复制病历资料时，应当有患者或者其近亲属在场。医疗机构应患者的要求为其复制病历资料，可以收取工本费，收费标准应当公开。

患者死亡的，其近亲属可以依照本条例的规定，查阅、复制病历资料。

第十七条 医疗机构应当建立健全医患沟通机制，对患者在诊疗过程中提出的咨询、意见和建议，应当耐心解释、说明，并按照规定进行处理；对患者就诊疗行为提出的疑问，应当及时予以核实、自查，并指定有关人员与患者或者其近亲属沟通，如实说明情况。

第十八条 医疗机构应当建立健全投诉接待制度，设置统一的投诉管理部门或者配备专（兼）职人员，在医疗机构显著位置公布医疗纠纷解决途径、程序和联系方式等，方便患者投诉或者咨询。

第十九条 卫生主管部门应当督促医疗机构落实医疗质量安全管理制度，组织开展医疗质量安全评估，分析医疗质量安全信息，针对发现的风险制定防范措施。

第二十条 患者应当遵守医疗秩序和医疗机构有关就诊、治疗、检查的规定，如实提供与病情有关的信息，配合医务人员开展诊疗活动。

第二十一条 各级人民政府应当加强健康促进与教育工作，普及健康科学知识，提高公众对疾病治疗等医学科学知识的认知水平。

第三章 医疗纠纷处理

第二十二条 发生医疗纠纷，医患双方可以通过下列途径解决：

（一）双方自愿协商；

（二）申请人民调解；

（三）申请行政调解；

（四）向人民法院提起诉讼；

（五）法律、法规规定的其他途径。

第二十三条 发生医疗纠纷，医疗机构应当告知患者或者其近亲属下列事项：

（一）解决医疗纠纷的合法途径；

（二）有关病历资料、现场实物封存和启封的规定；

（三）有关病历资料查阅、复制的规定。

患者死亡的，还应当告知其近亲属有关尸检的规定。

第二十四条 发生医疗纠纷需要封存、启封病历资料的，应当在医患双方在场的情况下进行。封存的病历资料可以是原件，也可以是复制件，由医疗机构保管。病历尚未完成需要封存的，对已完成病历先行封存；病历按照规定完成后，再对后续完成部分进行封存。医疗机构应当对封存的病历开列封存清单，由医患双方签字或者盖章，各执一份。

病历资料封存后医疗纠纷已经解决，或者患者在病历资料封存满 3 年未再提出解决医疗纠纷要求的，医疗机构可以自行启封。

第二十五条 疑似输液、输血、注射、用药等引起不良后果的，医患双方应当共同对现场实物进行封存、启封，封存的现场实物由医疗机构保管。需要检验的，应当由双方共同委托依法具有检验资格的检验机构进行检验；双方无法共同委托的，由医疗机构所在地县级人民政府卫生主管部门指定。

疑似输血引起不良后果，需要对血液进行封存保留的，医疗机构应当通知提供该血液的血站派员到场。

现场实物封存后医疗纠纷已经解决，或者患者在现场实物封存满 3 年未再提出解决医疗纠纷要求的，医疗机构可以自行启封。

第二十六条 患者死亡，医患双方对死因有异议的，应当在患者死亡后48小时内进行尸检；具备尸体冻存条件的，可以延长至7日。尸检应当经死者近亲属同意并签字，拒绝签字的，视为死者近亲属不同意进行尸检。不同意或者拖延尸检，超过规定时间，影响对死因判定的，由不同意或者拖延的一方承担责任。

尸检应当由按照国家有关规定取得相应资格的机构和专业技术人员进行。

医患双方可以委派代表观察尸检过程。

第二十七条 患者在医疗机构内死亡的，尸体应当立即移放太平间或者指定的场所，死者尸体存放时间一般不得超过14日。逾期不处理的尸体，由医疗机构在向所在地县级人民政府卫生主管部门和公安机关报告后，按照规定处理。

第二十八条 发生重大医疗纠纷的，医疗机构应当按照规定向所在地县级以上地方人民政府卫生主管部门报告。卫生主管部门接到报告后，应当及时了解掌握情况，引导医患双方通过合法途径解决纠纷。

第二十九条 医患双方应当依法维护医疗秩序。任何单位和个人不得实施危害患者和医务人员人身安全、扰乱医疗秩序的行为。

医疗纠纷中发生涉嫌违反治安管理行为或者犯罪行为的，医疗机构应当立即向所在地公安机关报案。公安机关应当及时采取措施，依法处置，维护医疗秩序。

第三十条 医患双方选择协商解决医疗纠纷的，应当在专门场所协商，不得影响正常医疗秩序。医患双方人数较多的，应当推举代表进行协商，每方代表人数不超过5人。

协商解决医疗纠纷应当坚持自愿、合法、平等的原则，尊重当事人的权利，尊重客观事实。医患双方应当文明、理性表达意见和要求，不得有违法行为。

协商确定赔付金额应当以事实为依据，防止畸高或者畸低。对分歧较大或者索赔数额较高的医疗纠纷，鼓励医患双方通过人民调解的途径解决。

医患双方经协商达成一致的，应当签署书面和解协议书。

第三十一条 申请医疗纠纷人民调解的，由医患双方共同向医疗纠纷人民调解委员会提出申请；一方申请调解的，医疗纠纷人民调解委员会在征得另一方同意后进行调解。

申请人可以以书面或者口头形式申请调解。书面申请的，申请书应当载明申请人的基本情况、申请调解的争议事项和理由等；口头申请的，医疗纠纷人民调解员应当当场记录申请人的基本情况、申请调解的争议事项和理由等，并经申请人签字确认。

医疗纠纷人民调解委员会获悉医疗机构内发生重大医疗纠纷，可以主动开展工作，引导医患双方申请调解。

当事人已经向人民法院提起诉讼并且已被受理，或者已经申请卫生主管部门调解并且已被受理的，医疗纠纷人民调解委员会不予受理；已经受理的，终止调解。

第三十二条 设立医疗纠纷人民调解委员会，应当遵守《中华人民共和国人民调解法》的规定，并符合本地区实际需要。医疗纠纷人民调解委员会应当自设立之日起30个工作日内向所在地县级以上地方人民政府司法行政部门备案。

医疗纠纷人民调解委员会应当根据具体情况，聘任一定数量的具有医学、法学等专业知识且热心调解工作的人员担任专（兼）职医疗纠纷人民调解员。

医疗纠纷人民调解委员会调解医疗纠纷，不得收取费用。医疗纠纷人民调解工作所需经费按照国务院财政、司法行政部门的有关规定执行。

第三十三条　医疗纠纷人民调解委员会调解医疗纠纷时，可以根据需要咨询专家，并可以从本条例第三十五条规定的专家库中选取专家。

第三十四条　医疗纠纷人民调解委员会调解医疗纠纷，需要进行医疗损害鉴定以明确责任的，由医患双方共同委托医学会或者司法鉴定机构进行鉴定，也可以经医患双方同意，由医疗纠纷人民调解委员会委托鉴定。

医学会或者司法鉴定机构接受委托从事医疗损害鉴定，应当由鉴定事项所涉专业的临床医学、法医学等专业人员进行鉴定；医学会或者司法鉴定机构没有相关专业人员的，应当从本条例第三十五条规定的专家库中抽取相关专业专家进行鉴定。

医学会或者司法鉴定机构开展医疗损害鉴定，应当执行规定的标准和程序，尊重科学，恪守职业道德，对出具的医疗损害鉴定意见负责，不得出具虚假鉴定意见。医疗损害鉴定的具体管理办法由国务院卫生、司法行政部门共同制定。

鉴定费预先向医患双方收取，最终按照责任比例承担。

第三十五条　医疗损害鉴定专家库由设区的市级以上人民政府卫生、司法行政部门共同设立。专家库应当包含医学、法学、法医学等领域的专家。聘请专家进入专家库，不受行政区域的限制。

第三十六条　医学会、司法鉴定机构作出的医疗损害鉴定意见应当载明并详细论述下列内容：

（一）是否存在医疗损害以及损害程度；

（二）是否存在医疗过错；

（三）医疗过错与医疗损害是否存在因果关系；

（四）医疗过错在医疗损害中的责任程度。

第三十七条　咨询专家、鉴定人员有下列情形之一的，应当回避，当事人也可以以口头或者书面形式申请其回避：

（一）是医疗纠纷当事人或者当事人的近亲属；

（二）与医疗纠纷有利害关系；

（三）与医疗纠纷当事人有其他关系，可能影响医疗纠纷公正处理。

第三十八条　医疗纠纷人民调解委员会应当自受理之日起 30 个工作日内完成调解。需要鉴定的，鉴定时间不计入调解期限。因特殊情况需要延长调解期限的，医疗纠纷人民调解委员会和医患双方可以约定延长调解期限。超过调解期限未达成调解协议的，视为调解不成。

第三十九条　医患双方经人民调解达成一致的，医疗纠纷人民调解委员会应当制作调解协议书。调解协议书经医患双方签字或者盖章，人民调解员签字并加盖医疗纠纷人民调解委员会印章后生效。

达成调解协议的，医疗纠纷人民调解委员会应当告知医患双方可以依法向人民法院申请司法确认。

第四十条　医患双方申请医疗纠纷行政调解的，应当参照本条例第三十一条第一款、第二款的规定向医疗纠纷发生地县级人民政府卫生主管部门提出申请。

卫生主管部门应当自收到申请之日起 5 个工作日内作出是否受理的决定。当事人已经向人民法院提起诉讼并且已被受理，或者已经申请医疗纠纷人民调解委员会调解并且已被受理的，卫生主管部门不予受理；已经受理的，终止调解。

卫生主管部门应当自受理之日起30个工作日内完成调解。需要鉴定的，鉴定时间不计入调解期限。超过调解期限未达成调解协议的，视为调解不成。

第四十一条 卫生主管部门调解医疗纠纷需要进行专家咨询的，可以从本条例第三十五条规定的专家库中抽取专家；医患双方认为需要进行医疗损害鉴定以明确责任的，参照本条例第三十四条的规定进行鉴定。

医患双方经卫生主管部门调解达成一致的，应当签署调解协议书。

第四十二条 医疗纠纷人民调解委员会及其人民调解员、卫生主管部门及其工作人员应当对医患双方的个人隐私等事项予以保密。

未经医患双方同意，医疗纠纷人民调解委员会、卫生主管部门不得公开进行调解，也不得公开调解协议的内容。

第四十三条 发生医疗纠纷，当事人协商、调解不成的，可以依法向人民法院提起诉讼。当事人也可以直接向人民法院提起诉讼。

第四十四条 发生医疗纠纷，需要赔偿的，赔付金额依照法律的规定确定。

第四章 法律责任

第四十五条 医疗机构篡改、伪造、隐匿、毁灭病历资料的，对直接负责的主管人员和其他直接责任人员，由县级以上人民政府卫生主管部门给予或者责令给予降低岗位等级或者撤职的处分，对有关医务人员责令暂停6个月以上1年以下执业活动；造成严重后果的，对直接负责的主管人员和其他直接责任人员给予或者责令给予开除的处分，对有关医务人员由原发证部门吊销执业证书；构成犯罪的，依法追究刑事责任。

第四十六条 医疗机构将未通过技术评估和伦理审查的医疗新技术应用于临床的，由县级以上人民政府卫生主管部门没收违法所得，并处5万元以上10万元以下罚款，对直接负责的主管人员和其他直接责任人员给予或者责令给予降低岗位等级或者撤职的处分，对有关医务人员责令暂停6个月以上1年以下执业活动；情节严重的，对直接负责的主管人员和其他直接责任人员给予或者责令给予开除的处分，对有关医务人员由原发证部门吊销执业证书；构成犯罪的，依法追究刑事责任。

第四十七条 医疗机构及其医务人员有下列情形之一的，由县级以上人民政府卫生主管部门责令改正，给予警告，并处1万元以上5万元以下罚款；情节严重的，对直接负责的主管人员和其他直接责任人员给予或者责令给予降低岗位等级或者撤职的处分，对有关医务人员可以责令暂停1个月以上6个月以下执业活动；构成犯罪的，依法追究刑事责任：

（一）未按规定制定和实施医疗质量安全管理制度；

（二）未按规定告知患者病情、医疗措施、医疗风险、替代医疗方案等；

（三）开展具有较高医疗风险的诊疗活动，未提前预备应对方案防范突发风险；

（四）未按规定填写、保管病历资料，或者未按规定补记抢救病历；

（五）拒绝为患者提供查阅、复制病历资料服务；

（六）未建立投诉接待制度、设置统一投诉管理部门或者配备专（兼）职人员；

（七）未按规定封存、保管、启封病历资料和现场实物；

（八）未按规定向卫生主管部门报告重大医疗纠纷；

（九）其他未履行本条例规定义务的情形。

第四十八条 医学会、司法鉴定机构出具虚假医疗损害鉴定意见的，由县级以上人民政府卫生、司法行政部门依据职责没收违法所得，并处5万元以上10万元以下罚款，对该医学会、司法鉴定机构和有关鉴定人员责令暂停3个月以上1年以下医疗损害鉴定业务，对直接负责的主管人员和其他直接责任人员给予或者责令给予降低岗位等级或者撤职的处分；情节严重的，该医学会、司法鉴定机构和有关鉴定人员5年内不得从事医疗损害鉴定业务或者撤销登记，对直接负责的主管人员和其他直接责任人员给予或者责令给予开除的处分；构成犯罪的，依法追究刑事责任。

第四十九条 尸检机构出具虚假尸检报告的，由县级以上人民政府卫生、司法行政部门依据职责没收违法所得，并处5万元以上10万元以下罚款，对该尸检机构和有关尸检专业技术人员责令暂停3个月以上1年以下尸检业务，对直接负责的主管人员和其他直接责任人员给予或者责令给予降低岗位等级或者撤职的处分；情节严重的，撤销该尸检机构和有关尸检专业技术人员的尸检资格，对直接负责的主管人员和其他直接责任人员给予或者责令给予开除的处分；构成犯罪的，依法追究刑事责任。

第五十条 医疗纠纷人民调解员有下列行为之一的，由医疗纠纷人民调解委员会给予批评教育、责令改正；情节严重的，依法予以解聘：

（一）偏袒一方当事人；

（二）侮辱当事人；

（三）索取、收受财物或者牟取其他不正当利益；

（四）泄露医患双方个人隐私等事项。

第五十一条 新闻媒体编造、散布虚假医疗纠纷信息的，由有关主管部门依法给予处罚；给公民、法人或者其他组织的合法权益造成损害的，依法承担消除影响、恢复名誉、赔偿损失、赔礼道歉等民事责任。

第五十二条 县级以上人民政府卫生主管部门和其他有关部门及其工作人员在医疗纠纷预防和处理工作中，不履行职责或者滥用职权、玩忽职守、徇私舞弊的，由上级人民政府卫生等有关部门或者监察机关责令改正；依法对直接负责的主管人员和其他直接责任人员给予处分；构成犯罪的，依法追究刑事责任。

第五十三条 医患双方在医疗纠纷处理中，造成人身、财产或者其他损害的，依法承担民事责任；构成违反治安管理行为的，由公安机关依法给予治安管理处罚；构成犯罪的，依法追究刑事责任。

第五章 附 则

第五十四条 军队医疗机构的医疗纠纷预防和处理办法，由中央军委机关有关部门会同国务院卫生主管部门依据本条例制定。

第五十五条 对诊疗活动中医疗事故的行政调查处理，依照《医疗事故处理条例》的相关规定执行。

第五十六条 本条例自2018年10月1日起施行。

参考答案

第一章

1. C　2. A　3. C　4. E　5. B

第二章

1. B　2. A　3. C　4. A　5. B

第三章

1. D　2. B　3. A　4. A　5. B

第四章

1. D　2. B　3. A　4. C　5. E

第五章

1. C　2. D　3. B　4. C　5. B

第六章

1. A　2. A　3. E　4. E　5. A

第七章

1. D　2. D　3. E　4. C　5. D

第八章

1. D　2. E　3. A　4. E　5. E

第九章

1. B　2. C　3. A　4. A　5. D

第十章

1. B　2. B　3. C　4. C　5. C

第十一章

1. E　2. A　3. D　4. C　5. B

第十二章

1. C　2. A　3. E　4. C　5. D

第十三章

1. B　2. A　3. B　4. A　5. B

参考文献

［1］曹志平．护理伦理学［M］．2 版．北京：人民卫生出版社，2011.

［2］姜小鹰，刘俊荣．护理伦理学［M］．2 版．北京：人民卫生出版社，2017.

［3］何宪平．护理伦理学［M］．3 版．北京：高等教育出版社，2014.

［4］陈秋云．护理伦理［M］．北京：人民卫生出版社，2011.

［5］丛亚丽．护理伦理学［M］．2 版．北京：北京大学医学出版社，2010.

［6］史瑞芬．护理人际学［M］．4 版．北京：人民军医出版社，2013.

［7］赵爱英，王冬杰．护理伦理与卫生法规［M］．北京：中国医药科技出版社，2013.

［8］付能荣．护理伦理与法规［M］．北京：中国医药科技出版社，2013.

［9］高玉萍．护理伦理与法规［M］．北京．高等教育出版社，2014.

［10］姜小鹰．《护士条例》与《护士守则》问答读本［M］．北京：人民卫生出版社，2009.

［11］瞿晓敏．护理伦理学［M］．上海：复旦大学出版社，2007.

［12］李怀珍．护理伦理与法律法规［M］．北京：人民卫生出版社，2019.

［13］袁丽容，张绍翼．护理伦理学［M］．2 版．北京：科学出版社，2016.

［14］丘祥兴，孙副川．护理伦理学［M］．北京：人民卫生出版社，2013.

［15］孙丽芳，张志斌．护理伦理学［M］．南京：东南大学出版社，2012.

［16］王卫红，杨敏．护理伦理学［M］．2 版．北京：清华大学出版社，2013.

［17］周更苏．护理伦理学［M］．北京：北京出版社，2014.

［18］温树田．护理伦理［M］．2 版．北京：高等教育出版社，2012.

［19］李传俊．护理伦理学［M］．北京：中央广播电视大学出版社，2010.

［20］达庆东，徐青松．护理法导论［M］．上海：复旦大学出版社，2009.

［21］杨健，刘颖．如何获取医疗损害赔偿［M］．北京：法律出版社，2007.

［22］李建光．卫生法律法规［M］．2 版．北京：人民卫生出版社，2011.

［23］李克，宋才发．医疗事故纠纷案例［M］．北京：人民法院出版社，2004.

［24］张大凯，吴海峰．医护法律基础［M］．北京：高等教育出版社，2013.

［25］张柳青，单国军．医疗损害责任纠纷裁判精要与案例解读［M］．北京：法律出版社，2012.

［26］刘义兰，赵光红．护理法律与患者安全［M］．北京：人民卫生出版社，2009.